MAXI VOLUME

Poche VISUEL

W0461116

Windows 10

WILEY

John Wiley & Sons, Inc.

FIRST Interactive

Windows 10 Poche Visuel Maxi volume

Publié par
John Wiley & Sons, Inc.
10475 Crosspoint Boulevard
Indianapolis, IN 46256, États-Unis
www.wiley.com

Titre de l'édition originale : *Teach Yourself VISUALLY Windows 10*

Édition française publiée en accord avec John Wiley & Sons, Inc. par :

© Éditions First, un département d'Édi8, 2015
12, avenue d'Italie
75013 Paris – France
Tél. 01 44 16 09 00
Fax 01 44 16 09 01
E-mail : firstinfo@efirst.com
Web : www.editionsfirst.fr

ISBN : 978-2-7540-7615-9
Dépôt légal : septembre 2015
Imprimé en France par IME, 3 rue de l'Industrie, 25112 Baume-Les-Dames
Auteur : Paul Mc Fedries
Traduction : Anne Le Boterf
Mise en page : MADmac

TABLE DES MATIÈRES

Chapitre 1 Découvrez Windows 10

Chapitre 2 Utilisez les applications

Chapitre 3 Manipulez les fenêtres

CHAPITRE 4 SIMPLIFIEZ-VOUS LA VIE AVEC WINDOWS 10

CHAPITRE 5 NAVIGUEZ SUR LE WEB

CHAPITRE 6 ÉCHANGEZ DU COURRIER ÉLECTRONIQUE

Chapitre 7 Manipulez les images

Chapitre 8 Profitez du multimédia

Chapitre 9 Créez et modifiez des documents

Chapitre 10 Manipulez les fichiers

Chapitre 11 Partagez votre ordinateur

CHAPITRE 12 SÉCURISEZ WINDOWS 10

CHAPITRE 13 PERSONNALISEZ WINDOWS 10

CHAPITRE 14 ENTRETENEZ WINDOWS 10

Windows 10 démarre automatiquement avec votre ordinateur en affichant l'écran d'ouverture de session.

Démarrez Windows 10

1 Allumez votre ordinateur.

● Après quelques instants, l'écran de verrouillage de Windows 10 apparaît.

2 Appuyez sur Entrée ou cliquez avec la souris.

Pour vous assurer que personne n'utilise votre ordinateur sans votre autorisation, Windows 10 vous invite à définir un nom d'utilisateur et un mot de passe au tout premier démarrage, lors des étapes de configuration. À chaque démarrage, Windows 10 affiche l'écran d'ouverture de session, où vous tapez vos nom d'utilisateur et mot de passe pour continuer.

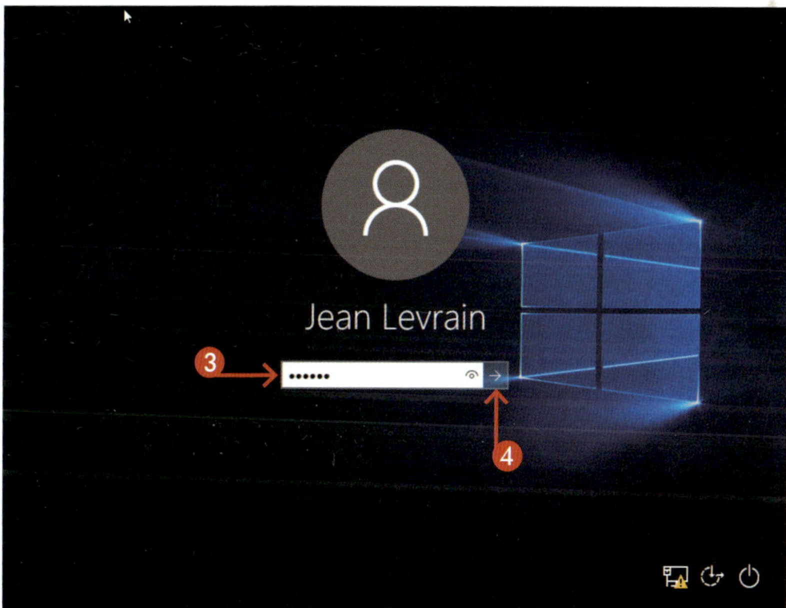

L'écran d'ouverture de session apparaît.

Note. *Si vous avez créé plusieurs comptes d'utilisateurs, cliquez l'icône de votre nom d'utilisateur.*

3 Tapez votre mot de passe.

Note. *Lors de la saisie, des points remplacent les caractères du mot de passe pour en préserver la confidentialité. Cliquez* 👁 *pour afficher ce dernier.*

4 Cliquez la flèche → ou appuyez sur **Entrée**.

Le Bureau de Windows 10 apparaît.

DÉCOUVREZ LE BUREAU

Avant de vous lancer dans l'utilisation de Windows 10, découvrez les éléments de base de son écran : les icônes du Bureau, la barre des tâches, le bouton Démarrer et la zone de notification. Il est important de connaître ces éléments et leur usage pour bien utiliser Windows 10 et ses applications.

Icône de Bureau

Chaque icône placée sur le Bureau représente un programme ou une fonction de Windows 10. Lors de l'installation d'un nouveau programme, son icône apparaît généralement sur le Bureau.

Bureau

Il s'agit de l'espace de travail de Windows 10, c'est-à-dire là où vous utilisez vos programmes et vos documents.

Pointeur

Cette flèche suit les mouvements de la souris.

Bouton Démarrer

Cliquez ce bouton pour afficher le menu Démarrer et accéder aux principaux réglages, fonctions et applications de Windows 10. C'est aussi par ce biais que vous pouvez éteindre ou redémarrer votre ordinateur.

Zone de recherche

Saisissez dans cette zone le terme de votre choix, et Windows affiche aussitôt une liste d'éléments correspondants contenus sur votre ordinateur ou sur le Web.

Bouton Affichage des tâches

Ce bouton permet d'afficher les applications en cours et de créer autant d'occurrences du Bureau que vous voulez lancer de tâches ou de programmes simultanément. Il suffit ensuite de cliquer ce bouton pour passer d'un Bureau à l'autre.

Barre des tâches

Les programmes ouverts apparaissent dans la barre des tâches. Cette zone permet de passer d'un programme à un autre, si vous en avez ouvert plusieurs simultanément. Elle contient par défaut les icônes des applications Explorateur de fichiers, Edge et Windows Store.

Zone de notification

Cette zone présente de petites icônes qui vous informent des événements en cours sur votre ordinateur. Par exemple, une notification apparaît si le bac à papier de l'imprimante est vide ou si une nouvelle mise à jour de Windows est disponible. C'est également là qu'est indiqué l'état de votre connexion Internet ou le volume sonore du système. Cliquez l'icône pour afficher le Centre de notifications.

Heure et date

Il s'agit de l'heure et de la date en cours. Pour afficher la date complète, placez le pointeur sur l'heure. Pour régler la date ou l'heure, cliquez l'heure.

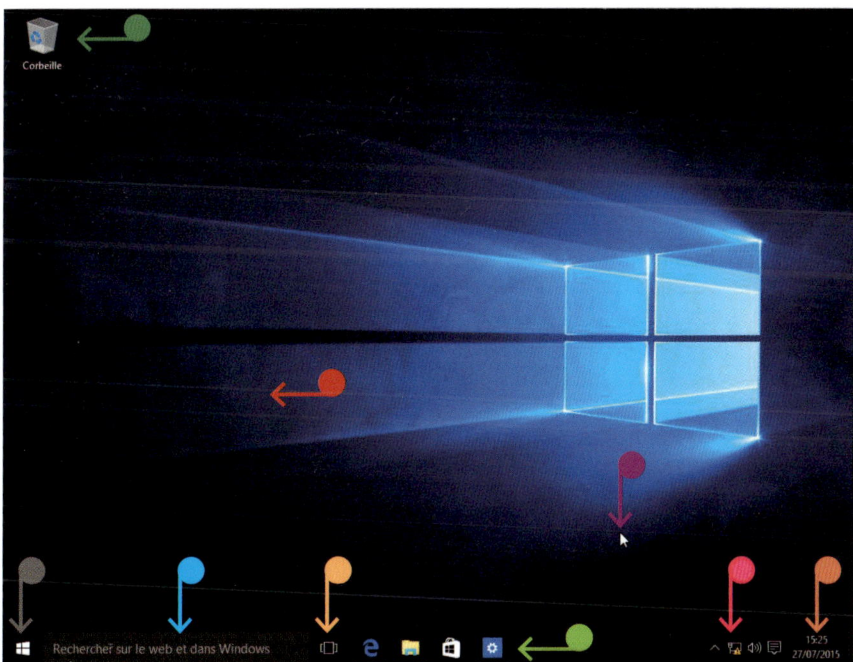

Le menu Démarrer est, comme son nom l'indique, le point de départ de toutes vos actions dans Windows 10. Apprenez à identifier les différents éléments contenus dans le menu Démarrer pour profiter pleinement de votre expérience avec Windows 10.

Compte d'utilisateur

Cette icône donne accès aux options du compte d'utilisateur.

Vignettes d'applications

Ces vignettes donnent un accès direct aux applications de Windows 10. Certaines affichent des informations fréquemment mises à jour, comme la vignette Météo. À gauche du menu Démarrer figurent les vignettes des applications les plus couramment utilisées.

Raccourcis de fonctions

Les boutons Explorateur de fichiers et Paramètres permettent d'afficher les fenêtres du même nom.

Bouton Marche/Arrêt

Ce bouton permet d'arrêter ou de redémarrer l'ordinateur.

Bouton Toutes les applications

Cliquez ce bouton pour afficher dans le volet gauche du menu Démarrer la totalité des applications installées sur votre PC, sous forme de liste alphabétique.

Pour ouvrir le menu Démarrer, cliquez le bouton **Démarrer** . Pour personnaliser ou modifier le menu Démarrer, lisez le chapitre 13.

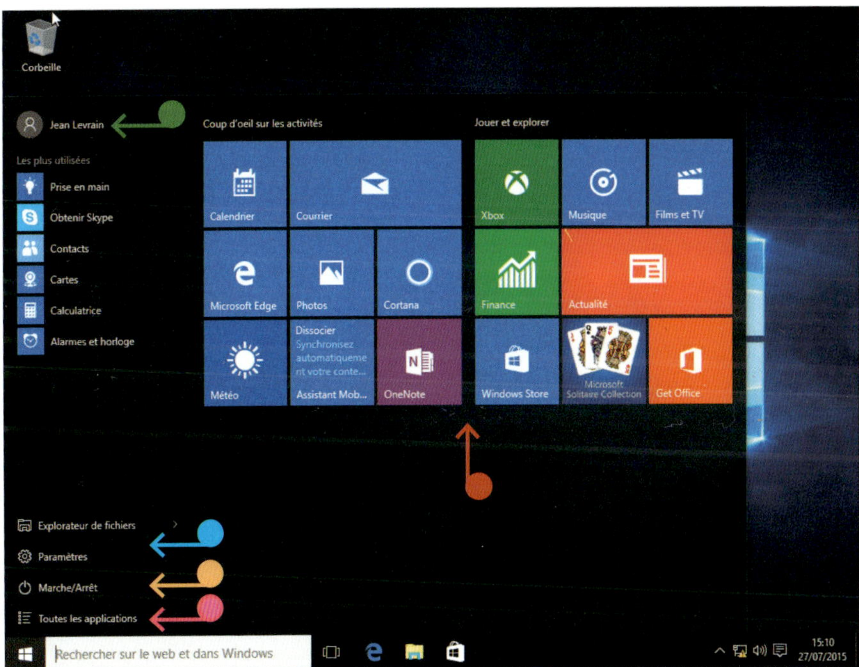

Si vous utilisez Windows 10 sur un ordinateur de bureau ou un portable, assimilez au plus vite les techniques de base de l'usage de la souris, incontournables avec Windows.

Cliquez

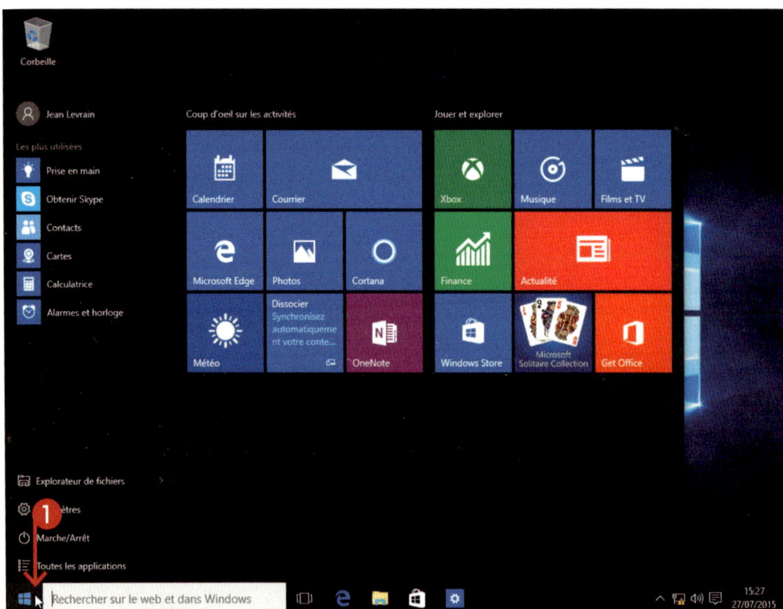

1 Placez le pointeur sur l'objet à manipuler.

2 Appuyez sur le bouton gauche de la souris.

Windows 10 exécute une opération selon l'objet (comme afficher le menu Démarrer).

Si vous n'avez jamais utilisé de souris, effectuez des déplacements lents et mesurés. Exercez-vous autant que nécessaire.

» Double-cliquez

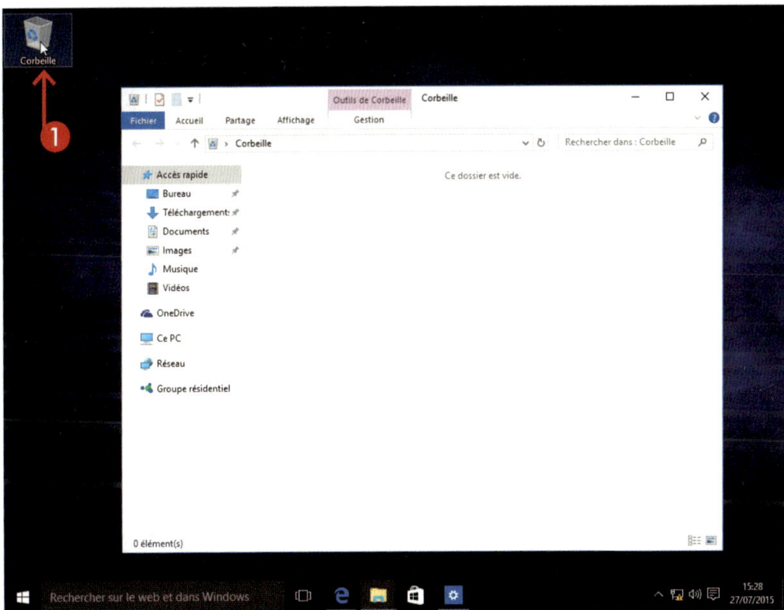

❶ Placez le pointeur sur l'objet à manipuler.

❷ Appuyez rapidement deux fois de suite sur le bouton gauche de la souris.

● Windows 10 effectue généralement une opération (comme afficher la fenêtre de la Corbeille).

Si Windows 10 ne réagit pas au double-clic, essayez de double-cliquer plus rapidement et ne déplacez pas la souris entre les clics. Si le problème persiste, ouvrez le menu Démarrer, puis cliquez le bouton **Paramètres**. Dans la fenêtre qui s'ouvre, cliquez **Périphériques** → **Souris et pavé tactile** → **Options supplémentaires de souris** pour ouvrir la boîte de dialogue Propriétés de : Souris. Dans l'onglet Boutons, déplacez le curseur Vitesse du double-clic vers la gauche (vers Lente).

Cliquez du bouton droit

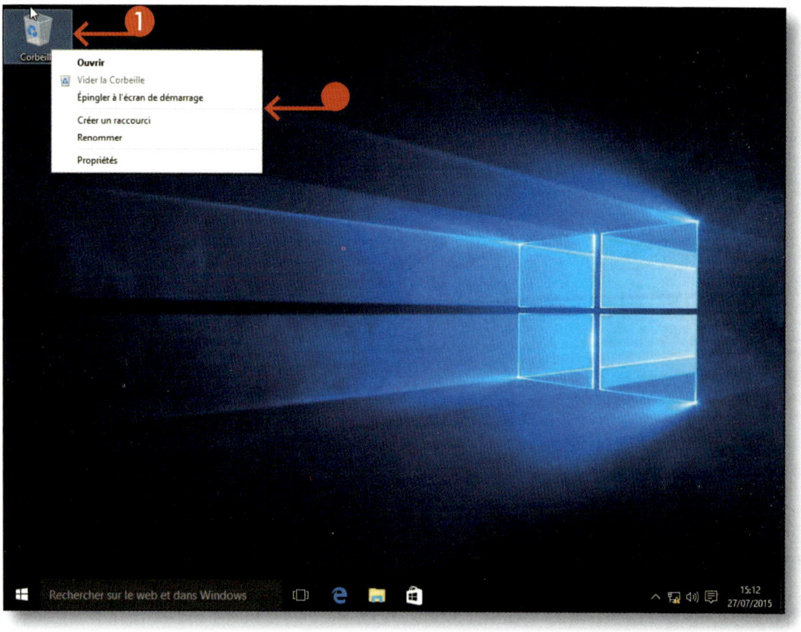

1 Placez le pointeur sur l'objet à manipuler.

2 Appuyez sur le bouton droit de la souris.

Windows 10 affiche un menu contextuel.

Note. *Le contenu du menu contextuel varie selon l'objet cliqué.*

Pour adapter votre souris à un gaucher, dans le même onglet, cochez la case **Inverser le bouton principal et secondaire**, puis utilisez le bouton droit de la souris pour cliquer **OK**.

Faites glisser la sélection

1 Placez le pointeur sur l'objet à manipuler.

2 Cliquez et maintenez enfoncé le bouton gauche de la souris.

3 Déplacez la souris pour faire glisser l'objet sélectionné.

En règle générale, l'objet suit le mouvement du pointeur.

4 Relâchez le bouton de la souris lorsque l'objet est repositionné.

L'utilisation de Windows 10 avec une tablette ou un écran tactile s'effectue au moyen de mouvements, contrairement à un ordinateur classique. Cependant, comme Windows 10 a été conçu pour ce type de dispositif, il est très intuitif et facile à découvrir.

Toucher

Apposez votre doigt sur la surface de l'écran puis relevez-le aussitôt. Ce geste sert pour effectuer des actions et équivaut à cliquer avec la souris.

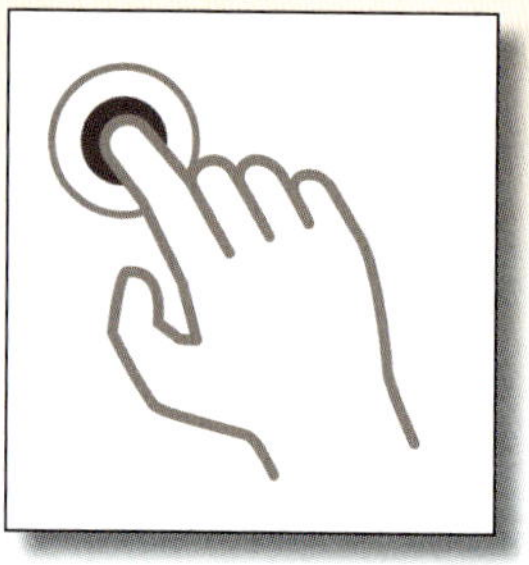

Double-toucher

Touchez l'écran deux fois de suite et très rapidement. Ce geste équivaut à double-cliquer avec la souris, et permet d'effectuer également des actions.

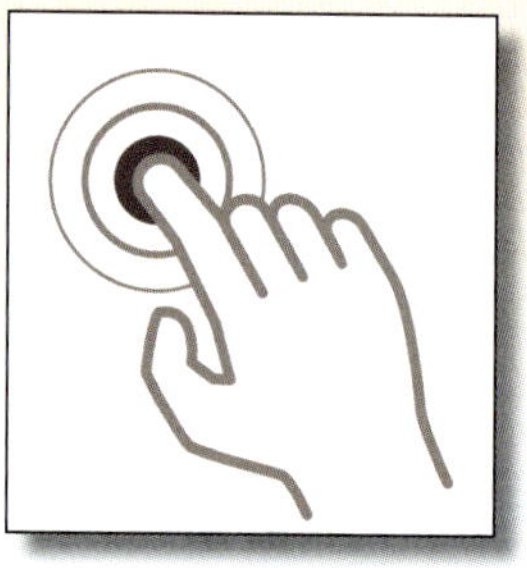

Voici les principaux gestes à connaître.

Appui long

Appuyez avec votre doigt sur l'écran durant une ou deux secondes. Ce geste permet généralement d'afficher un menu contextuel ou les options relatives à l'élément sélectionné, et équivaut à un clic du bouton droit de la souris.

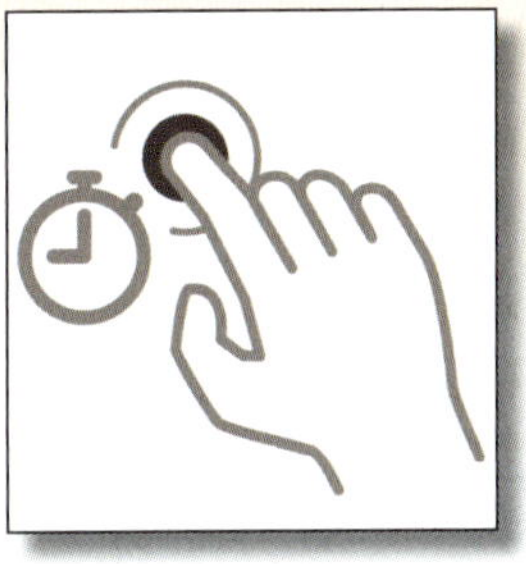

Faire glisser

Touchez un élément et, sans relâcher la pression, déplacez votre doigt dans la direction de votre choix, puis relevez-le. Ce geste permet de déplacer un élément ou de faire défiler le contenu d'un écran dans la direction du mouvement de votre doigt.

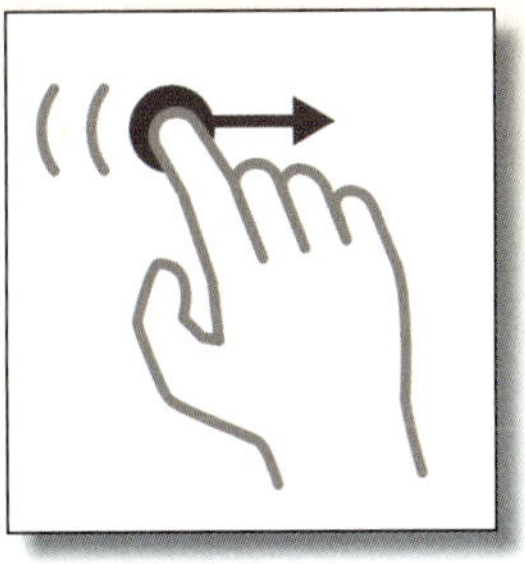

Feuilleter

Déplacez rapidement votre doigt sur la surface de l'écran.

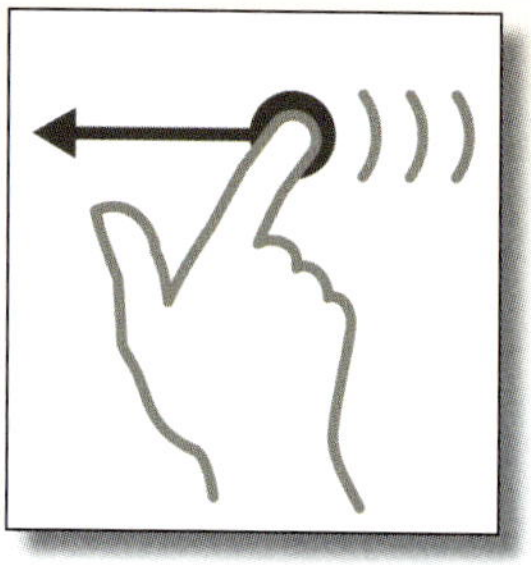

Pincer

Rapprochez deux doigts l'un de l'autre sur la surface de l'écran afin d'effectuer un zoom arrière sur une image ou un élément affiché.

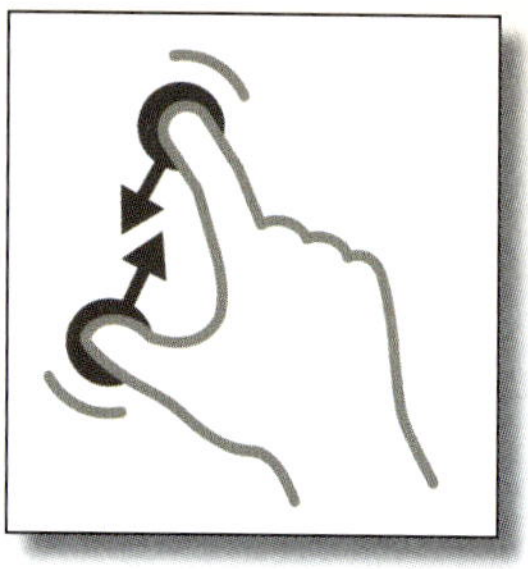

Écarter

Éloignez deux doigts l'un de l'autre sur la surface de l'écran afin d'effectuer un zoom avant sur une image ou un élément affiché.

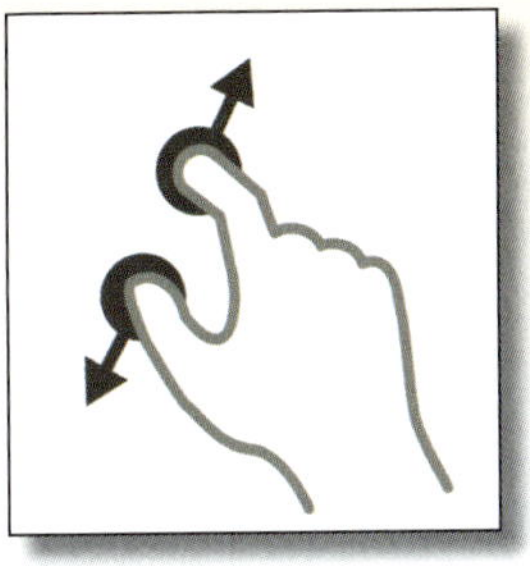

Faire pivoter

Placez deux doigts sur l'écran et effectuez une rotation dans le sens des aiguilles d'une montre ou dans le sens inverse. Ce geste permet de faire pivoter un élément affiché, comme une image.

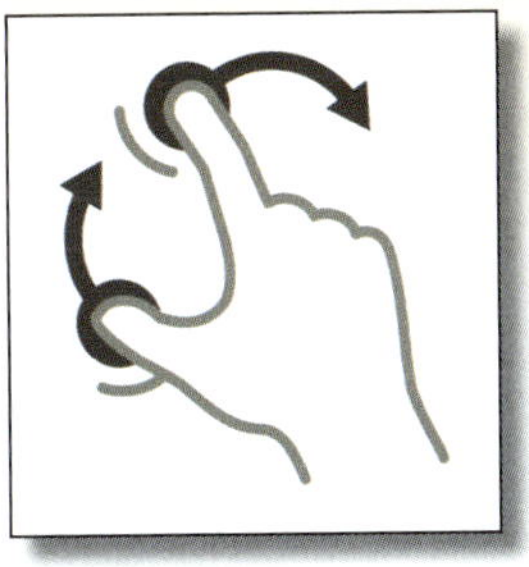

UTILISEZ WINDOWS 10 AVEC UN ÉCRAN TACTILE

Si vous n'avez jamais utilisé de tablette, vous allez constater que la différence principale réside dans le mouvement des doigts (parfois d'un stylet, s'il est fourni) pour exécuter des applications, sélectionner des éléments et manipuler des objets à l'écran.

Effectuez une action ou déplacez un élément

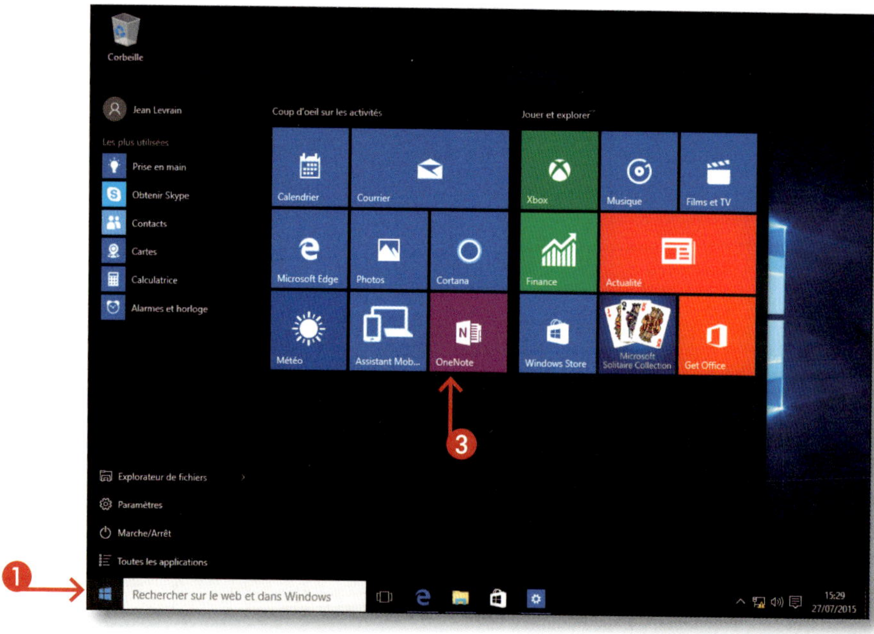

1 Placez votre doigt ou le stylet au-dessus de l'objet à manipuler.

2 Touchez l'écran.

Selon l'objet, Windows 10 le sélectionne ou exécute une opération (comme afficher le menu Démarrer).

3 Posez votre doigt ou le stylet sur l'écran et déplacez-le.

● L'objet suit le mouvement de votre doigt ou du stylet.

4 Lorsque l'objet est repositionné, relevez votre doigt ou le stylet.

Vous manquerez peut-être de précision au début, mais les gestes vont venir plus naturellement à mesure que vous appliquerez les techniques de cette section.

Balayez l'écran

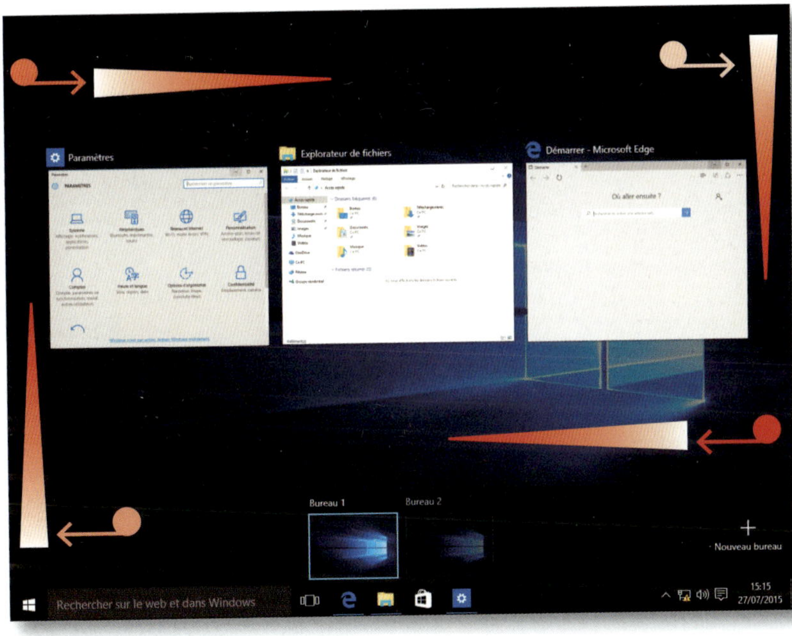

1 Faites glisser rapidement votre doigt ou le stylet sur l'écran comme suit :

● Glissez du bord droit de l'écran vers la gauche.

Windows 10 affiche le centre de notifications.

● Glissez du bord gauche de l'écran vers la droite pour ouvrir la vue Affichage des tâches (l'ensemble des applications ouvertes).

● Glissez du bas de l'écran vers le haut pour afficher la barre des tâches si elle est masquée.

● Glissez du haut de l'écran vers le bas pour afficher la barre de titre d'une application si elle est masquée.

Redémarrez Windows 10 lorsque votre ordinateur ralentit, qu'il devient instable ou lorsque vous installez un programme ou un périphérique qui le nécessite. Votre travail de la journée terminé, arrêtez Windows 10. Il ne suffit pas, cependant, d'appuyer sur le bouton de mise hors tension de votre ordinateur.

Redémarrez ou arrêtez Windows 10

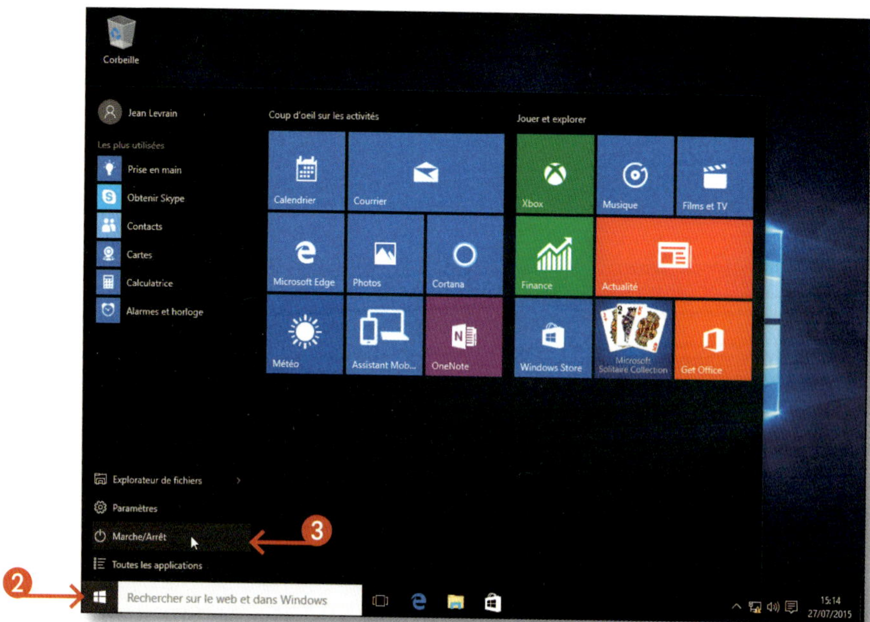

❶ Quittez tous les programmes en cours d'exécution.

Note. *Enregistrez votre travail en quittant les programmes.*

❷ Cliquez le bouton **Démarrer** ⊞.

❸ Cliquez le bouton **Marche/Arrêt**.

Les étapes ci-après décrivent la bonne marche à suivre afin de ne pas endommager votre système. Éteindre l'ordinateur sans arrêter correctement Windows 10 peut causer deux problèmes. Tout d'abord, si vous n'avez pas enregistré les modifications de vos documents ouverts, vous risquez de les perdre. En outre, vous pouvez endommager certains fichiers de Windows 10 et rendre le système instable.

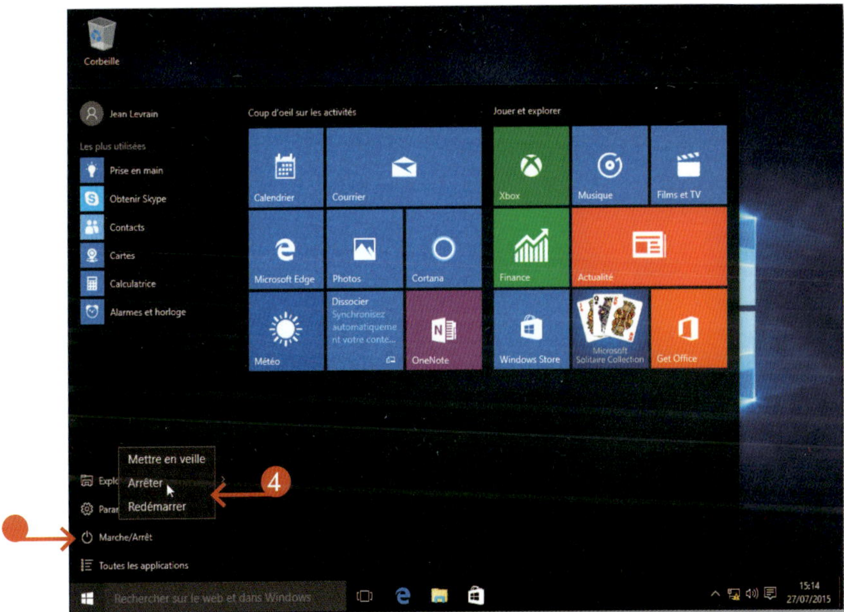

4 Cliquez **Redémarrer** ou **Arrêter**.

Dans le premier cas, Windows 10 s'arrête et votre ordinateur redémarre. Dans le deuxième cas, Windows 10 s'arrête et éteint votre ordinateur.

Si, lors de votre prochaine utilisation de Windows 10, vous souhaitez retrouver tels quels les programmes et les documents ouverts, cliquez **Marche/Arrêt** → **Mettre en Veille**.

INSTALLEZ UNE APPLICATION

Si Windows 10 n'inclut pas une application dont vous avez besoin, vous pouvez l'acquérir séparément et l'installer vous-même sur votre ordinateur.

À partir du Windows Store

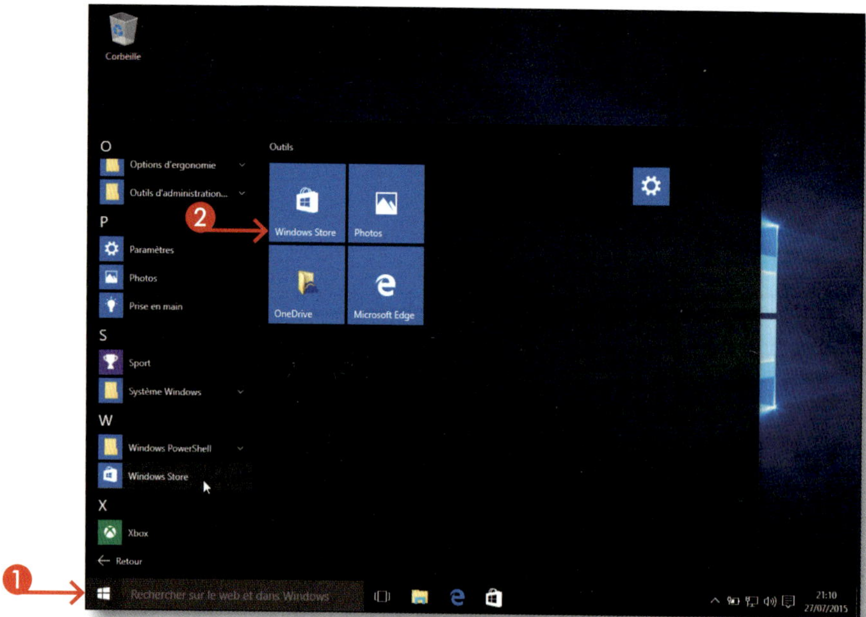

❶ Cliquez le bouton **Démarrer** ⊞.

❷ Cliquez l'icône **Windows Store**.

Note. *Vous devez posséder un compte Microsoft pour installer une application à partir du Windows Store. Lisez pour cela la section « Passez à un compte Microsoft » du chapitre 13.*

Une application se démarre différemment si vous l'avez obtenue à partir du Windows Store ou si vous l'avez téléchargée *via* Internet. Si vous l'avez achetée en magasin, elle s'installe à l'aide du CD ou du DVD fourni.

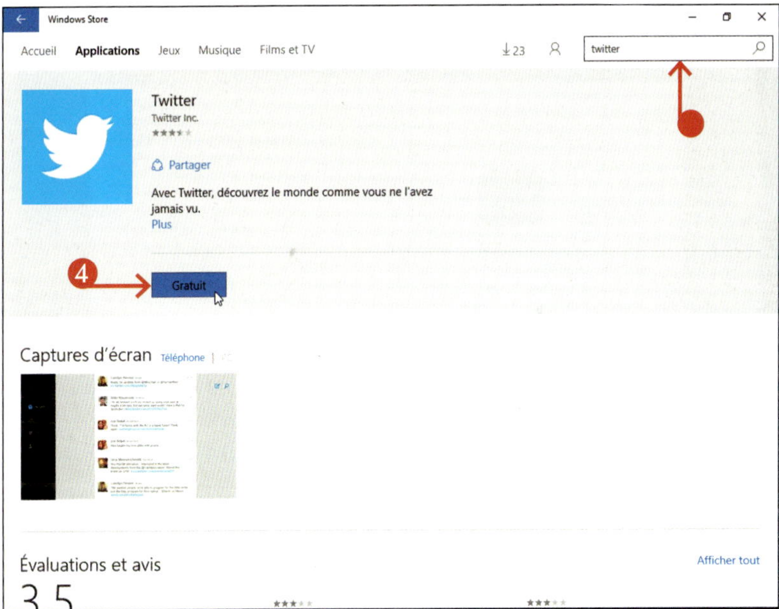

La fenêtre Windows Store s'affiche.

3 Cliquez l'application à installer.

● Si l'application que vous souhaitez n'apparaît pas dans cet écran, parcourez les différentes catégories ou tapez son nom dans la zone de recherche.

4 Touchez **Gratuit** ou le prix de l'application si elle est payante.

Windows 10 installe l'application.

Pour installer un logiciel à partir d'un CD ou d'un DVD, insérez-le dans votre lecteur, puis cliquez la notification qui s'affiche afin de sélectionner l'action à exécuter. Cliquez **Exécuter fichier**, où *fichier* correspond au nom du programme d'installation (setup.exe habituellement).

Depuis un fichier téléchargé sur Internet

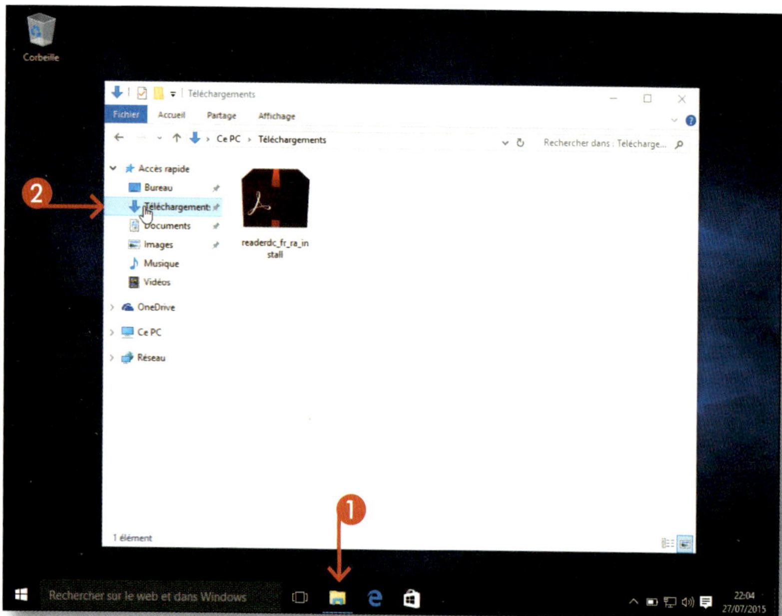

1 Cliquez le bouton **Explorateur de fichiers** dans la barre des tâches.

2 Cliquez **Téléchargements**.

Note. *Si vous avez enregistré le fichier dans un autre dossier, utilisez l'Explorateur de fichiers pour le localiser. Reportez-vous à cet effet au chapitre 10.*

Le dossier Téléchargements apparaît.

Suivez les instructions fournies (la procédure varie d'un programme à un autre).

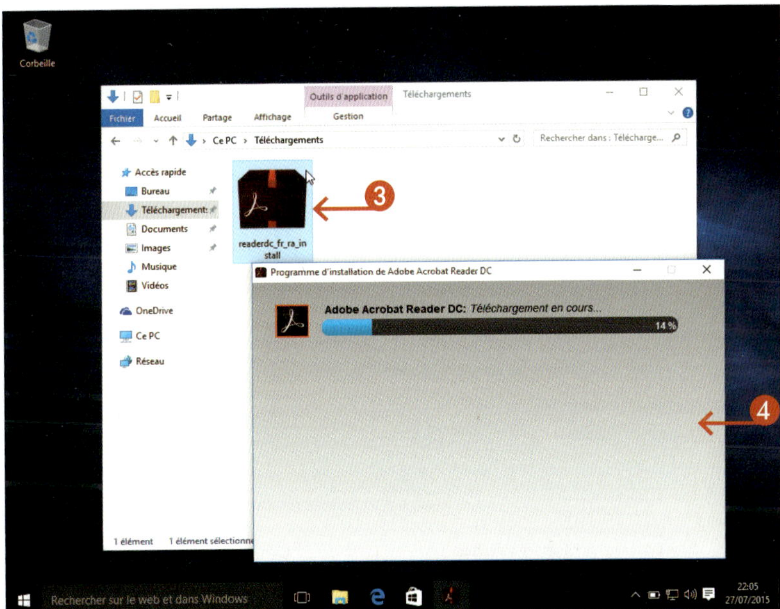

3 Double-cliquez le fichier.

Le programme d'installation démarre.

Note. *Si le fichier est un dossier compressé, vous devez tout d'abord en extraire le contenu, puis double-cliquer le fichier d'installation (chapitre 10).*

4 Suivez les instructions fournies par le programme d'installation.

Les applications installées sur votre ordinateur permettent d'effectuer toutes sortes de tâches. Par exemple, pour naviguer sur le Web, utilisez un navigateur comme Edge, fourni avec Windows 10.

Avec le menu Démarrer

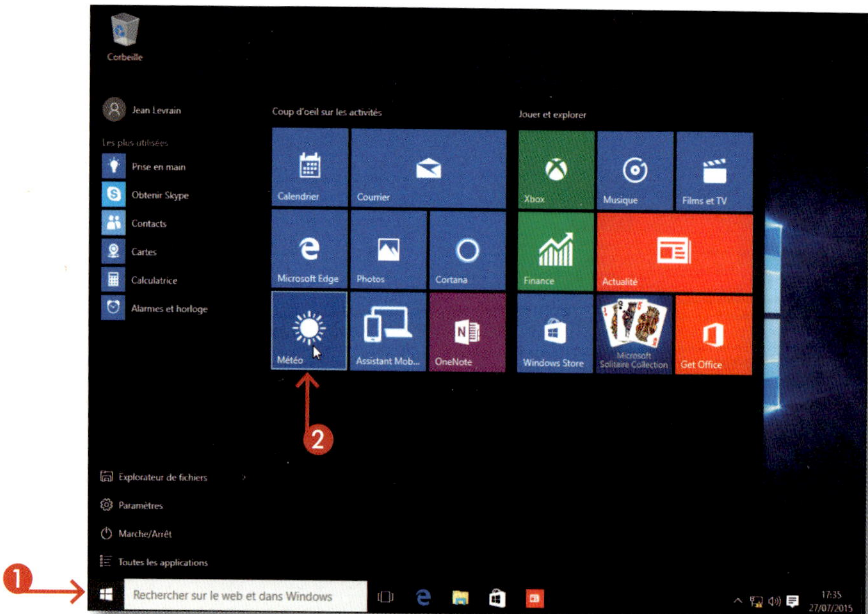

❶ Cliquez le bouton **Démarrer** ⊞.

❷ Cliquez la vignette de l'application à démarrer.

***Note.** Pour savoir à quoi correspondent les éléments du menu Démarrer, lisez le chapitre 1.*

Avant d'utiliser une application, il vous faut indiquer à Windows 10 laquelle exécuter, et la démarrer à partir du menu Démarrer ou de la liste Toutes les applications.

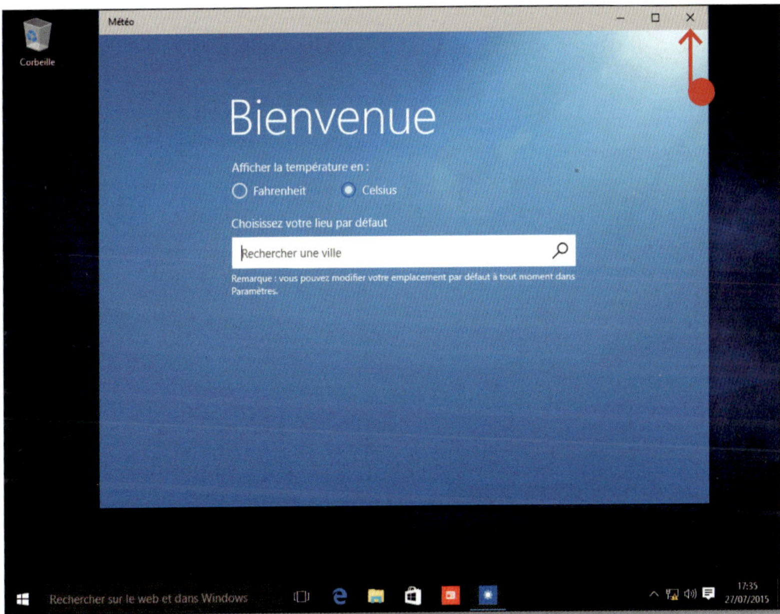

L'application démarre.

● Pour quitter une application, cliquez le bouton **Fermer** ✕ ou appuyez sur **Alt** + **F4**.

Pour retrouver facilement une application parmi des dizaines de vignettes, commencez à taper le nom de l'application dans la zone de recherche de la barre des tâches. Windows 10 affiche la liste des applications correspondantes.

Avec la liste Toutes les applications

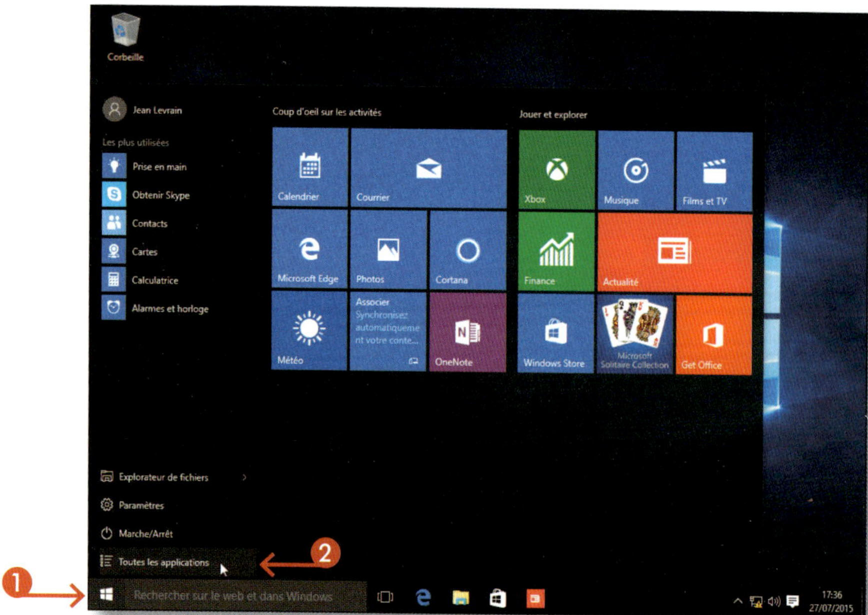

1 Cliquez le bouton **Démarrer** ⊞.

2 Cliquez le bouton **Toutes les applications**.

Ce bouton s'appelle désormais **Retour**.

Cliquez le nom de l'application dès que vous la voyez dans la liste des résultats.

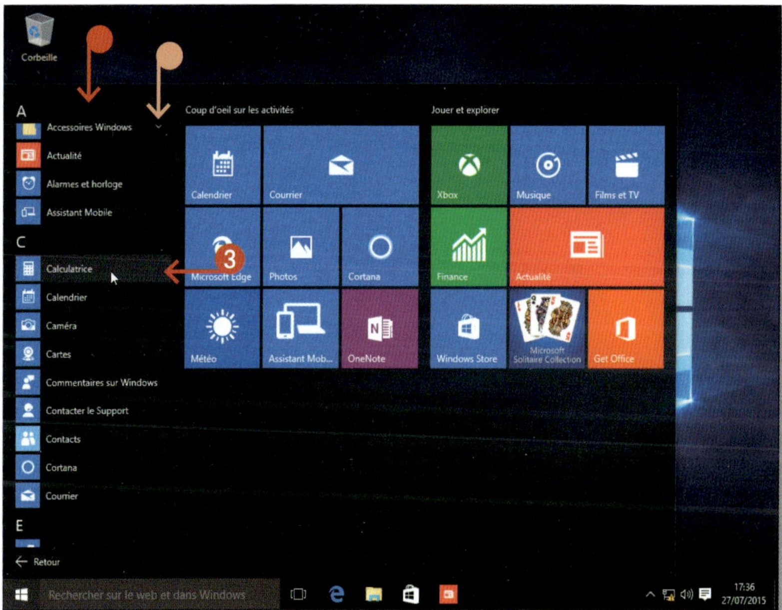

La liste de toutes les applications apparaît.

3 Cliquez l'application à exécuter.

Si l'application se trouve dans un sous-menu, cliquez ce dernier, puis l'icône de l'application.

Windows 10 démarre l'application.

Lorsque vous utilisez plusieurs applications simultanément, il est possible de passer facilement de l'une à l'autre.

Avec la souris

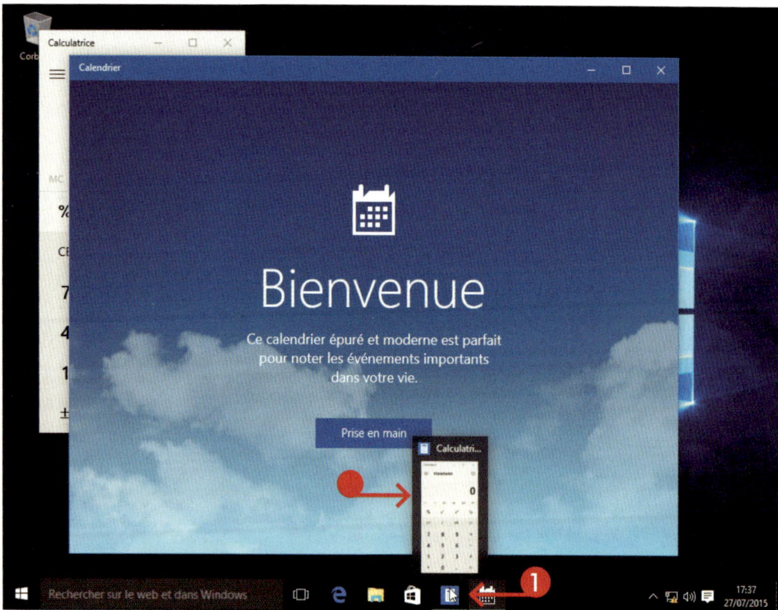

❶ Dans la barre des tâches, placez le pointeur de la souris sur le bouton de l'application à afficher.

● Windows affiche la fenêtre de l'application dans une vignette.

❷ Cliquez le bouton de l'application à utiliser.

L'application voulue s'affiche, faisant passer la précédente à l'arrière-plan.

En plus des deux manipulations présentées ci-dessous, il est possible d'utiliser le clavier. Maintenez enfoncée la touche Alt et appuyez sur Tab autant de fois que nécessaire pour sélectionner l'application voulue. Relâchez alors la touche Alt.

Avec le bouton Affichage des tâches

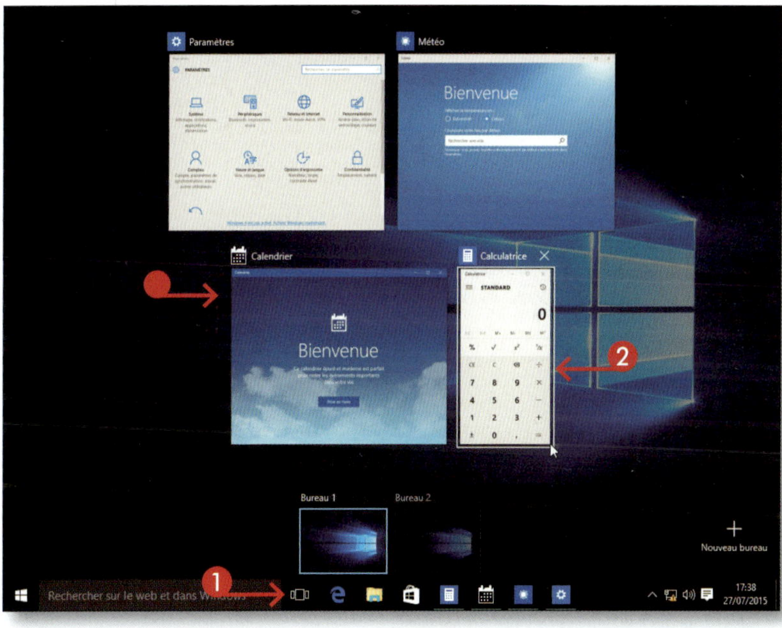

1 Dans la barre des tâches, cliquez le bouton **Affichage des tâches** .

● Windows 10 affiche au centre de l'écran les fenêtres des applications ouvertes sous forme de vignettes.

2 Cliquez la vignette de l'application à utiliser.

L'application s'affiche.

METTEZ UNE APPLICATION À JOUR

Dès la sortie d'une application, son éditeur ne cesse de la mettre à jour à l'aide de correctifs ou d'ajouts de fonctionnalités supplémentaires.

Mettez une application à jour

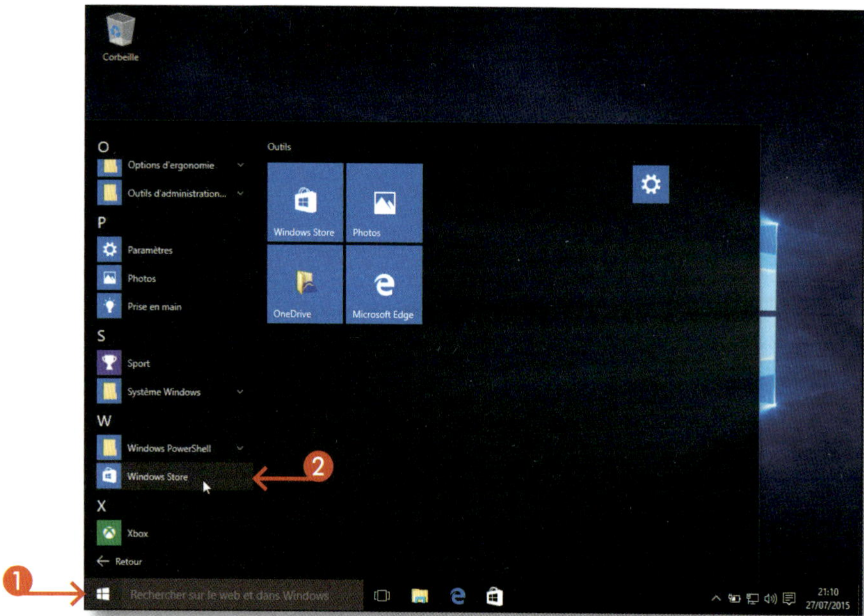

❶ Cliquez le bouton **Démarrer** ⊞.

❷ Cliquez l'icône **Windows Store**.

L'application Windows Store s'affiche.

● Ce chiffre vous indique le nombre de mises à jour disponibles.

❸ Cliquez ↓.

Assurez-vous d'utiliser la dernière version en date d'une application en vérifiant régulièrement sur le Windows Store l'existence de mises à jour pour cette dernière.

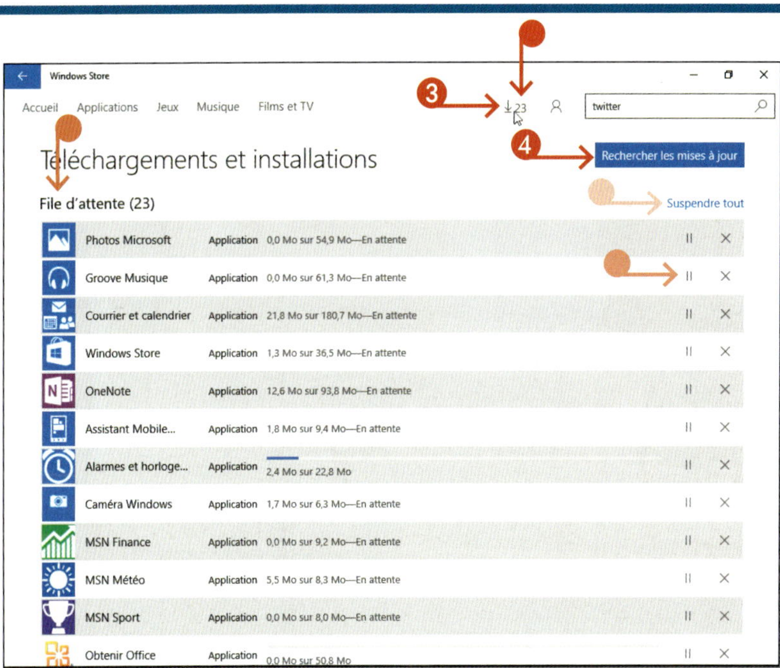

La liste des mises à jour disponibles s'affiche et ces dernières s'installent automatiquement.

4 Cliquez **Rechercher les mises à jour** pour vous assurer que toutes les mises à jour sont bien répertoriées.

Pour interrompre ou arrêter une mise à jour, cliquez || ou ×.

Pour interrompre l'intégralité des mises à jour proposées, cliquez **Suspendre tout**.

Lorsque vous ne comptez plus utiliser une application que vous avez installée, désinstallez-la de votre ordinateur pour libérer de l'espace sur le disque dur.

Désinstallez une application

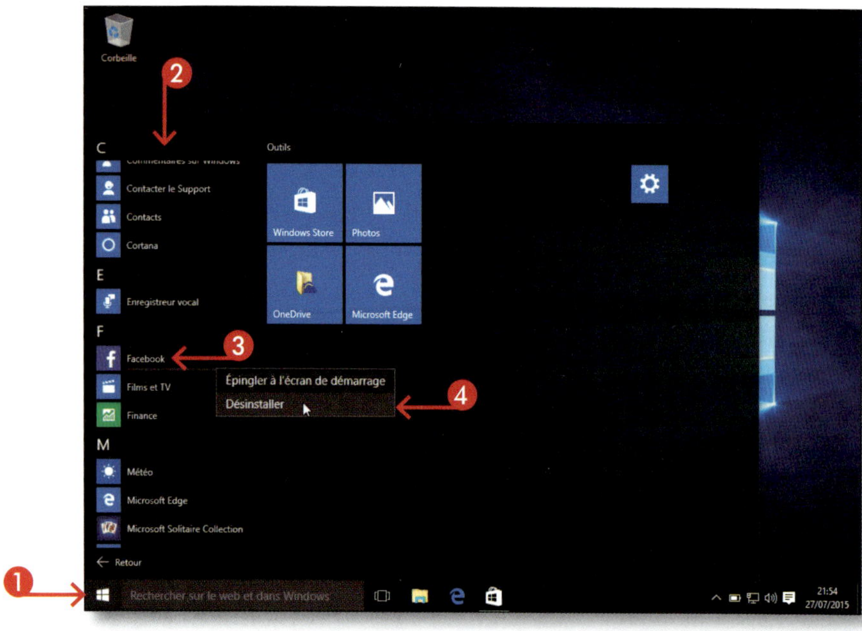

❶ Cliquez le bouton **Démarrer** .

❷ Utilisez le menu Démarrer ou la liste Toutes les applications pour localiser l'application à désinstaller.

❸ Cliquez l'application du bouton droit.

❹ Cliquez **Désinstaller**.

Si la procédure ci-dessous ne fonctionne pas, tentez celle-ci : tapez **désinstaller** dans la zone de recherche, puis cliquez **Programmes et fonctionnalités** dans la liste des résultats pour afficher la fenêtre Programmes et fonctionnalités. Cliquez l'application à désinstaller, puis **Désinstaller** (ou **Désinstaller/Modifier**). Cliquez **Oui** dans la boîte de dialogue de confirmation, et la désinstallation commence.

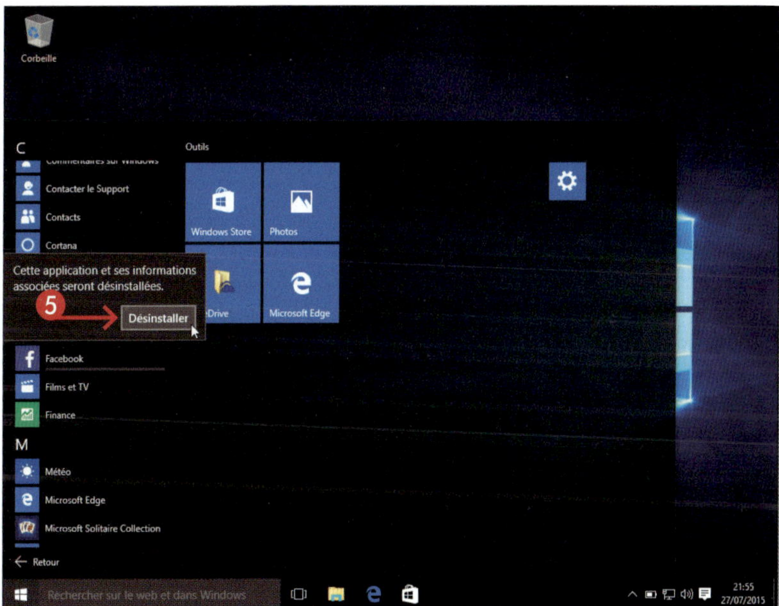

Windows 10 vous invite à confirmer.

5 Cliquez **Désinstaller**.

Windows 10 supprime l'application.

Si vous utilisez une application très fréquemment, épinglez-la au menu Démarrer et/ou à la barre des tâches afin de la retrouver plus rapidement.

Épinglez une application

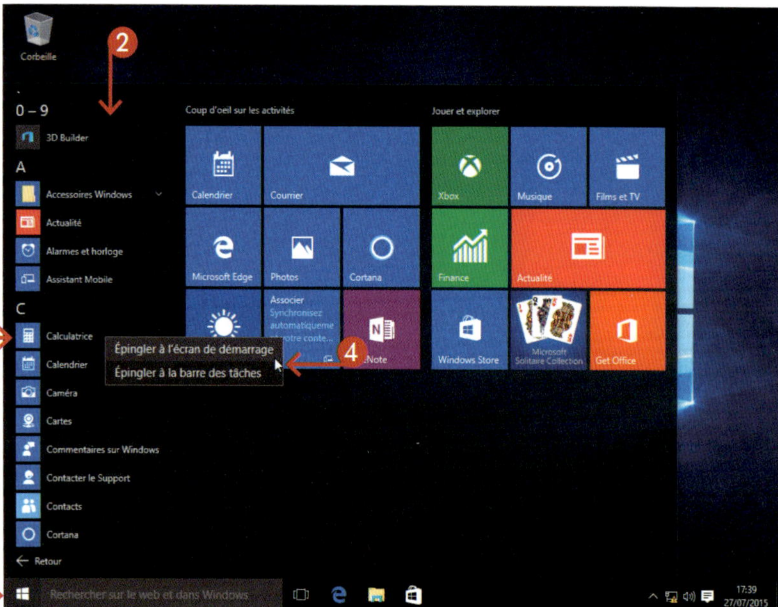

1 Cliquez le bouton **Démarrer** .

2 Utilisez la liste Toutes les applications pour localiser l'application à épingler.

3 Cliquez l'application du bouton droit.

4 Cliquez **Épingler à l'écran de démarrage** ou **Épingler à la barre des tâches**.

Pour supprimer une application du menu Démarrer, cliquez sa vignette du bouton droit dans ce dernier, puis cliquez **Supprimer du menu Démarrer**. Pour supprimer une application de la barre des tâches, cliquez-la du bouton droit, puis cliquez **Détacher de la barre des tâches**.

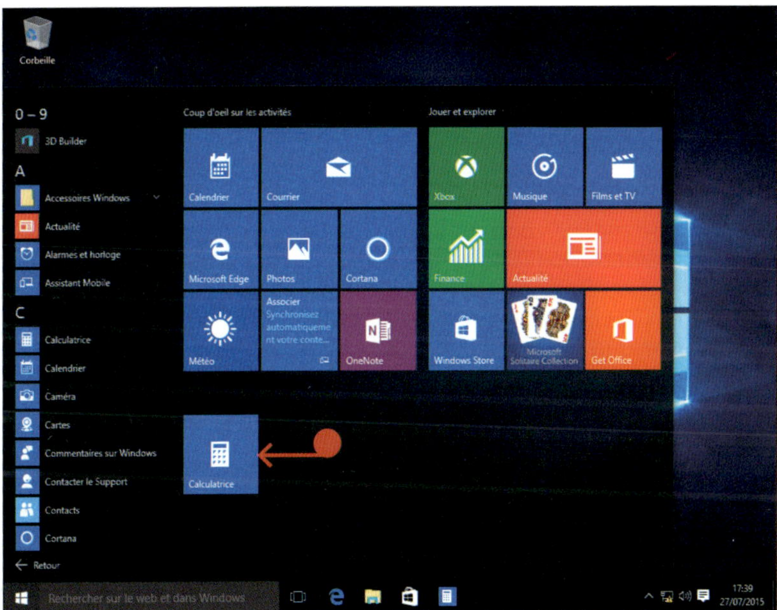

L'application s'ajoute sous forme de vignette dans la zone principale de l'écran Démarrer ou sous forme de bouton dans la barre des tâches.

DÉCOUVREZ LES FENÊTRES D'UNE APPLICATION

Lorsque vous démarrez une application, celle-ci s'ouvre sur le Bureau, dans sa propre fenêtre. Les fenêtres d'applications sont différentes, mais elles possèdent presque toutes quelques fonctionnalités communes.

Barre d'outils Accès rapide

Cette partie de la fenêtre d'une application avec ruban donne accès en un clic à plusieurs commandes courantes.

Ruban

Certaines applications possèdent un ruban avec des boutons pour accéder aux différentes fonctions. Certains boutons exécutent des commandes, d'autres ouvrent une liste d'options.

Onglets du ruban

Les onglets contiennent des boutons regroupés par catégories.

Barre de menus

La barre de menus contient les menus déroulants de l'application. Dans certaines applications, vous devez appuyer sur la touche Alt pour l'afficher. Dans nombre d'applications spécifiques à Windows 10, cliquez le bouton ≡ dans le coin supérieur gauche pour ouvrir une barre de menus latérale.

Barre d'outils

Les boutons des barres d'outils donnent un accès rapide aux commandes et aux fonctions courantes de l'application. Certains exécutent des commandes, d'autres ouvrent une liste d'options.

Barre de titre

Le nom de l'application s'affiche dans la barre de titre, ainsi que le nom du document ouvert dans certaines applications. La barre de titre permet aussi de déplacer la fenêtre.

Bouton Réduire

Cliquez le bouton **Réduire** (—) pour masquer la fenêtre et la réduire à un bouton dans la barre des tâches. Cela ne ferme pas le programme.

Dans Windows 10, certaines applications possèdent un ruban, d'autres une barre de menus et une barre d'outils. Les deux types sont traités dans cette section.

Bouton Agrandir

Cliquez le bouton **Agrandir** (☐) pour agrandir la fenêtre à sa taille maximale. Elle occupe alors toute la surface du Bureau, et ce bouton devient ⧉.

Bouton Fermer

Cliquez **Fermer** (☒) pour fermer l'application.

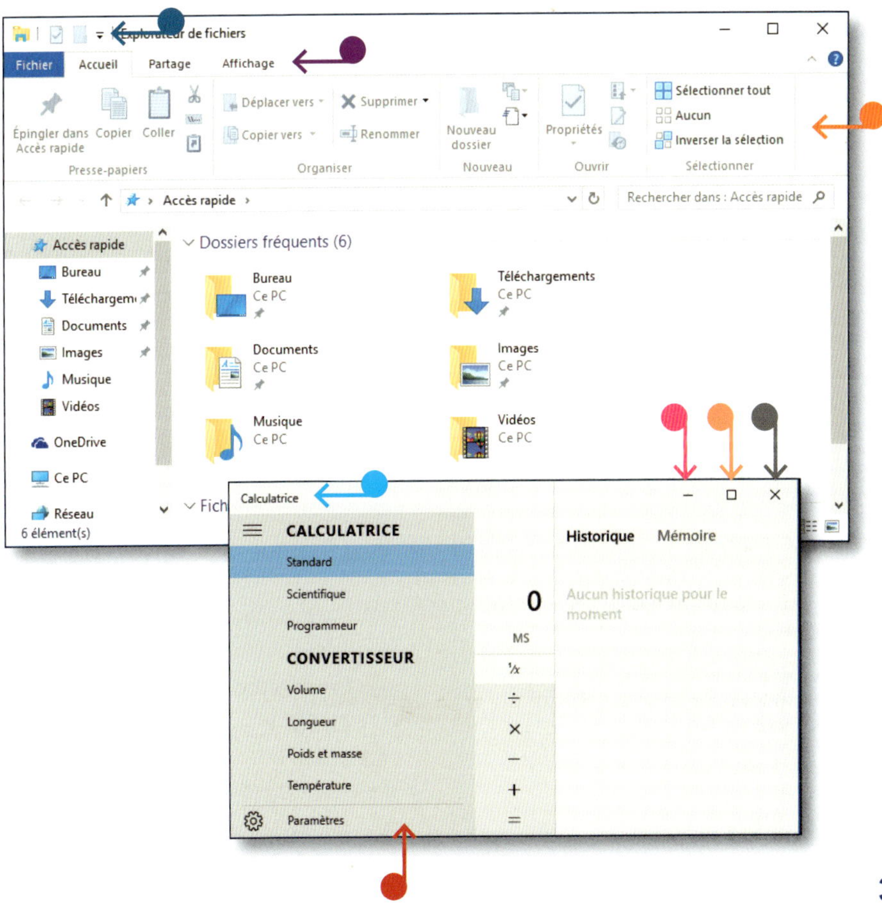

Certaines applications possèdent un ruban, élément qu'il faut connaître pour pouvoir utiliser et contrôler correctement son application.

Exécutez une commande

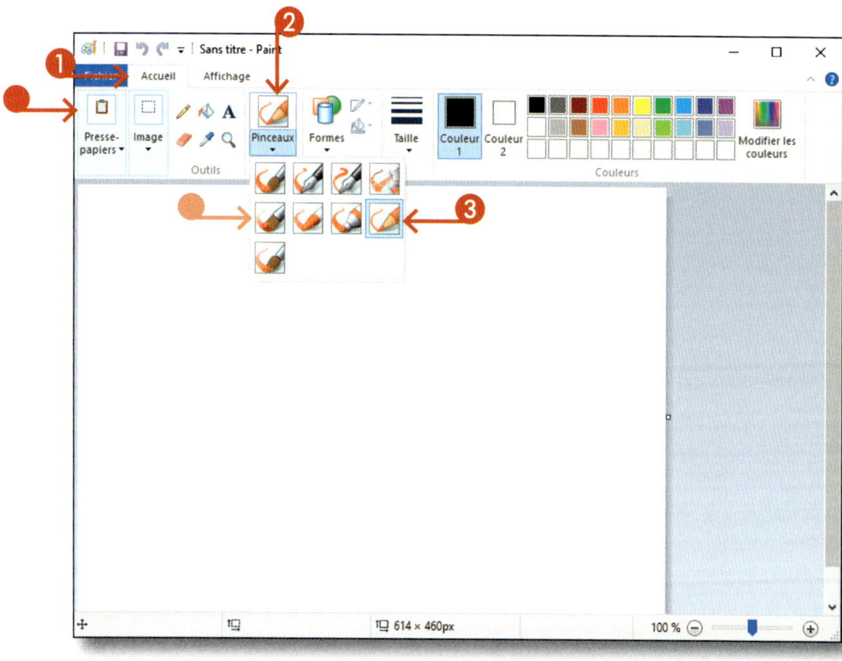

❶ Cliquez le nom de l'onglet.

● Le groupe de boutons de l'onglet s'affiche.

❷ Dans le ruban, cliquez le bouton de la commande ou de la liste souhaitée.

***Note.** Si le bouton reste enfoncé, la fonction correspondante est activée. Pour la désactiver, cliquez à nouveau le bouton.*

● L'application exécute la commande ou déroule une liste.

❸ Si une liste apparaît, cliquez l'élément représentant la commande.

La commande s'exécute.

Comme l'explique la section précédente, le ruban se situe juste au-dessous de la barre de titre. Il donne accès à toutes les fonctions et options de l'application. Ces éléments sont regroupés dans différents onglets, tels que Fichier et Accueil.

Plusieurs applications possèdent un ruban, comme l'Explorateur de fichiers, WordPad et Paint.

Masquez et affichez le ruban

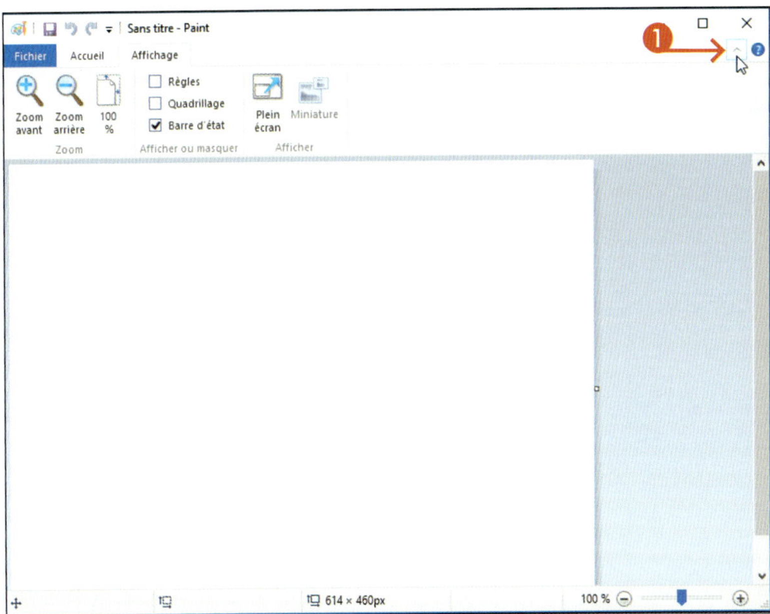

1 Cliquez **Réduire le ruban** (⌃).

Le ruban est masqué et le bouton ⌃ devient ⌄.

Pour afficher le ruban, cliquez ⌄.

Les menus déroulants donnent accès aux différentes commandes et fonctions d'une application.

Chaque élément de la barre de menus représente un *menu déroulant*, c'est-à-dire un groupe de commandes généralement apparentées. Par exemple, les commandes du menu Fichier concernent habituellement les tâches liées au fichier, comme ouvrir et fermer des documents.

Exécutez une commande

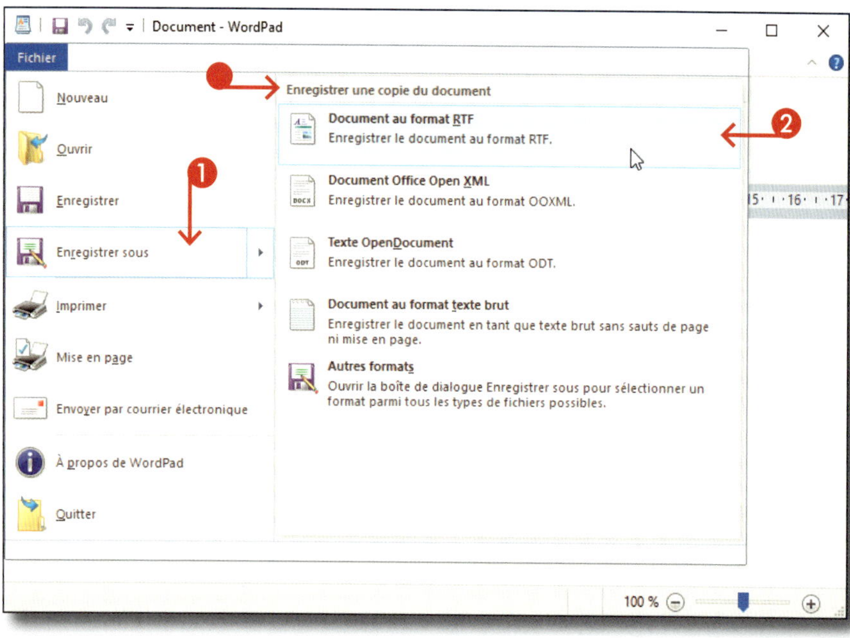

❶ Cliquez le nom du menu à afficher.

● Le menu s'affiche.

Vous pouvez aussi dérouler le menu en appuyant sur Alt, puis sur la lettre soulignée dans le nom du menu.

❷ Cliquez la commande à exécuter.

L'application exécute la commande.

Si la commande se trouve dans un sous-menu, pointez ce dernier puis cliquez-la.

Certains éléments des menus exécutent une commande, c'est-à-dire une action dans l'application. D'autres activent ou désactivent une option. Si la barre de menus n'apparaît pas, appuyez sur Alt.

Activez ou désactivez une option

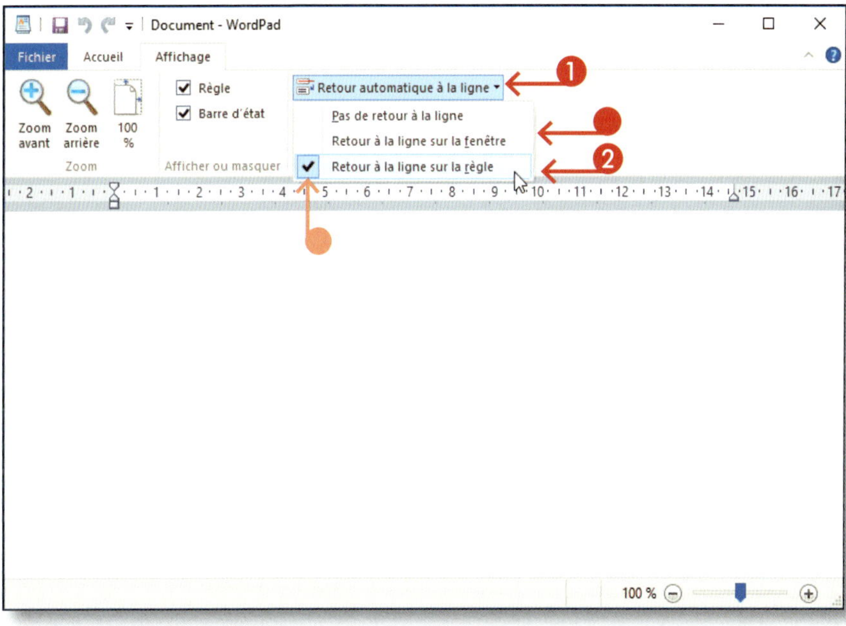

1 Cliquez le nom du menu à afficher.

● Le menu s'affiche.

2 Cliquez l'élément du menu.

Si nécessaire, pointez le sous-menu contenant l'option.

● Une commande à bascule est activée lorsqu'elle est cochée (✔). Cliquez-la à nouveau pour la désactiver (la coche disparaît).

DÉCOUVREZ LES BOÎTES DE DIALOGUE

Les applications affichent une boîte de dialogue pour vous permettre de sélectionner des options ou de taper du texte.

Une *boîte de dialogue* est une fenêtre qui s'affiche lorsqu'une application vous transmet une information ou vous invite à en fournir. Par exemple, pour imprimer un document, faites appel à la boîte de dialogue Imprimer où vous indiquerez, entre autres, le nombre de copies à imprimer.

Bouton d'option

Activez une option en cliquant le bouton associé (○ devient ◉). Un seul bouton peut être activé au sein d'un groupe.

Case à cocher

Activez une option en cliquant la case à cocher associée (☐ devient ☑). Cliquez-la à nouveau pour désactiver l'option (☑ devient ☐).

Bouton de commande

Exécutez une commande en cliquant le bouton qui porte son nom. Par exemple, cliquez **OK** pour appliquer les paramètres sélectionnés dans une boîte de dialogue et fermer cette dernière. Cliquez **Appliquer** pour appliquer les paramètres sans fermer la boîte de dialogue ou **Annuler** pour fermer la boîte de dialogue sans appliquer les réglages.

Onglet

Les différents onglets regroupent des options apparentées. Cliquez un onglet pour afficher les options correspondantes.

Bouton toupie

Le bouton toupie () permet de définir une valeur numérique.

Vous fournissez toutes ces informations grâce aux différents éléments de la boîte de dialogue.

Zone de liste

Une zone de liste contient un certain nombre d'options parmi lesquelles vous choisissez un élément en le cliquant. Si vous ne voyez pas l'élément que vous souhaitez, servez-vous de la barre de défilement pour le visualiser (voir la section suivante, « Utilisez les barres de défilement »).

Zone de texte

Une zone de texte accueille le texte que vous saisissez.

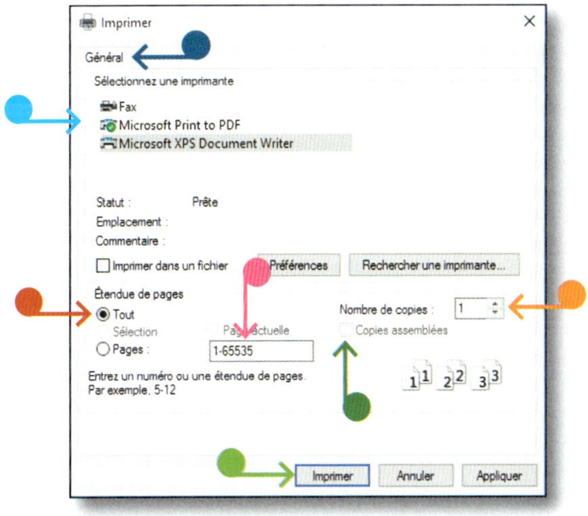

Si la fenêtre du programme ne peut afficher tout le contenu d'un document, révélez la partie masquée en utilisant les barres de défilement.

Utilisez la barre de défilement verticale

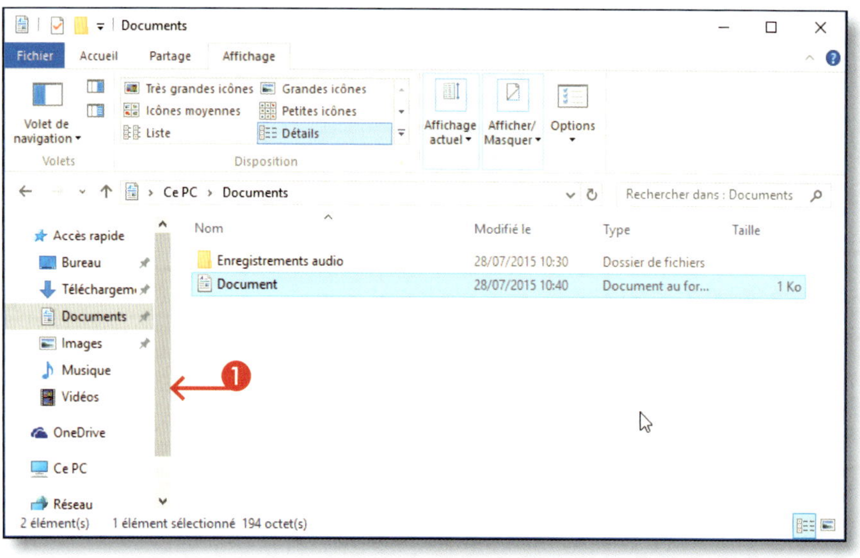

❶ Pour monter ou descendre dans la fenêtre, faites glisser le curseur de défilement vertical.

Vous pouvez aussi cliquer les flèches ⌄ ou ⌃.

Si le contenu est trop long par rapport à la fenêtre, utilisez la barre de défilement verticale pour monter ou descendre dans la fenêtre. S'il est trop large, utilisez la barre de défilement horizontale pour afficher les parties droite et gauche. Les instructions ci-après peuvent aussi servir dans les boîtes de dialogue. En effet, ces dernières peuvent présenter des barres de défilement dans les zones de liste.

Utilisez la barre de défilement horizontale

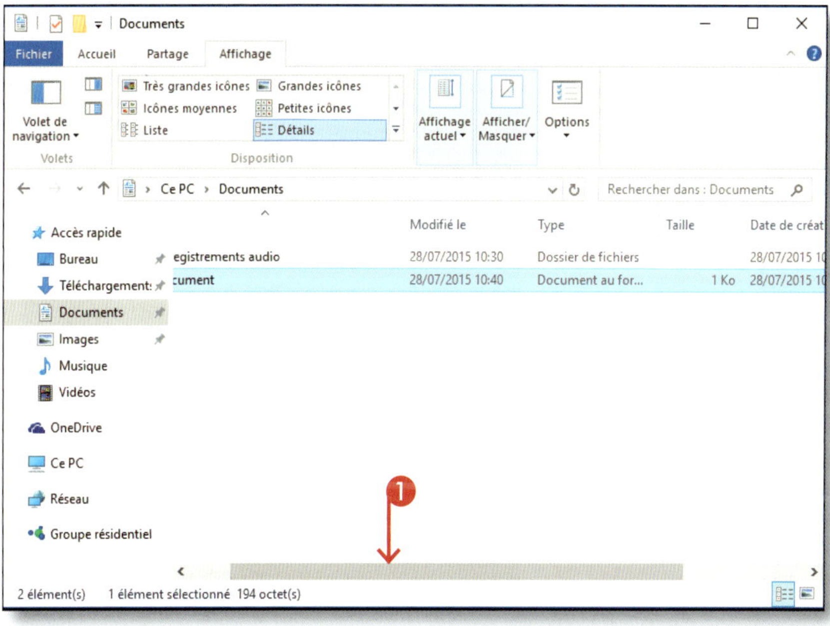

❶ Faites glisser le curseur de défilement horizontal.

Vous pouvez aussi cliquer les flèches [<] ou [>].

Pour gagner du temps et utiliser plus facilement votre ordinateur, apprenez à rechercher les applications, paramètres, fichiers et informations en ligne dont vous avez besoin avec la fonction de recherche de Windows 10.

Avec la barre des tâches

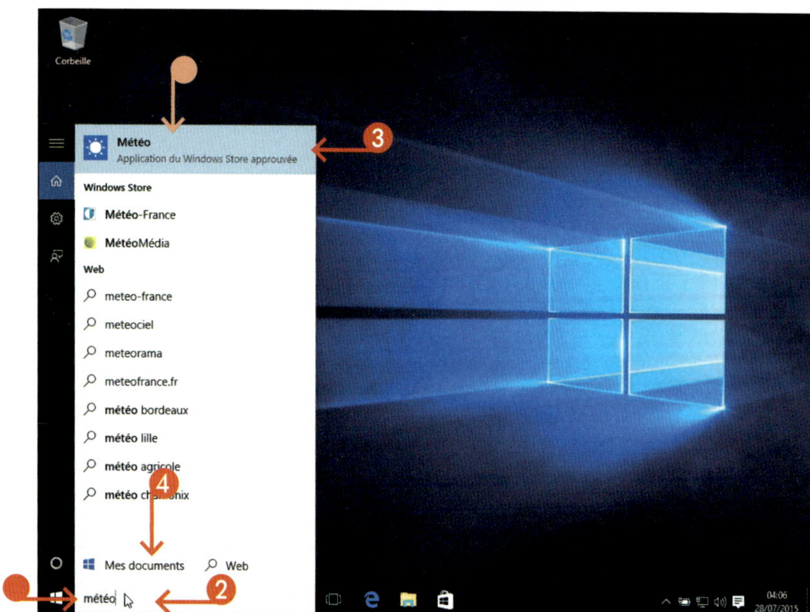

1 Cliquez dans la zone de recherche de la barre des tâches.

2 Saisissez les termes de votre recherche.

Windows 10 inscrit votre texte dans la zone de recherche.

Windows 10 affiche les applications, réglages, fichiers ou sites Web dont le nom inclut votre terme de recherche.

3 Si l'élément recherché apparaît, cliquez son nom pour l'ouvrir.

4 Si vous ne trouvez pas votre bonheur dans la liste, cliquez **Mes documents**.

Au bout d'un certain temps d'utilisation, votre ordinateur peut contenir tellement de fichiers qu'il devient difficile d'en localiser un en particulier. La fonction de recherche de Windows 10 peut alors vous faire gagner un temps précieux. Vous pouvez aussi rechercher des fichiers à l'aide de la zone de recherche de l'Explorateur de fichiers.

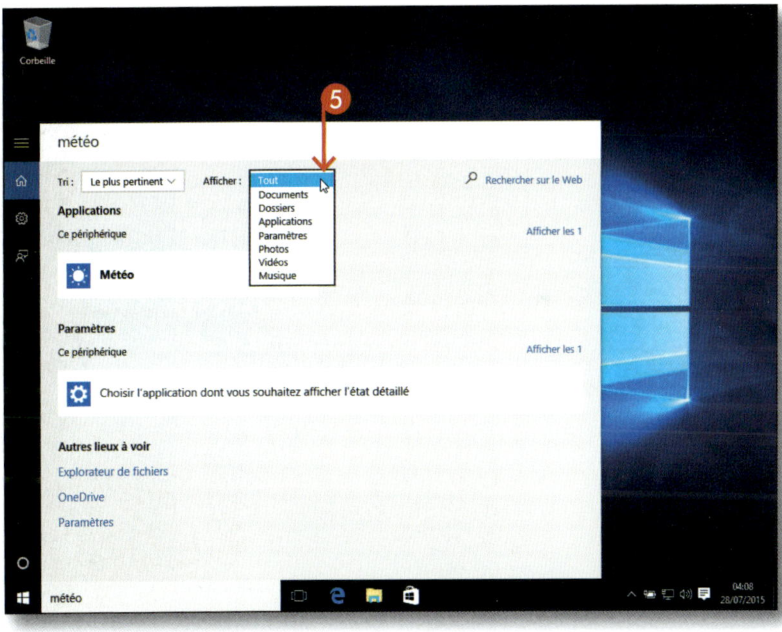

Windows affiche davantage de résultats.

5 Cliquez le bouton ⌄ en face de **Afficher** et choisissez une catégorie.

Si vous recherchez un réglage particulier, cliquez le bouton **Démarrer**, puis **Paramètres** et saisissez l'objet de votre recherche dans la zone Rechercher un paramètre.

Avec la barre des tâches

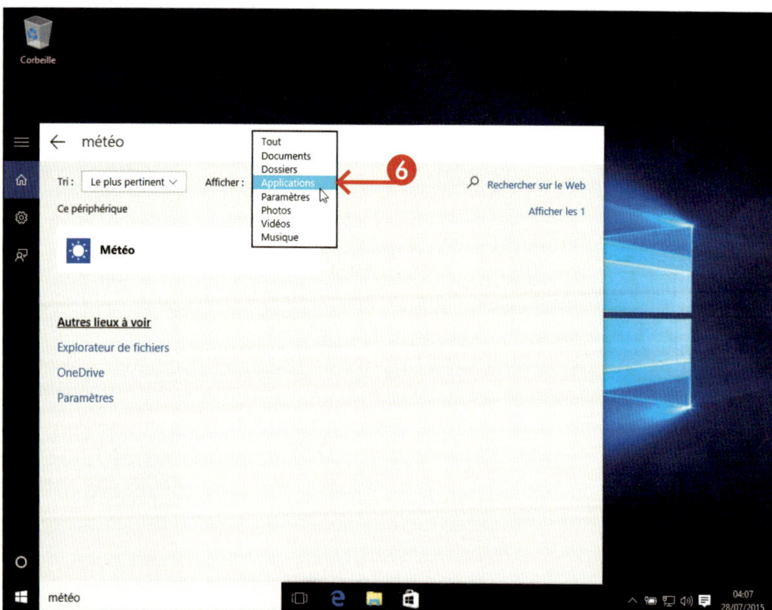

Windows affiche les résultats correspondant à la catégorie choisie.

6 Cliquez l'élément (application, réglage, fichier ou site Web) de votre choix.

Windows ouvre l'élément.

Il est possible de restreindre la recherche dans l'Explorateur de fichiers à certains types de fichiers (musique, message, contact, *etc.*). Cliquez dans la zone de recherche, puis, dans l'onglet Recherche du ruban, cliquez Type et sélectionnez le type de fichiers.

Dans la fenêtre d'un dossier

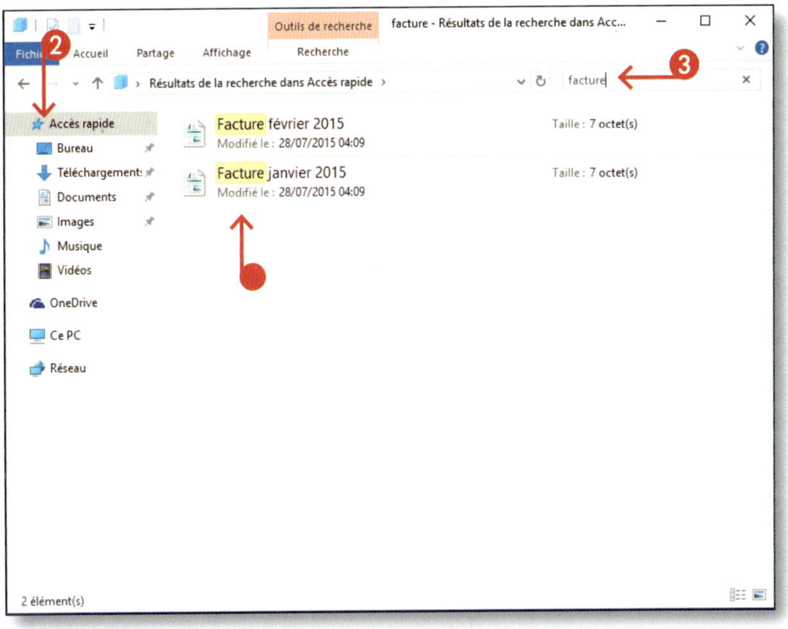

1 Cliquez **Explorateur de fichiers** dans la barre des tâches.

2 Ouvrez le dossier dans lequel vous voulez effectuer une recherche.

3 Tapez le texte dans la zone de recherche.

● Windows affiche les dossiers et les fichiers dont le nom, le contenu ou les mots-clés incluent votre terme de recherche.

4 Si le dossier ou le fichier recherché apparaît, double-cliquez-le pour l'ouvrir.

Si votre PC est équipé d'un microphone, vous pouvez vous en servir pour dicter l'objet de vos recherches à l'assistant vocal Cortana.

Configurez l'assistant vocal Cortana

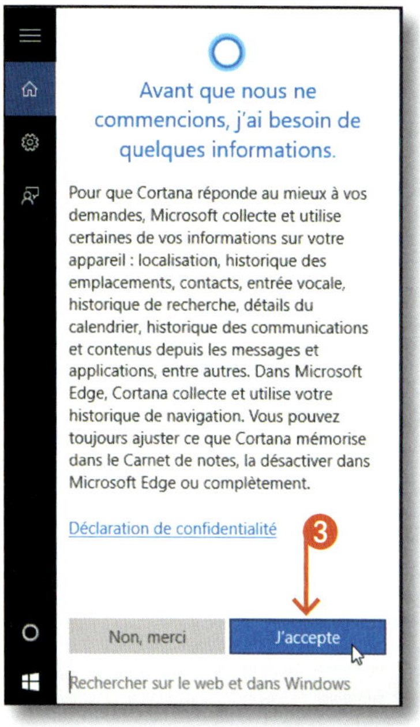

1. Cliquez dans la zone de recherche de la barre des tâches.
2. Cliquez **Suivant**.
3. Cliquez **J'accepte**.

Une fois que vous aurez configuré cet outil, vous pourrez l'utiliser pour rechercher tout type d'informations et lui dicter des commandes.

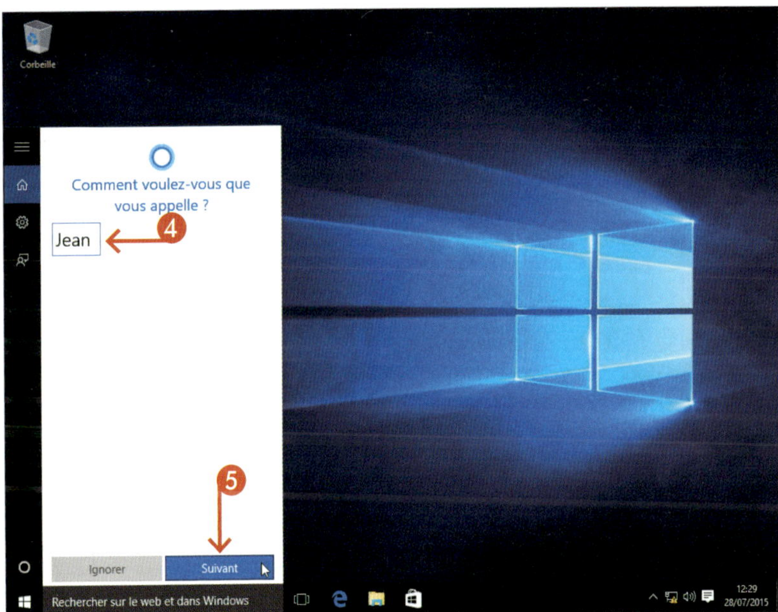

4 Saisissez votre nom ou surnom.

5 Cliquez **Suivant**.

Note. *Si vous n'avez pas encore associé votre PC à un compte Microsoft, il vous sera demandé de le faire.*

Cortana s'affiche dans le volet de recherche.

Il est possible de désactiver Cortana. Cliquez le bouton **Démarrer**, puis **Paramètres** et saisissez **cortana** dans la zone Rechercher un paramètre. Cliquez **Paramètres de Cortana et Rechercher** dans les résultats.

Utilisez l'assistant vocal Cortana

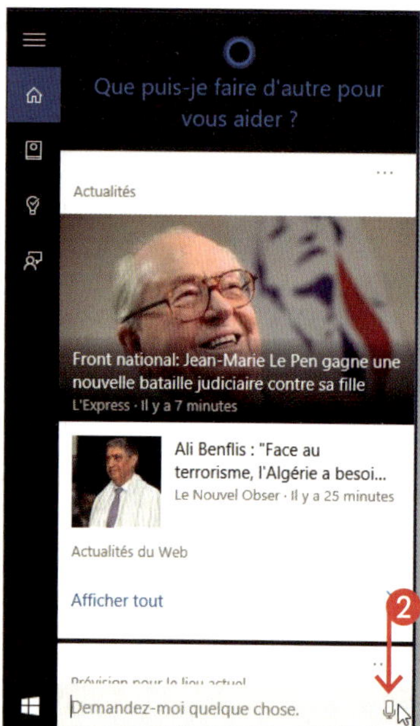

1 Dans la zone de recherche de la barre des tâches, cliquez l'icône de microphone.

Cortana s'ouvre et affiche « Écoute » dans la zone de recherche.

2 Dictez les éléments à rechercher.

Dans le volet des paramètres de Cortana, cliquez le premier bouton en position Désactivé pour désactiver ou activer Cortana.

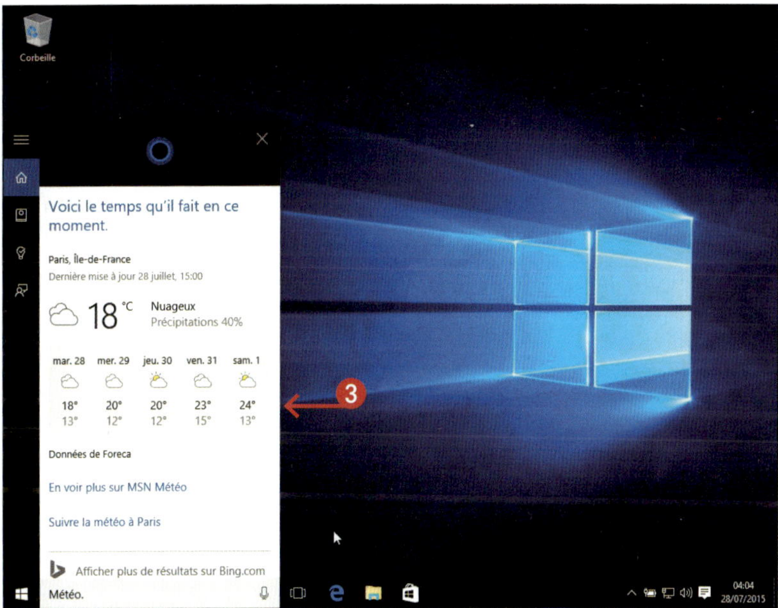

❸ Cortana analyse les mots que vous avez dictés, puis affiche les résultats.

LOCALISEZ UN LIEU

L'application Cartes affiche une carte numérique qui permet de visualiser n'importe quel endroit au monde, et notamment les routes de la plupart des villes et pays.

Localisez un lieu

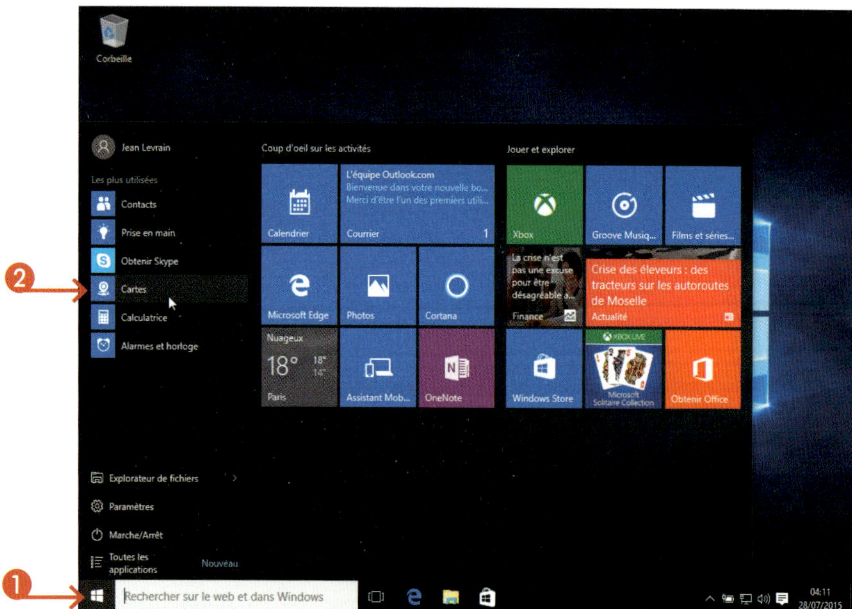

❶ Cliquez le bouton **Démarrer** ⊞.

❷ Dans le menu Démarrer, cliquez **Cartes**.

Au premier démarrage, l'application vous demande si elle peut utiliser votre position.

❸ Cliquez **Oui**.

Vous pouvez également localiser avec Cartes les hôtels, les cafés, les restaurants, les commerces ou les monuments.

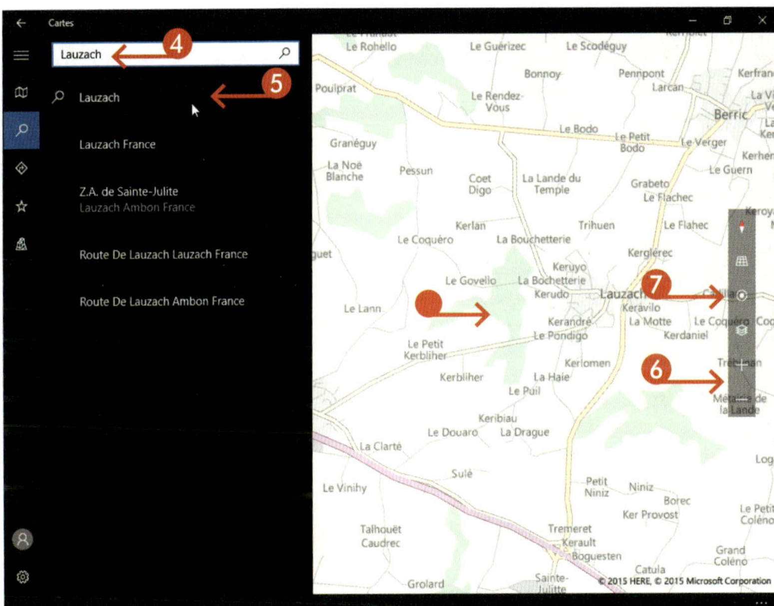

4 Saisissez une adresse ou un lieu à localiser.

5 Cliquez le lieu à localiser dans la liste des résultats.

Cartes affiche un plan du lieu recherché.

6 Cliquez les boutons **+** et **–** pour agrandir ou réduire l'échelle.

7 Cliquez **Afficher mon emplacement** pour recentrer le plan sur votre position.

Suivez les itinéraires de l'application Cartes pour vous rendre d'un point à un autre.

Calculez un itinéraire

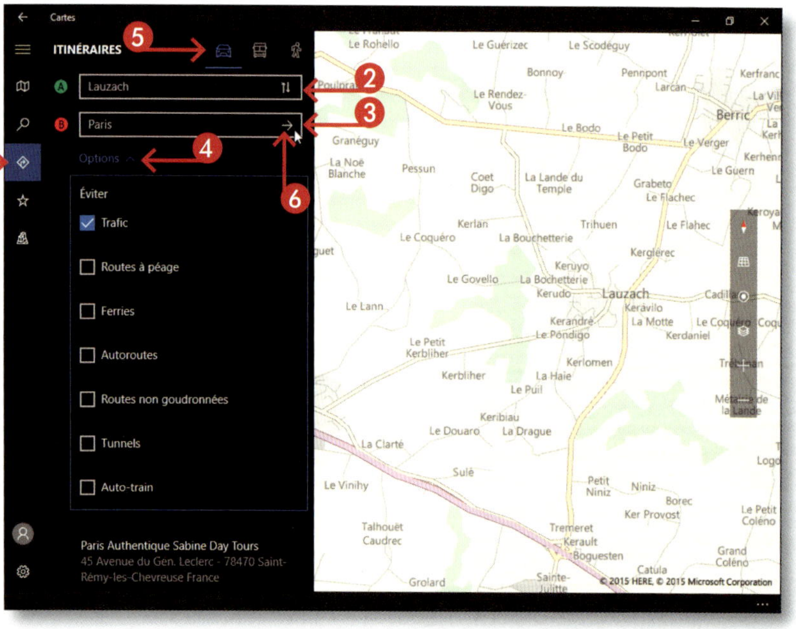

1 Dans Cartes, cliquez le bouton **Itinéraire** (icône).

2 Tapez le nom ou l'adresse de votre point de départ.

Note. *Si Cartes vous localise précisément et adopte votre position comme point de départ, passez l'étape* ***2****.*

3 Tapez le nom ou l'adresse de votre destination.

4 Pour afficher des options supplémentaires, cliquez **Options**.

5 Sélectionnez un mode de transport : automobile, transports en commun ou piéton.

6 Cliquez la flèche **Obtenir les itinéraires** (→).

Si vous indiquez un point de départ et une destination, Cartes vous fournit l'itinéraire à suivre. Elle met en évidence votre route sur la carte et vous donne les indications pour chaque étape de votre trajet.

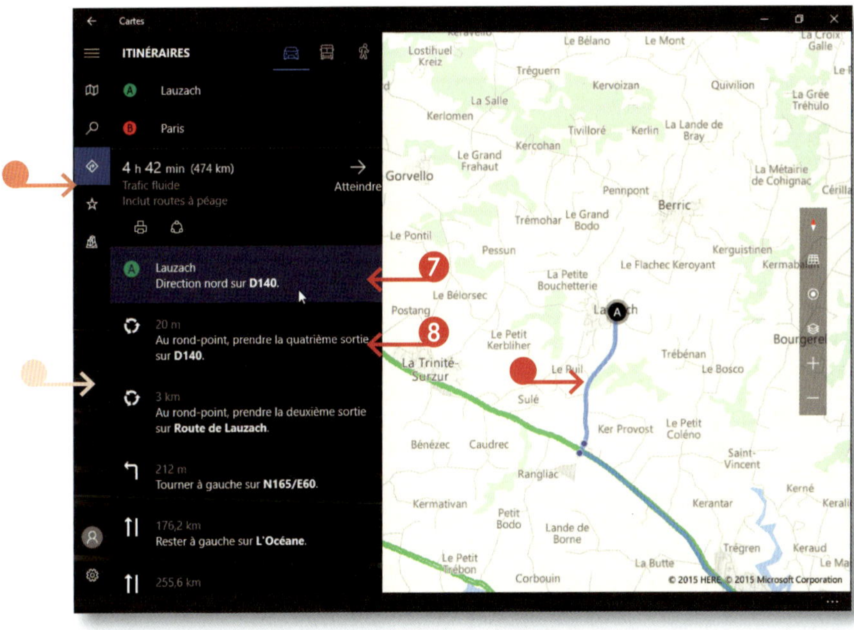

Votre trajet apparaît sur la carte.

Cette zone indique la distance et le temps approximatif nécessaire en voiture.

Cette zone indique les différentes étapes du voyage.

7 Cliquez la première étape du trajet.

L'application zoome sur la zone de cette étape.

8 Cliquez l'étape suivante pour lire les instructions correspondantes.

CONSULTEZ LA MÉTÉO

L'application Météo vous fournit en temps réel les prévisions météorologiques de la zone de votre choix. L'accueil de l'application reflète la tendance actuelle et affiche les prévisions des jours à venir.

Consultez la météo

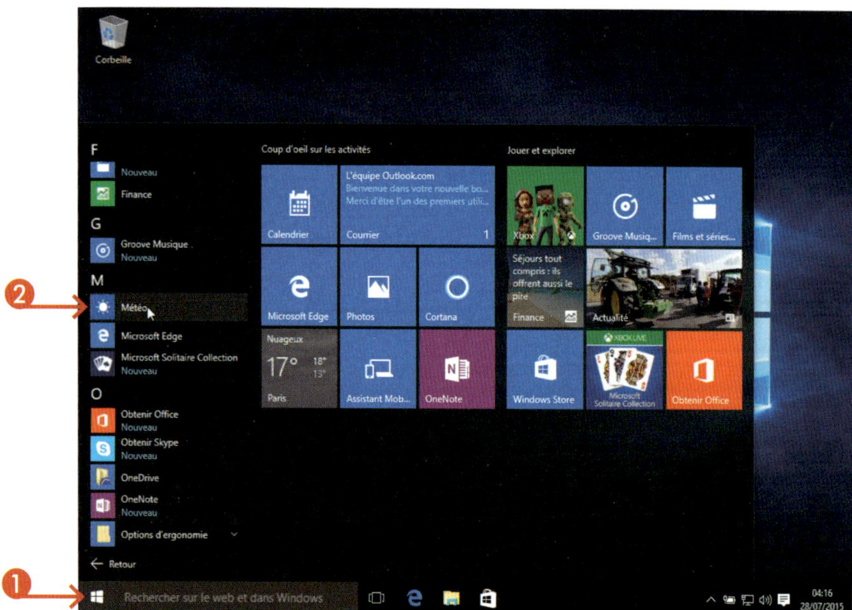

1 Cliquez le bouton **Démarrer**.

2 Dans le menu Démarrer, cliquez la vignette **Météo**.

Un balayage horizontal de l'écran vers la droite permet d'accéder à des informations plus détaillées, telles que les prévisions horaires, des cartes et un historique de la météo.

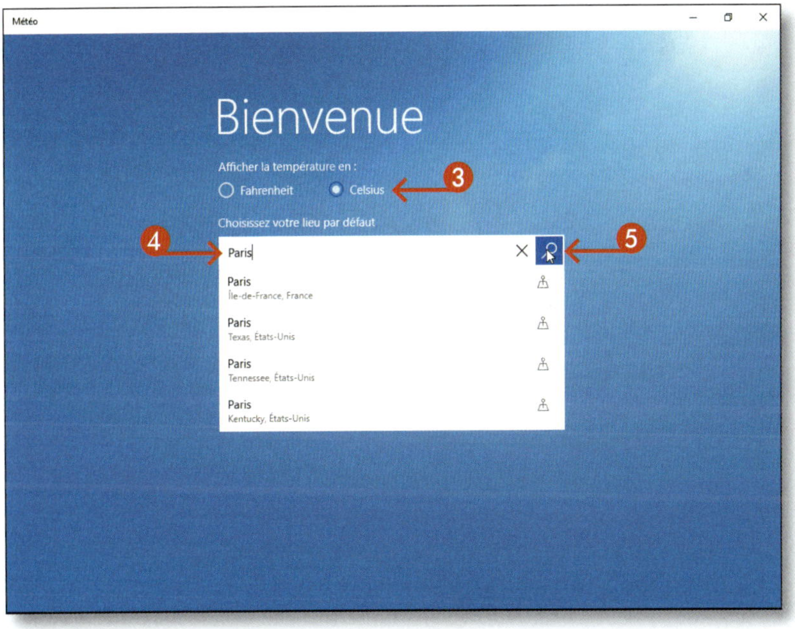

Au premier démarrage, l'application vous propose d'indiquer votre emplacement par défaut et l'unité de mesure de la température.

3 Cliquez **Celsius** (○ devient ◉).

4 Saisissez le nom de votre ville.

5 Cliquez le bouton de loupe.

Vous pouvez définir plusieurs lieux pour vos prévisions météorologiques.Cliquez le bouton **Lieux** ☆, puis le bouton +. Saisissez le nom ou le code postal d'une ville, puis appuyez sur la touche Entrée.

Consultez la météo

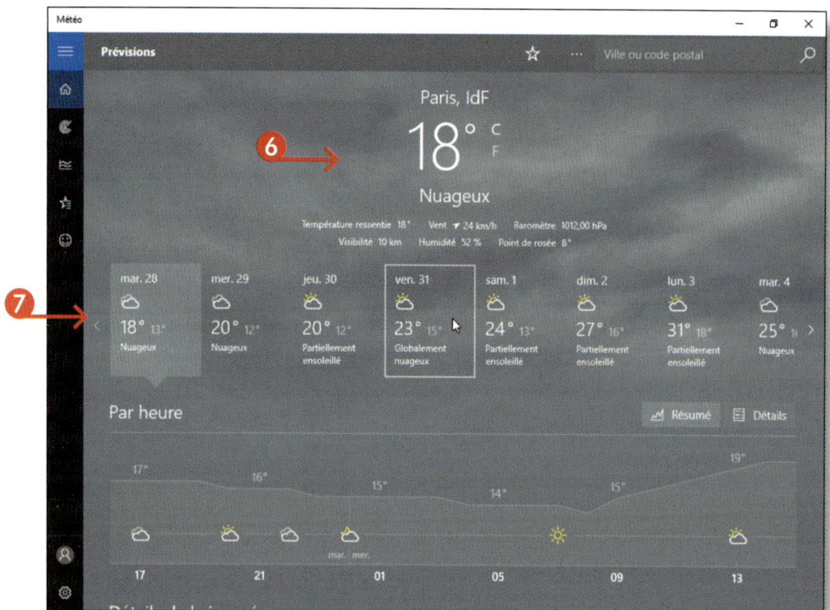

6 Les prévisions météorologiques pour votre ville s'affichent.

Faites défiler la fenêtre vers le bas pour afficher plus de détails (prévisions heure par heure, précipitations, températures maximale et minimale, *etc.*).

7 Pour consulter la météo des prochains jours, cliquez un jour de la liste.

La ville apparaît désormais comme lieu favori dans la page Lieux, avec ses prévisions météo du jour.

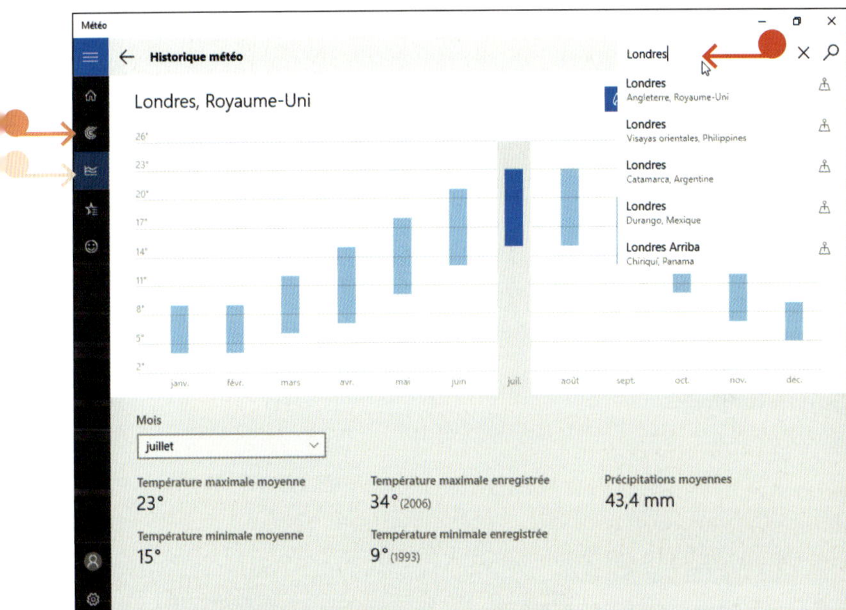

● Pour consulter la météo d'un autre lieu, saisissez-le dans cette zone.

● Cliquez [icône] pour afficher la météo sur une carte.

● Cliquez [icône] pour afficher les données météorologiques mensuelles de la zone sous forme de graphiques.

L'application Contacts vous permet de stocker facilement des informations sur vos amis, votre famille et vos collègues, ainsi que de leur envoyer des messages.

Créez un contact

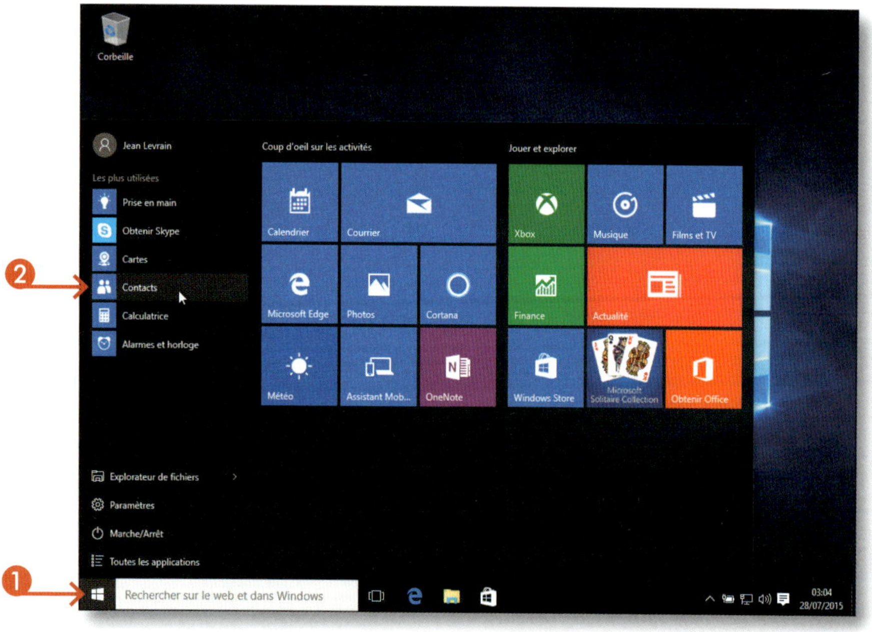

1 Cliquez le bouton **Démarrer** ⊞.

2 Dans le menu Démarrer, cliquez **Contacts**.

Les informations d'un contact sont diverses : nom, numéro de téléphone, adresse électronique, adresse postale, *etc*.

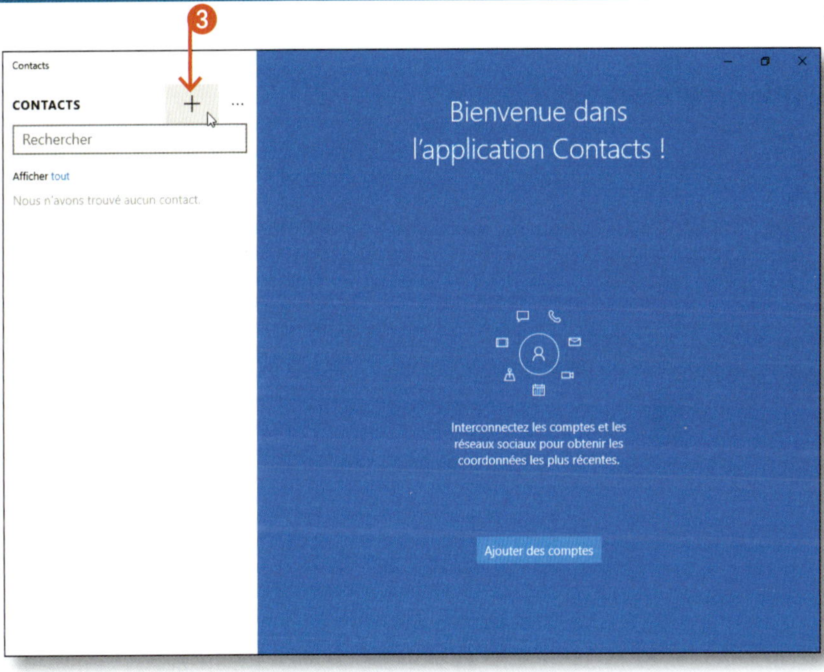

L'application Contacts démarre.

3 Cliquez le bouton **Nouveau contact**.

Pour modifier la fiche d'un contact déjà créée, ouvrez l'application Contacts, cliquez le nom du contact, puis le bouton **Modifier le contact** .

Créez un contact

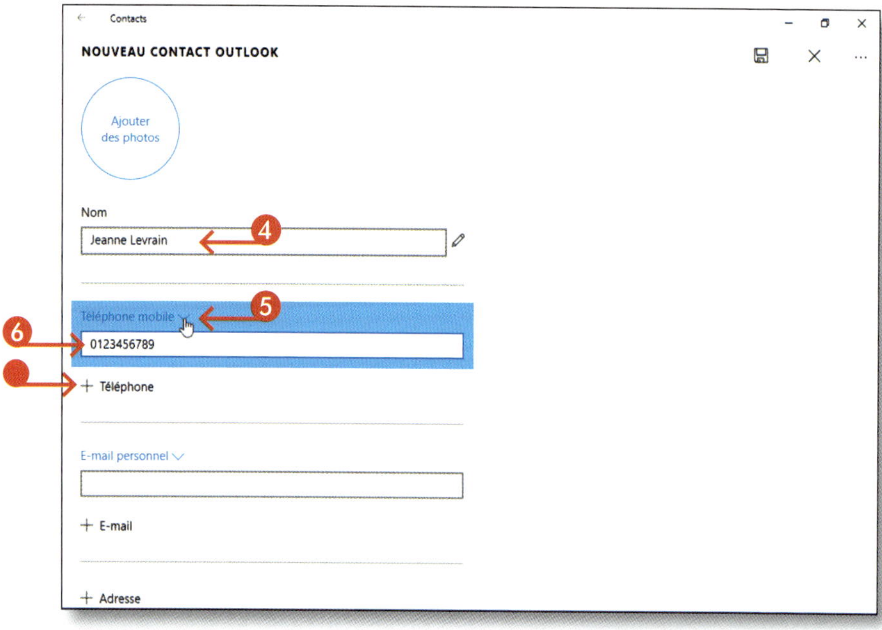

L'écran Nouveau contact s'affiche.

4 Tapez le nom de votre correspondant.

5 Cliquez la flèche en regard de Téléphone mobile et choisissez un type de téléphone.

6 Tapez le numéro de téléphone.

● Pour ajouter un autre numéro de téléphone, cliquez le bouton **Ajouter**.

Pour ajouter d'autres informations sur le contact, comme son site Web, sa société ou sa date de naissance, cliquez le bouton + Autre.

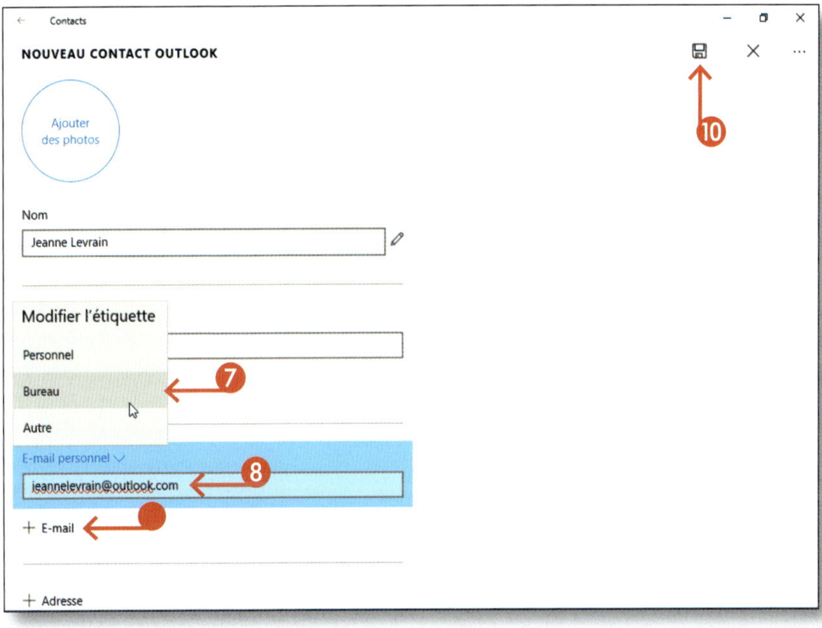

7 Cliquez la flèche en regard de Email personnel, puis choisissez le type d'adresse de messagerie.

8 Tapez l'adresse de messagerie du contact.

Pour ajouter une autre adresse de messagerie, cliquez le bouton **Ajouter**.

9 Répétez les étapes **7** et **8** pour l'adresse postale du contact.

10 Cliquez **Enregistrer**.

L'application Contacts crée la fiche du nouveau contact.

AJOUTEZ UN COMPTE GOOGLE OU ICLOUD

Si vous possédez un compte Google ou iCloud, vous pouvez les enregistrer sur votre ordinateur afin que Windows 10 y accède *via* l'application Contacts. Vous retrouverez ainsi tous vos contacts enregistrés dans votre compte Google ou iCloud.

Ajoutez un compte Google ou iCloud

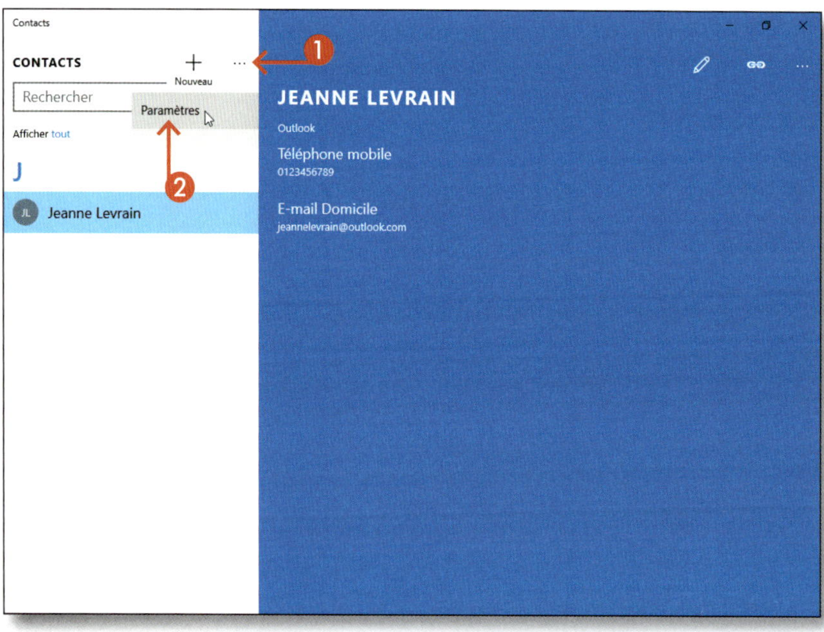

1 Dans l'application **Contacts**, cliquez le bouton **En savoir plus** (···).

2 Cliquez **Paramètres**.

Les comptes Google sont liés à une adresse Gmail et permettent de s'identifier pour utiliser des smartphones et des tablettes sous Android, tandis que les comptes iCloud servent pour les Mac et les appareils mobiles sous iOS (iPhone et iPad).

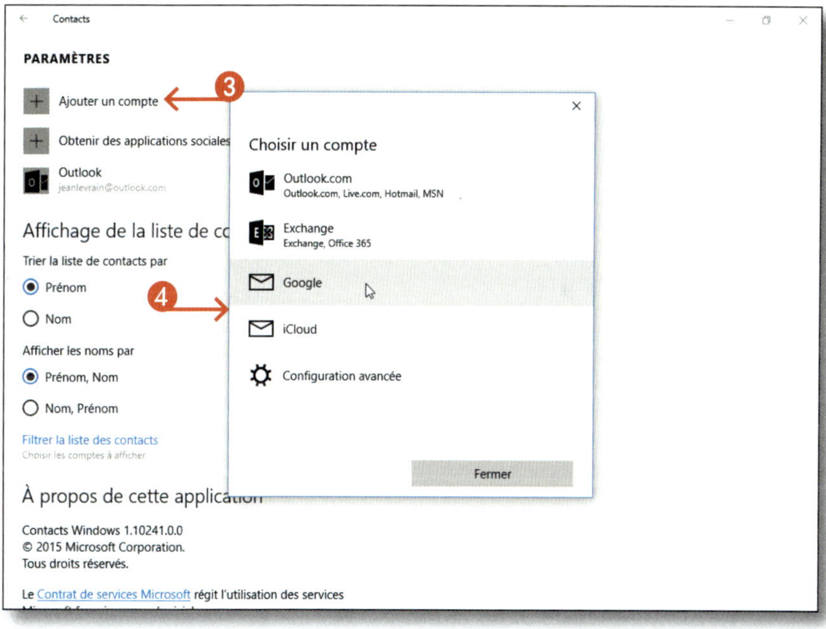

L'écran Paramètres s'affiche.

3 Cliquez **Ajouter un compte**.

4 Cliquez **Google** ou **iCloud** selon le type de compte à ajouter.

5 Vous retrouvez ensuite les écrans propres à chaque type de compte. Indiquez votre adresse e-mail et le mot de passe associé, puis validez.

CONSULTEZ VOTRE CALENDRIER

L'application Calendrier vous permet de gérer tout votre emploi du temps. Avant de créer un événement, comme un rendez-vous ou une réunion, ou un événement sur la journée, tel qu'une conférence ou un voyage, commencez par sélectionner la date correspondante.

Par mois

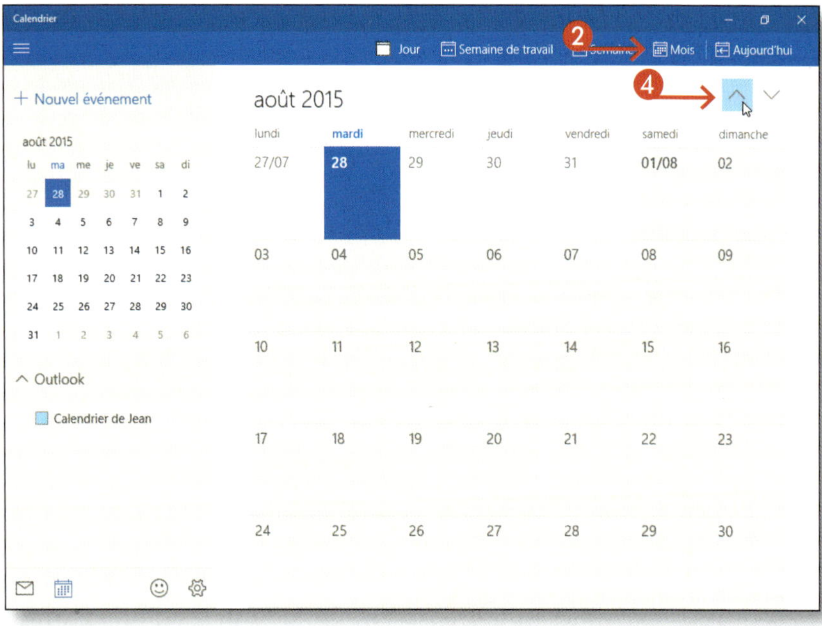

❶ Dans le menu Démarrer, cliquez **Calendrier**.

❷ Cliquez **Mois**.

Le calendrier du mois en cours s'affiche.

❸ Déplacez le pointeur de la souris.

❹ Cliquez les flèches pour parcourir les mois.

Modifiez si vous le souhaitez l'affichage du calendrier, pour ne visionner que les événements importants d'une journée et vous concentrer sur les activités de ce jour. De même, vous pouvez afficher les événements d'une semaine ou d'un mois, si vous souhaitez vous faire une idée de votre emploi du temps à plus long terme.

Par semaine

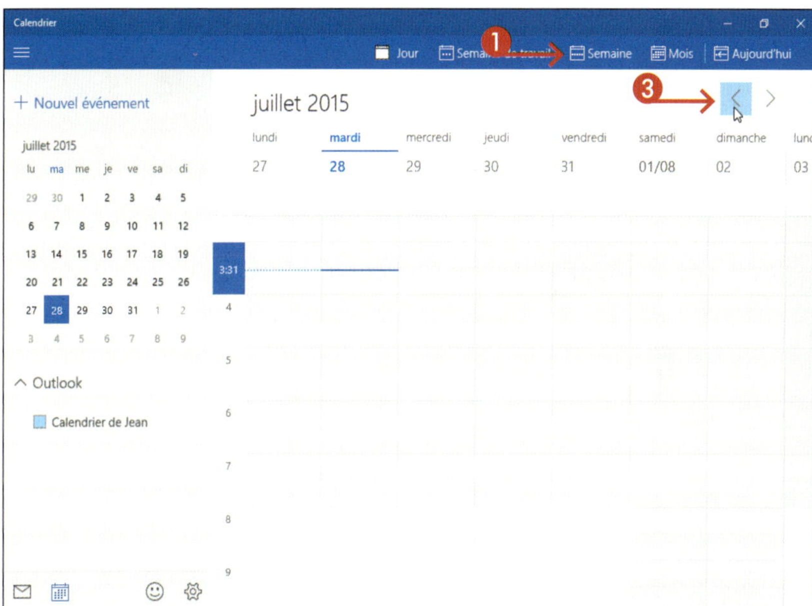

❶ Cliquez **Semaine**.

Le calendrier de la semaine en cours s'affiche.

❷ Déplacez le pointeur de la souris.

❸ Cliquez les flèches pour parcourir les semaines.

Pour parcourir plus rapidement le calendrier, profitez de sa vue réduite dans le volet de gauche.

Par jour

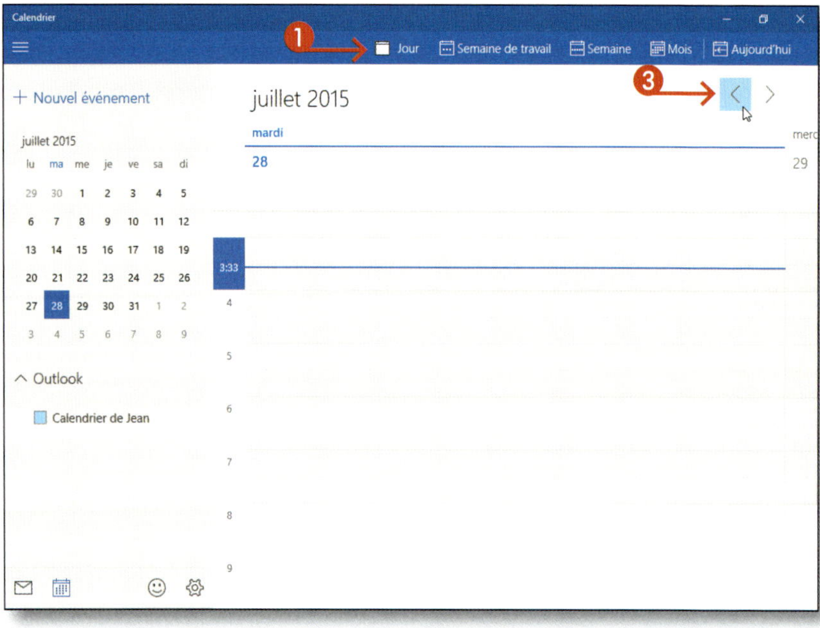

❶ Cliquez **Jour**.

Le calendrier du jour sélectionné s'affiche.

❷ Déplacez le pointeur de la souris .

❸ Cliquez les flèches pour parcourir les jours.

Pour afficher la vue réduite du calendrier, cliquez le bouton **Menu** ≡ dans le coin supérieur gauche de l'application Calendrier. Cliquez ensuite les flèches pour changer de mois.

Affichez les événements du jour

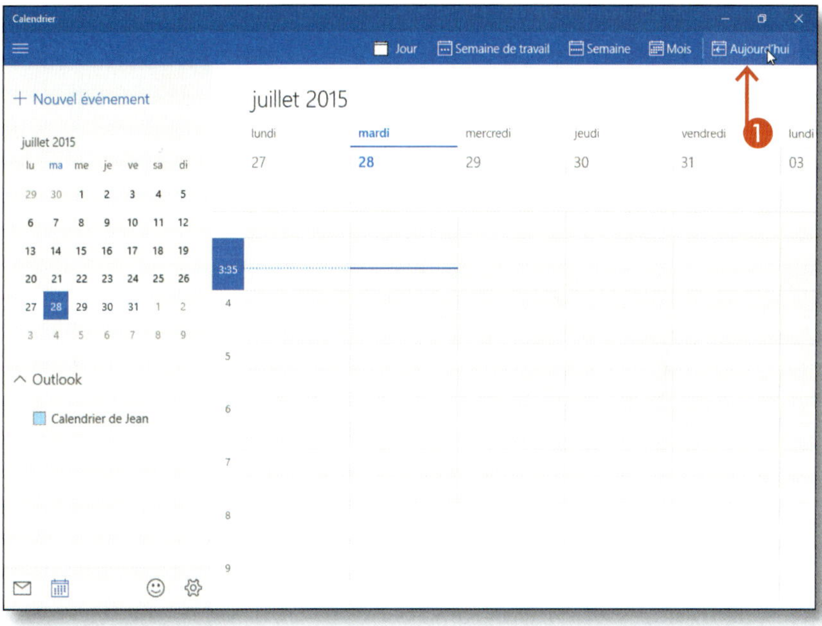

❶ Cliquez **Aujourd'hui**.

Le calendrier du jour s'affiche.

L'application Calendrier vous aide à organiser votre emploi du temps en consignant vos événements, tels que vos rendez-vous, réunions et appels téléphoniques, le jour et l'heure où ils ont lieu.

Ajoutez un événement au calendrier

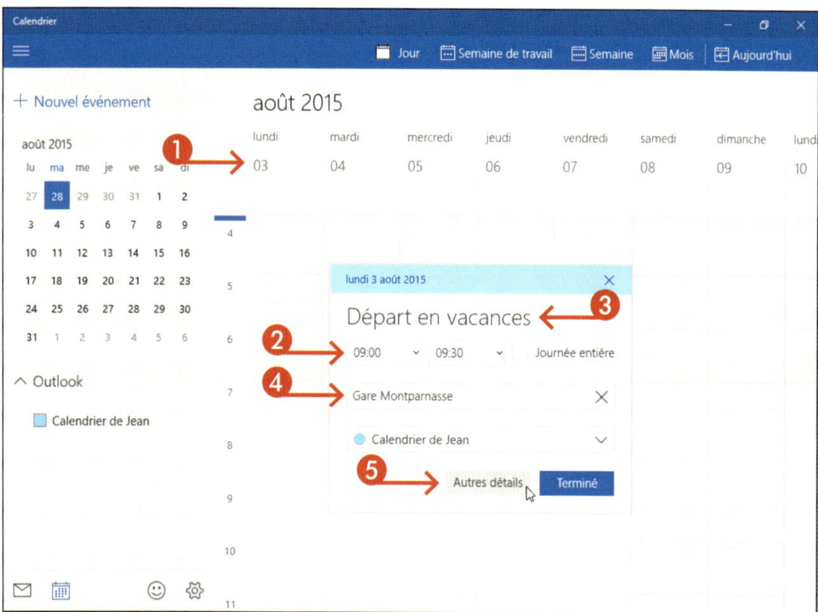

1 Cliquez la date de l'événement.

2 Cliquez l'heure de début et de fin de l'événement.

Note. *Si le calendrier est affiché en mode Mois, cliquez le jour de l'événement.*

3 Tapez le nom de l'événement.

4 Tapez le lieu de l'événement dans le champ **Lieu**.

5 Cliquez **Autres détails**.

Certains événements ont lieu à des heures précises et pour une durée déterminée, comme une réunion ou un déjeuner d'affaires. Pour ajouter des anniversaires ou des périodes de vacances, créez des événements avec l'option Journée entière.

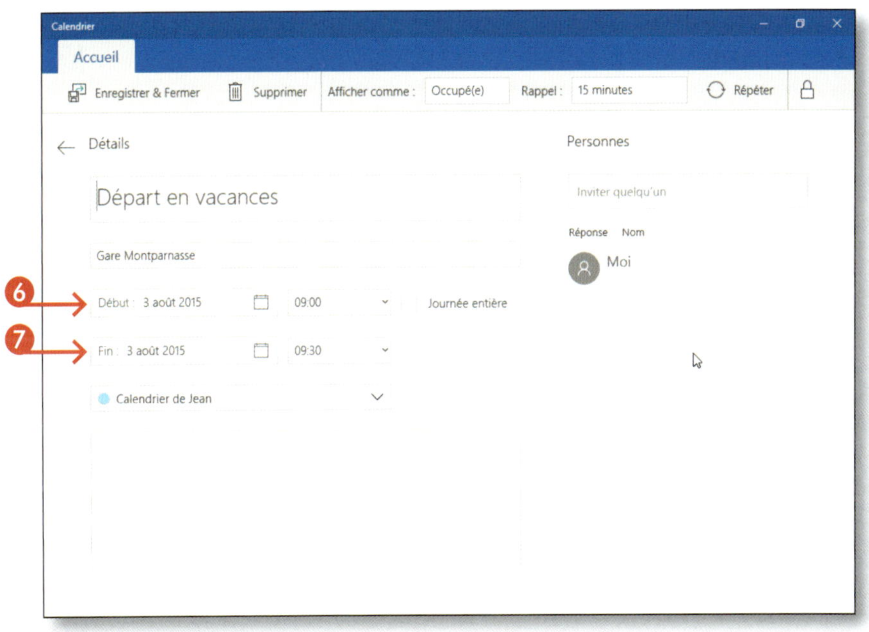

L'écran du nouvel événement s'affiche.

6 Si l'heure ou le jour de début sont incorrects, corrigez-les dans les champs **Début**.

7 Si l'heure ou le jour de fin sont incorrects, corrigez-les dans les champs **Fin**.

Le calendrier peut répéter un événement qui se produit régulièrement, à savoir tous les jours, toutes les semaines, tous les mois, *etc*. Répétez les étapes **1** à **8** pour créer un nouvel événement ou double-cliquez un événement existant. Cliquez le bouton **Répéter**. Choisissez l'intervalle à définir.

Ajoutez un événement au calendrier

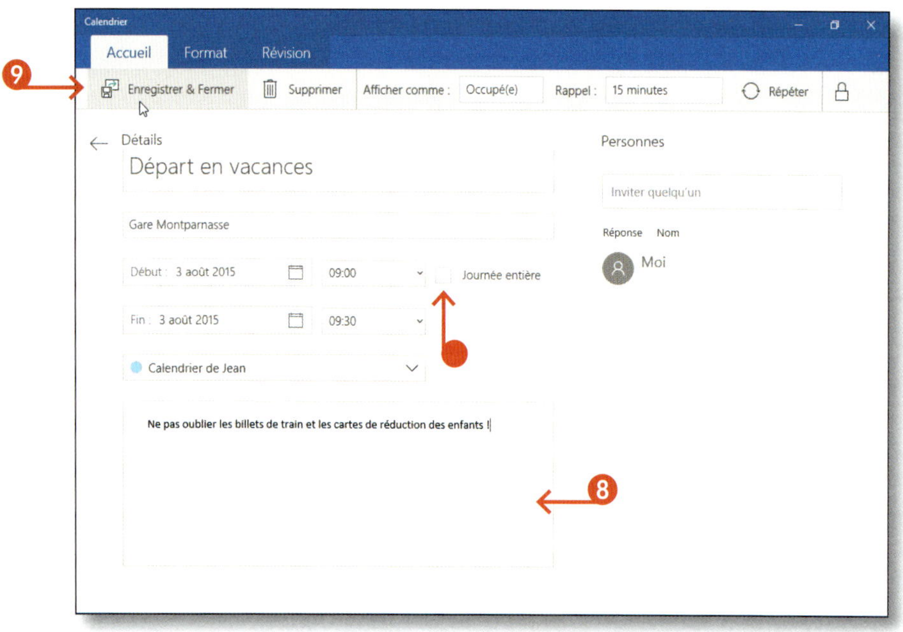

● S'il s'agit d'un anniversaire ou d'un autre événement durant toute la journée, cliquez **Journée entière**.

8 Tapez vos commentaires dans la zone de texte du bas.

9 Cliquez **Enregistrer & Fermer**.

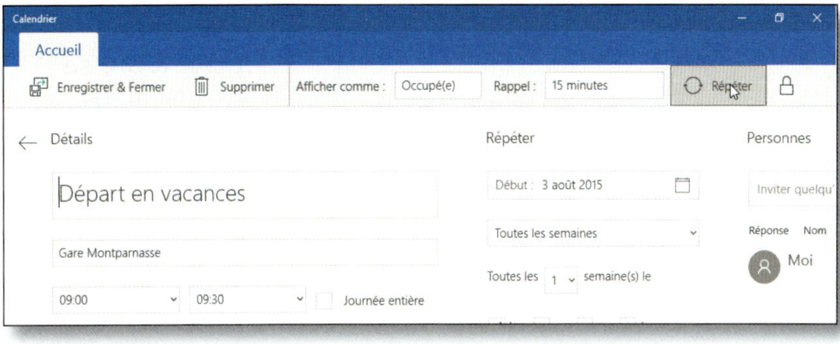

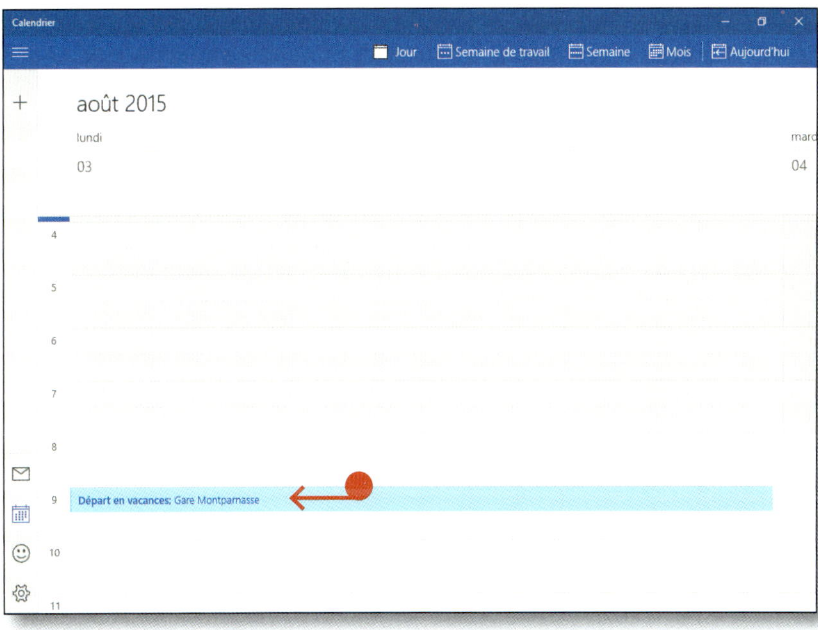

L'événement est enregistré.

***Note.** Pour modifier l'événement, cliquez-le.*

Le Web accueille une masse d'informations stockées sur des ordinateurs, ou *serveurs Web*, répartis dans le monde entier.

Les internautes passent la majorité de leur temps en ligne à naviguer sur le Web, ce qui n'est pas étonnant, puisque celui-ci est non seulement utile et intéressant, mais il sait également amuser, divertir et provoquer.

Page Web

Sur le Web, les informations se présentent sous la forme de pages que vous consultez sur votre ordinateur grâce à un navigateur comme Microsoft Edge. Les pages peuvent contenir du texte, des images, du son, de la musique et même de la vidéo. Le Web est composé de milliards de pages traitant tous les sujets possibles et imaginables.

Site Web

Un site Web rassemble des pages créées par ou se rapportant à une personne, une entreprise, un gouvernement, une institution ou toute autre organisation. Les sites Web sont hébergés sur des ordinateurs (serveurs Web) spécialement configurés pour mettre les pages Web à la disposition du public. Un serveur Web est généralement un ordinateur très puissant, capable de traiter des milliers de visites simultanément. Les plus gros sites Web sont exécutés par des *fermes de serveurs*, c'est-à-dire des réseaux contenant des dizaines, des centaines ou des milliers de serveurs.

fr.wikipedia.org/wiki/Requin

Cette section présente le Web et, en particulier, quatre concepts fondamentaux : la page Web, le site Web, l'adresse Web et le lien. Voilà de quoi vous constituer un bon bagage de départ pour partir explorer la Toile.

Adresse Web

Chaque page Web possède une adresse Web unique, appelée aussi URL (*Uniform Resource Locator*). Si vous connaissez l'adresse d'une page Web, il suffit, pour ouvrir la page, de saisir cette adresse dans un navigateur Web.

Lien

Appelé aussi *hyperlien*, le lien peut être considéré comme une sorte de référence dans une page Web qui renvoie vers une autre page. Il peut s'agir d'un texte (généralement souligné ou d'une couleur différente) ou d'une image qui, lorsque vous les cliquez, ouvrent une autre page dans le navigateur. La nouvelle page peut appartenir au même site ou à n'importe quel autre site Web.

60 charniers découverts au Mexique
Le point sur l'actu à 20 heures
Alstom fait un geste vers Bruxelles
Appel contre les armes autonomes
35 femmes accusent Bill Cosby
Le 11-Septembre de la Maison Blanche
Gay Pride interdite à St-Péterbourg
Des murs anti-urine à San Francisco

Si votre entreprise ou votre domicile dispose d'une borne d'accès sans fil et que votre ordinateur soit équipé d'un récepteur sans fil, vous pouvez vous connecter par ce biais à votre réseau d'entreprise ou domestique, ainsi qu'à Internet.

Connectez-vous à un réseau sans fil

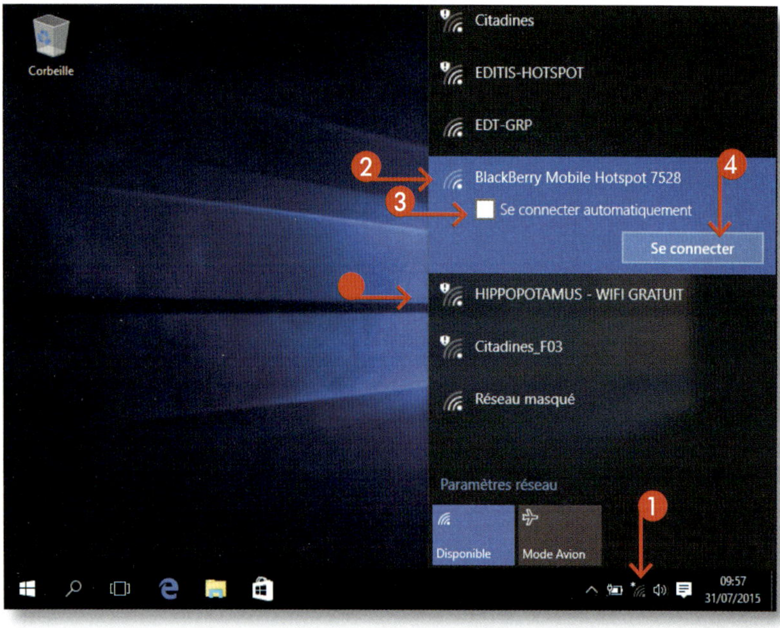

1 Cliquez l'icône **Réseau** ( ).

● Les réseaux sans fil accessibles à votre ordinateur s'affichent.

2 Cliquez votre réseau sans fil.

3 Pour vous connecter toujours automatiquement au réseau, cochez la case **Se connecter automatiquement** (☐ devient ☑).

4 Cliquez **Se connecter**.

Si l'accès est protégé, Windows vous demande la clé de sécurité.

Si le réseau sans fil est protégé par une clé ou un mot de passe, comme c'est souvent le cas, munissez-vous de cette information avant de tenter toute connexion. Votre ordinateur mémorise le mot de passe et se connecte automatiquement dès qu'il capte le réseau.

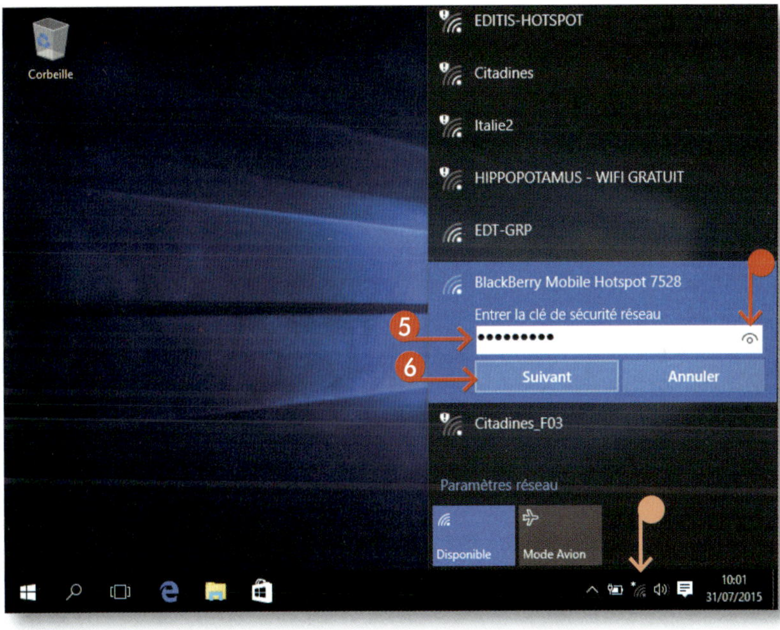

5 Tapez la clé de sécurité.

● Pour vérifier la clé de sécurité que vous tapez, cliquez **Afficher les caractères** sans relâcher le bouton de la souris.

6 Cliquez **Suivant**.

Windows se connecte au réseau sans fil.

● L'icône devient , ce qui signifie que vous êtes connecté à un réseau sans fil.

Note. *Pour vous déconnecter du réseau sans fil, cliquez l'icône* ***Réseau*** *( ), votre réseau, puis* ***Déconnecter****.*

DÉCOUVREZ LE NAVIGATEUR EDGE

Votre navigation sur le Web sera d'autant plus fructueuse que vous connaissez les éléments de la fenêtre du navigateur Edge. En particulier, il est important de bien connaître les fonctionnalités comme la barre d'adresse et l'onglet d'une page Web.

Barre d'adresse

L'adresse de la page Web affichée apparaît ici. Vous pouvez aussi y saisir l'adresse de la page Web à consulter.

Barre de titre

Elle affiche le titre de la page Web qui apparaît dans la fenêtre du navigateur Edge.

Liens

Les liens peuvent prendre la forme de textes ou d'images. Dans le premier cas, ils sont souvent, mais pas nécessairement, soulignés et d'une couleur différente (habituellement bleue) de celle du texte.

Lien sélectionné

Il s'agit du lien pointé par la souris. Le pointeur devient . Sur certaines pages, le lien peut alors être souligné et changer de couleur.

Adresse du lien

Lorsque vous pointez un lien, l'adresse de la page associée apparaît dans une bannière.

Vous devez également savoir identifier un lien et où il vous mène avant de le cliquer.

Si vous connaissez l'adresse d'une page Web précise, tapez-la dans le navigateur Web Microsoft Edge pour qu'il ouvre cette page. Chaque page possède une adresse unique appelée URL (*Uniform Resource Locator*).

Saisissez l'adresse d'une page Web

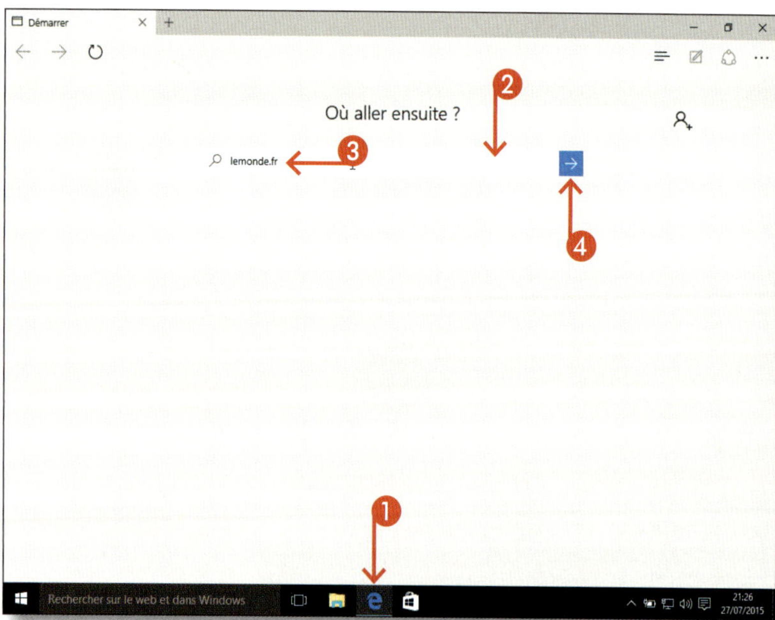

1 Cliquez **Microsoft Edge** .

2 Cliquez dans la barre d'adresse.

3 Tapez l'adresse de la page Web.

4 Cliquez le bouton **Atteindre**

L'URL se compose de quatre parties : le *protocole de transfert* (habituellement HTTP, *Hypertext Transfer Protocol*), le *nom de domaine* du site Web, le *répertoire* qui héberge la page Web sur le serveur et le *nom de fichier de la page Web*.

Le suffixe du nom de domaine le plus utilisé est .com (commercial), mais d'autres sont assez courants, comme les domaines des pays (.fr), .gov (gouvernement) ou .org (organisation à but non lucratif).

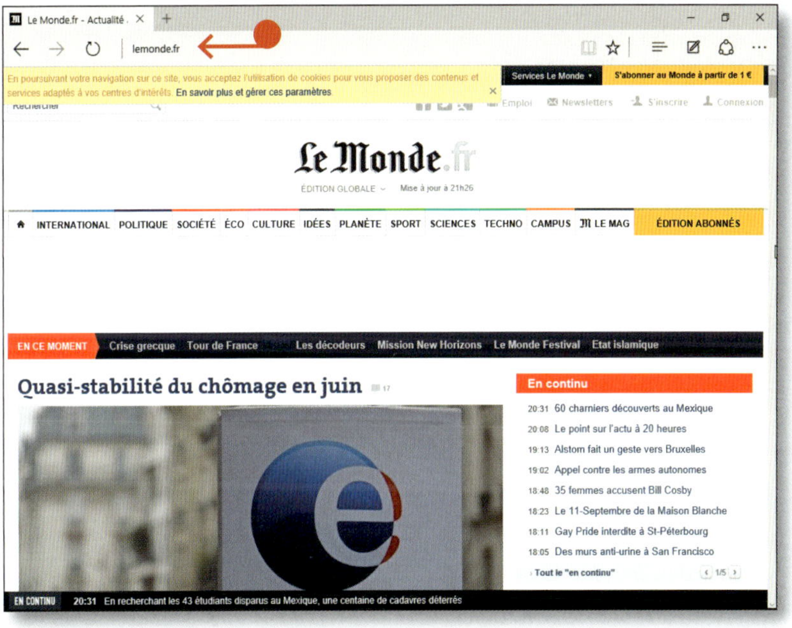

La page Web s'affiche.

● Le titre de la page Web s'affiche lorsqu'elle est chargée.

Voici les raccourcis les plus utiles pour saisir une adresse Web :

- Appuyez sur Entrée, au lieu de cliquer le bouton **Atteindre** (→), lorsque vous avez saisi l'adresse.
- La plupart des adresses Web commencent par *http://*. Vous pouvez omettre ces caractères lorsque vous tapez l'adresse. Edge les ajoute automatiquement.

Sélectionnez un lien

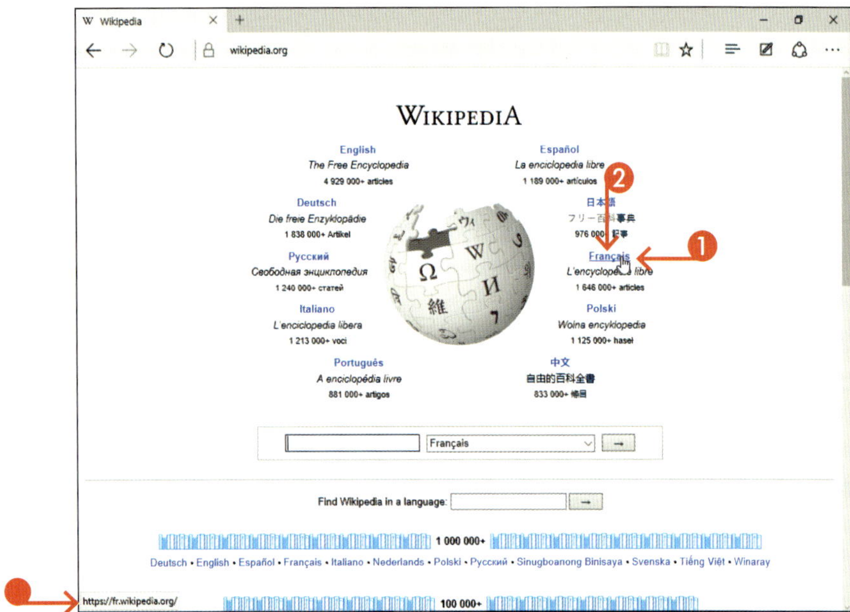

1 Positionnez le pointeur de souris sur un lien (↖ devient ☝).

● L'adresse du lien s'affiche dans une bannière au bas de la fenêtre.

2 Cliquez le lien.

- Pour une adresse de type *http://www.site.com*, tapez uniquement *site*. Appuyez ensuite sur Ctrl + Entrée. Edge ajoute automatiquement *http://www* au début, et *.com* à la fin.

Le message « Page introuvable » qui apparaît parfois lorsque vous chargez une page signifie qu'Edge ne peut entrer en contact avec le serveur Web à l'adresse indiquée. Il s'agit en général d'un incident temporaire. Cliquez **Actualiser** (↻) ou appuyez sur F5 pour recharger la page. Si le problème persiste, vérifiez que vous avez correctement saisi l'adresse. Dans l'affirmative, le site est peut-être indisponible pour diverses raisons. Réessayez plus tard.

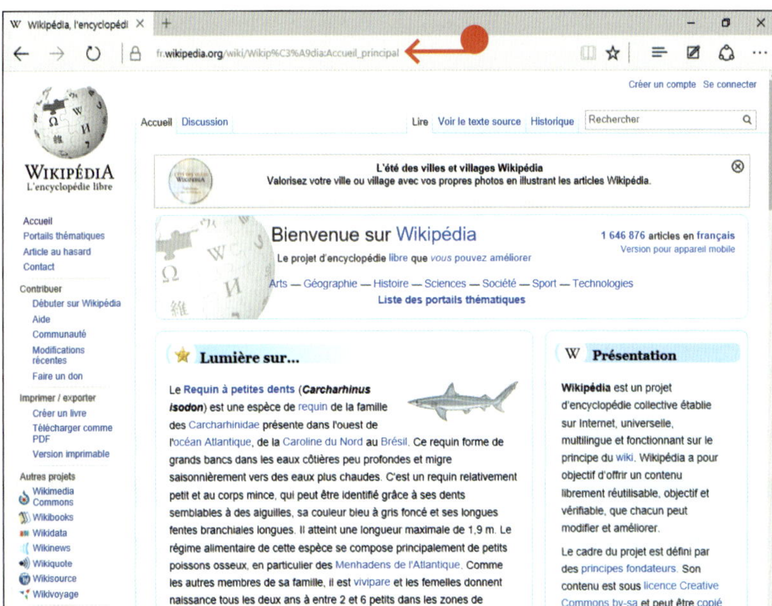

La page Web correspondant au lien s'affiche.

● Le titre de la page Web et l'adresse changent en conséquence.

Le navigateur Edge facilite la navigation en permettant d'ouvrir plusieurs pages simultanément. Si vous découvrez une page qui contient des informations importantes à reprendre ou un texte que vous souhaitez lire ultérieurement, gardez-la disponible tout en poursuivant votre navigation.

Ouvrez une page Web dans un onglet

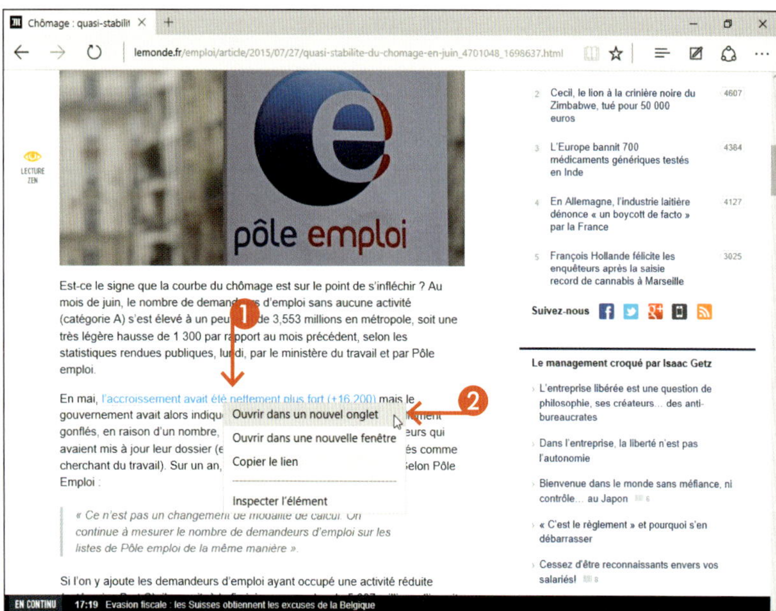

1 Cliquez du bouton droit le lien à ouvrir.

2 Cliquez **Ouvrir dans un nouvel onglet**.

Au lieu de quitter la page et d'essayer de la retrouver plus tard, gardez-la ouverte dans un *onglet*. Ouvrez ensuite un autre onglet pour visiter d'autres sites. Il vous suffira de cliquer le premier onglet pour afficher de nouveau le site conservé.

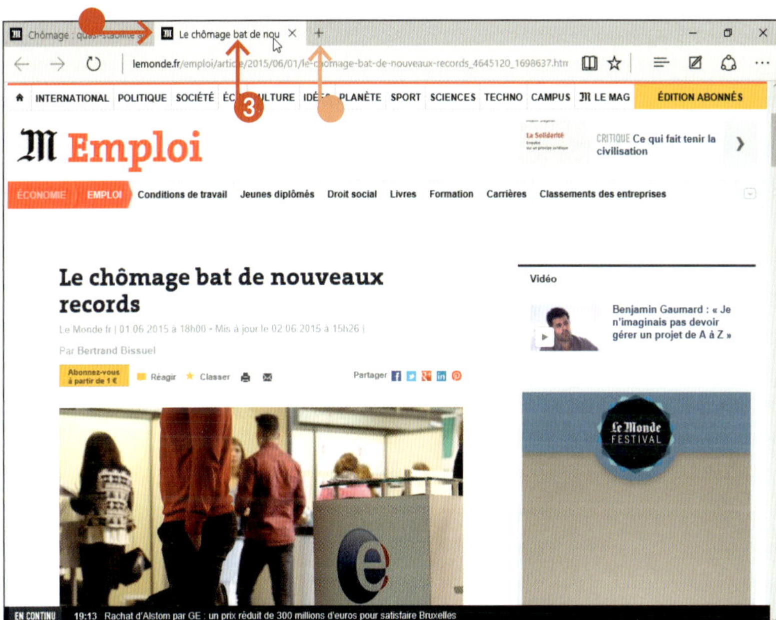

● Un nouvel onglet apparaît, avec le titre de la nouvelle page.

❸ Cliquez l'onglet pour afficher la page.

● Vous pouvez également cliquer le bouton **Nouvel onglet** pour ouvrir un onglet vierge.

Voici les raccourcis les plus utiles pour ouvrir des pages Web dans des onglets :

- Enfoncez Ctrl et cliquez un lien pour ouvrir la page correspondante dans un onglet.
- Enfoncez Ctrl + Maj et cliquez un lien pour ouvrir et afficher la page correspondante dans un onglet.

Faites défiler les onglets

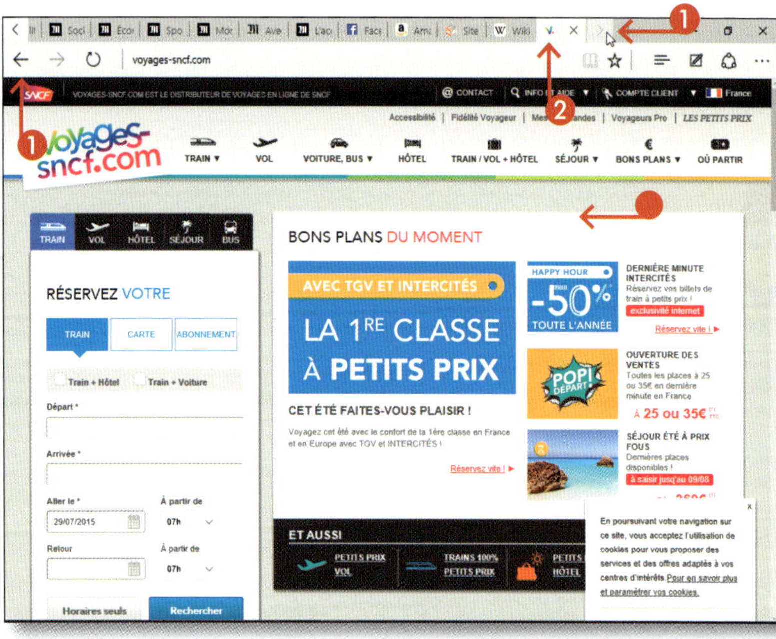

1 Cliquez ‹ ou › pour afficher l'onglet recherché.

Note. *Ces deux boutons n'apparaissent que si les onglets sont trop nombreux pour tous s'afficher.*

2 Cliquez l'onglet.

● La page correspondante s'affiche.

- Tapez une adresse et appuyez sur Alt + Entrée pour ouvrir la page dans un nouvel onglet.
- Appuyez sur Ctrl + Tab ou Ctrl + Maj + Tab pour faire défiler les onglets.
- Appuyez sur Ctrl + W pour fermer l'onglet actif.
- Appuyez sur Ctrl + Alt + F4 pour fermer tous les onglets sauf l'onglet affiché.

Fermez un onglet

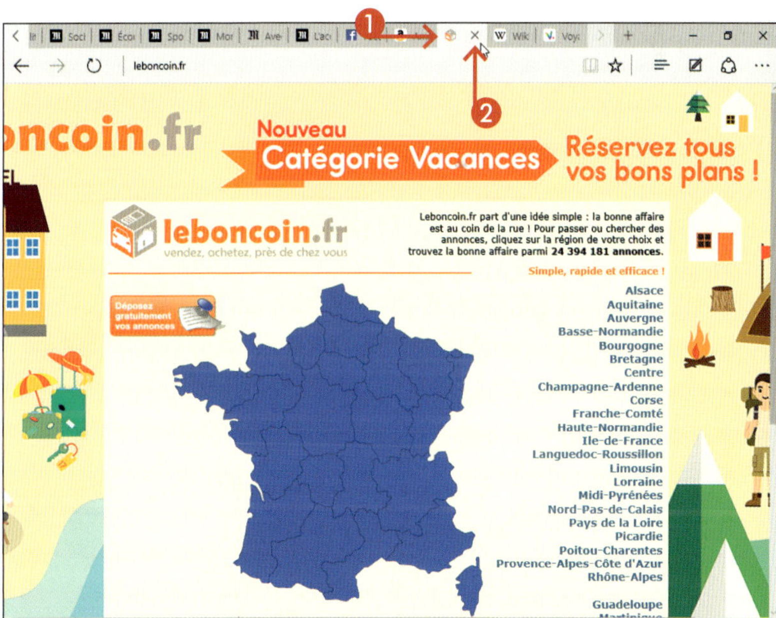

1 Placez le pointeur sur l'onglet à fermer.

2 Cliquez **Fermer l'onglet** (✕).

Lorsque vous avez consulté plusieurs pages, vous pouvez retourner à l'une d'elles. Au lieu de retaper l'adresse ou de rechercher le lien, employez les méthodes, plus pratiques, proposées par Edge.

Reculez d'une page

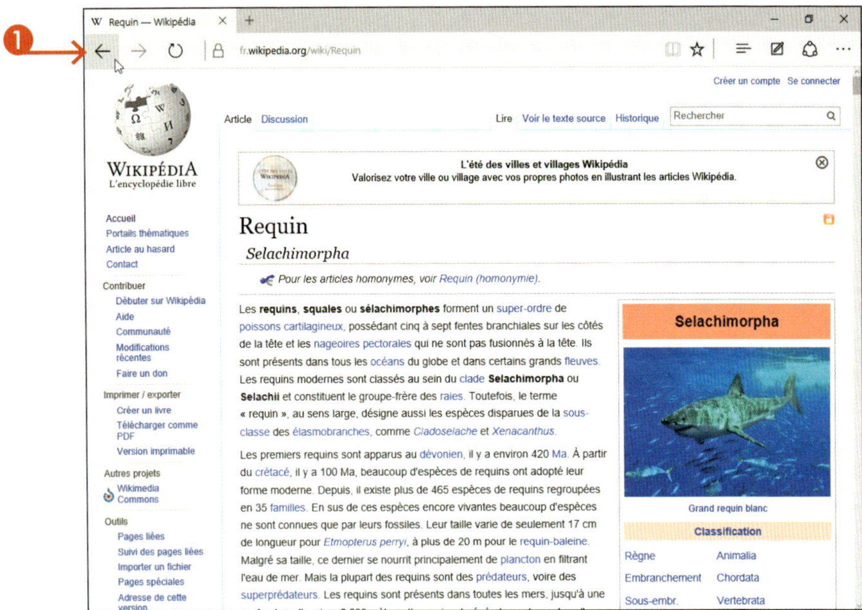

❶ Cliquez le bouton **Précédent** (←).

La page précédente apparaît.

Lorsque vous naviguez de page en page, vous créez une sorte de « chemin » sur la Toile. Edge l'enregistre en conservant la liste des pages que vous avez visitées. Il suffit d'utiliser cette liste pour retrouver une page déjà visitée et avancer à nouveau dans la chronologie des pages.

Avancez d'une page

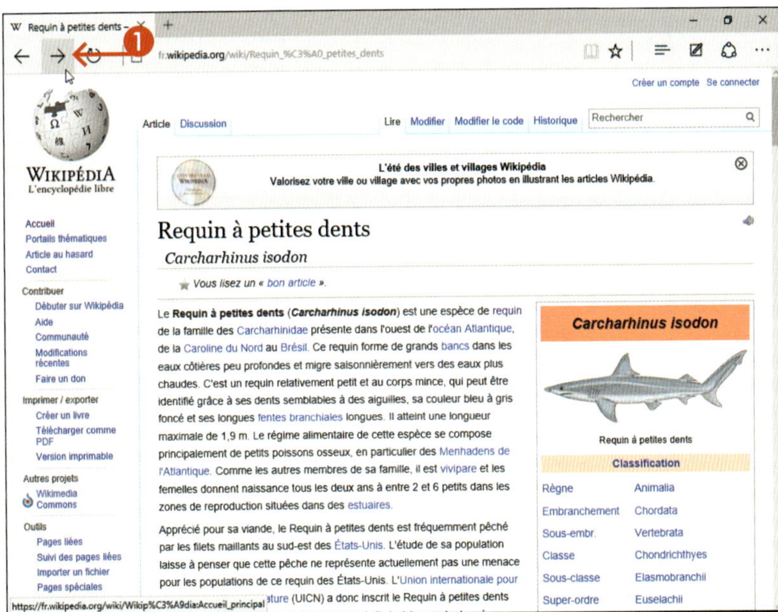

1 Cliquez le bouton **Transférer** (→).

La page qui suit celle en cours d'affichage dans la chronologie apparaît.

Note. *Si la page en cours est la dernière consultée depuis le lancement du navigateur, le bouton Transférer (→) est inactif.*

Si vous cherchez dans une page Web des informations sur un sujet spécifique, inutile de la lire en entier, grâce à la fonction Rechercher dans la page.

Recherchez du texte dans une page

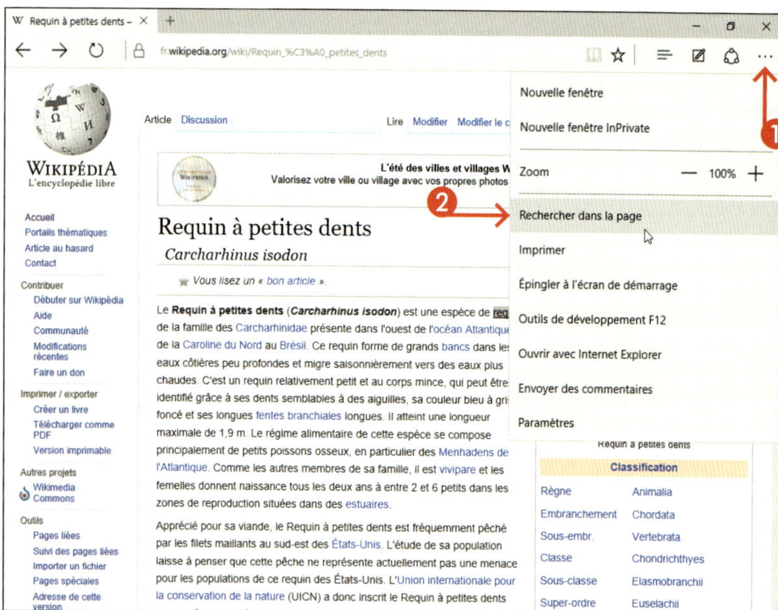

❶ Cliquez le bouton **Autres actions** … .

❷ Cliquez **Rechercher dans la page**.

Vous pouvez également appuyer simultanément sur les touches **Ctrl** + **F**.

Cette fonction vous permet en effet de rechercher un mot ou une expression précis dans le texte de la page Web.

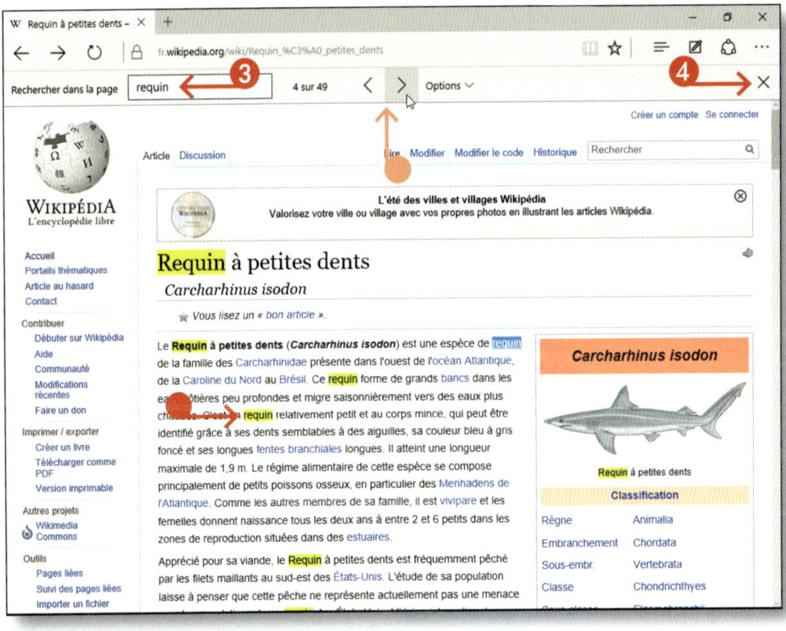

La barre Rechercher dans la page s'affiche.

3 Saisissez le ou les termes à rechercher dans la page.

● Edge surligne les occurrences du terme recherché.

● Cliquez ‹ ou › pour passer en revue les occurrences du terme dans la page.

4 Cliquez **Fermer** ✕ quand vous avez fini votre recherche.

CONSULTEZ L'HISTORIQUE DES PAGES VISITÉES

Si les boutons Précédent et Transférer (← et →) permettent d'afficher les pages déjà consultées durant la session en cours, c'est-à-dire le temps compris entre l'ouverture et la fermeture du navigateur Edge, l'historique permet de revenir sur une page consultée plusieurs jours, voire plusieurs semaines auparavant.

Consultez l'historique des pages visitées

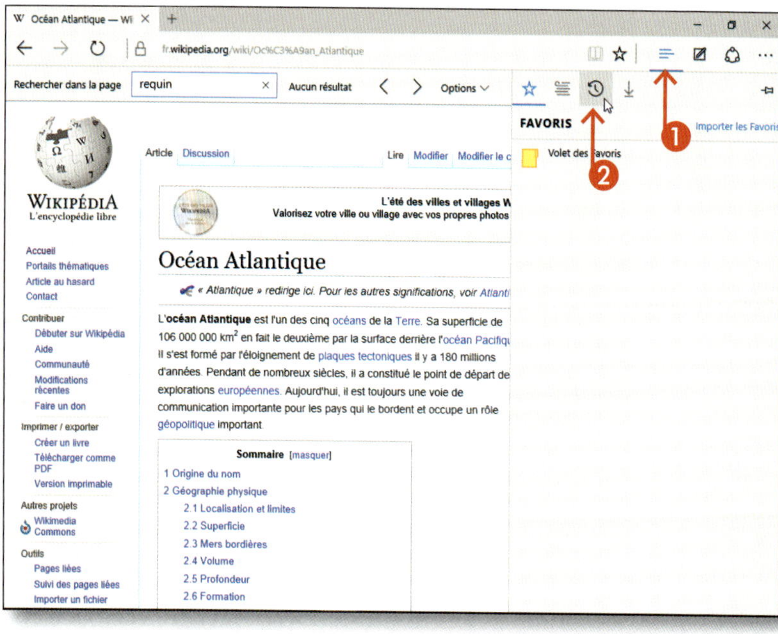

❶ Cliquez le bouton **Hub** ☰.

❷ Cliquez **Historique** 🕓.

Si vous visitez des pages sensibles, comme votre site de banque en ligne ou d'entreprise, nettoyez votre historique pour améliorer la sécurité et vous assurer que personne ne suit votre parcours sur Internet.

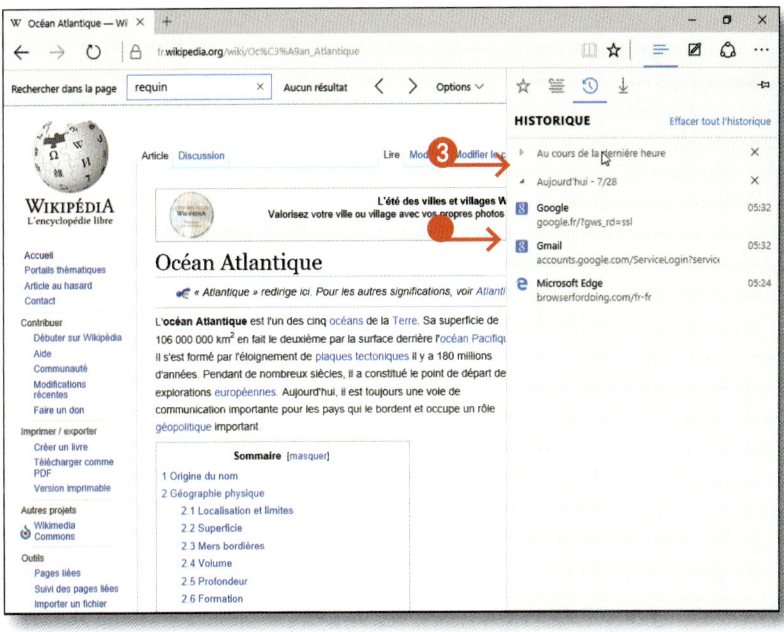

● L'historique s'affiche.

3 Cliquez le jour, la semaine ou l'heure où vous avez consulté la page.

Pour effacer l'historique, affichez-le, puis cliquez **Effacer tout l'historique. Cochez la case Historique de navigation** (☐ devient ☑) et supprimez la coche des autres cases (☑ devient ☐). Cliquez enfin **Effacer**.

Consultez l'historique des pages visitées

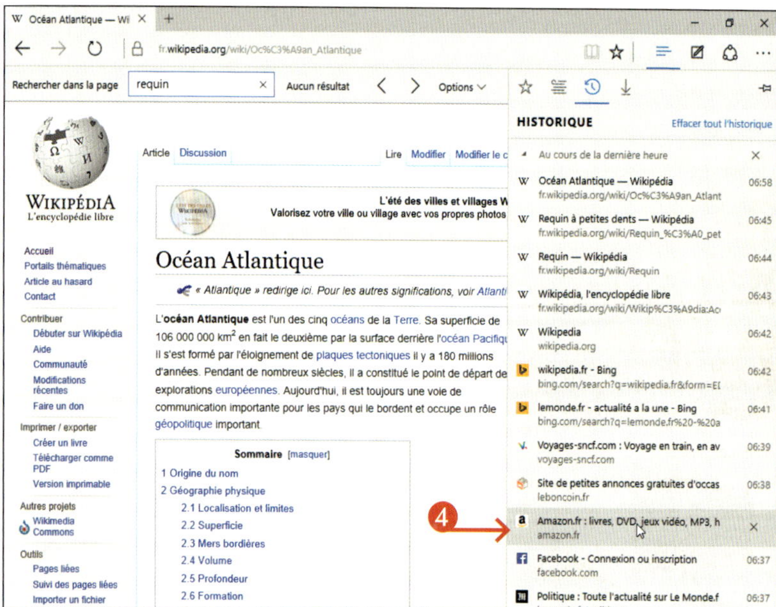

La liste des sites visités à cette date apparaît.

4 Cliquez le site contenant la page recherchée.

La liste des pages consultées sur le site apparaît.

5 Cliquez la page à afficher.

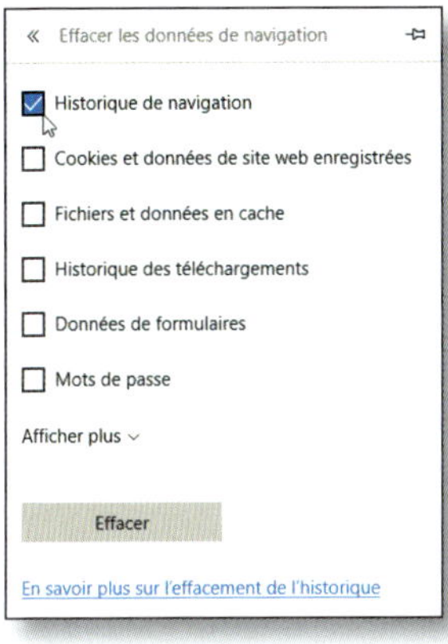
Effacer les données de navigation
Historique de navigation
Cookies et données de site web enregistrées
Fichiers et données en cache
Historique des téléchargements
Données de formulaires
Mots de passe
Afficher plus
Effacer
En savoir plus sur l'effacement de l'historique

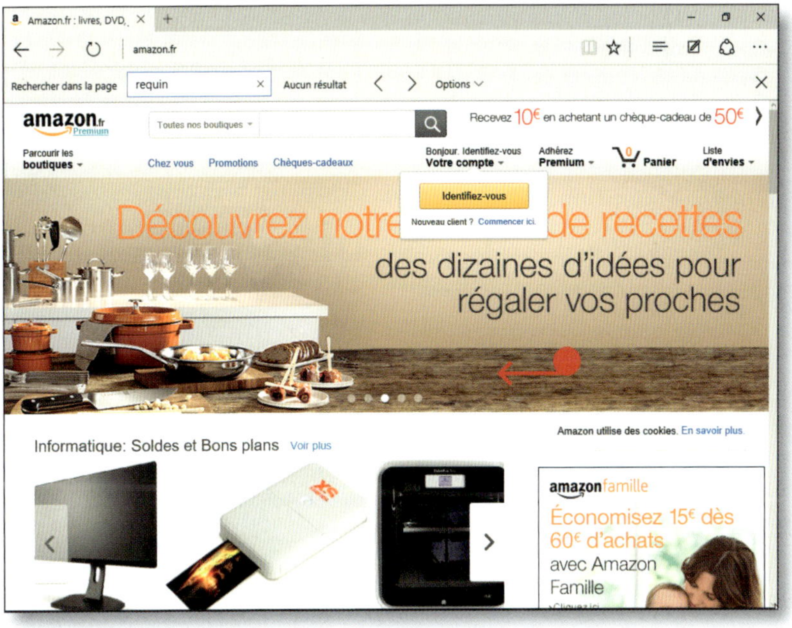
Amazon.fr : livres, DVD,
amazon.fr
Rechercher dans la page
requin
Aucun résultat
Options
amazon.fr Premium
Toutes nos boutiques
Recevez 10€ en achetant un chèque-cadeau de 50€
Parcourir les boutiques
Chez vous
Promotions
Chèques-cadeaux
Bonjour. Identifiez-vous Votre compte
Adhérez Premium
Panier
Liste d'envies
Identifiez-vous
Nouveau client ? Commencer ici.
Découvrez notre ... de recettes
des dizaines d'idées pour régaler vos proches
Amazon utilise des cookies. En savoir plus.
Informatique: Soldes et Bons plans
Voir plus
amazon famille
Économisez 15€ dès 60€ d'achats avec Amazon Famille

La page s'affiche.

La page de démarrage apparaît à l'ouverture de Microsoft Edge. Il s'agit par défaut de la page Démarrer avec des éléments du site MSN.com, mais libre à vous d'en choisir une ou plusieurs autres, en particulier si vous visitez toujours la ou les mêmes pages pour commencer.

Changez la page de démarrage

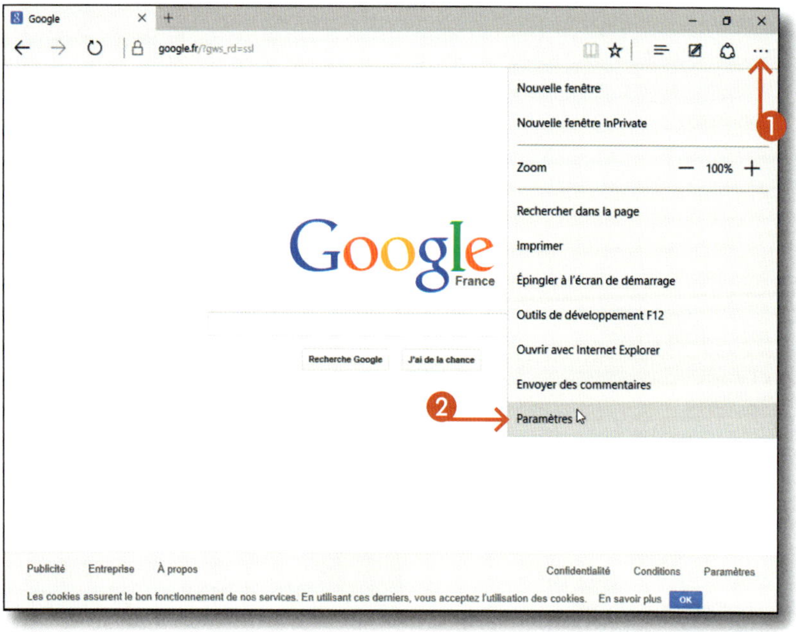

1 Cliquez le bouton **Autres actions** ... .

2 Cliquez **Paramètres**.

Par exemple, si vous possédez votre propre site Web, il peut être utile d'ouvrir Edge avec votre page d'accueil.

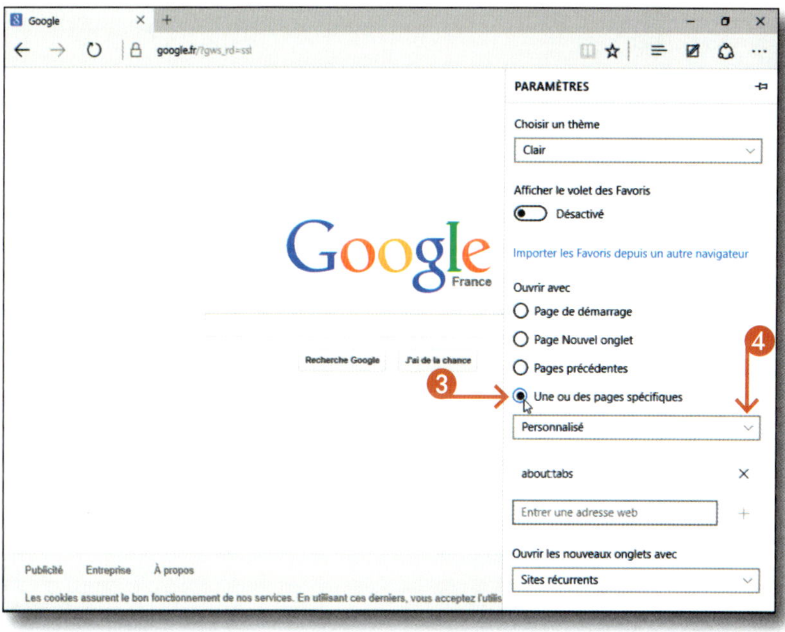

Le volet Paramètres s'ouvre.

3 Cliquez **Une ou des pages spécifiques** (○ devient ◉).

4 Cliquez ∨ puis **Personnalisé**.

Vous pouvez très bien choisir d'ouvrir Edge sur une page vierge. Pour cela, effectuez les étapes 1 et 2 des deux pages précédentes, puis cliquez la flèche ⌵ sous Ouvrir les nouveaux onglets avec et sélectionnez **Une page vierge**.

Changez la page de démarrage

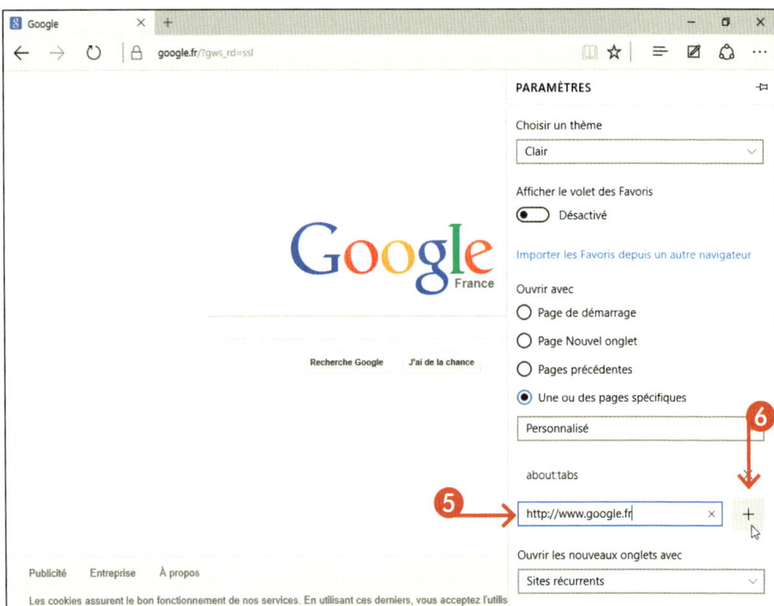

5 Saisissez l'adresse de la page de démarrage.

6 Cliquez le bouton **Ajouter**.

Vous pouvez également demander à Edge d'ouvrir au démarrage les pages visitées au moment de sa fermeture. Effectuez les étapes 1 à 3 des deux pages précédentes en cliquant Pages précédentes à l'étape 3.

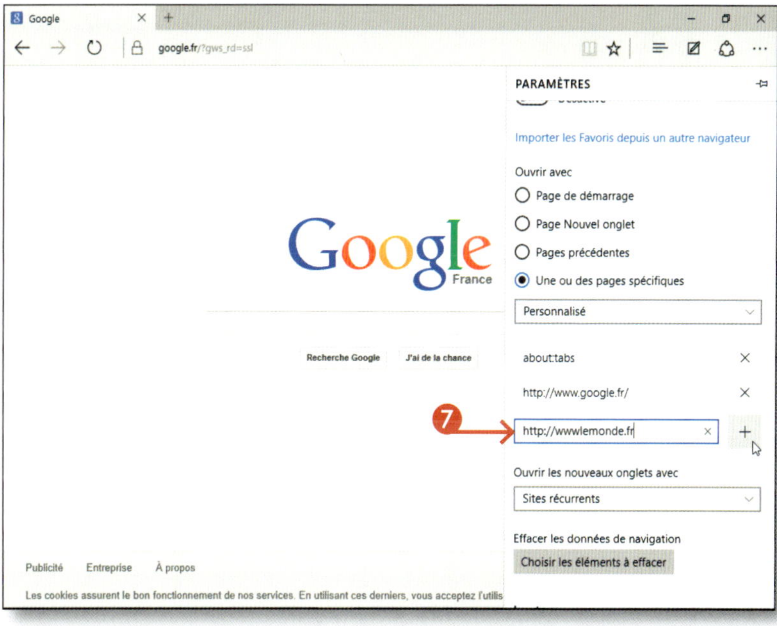

Edge enregistre cette page Web comme page de démarrage.

7 Répétez éventuellement les étapes 5 et 6 pour ajouter d'autres pages Web de démarrage.

Edge affichera cette ou ces pages Web lors du prochain démarrage de l'application.

Vous visitez sans doute souvent certaines pages Web en particulier. Pour gagner du temps, vous pouvez les enregistrer comme favorites afin de les ouvrir ensuite en deux clics.

Enregistrez une page Web favorite

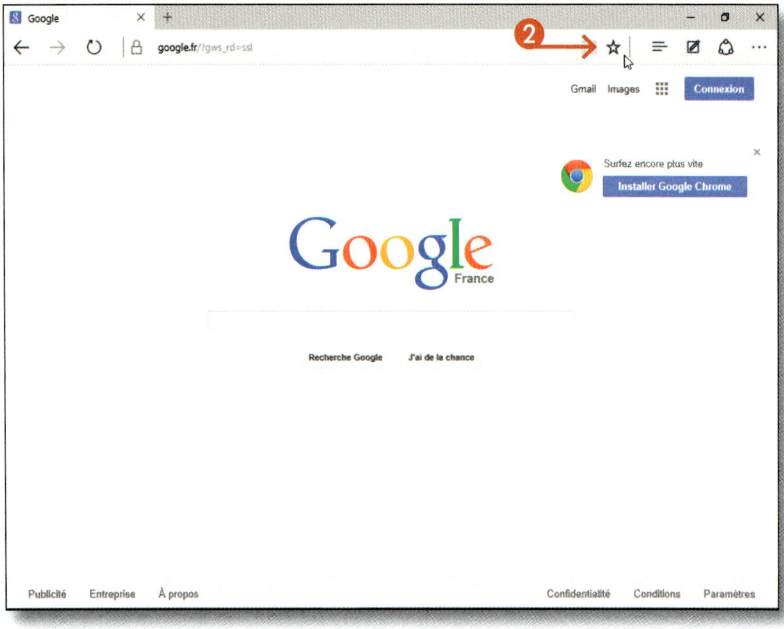

❶ Affichez la page Web à enregistrer dans les Favoris.

❷ Cliquez **Ajouter aux Favoris ou à la Liste de lecture** ☆.

Lorsqu'une page Web est enregistrée comme favorite, vous n'avez plus besoin de taper son adresse ou de la rechercher. Il suffit de la cliquer dans la liste des favoris pour l'ouvrir.

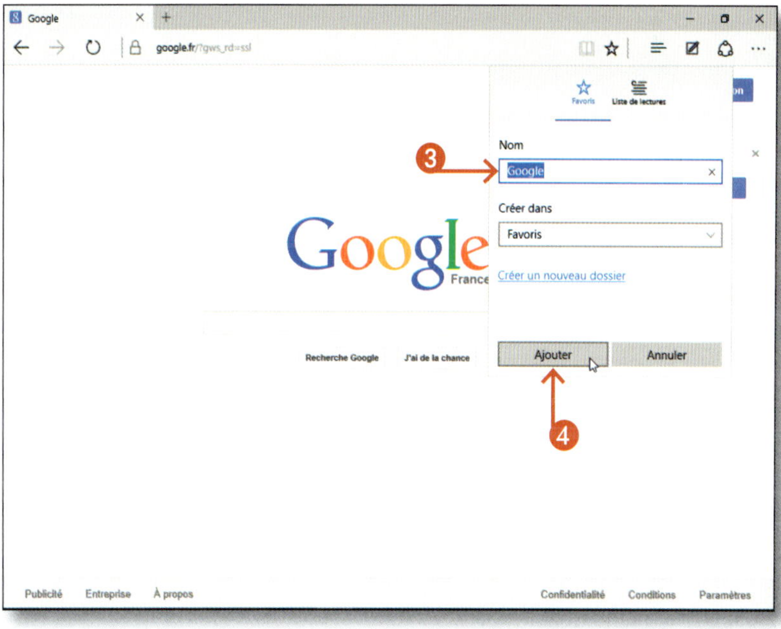

La boîte de dialogue Ajouter aux favoris s'affiche.

Note. *Vous pouvez aussi ouvrir cette boîte de dialogue en appuyant sur Ctrl + D.*

3 Modifiez le nom de la page, si nécessaire.

4 Cliquez **Ajouter**.

Pour supprimer une page de la liste des favoris, cliquez **Hub** → **Favoris**, cliquez du bouton droit le favori à supprimer, puis cliquez **Supprimer**.

Affichez une page Web favorite

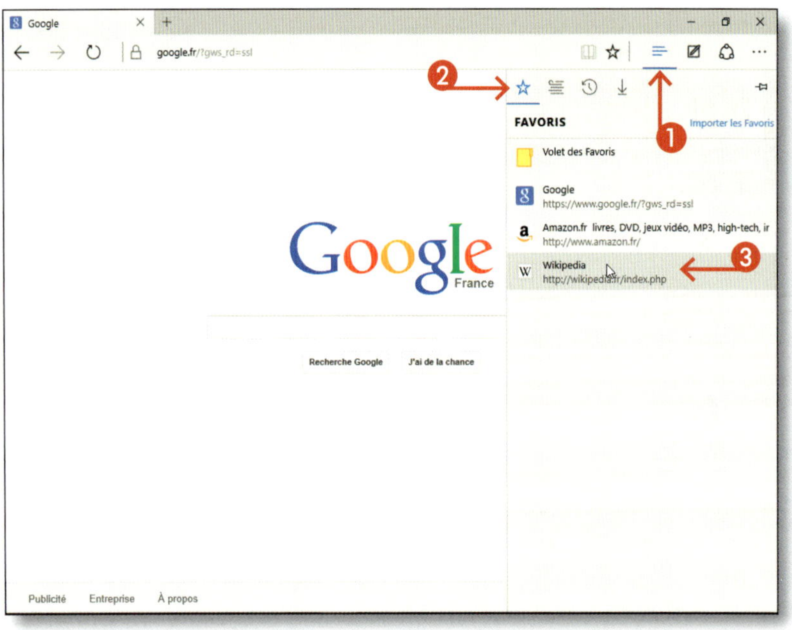

1 Cliquez le bouton **Hub** ☰.

2 Cliquez **Favoris** ☆.

La liste des favoris apparaît.

3 Cliquez la page Web à afficher.

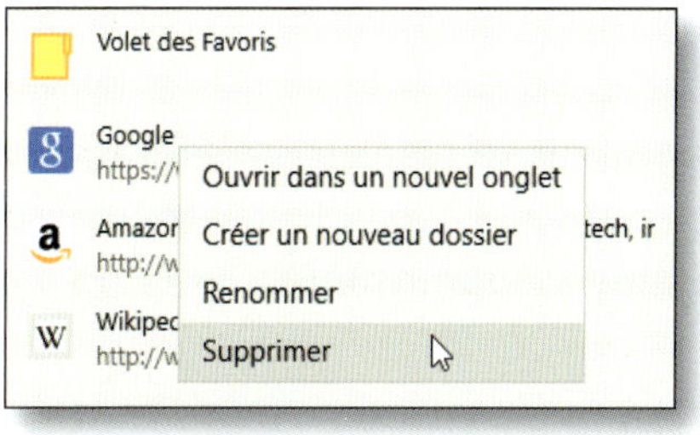

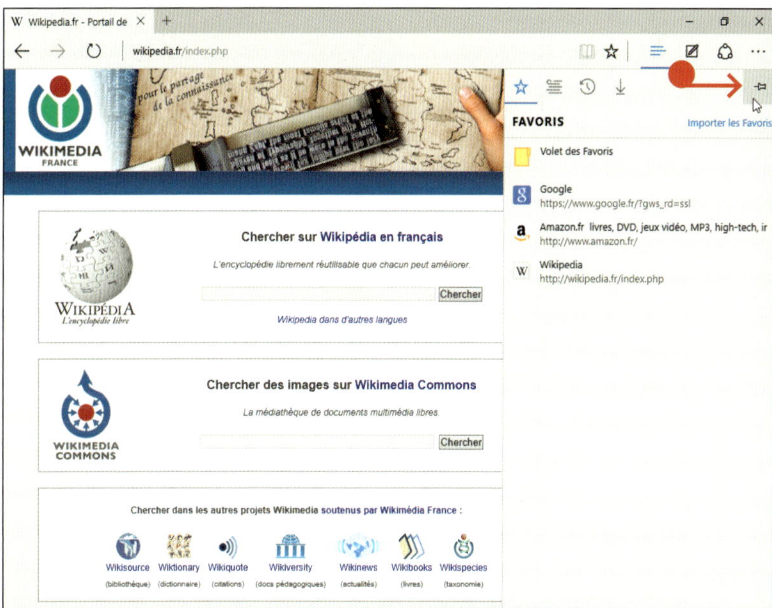

La page Web s'affiche.

● Pour afficher en permanence la liste Favoris, cliquez le bouton **Hub** ≡, puis **Épingler ce volet** (⊣⊐). Le volet Hub reste visible en permanence dans la fenêtre du navigateur Edge.

Vous pouvez utiliser le volet Favoris du navigateur Edge pour accéder directement aux sites que vous visitez le plus fréquemment.

Affichez le volet Favoris

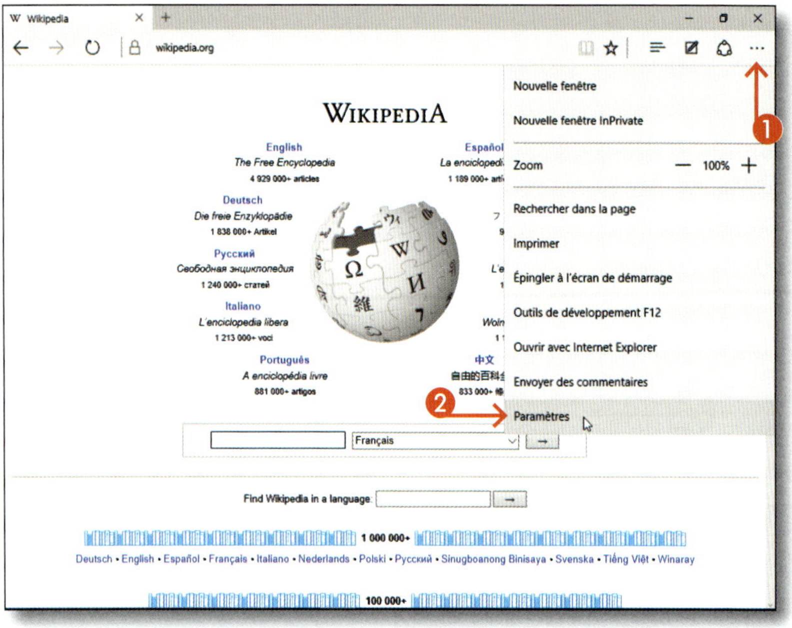

❶ Cliquez le bouton **Autres actions** ··· .

❷ Cliquez **Paramètres**.

Le volet Favoris s'affiche sous la barre d'adresse. Il est entièrement personnalisable, ce qui signifie que vous pouvez y ajouter autant de boutons que vous le souhaitez renvoyant vers les sites que vous visitez souvent.

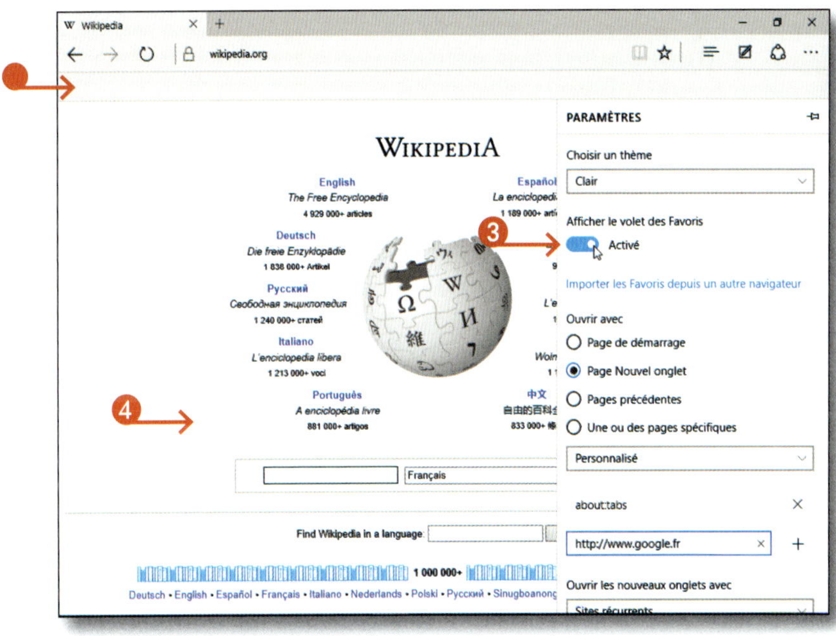

Le volet Paramètres s'ouvre.

3 Cliquez le commutateur **Afficher le volet des Favoris** en position **Activé**.

● Le volet Favoris s'ouvre.

4 Cliquez en dehors du volet Paramètres pour refermer ce dernier.

Pour déplacer un bouton du volet Favoris, cliquez-le et faites-le glisser vers la gauche ou la droite à l'emplacement de votre choix.

Ajoutez une page Web au volet Favoris

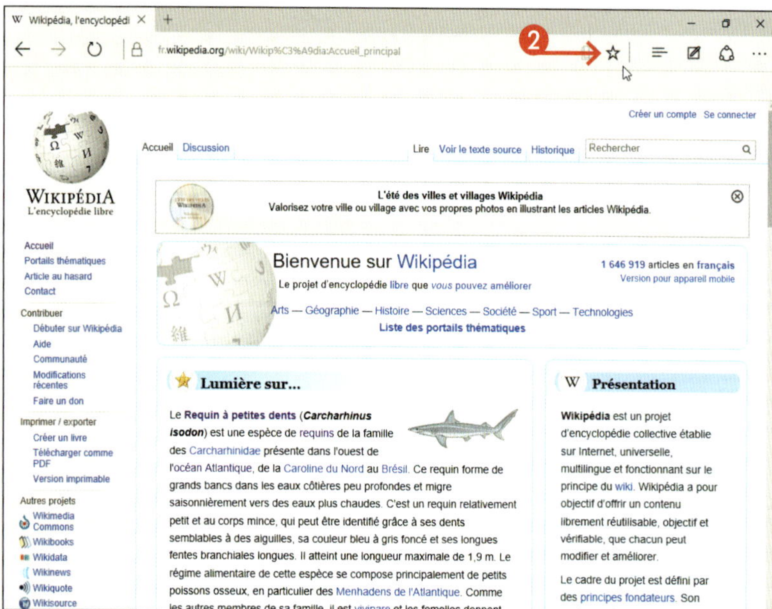

❶ Affichez la page Web à ajouter au volet Favoris.

❷ Cliquez le bouton **Ajouter aux Favoris ou à la Liste de lecture** ☆.

Pour supprimer un bouton du volet Favoris, cliquez-le du bouton droit, puis sélectionnez **Supprimer**.

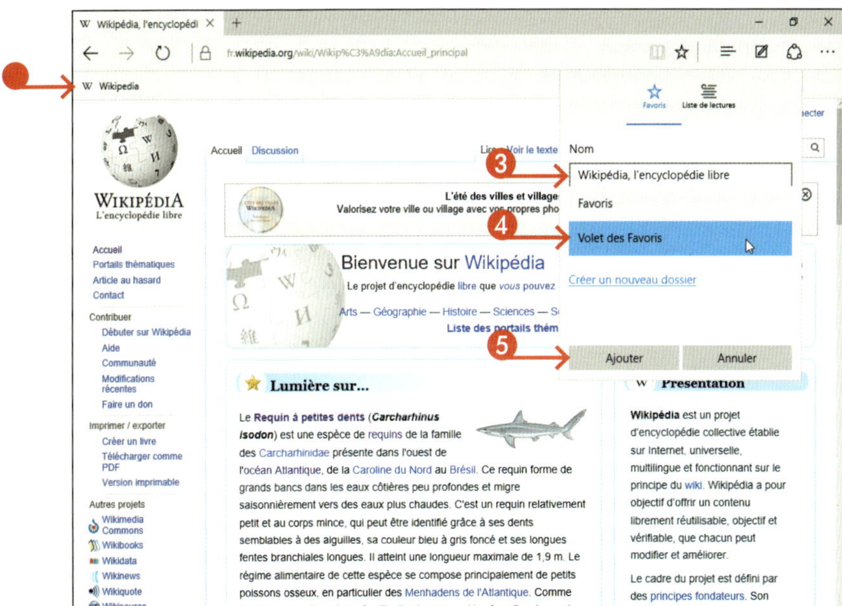

La boîte de dialogue Ajouter aux favoris s'affiche.

❸ Modifiez éventuellement le nom de la page.

❹ Cliquez la flèche ⌵ sous Créer dans, puis cliquez **Volet des Favoris**.

❺ Cliquez **Ajouter**.

● Edge ajoute la page Web au volet Favoris sous la forme d'un bouton.

Si vous recherchez des informations sur un sujet précis, Edge intègre une fonction de recherche permettant de trouver des pages Web traitant du sujet.

Recherchez un site Web

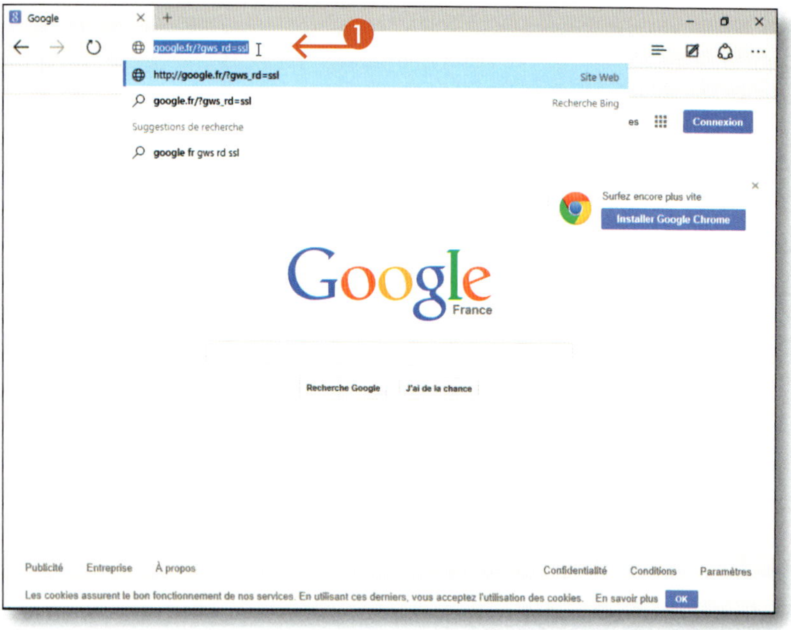

1 Cliquez dans la barre d'adresse.

L'adresse est mise en surbrillance.

Il existe sur le Web de nombreux *moteurs de recherche*. Edge utilise par défaut le site de recherche Bing.

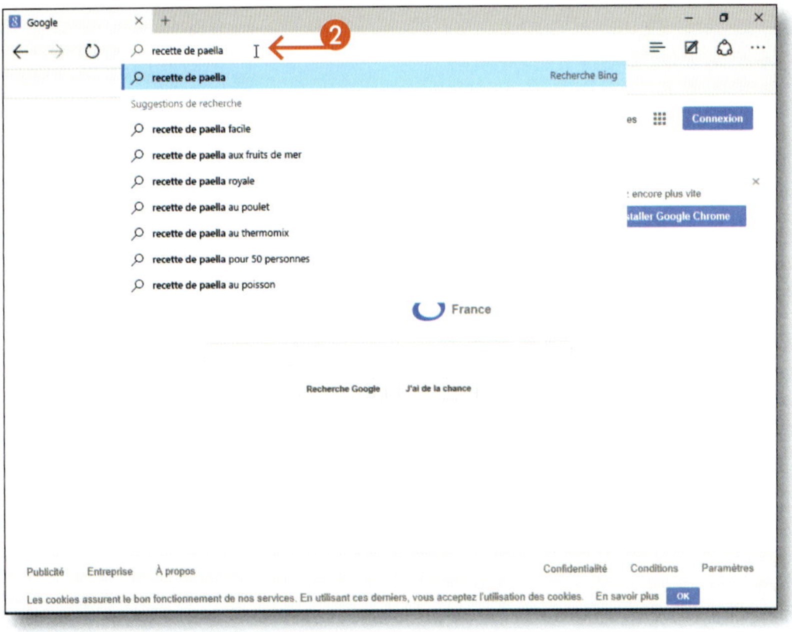

2 Tapez un mot, une expression ou une question décrivant l'information à rechercher.

3 Appuyez sur **Entrée**.

Les recherches d'un seul mot retournent souvent des dizaines de milliers de résultats. Pour améliorer votre recherche, tapez plusieurs termes. Pour rechercher une expression précise, encadrez-la de guillemets.

Recherchez un site Web

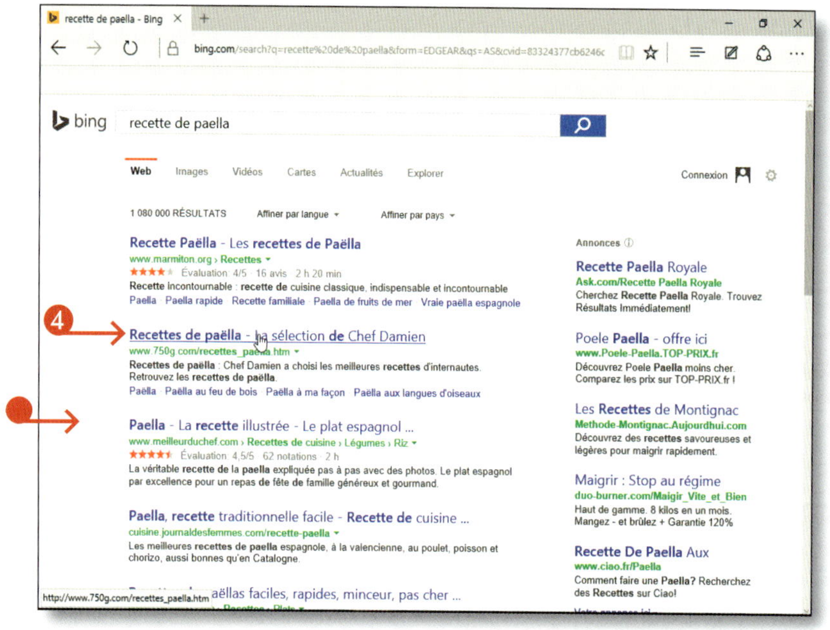

Une liste de pages répondant aux critères de la recherche apparaît.

4 Cliquez un lien.

Pour exclure un terme d'une recherche, faites-le précéder du signe moins (–). Pour rechercher l'un ou l'autre des deux termes que vous avez saisis, séparez-les avec le mot OR (en capitales).

La page apparaît.

De nombreux sites Web proposent des fichiers à utiliser sur votre PC, selon une procédure appelée *téléchargement*.

Téléchargez et ouvrez un fichier

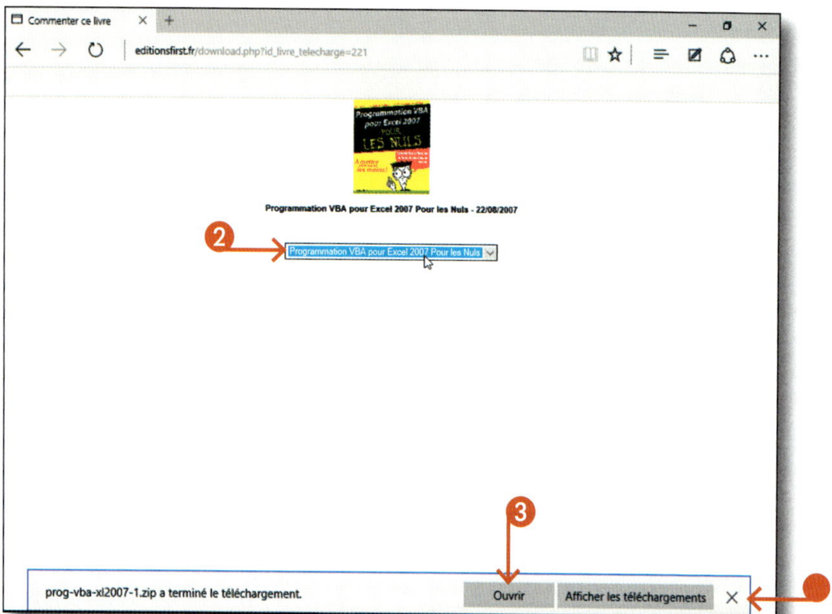

1 Affichez une page Web proposant un lien de téléchargement vers un fichier.

2 Cliquez le lien de téléchargement.

Edge télécharge le fichier sur votre PC et affiche une barre d'informations.

3 Cliquez **Ouvrir**.

Si vous ne voulez pas ouvrir le fichier pour le moment, cliquez le bouton **Fermer** ✕.

Une fois que vous avez téléchargé un fichier, vous pouvez l'ouvrir avec une application à même de l'utiliser. Par exemple, s'il s'agit d'une feuille de calcul, il vous faudra probablement un tableur comme Excel. Vous avez la possibilité d'ouvrir le fichier sitôt téléchargé ou ultérieurement, au moment de votre choix.

Affichez les fichiers téléchargés

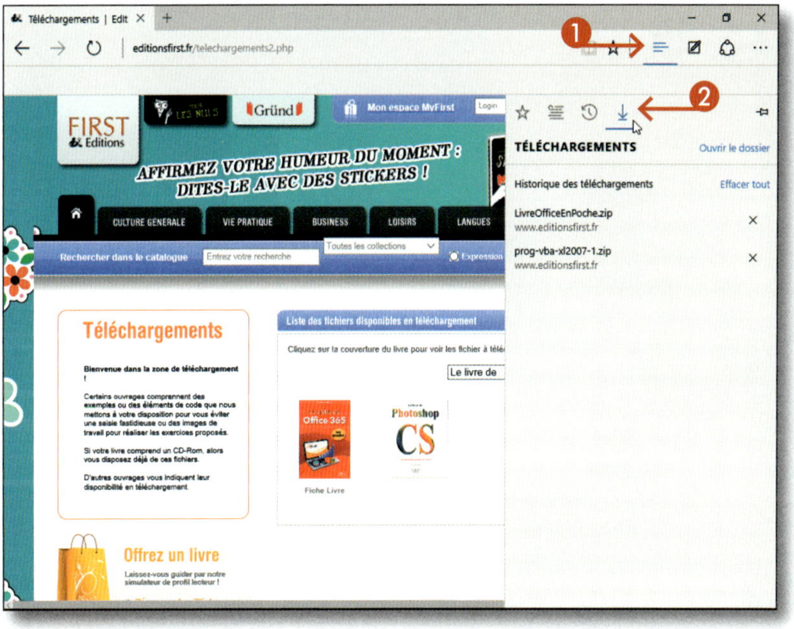

1. Cliquez **Hub** ☰.
2. Cliquez **Téléchargements** ↓.

Edge affiche la liste des téléchargements.

Note. *Si vous venez de télécharger un fichier, cliquez* ***Afficher les téléchargements*** *dans la barre d'informations.*

Pour pouvoir échanger du courrier électronique, vous devez au préalable ajouter votre compte de messagerie à l'application Courrier. Cela vous permettra aussi bien d'envoyer que de recevoir du courrier.

Configurez un compte de courrier

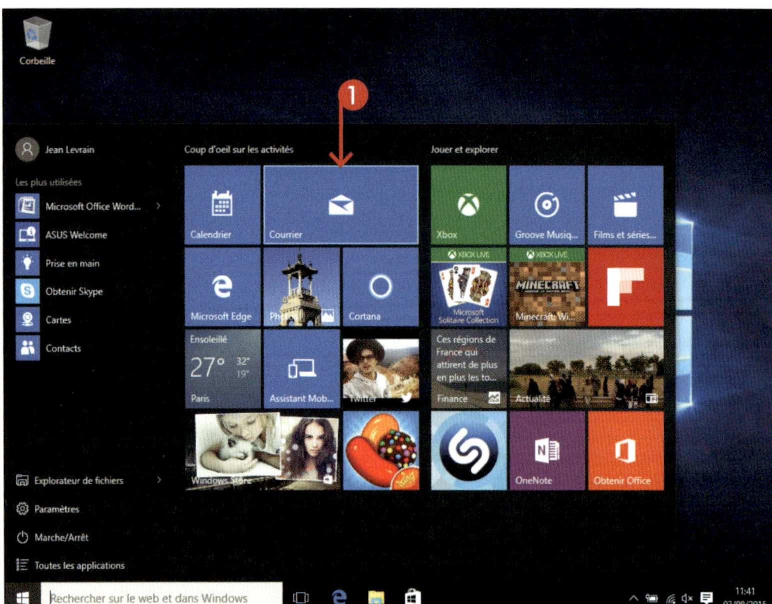

1 Dans le menu Démarrer, cliquez la vignette **Courrier**.

S'il s'agit du tout premier lancement de Courrier, l'application vous propose d'ajouter un compte. Dans ce cas, passez directement à l'étape **4**.

Notez que si vous êtes identifié auprès de Windows avec un compte Microsoft, ce dernier sera utilisé automatiquement par Courrier. Ces étapes vous concernent donc surtout si vous souhaitez ajouter un autre compte de messagerie.

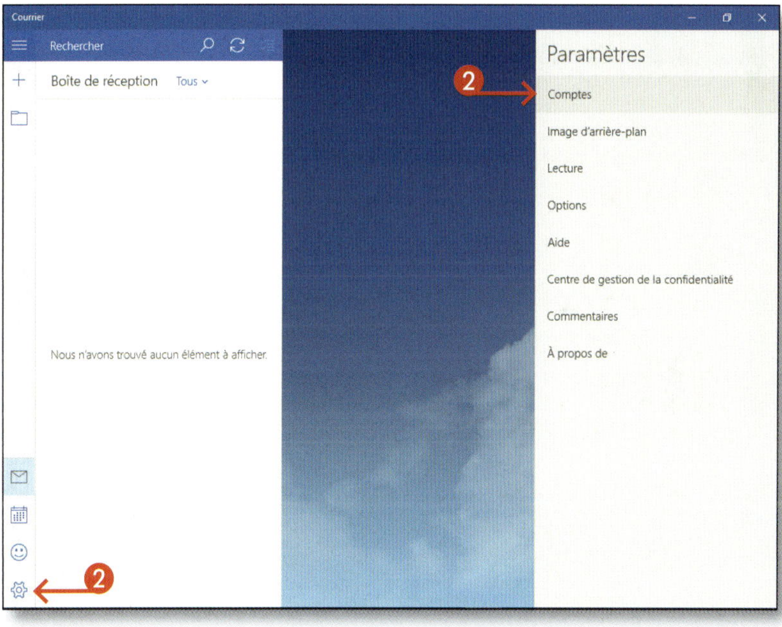

2 Cliquez **Accéder aux paramètres** ⚙.

Le volet Paramètres s'affiche.

3 Cliquez **Comptes**.

Le courrier électronique est l'un des services Internet les plus appréciés parce qu'il présente trois avantages majeurs : communiquer par e-mail est pratique, rapide et universel.

Configurez un compte de courrier

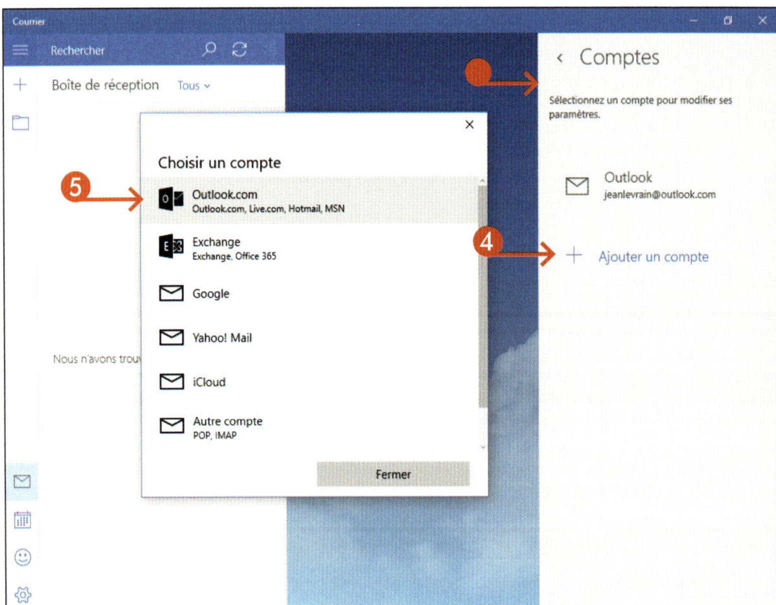

● Le volet Comptes s'affiche.

4 Cliquez **Ajouter un compte**.

L'écran Choisir un compte s'affiche.

5 Cliquez le type de compte à ajouter.

Si votre compte d'utilisateur est un compte local, l'application Courrier vous invite à ajouter votre compte Microsoft pour l'utiliser avec les applications Cortana, Courrier, Calendrier et Contacts.

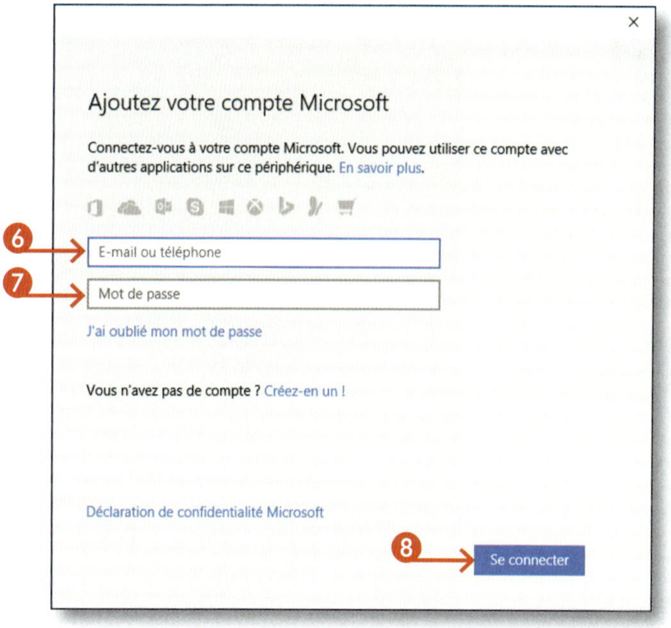

Courrier vous demande de saisir votre adresse de courrier électronique et le mot de passe associé.

6 Saisissez votre adresse de courrier électronique.

7 Saisissez votre mot de passe.

8 Cliquez **Se connecter**.

Courrier ajoute le compte au volet Comptes.

Vous pouvez envoyer un message à un correspondant dès lors que vous connaissez son adresse de messagerie, une suite de caractères qui identifie l'emplacement unique d'une boîte aux lettres électronique.

Envoyez un message

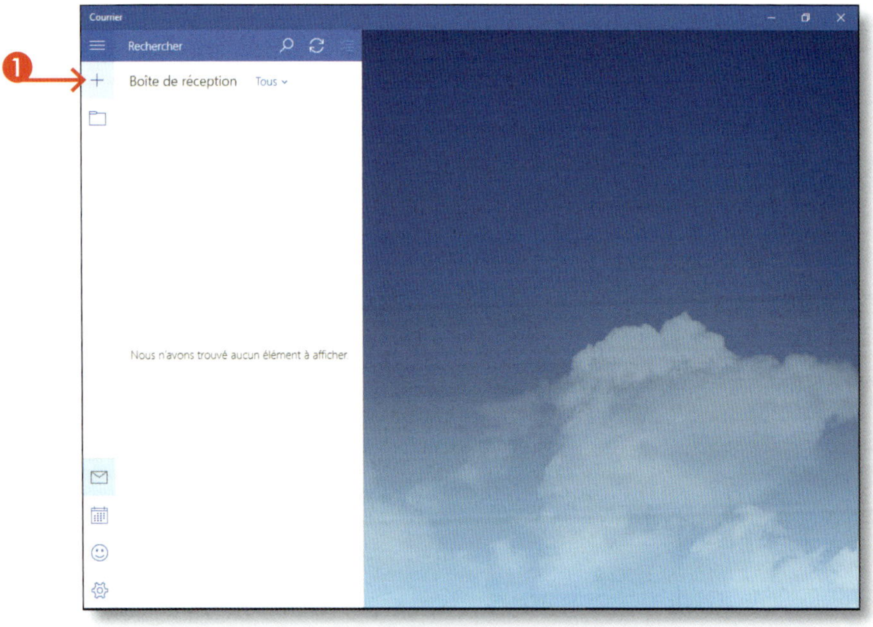

1 Dans **Courrier**, cliquez **Nouveau message** (+).

Note. *Vous pouvez aussi appuyer sur* Ctrl + N.

Une adresse de courrier électronique est de la forme *nom@serveur.domaine.extension* où *nom* correspond au nom du destanataire, *domaine* au nom de la société qui héberge l'adresse et *extension* au pays ou au type d'organisme de cette société (comme .fr ou .edu).

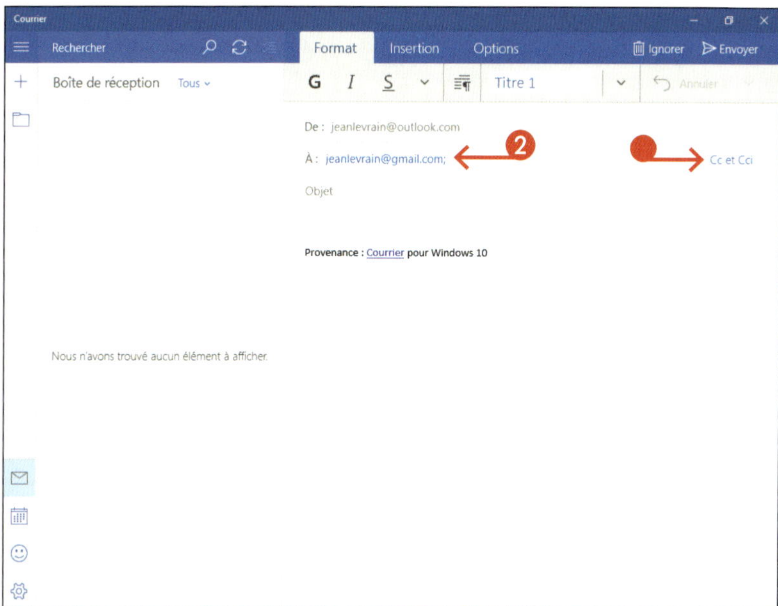

Une fenêtre de message s'affiche.

2 Tapez l'adresse du destinataire dans la zone de texte **À**.

Note. *Vous pouvez saisir plusieurs adresses dans le champ* **À**. *Appuyez sur* **Entrée** *après chaque adresse.*

● Pour envoyer une copie du message à quelqu'un d'autre, cliquez **Cc & Cci**, puis tapez son adresse dans le champ **Cc**.

Tapez une adresse dans le champ **Cci** pour envoyer votre message à un destinataire sans que les autres en soient informés.

Envoyez un message

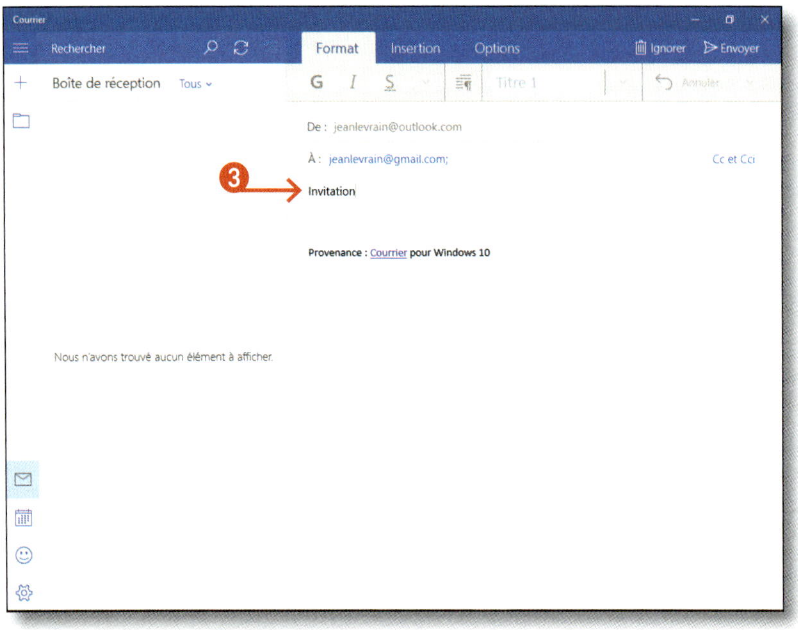

❸ Décrivez brièvement l'objet de votre message.

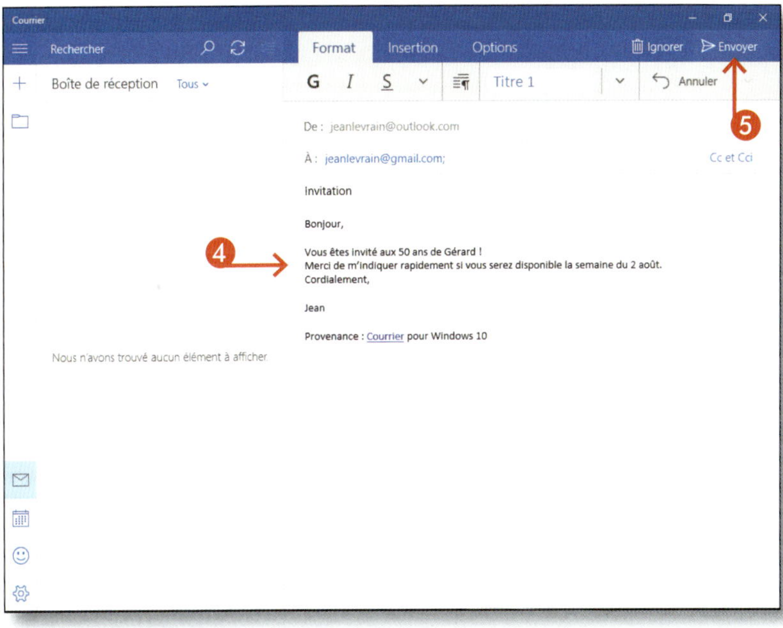

4 Rédigez votre message.

Note. *Lisez la section suivante pour mettre le texte du message en forme.*

5 Cliquez **Envoyer** (▷).

Courrier envoie votre message.

Pour renforcer l'impact visuel d'un message, vous avez à votre disposition des outils de mise en forme du texte dans l'application Courrier.

Mettez en forme les caractères

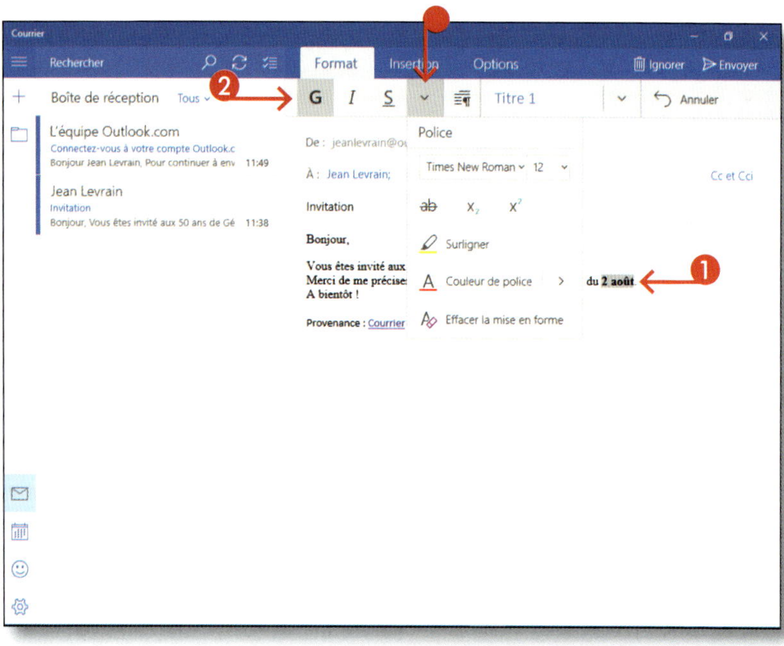

❶ Sélectionnez le texte à mettre en forme.

Note. *Lisez le chapitre 9 pour sélectionner du texte dans un document.*

❷ Cliquez le bouton de la mise en forme que vous voulez appliquer, comme **Gras** G, **Italique** *I* ou **Souligné** S.

● Pour davantage d'options de mise en forme, cliquez ⌄.

Courrier applique la mise en forme au texte.

C'est certes plus rapide d'envoyer un texte brut, mais quelques enrichissements comme du gras, de l'italique, de la couleur ou des listes à puces permettront de valoriser le contenu du message. Mais n'en abusez pas non plus afin de ne pas nuire à sa lisibilité.

Mettez en forme les paragraphes

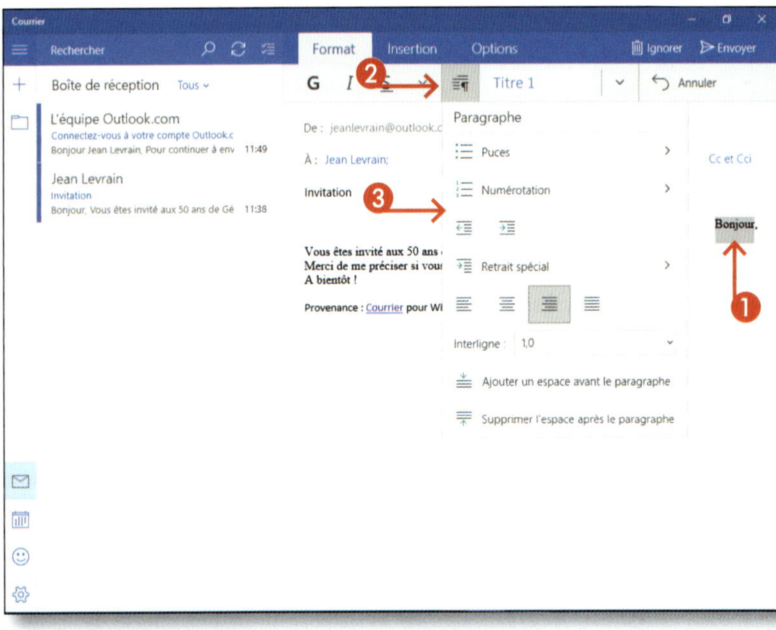

❶ Sélectionnez le paragraphe à mettre en forme.

Note. *Lisez le chapitre 9 pour sélectionner du texte dans un document.*

❷ Cliquez **Mise en forme de paragraphes** ≡¶.

❸ Cliquez la mise en forme à appliquer au paragraphe : liste à puces, liste numérotée, centré, justifié, etc.

Courrier applique la mise en forme au paragraphe.

Pour modifier une image que vous avez insérée dans un message, cliquez cette dernière, puis l'onglet **Images**. Cliquez **Rotation** pour faire pivoter l'image et **Rogner** pour la recadrer.

Appliquez un style

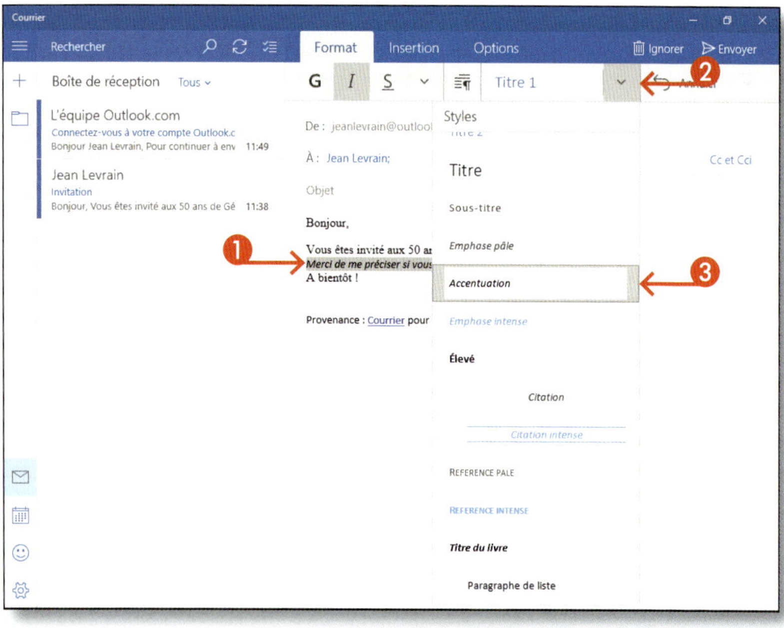

❶ Sélectionnez le texte auquel vous souhaitez appliquer un style.

❷ Cliquez ⌄ en regard de **Styles**.

❸ Cliquez un style.

Courrier applique le style au texte.

Faites glisser les poignées autour de l'image pour la redimensionner. Si la nouvelle taille d'image ne vous convient pas, cliquez le bouton Rétablir la taille.

Insérez une image

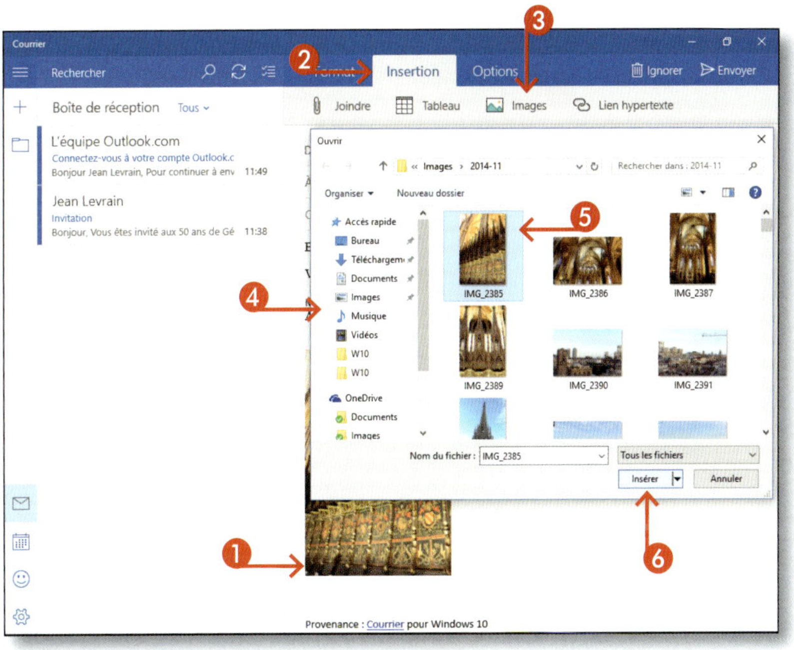

1 Cliquez à l'endroit où vous voulez insérer une image.

2 Cliquez l'onglet **Insertion**.

3 Cliquez **Images**.

La boîte de dialogue Ouvrir s'affiche.

4 Sélectionnez l'emplacement de l'image.

5 Cliquez l'image.

6 Cliquez **Insérer**.

Courrier insère l'image dans le texte.

Lorsque vous envoyez un message, vous avez la possibilité d'envoyer un ou plusieurs fichiers en pièces jointes. Vous pouvez ainsi partager divers types de contenus avec votre entourage : photos, musique, documents, *etc*.

Joignez un fichier à un message

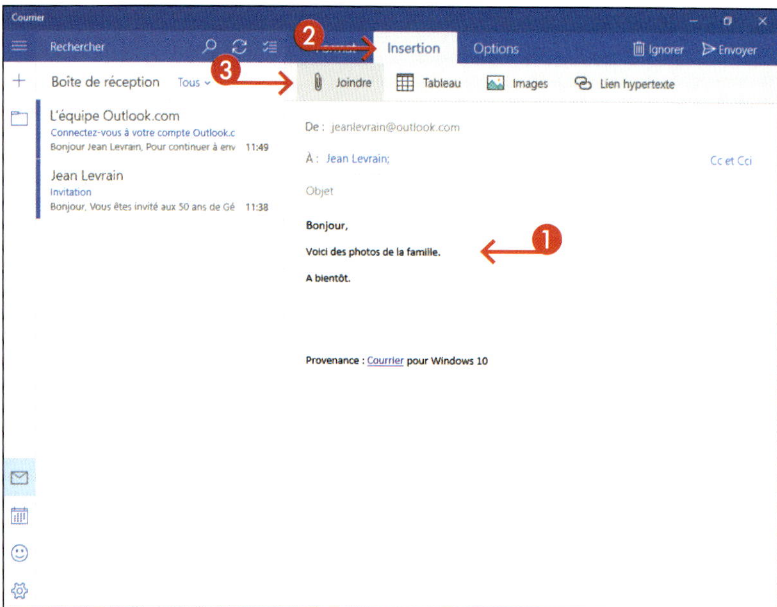

❶ Rédigez le message auquel vous voulez joindre le fichier.

❷ Cliquez l'onglet **Insertion**.

❸ Cliquez **Joindre**.

Lorsque votre destinataire reçoit le message avec la pièce jointe, il lui suffit d'ouvrir ou d'enregistrer le fichier pour le modifier à sa guise.

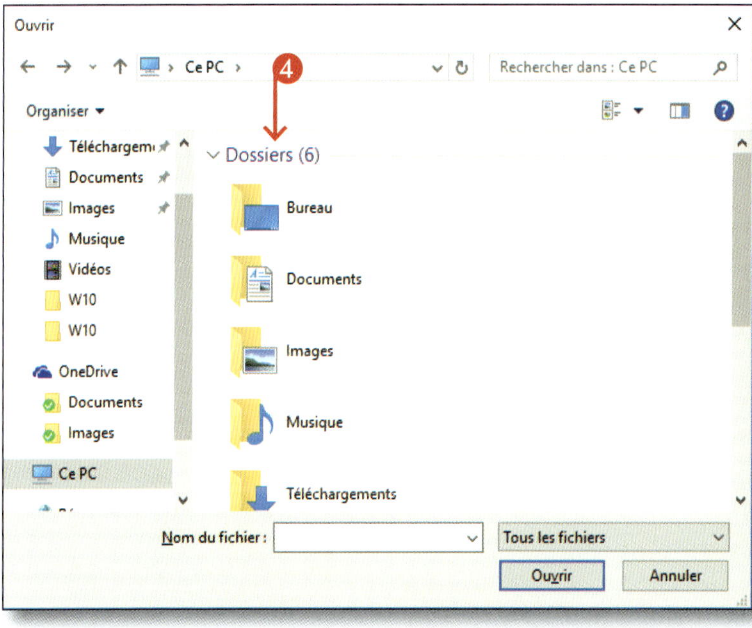

La boîte de dialogue Ouvrir s'ouvre.

4 Parcourez les dossiers de l'ordinateur afin de localiser le fichier à joindre au message.

En théorie, vous pouvez joindre à un message autant de fichiers que vous le souhaitez. Vous devez toutefois tenir compte de la taille globale des fichiers joints. Si votre connexion Internet ou celle de votre correspondant est lente, l'envoi ou la réception du message peut prendre beaucoup de temps. En outre, certains FAI limitent la taille des fichiers joints à environ 25 Mo. En règle générale, évitez de joindre trop de fichiers à un message.

Joignez un fichier à un message

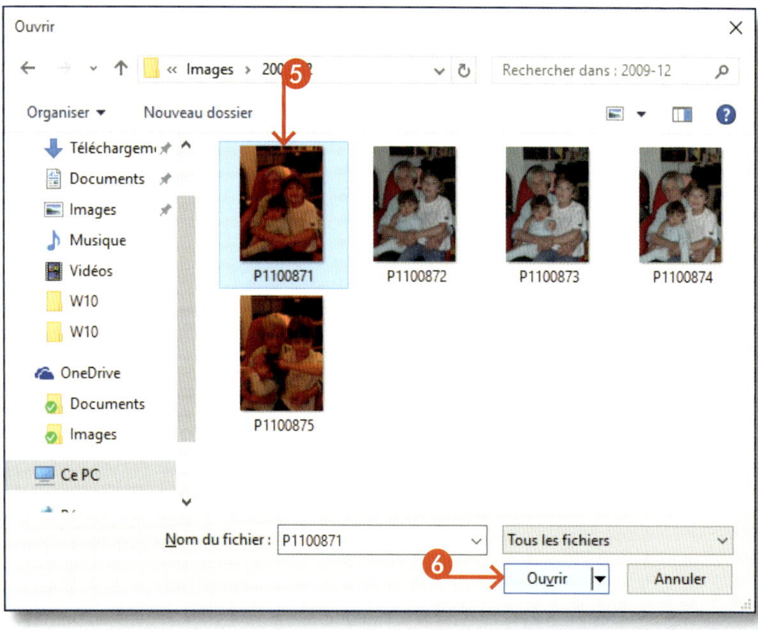

5 Cliquez le fichier à joindre au message.

6 Cliquez **Ouvrir**.

Pour l'envoi d'un grand nombre de fichiers, vous pouvez créer un dossier compressé au préalable, ce qui vous permet de sélectionner un seul élément lors de l'ajout de la pièce jointe.

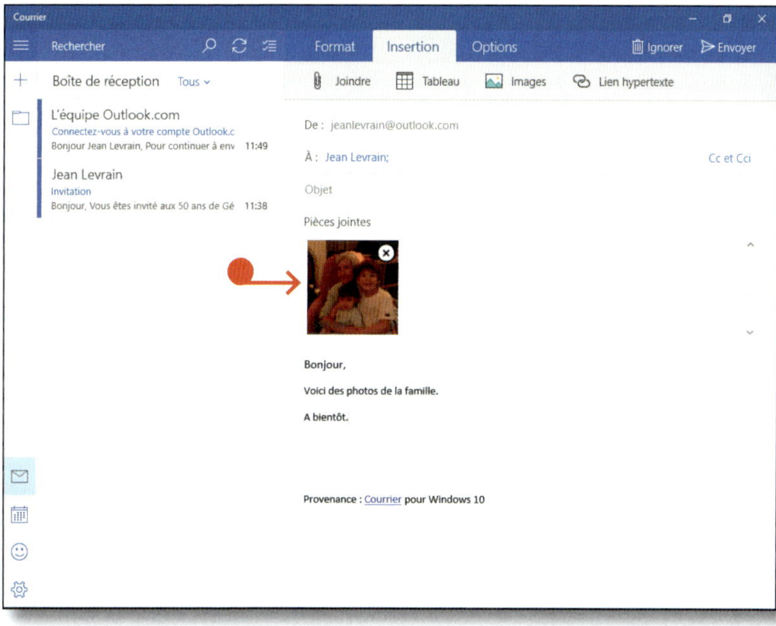

● La fenêtre du nouveau message s'affiche à nouveau, avec le fichier que vous avez joint au message.

Si vous devez vous interrompre et quitter Courrier avant l'envoi d'un message dont vous n'avez pas terminé la rédaction, vous pouvez enregistrer ce message sous forme de brouillon. Vous aurez ainsi tout le loisir de rouvrir plus tard votre brouillon afin de finaliser le message et de l'envoyer.

Enregistrez un brouillon

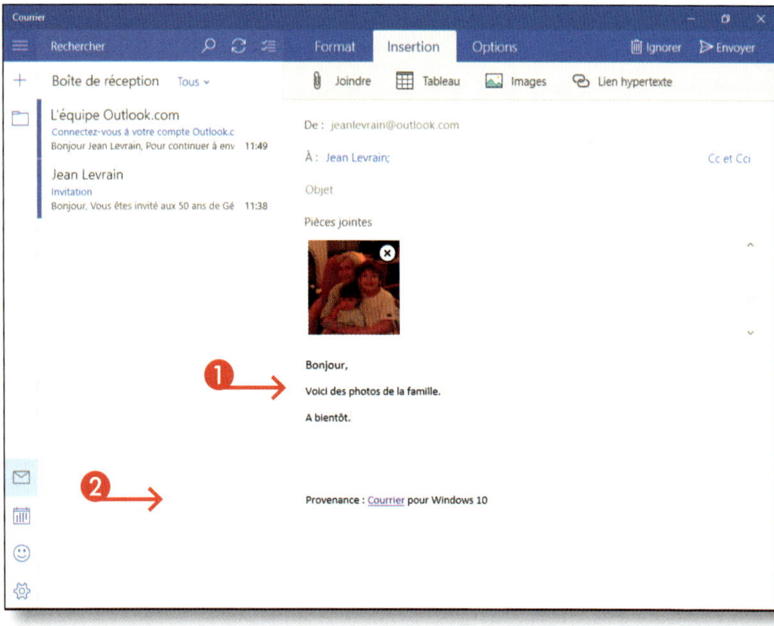

❶ Rédigez votre message.

❷ Cliquez en dehors du message dans la fenêtre de Courrier.

Courrier enregistre le message dans le dossier Brouillons.

En fait, Courrier enregistre automatiquement les messages non envoyés dans un dossier Brouillons qu'il suffit de savoir ouvrir pour retrouver tout message inachevé, que vous croyez (à tort) perdu.

Ouvrez un brouillon

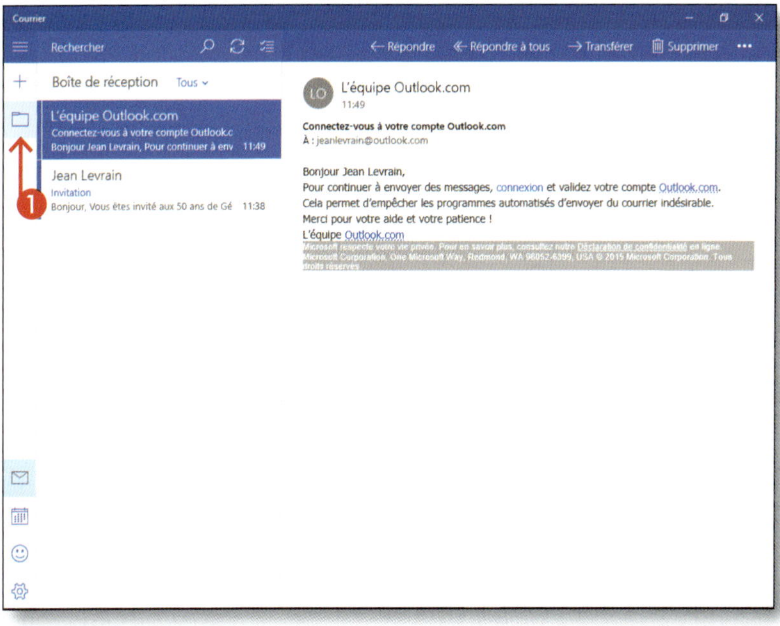

❶ Cliquez le bouton **Tous les dossiers** .

En plus du dossier Brouillons, Courrier dispose des dossiers suivants :

- **Boîte d'envoi** : Messages en cours d'émission.
- **Boîte de réception** : Messages que vous avez reçus.
- **Courrier indésirable** : Messages que Courrier a analysés comme non sollicités de votre part. Il s'agit généralement de publicités.

Ouvrez un brouillon

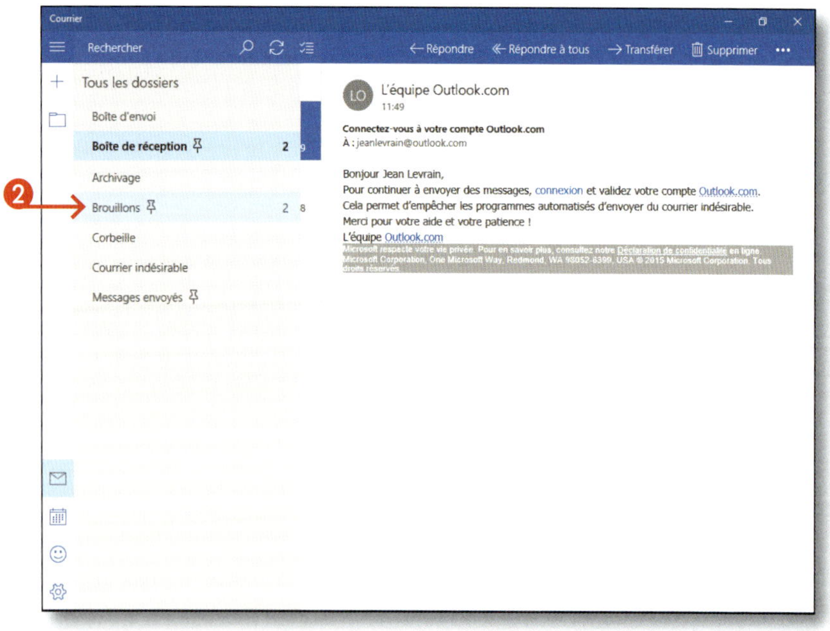

Courrier affiche les dossiers de votre compte.

2 Cliquez **Brouillons**.

- **Éléments supprimés ou Corbeille** : Messages qui ont été supprimés des autres dossiers.
- **Messages envoyés** : Messages que vous avez émis depuis votre compte.

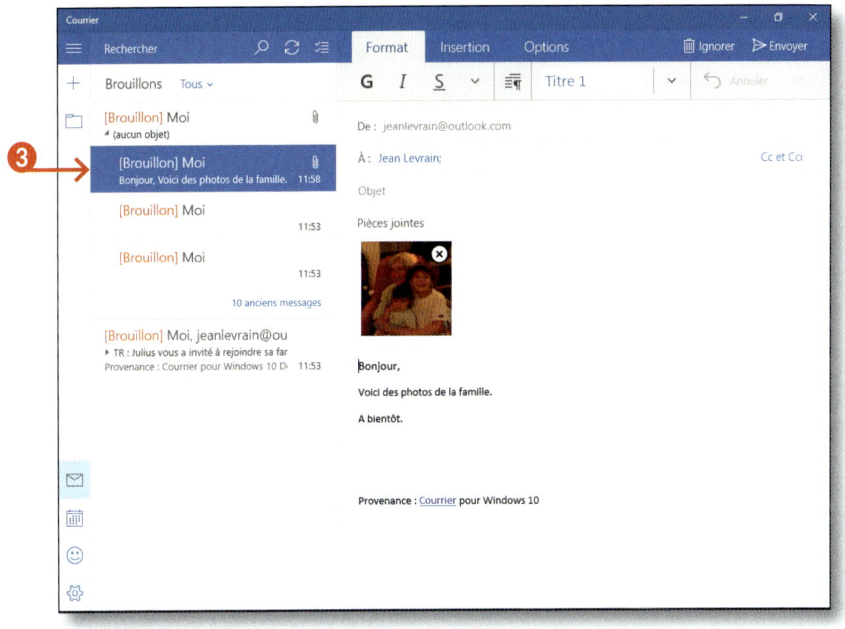

3 Cliquez le brouillon du message à compléter ou modifier.

Courrier ouvre le brouillon du message, prêt à être complété ou modifié.

Dès que quelqu'un vous adresse un message électronique, ce dernier atterrit dans la boîte de réception de votre fournisseur ou hébergeur de messagerie. Pour récupérer ce message, vous devez ouvrir Courrier.

Relevez votre courrier

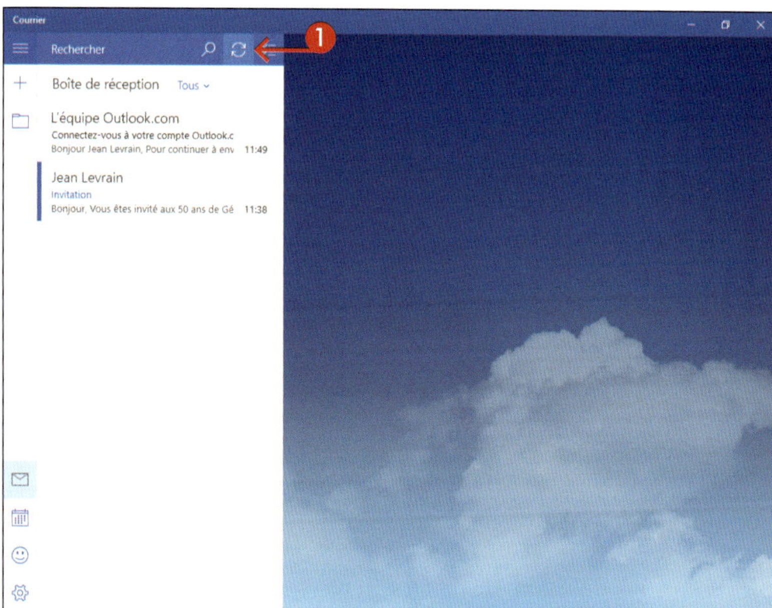

1 Cliquez le bouton **Synchroniser cet affichage** .

Courrier vérifie l'arrivée de nouveaux messages.

Courrier effectue automatiquement le relevé des messages, mais vous pouvez aussi le faire vous-même à tout moment.

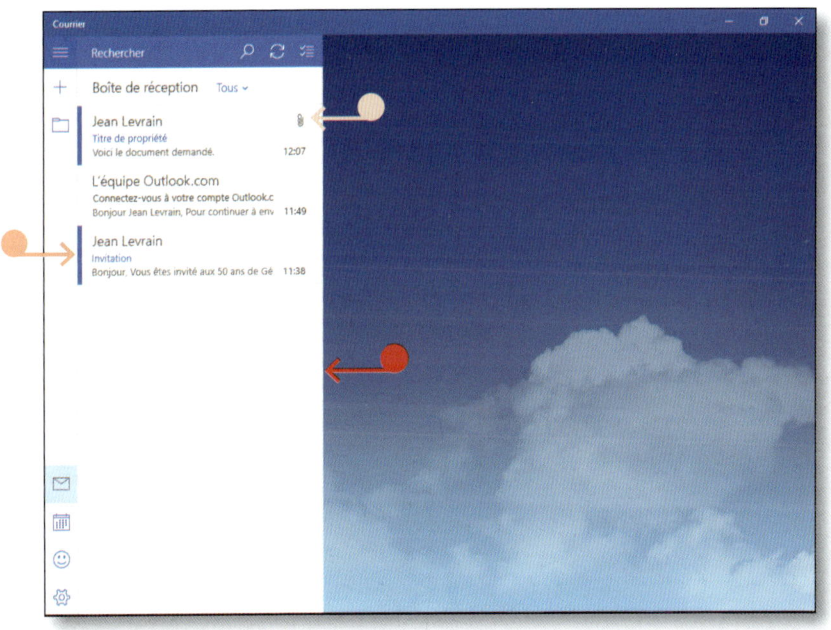

Les nouveaux messages reçus s'affichent dans votre dossier Boîte de réception.

Cette barre indique les messages que vous n'avez pas encore lus.

Le symbole 📎 indique un fichier joint au message.

L'application Courrier vérifie automatiquement les messages entrants au démarrage. Si vous utilisez un compte Microsoft ou Google, tous les messages adressés à ce compte sont automatiquement envoyés à l'application dès réception.

Lisez votre courrier

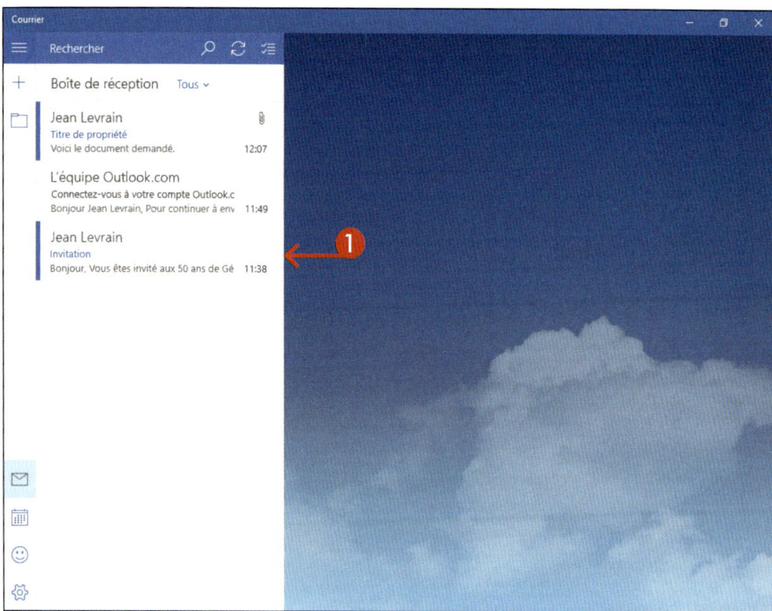

1 Cliquez un message.

Pour les autres types de comptes, l'application vérifie régulièrement l'arrivée de nouveaux messages.

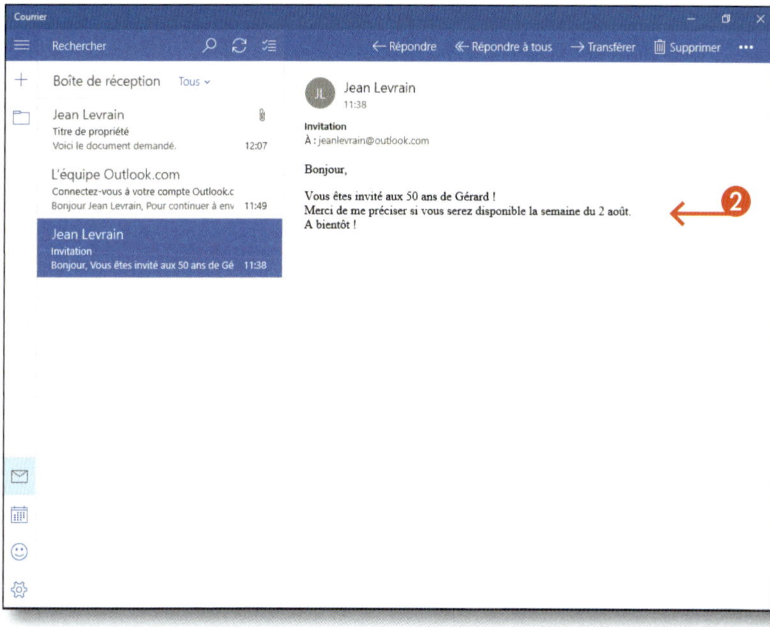

Le message s'affiche dans le volet principal de Courrier.

❷ Lisez le message.

Que vous souhaitiez répondre à une question, donner une information ou réagir à des propos, vous pouvez répondre à un message que vous avez reçu.

Répondez à un message

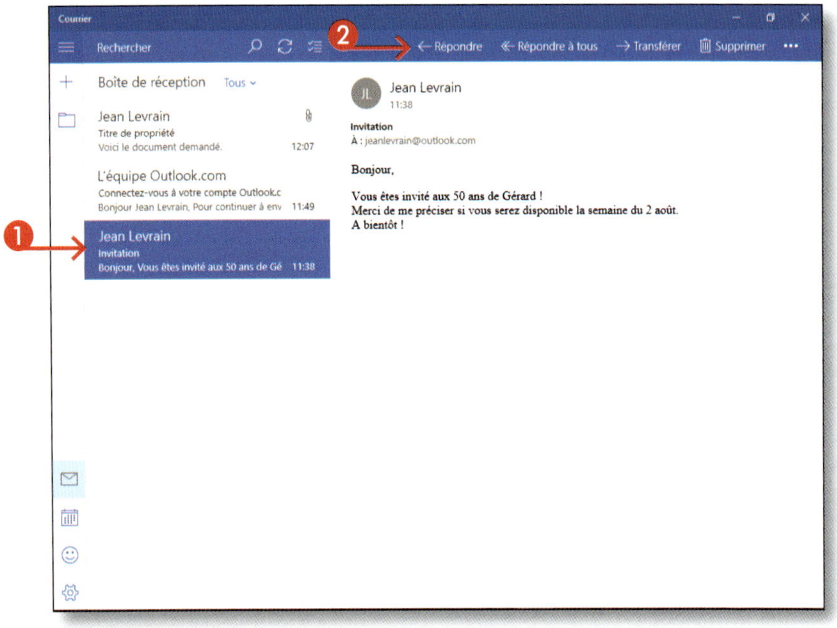

1 Cliquez le message auquel vous souhaitez répondre.

2 Cliquez **Répondre** ou **Répondre à tous**.

Note. *Lisez le haut de la page 143 pour plus d'informations.*

Généralement, on répond à la personne qui a envoyé le message. Cependant, il est également possible d'envoyer la réponse à tous les destinataires inclus dans les champs À et Cc du message d'origine.

L'application Courrier reprend le texte du message dans la réponse, mais vous pouvez décider de garder uniquement le texte en rapport avec votre réponse.

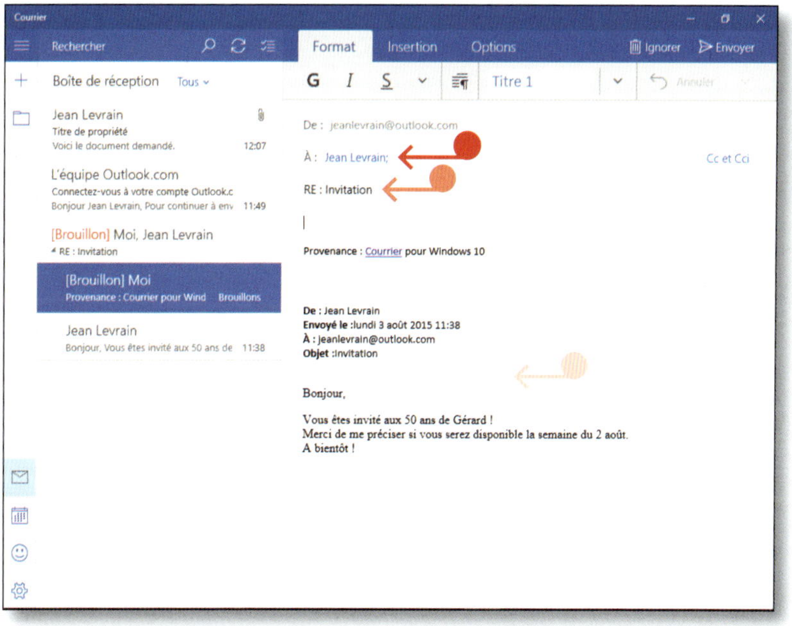

Une fenêtre de message s'affiche.

● Courrier insère automatiquement l'adresse du destinataire.

● Courrier reprend l'objet du message original précédé de *Re:*.

● Le message original, en-têtes inclus, apparaît au bas du volet de rédaction.

Si le message d'origine auquel vous répondez était adressé à plusieurs destinataires, vous avez la possibilité de cliquer **Répondre** ou **Répondre à tous**.

Répondez à un message

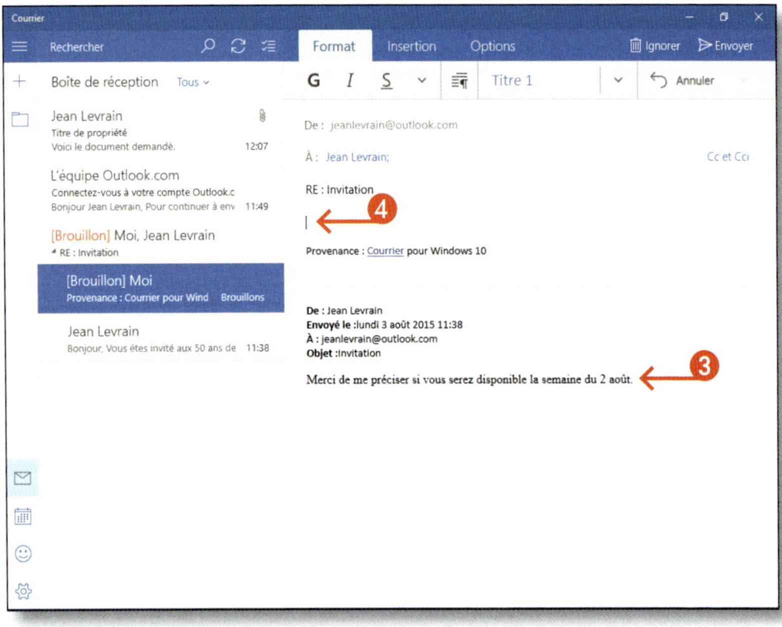

❸ Modifiez au besoin le message original pour ne laisser que ce qui est pertinent.

Note. *Cela se révèle nécessaire si le message original est long. Vous pouvez effacer les parties sans rapport avec votre réponse afin d'en faciliter la lecture pour votre destinataire.*

❹ Cliquez au-dessus du message original.

Cliquez **Répondre** pour répondre uniquement à l'expéditeur du message. Cliquez **Répondre à tous** pour envoyer aussi la réponse à tous les autres destinataires du message original.

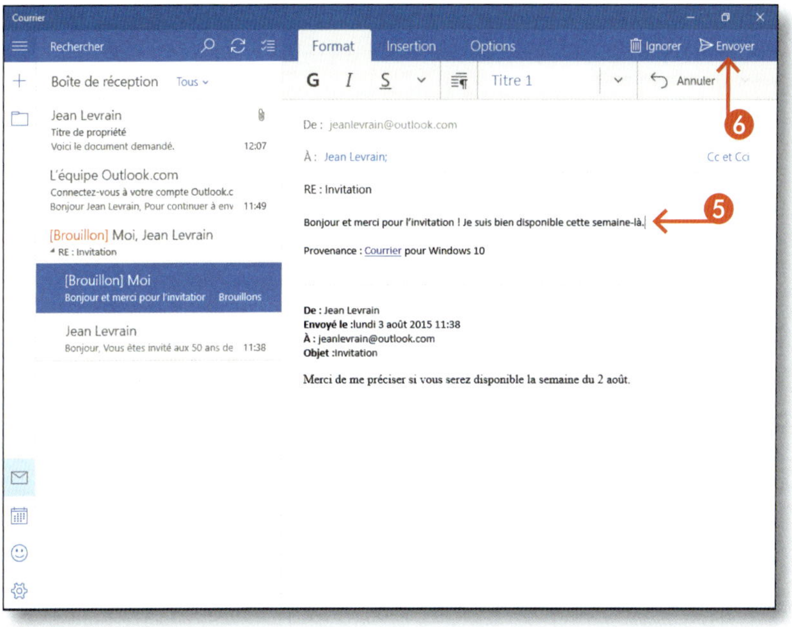

5 Saisissez votre texte.

6 Cliquez **Envoyer** (▷).

Courrier envoie la réponse.

Note. *Courrier enregistre une copie de votre message de réponse dans le dossier Messages envoyés.*

La commande Transférer envoie une copie du message à une autre personne. Si un message contient une information susceptible d'intéresser quelqu'un d'autre, transférez-lui une copie.

Faites suivre un message

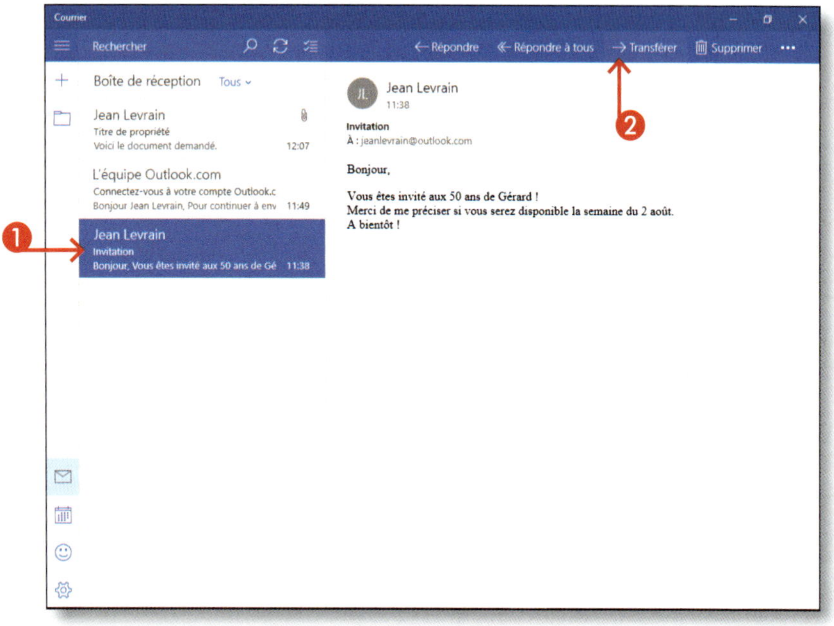

1 Affichez le message que vous souhaitez transférer.

2 Cliquez **Transférer**.

Les fonctions et options disponibles lorsque vous transférez un message sont les mêmes que si vous rédigez un nouveau message. Vous pouvez donc joindre un fichier, définir des destinataires supplémentaires dans les champs Cc et Cci, mettre votre texte en forme, *etc*.

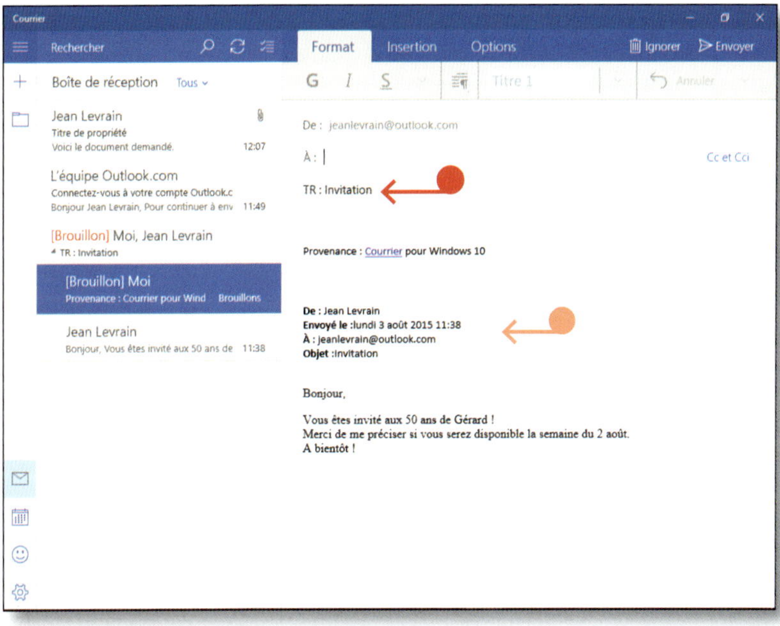

Une fenêtre de message s'affiche.

● Courrier reprend l'objet du message original précédé de *Tr:*.

● Le message original, en-têtes inclus, apparaît dans le volet de rédaction.

Si le message que vous transférez contenait un fichier joint, il est automatiquement inclus dans le message une fois que vous cliquez **Transférer**.

Faites suivre un message

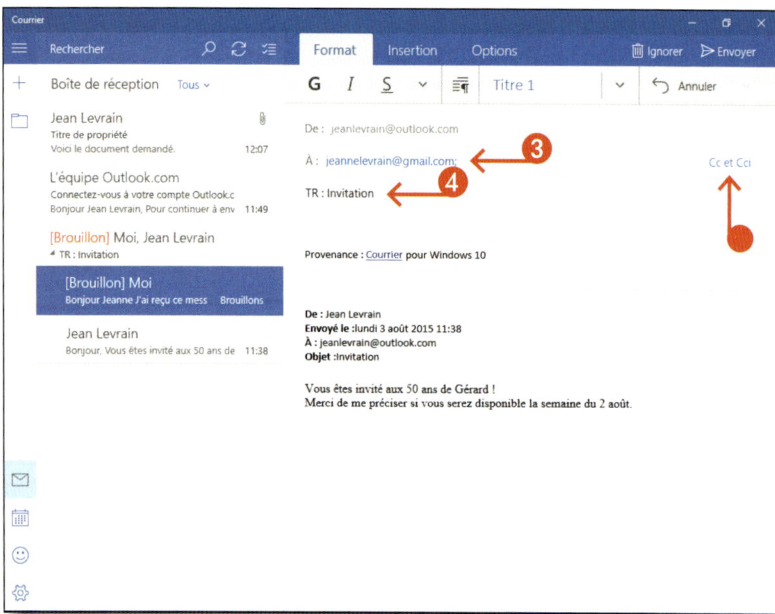

3 Tapez l'adresse du destinataire dans la zone de texte **À**.

Note. *Vous pouvez saisir plusieurs adresses dans le champ* ***À****. Appuyez sur Entrée après chaque adresse.*

● Pour envoyer une copie du message à quelqu'un d'autre, cliquez **Cc & Cci**, puis tapez son adresse dans le champ **Cc** ou **Cci**.

4 Modifiez éventuellement l'objet et le message original.

Si vous ne souhaitez pas transférer le fichier joint en même temps que le message, cliquez le bouton Supprimer la pièce jointe ⊗.

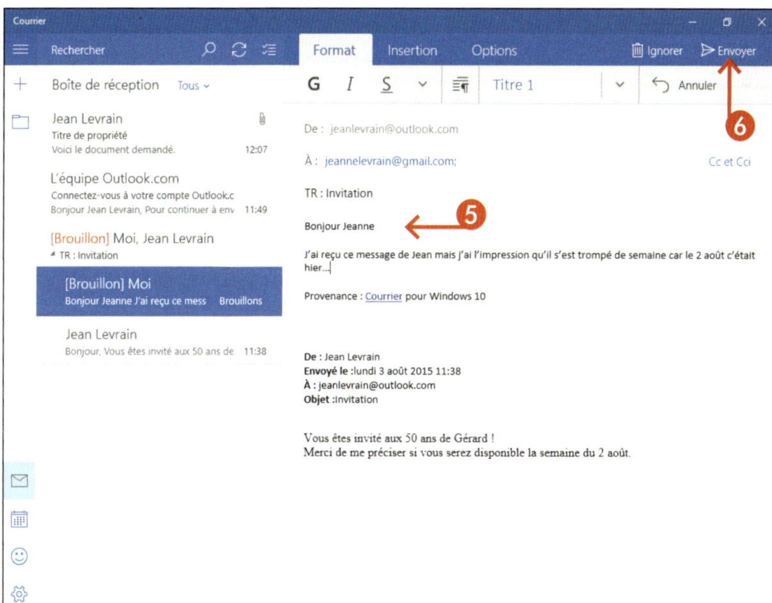

5 Si vous le souhaitez, personnalisez votre message en ajoutant des commentaires.

6 Cliquez **Envoyer** (▷).

Courrier transfère le message.

De la même manière que vous pouvez envoyer un message avec une pièce jointe, vos amis ou collègues peuvent joindre un fichier aux messages qu'ils vous adressent. Avec l'application Courrier, il est très simple d'ouvrir le fichier joint pour le consulter ou le modifier.

Ouvrez une pièce jointe

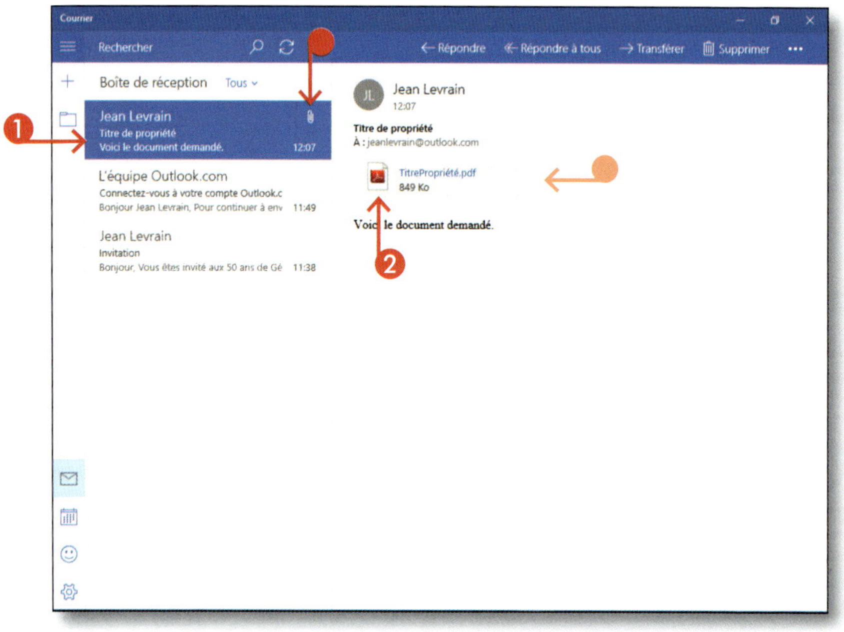

1 Affichez le message comportant la ou les pièces jointes à ouvrir.

● Les pièces jointes sont signalées par l'icône 📎.

● Les fichiers joints apparaissent sous forme de vignettes dans le corps du message.

2 Pour ouvrir directement le fichier dans le programme défini par défaut, cliquez le fichier.

Assurez-vous toujours de la provenance et de l'authenticité d'un message comportant une pièce jointe. En cas de doute, supprimez le message sans ouvrir le fichier qui l'accompagne.

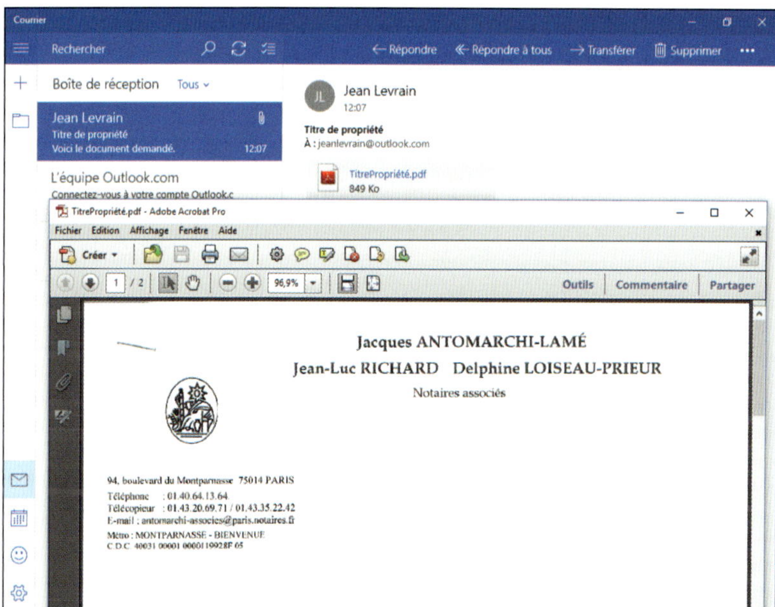

Le fichier joint au message s'ouvre.

Les pièces jointes sont un des moyens les plus courants de transmission de virus ou d'autres logiciels malfaisants. Dès que vous ouvrez un fichier infecté, ce dernier soit inocule le virus à votre ordinateur, soit accède à votre carnet d'adresses et envoie à votre insu des messages depuis votre propre compte.

Enregistrez une pièce jointe

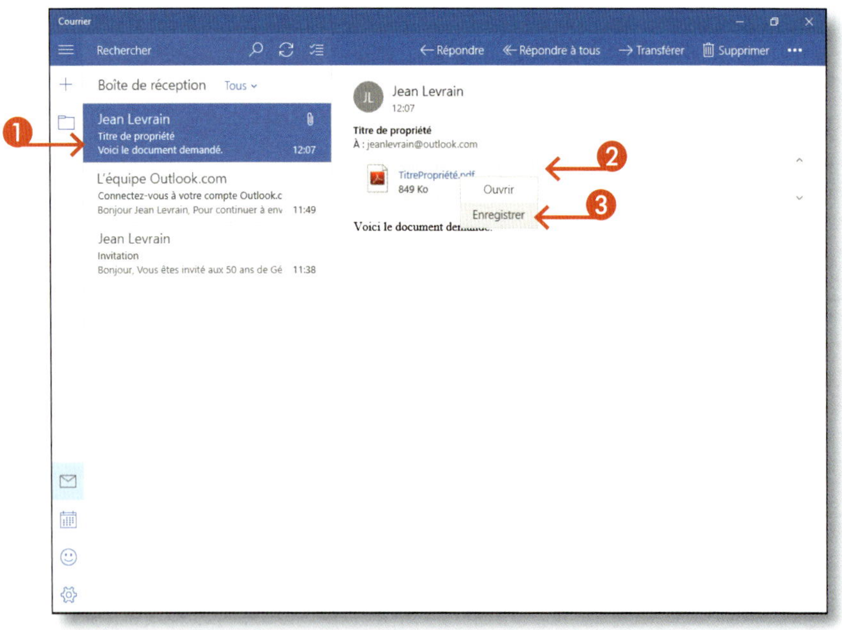

1 Affichez le message comportant la ou les pièces jointes à enregistrer (signalées par l'icône 📎).

2 Cliquez du bouton droit la pièce jointe à enregistrer.

3 Cliquez **Enregistrer**.

C'est pourquoi il faut être très prudent avant d'ouvrir une pièce jointe, même si vous connaissez son expéditeur. Au moindre doute, n'hésitez pas à demander à ce dernier s'il a envoyé ce fichier intentionnellement.

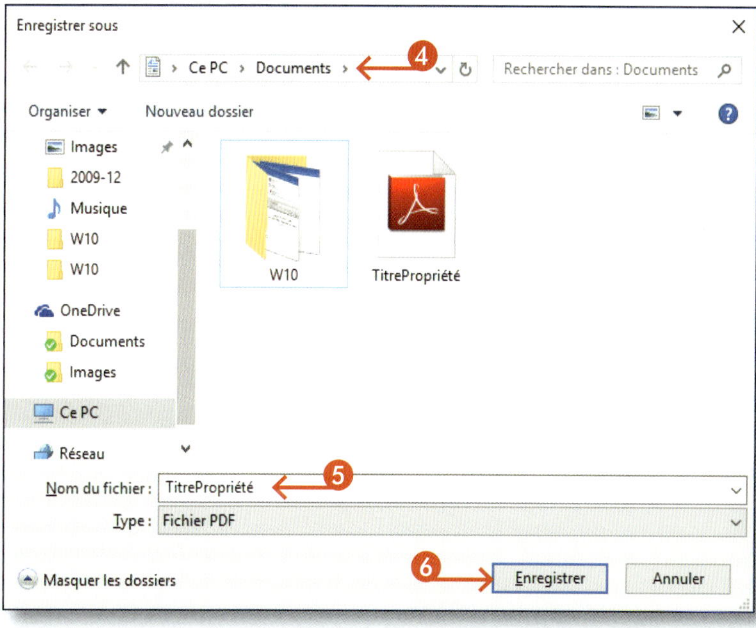

La boîte de dialogue Enregistrer sous s'ouvre.

4 Sélectionnez le dossier d'enregistrement du fichier.

5 Modifiez éventuellement le nom du fichier.

6 Cliquez **Enregistrer**.

Courrier enregistre la pièce jointe à l'emplacement indiqué.

À mesure que vous utiliserez votre messagerie, votre boîte de réception va s'encombrer de messages de plus en plus nombreux, et il va devenir de plus en plus compliqué d'y retrouver les messages qui vous intéressent.

Supprimez un message de la boîte de réception

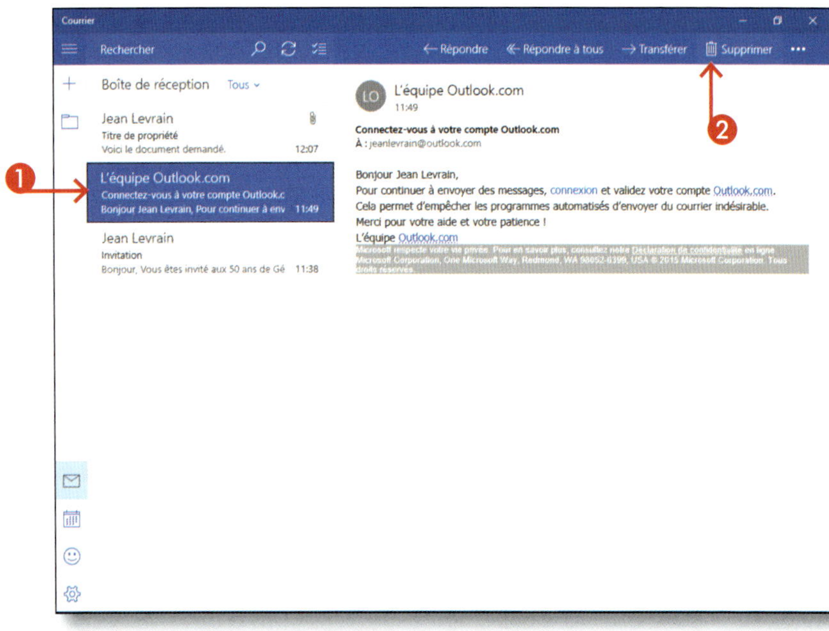

1. Cliquez le message à supprimer.
2. Cliquez le bouton **Supprimer** .

Note. *Sur un écran tactile, vous pouvez supprimer le message en le faisant glisser vers la gauche.*

Courrier déplace le message dans le dossier Corbeille.

Procédez à un nettoyage régulier de votre messagerie en supprimant les messages obsolètes ou inutiles.

Restaurez un message supprimé

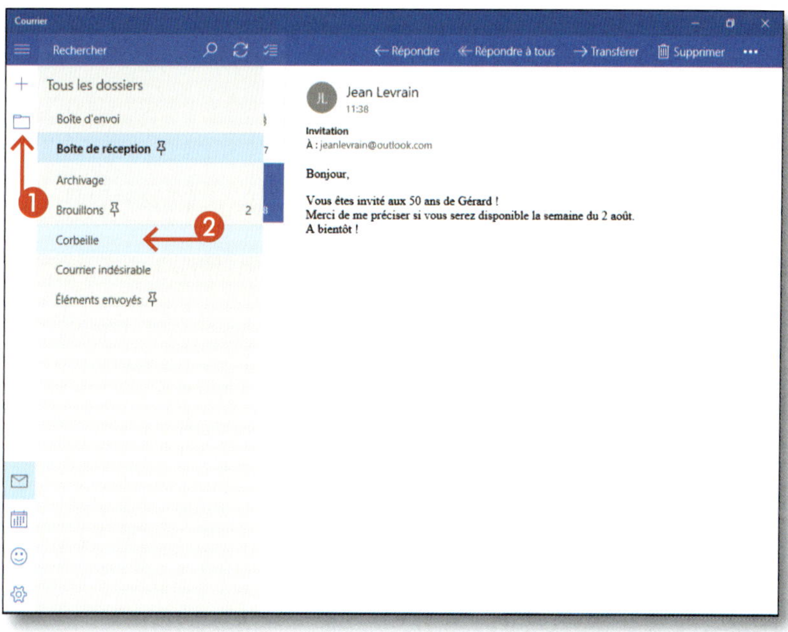

1 Cliquez le bouton **Tous les dossiers** .

2 Cliquez **Corbeille**.

Quand vous supprimez un message, Courrier le transfère dans le dossier Éléments supprimés ou Corbeille, si bien qu'il n'est pas réellement effacé de votre messagerie.

Restaurez un message supprimé

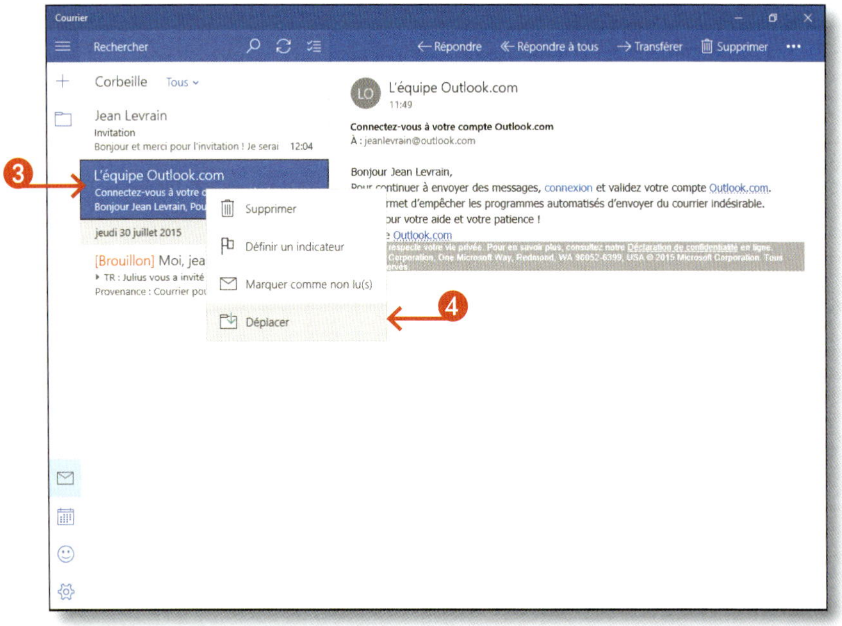

Courrier affiche le contenu du dossier Corbeille.

3 Cliquez du bouton droit le message à restaurer.

4 Cliquez le bouton **Déplacer**.

Pour le supprimer définitivement (et de façon irréversible) de votre compte de messagerie, cliquez le dossier Corbeille (ou Éléments supprimés), puis cliquez du bouton droit le message à supprimer définitivement, et sélectionnez Supprimer.

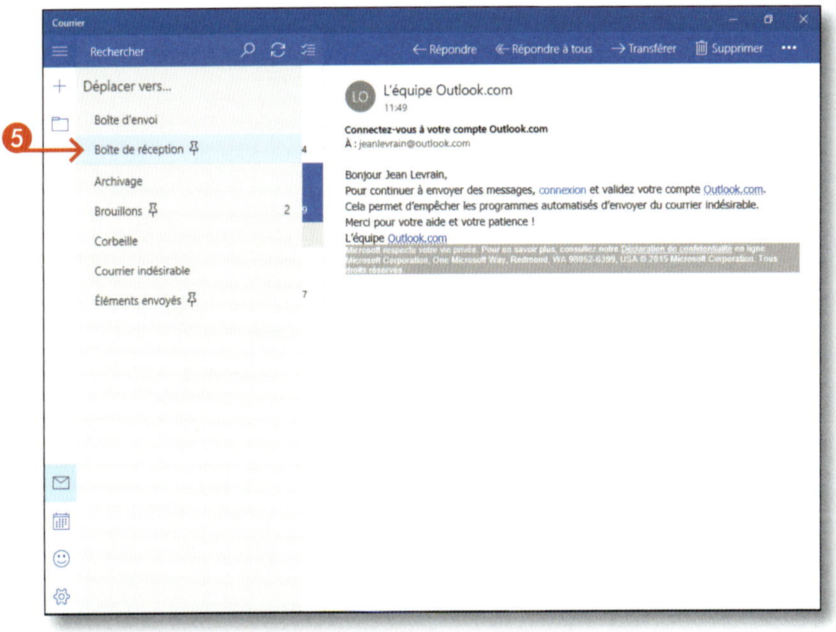

Courrier affiche la liste des dossiers de l'application.

5 Cliquez **Boîte de réception**.

Courrier déplace le message dans le dossier Boîte de réception.

Selon votre utilisation de l'application Courrier, vous pouvez choisir d'utiliser les dossiers courants proposés ou d'en créer de nouveaux, personnalisés et peut-être plus adaptés à votre usage.

Créez un dossier

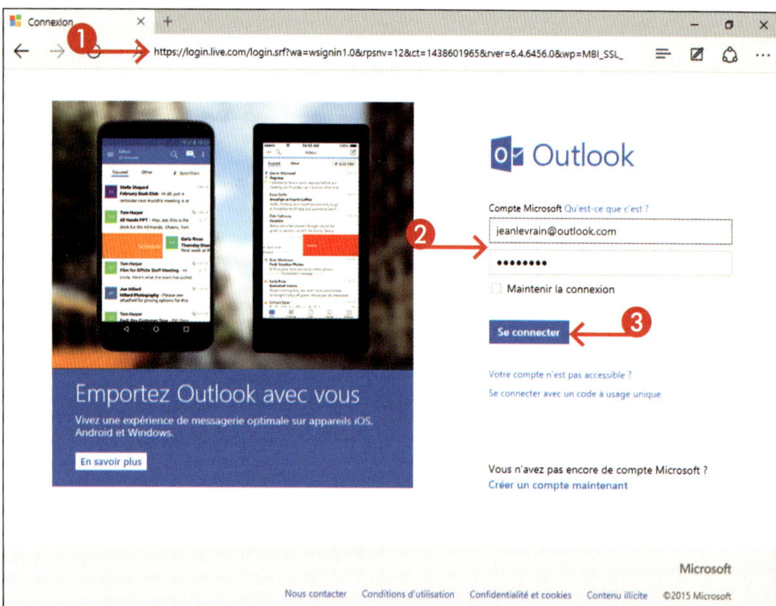

1 Ouvrez le navigateur Edge, puis saisissez l'adresse `http://mail.live.com`.

2 Saisissez votre adresse et votre mot de passe de messagerie.

3 Cliquez **Se connecter**.

Cette procédure requiert que vous utilisiez un compte Microsoft.

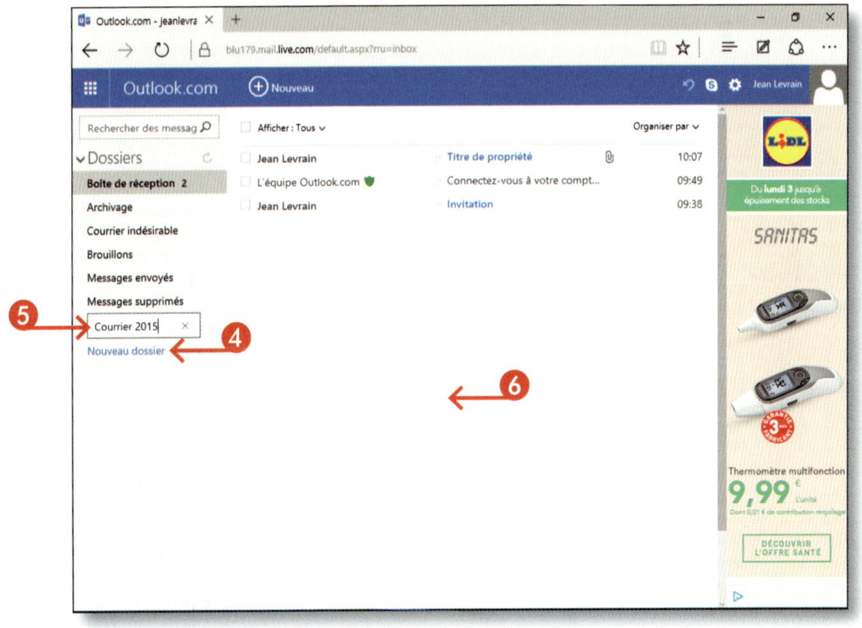

4 Cliquez **Nouveau dossier**.

5 Saisissez le nom du nouveau dossier.

6 Appuyez sur Entrée ou cliquez en dehors de la zone de texte.

Le nouveau dossier apparaît dans le volet de gauche. Il devrait également apparaître dans l'application Courrier au bout de quelques minutes.

Une fois que vous avez créé des dossiers supplémentaires, vous pouvez y déplacer les messages contenus dans votre boîte de réception, afin de les retrouver plus facilement par la suite.

Déplacez un message dans un dossier

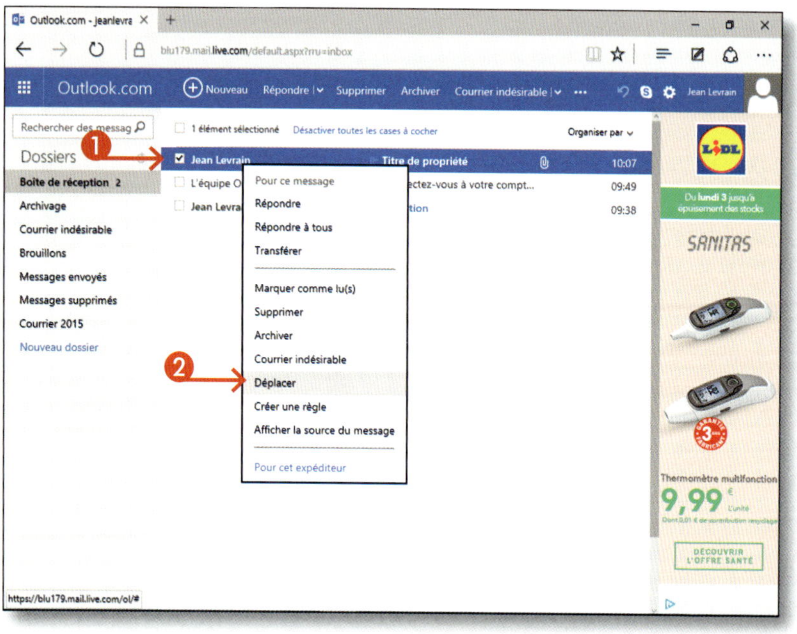

1 Cliquez du bouton droit le message à déplacer.

2 Cliquez **Déplacer**.

Pour renommer ou supprimer un dossier que vous avez créé, cliquez-le du bouton droit, puis cliquez Renommer ou Supprimer.

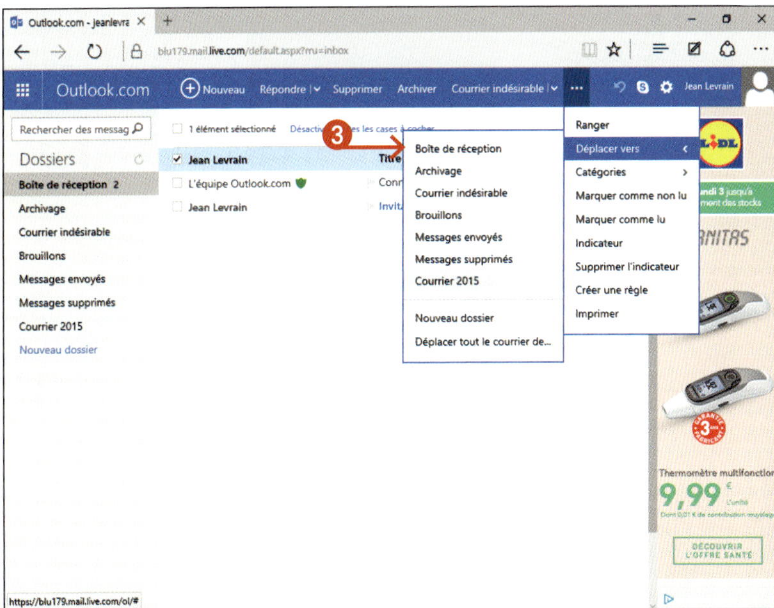

La liste des dossiers de Courrier s'affiche.

❸ Cliquez le dossier dans lequel vous voulez déplacer le message.

Courrier déplace le message.

L'application Courrier dispose de quelques options de réglages qui permettent d'adapter le programme à vos préférences ou habitudes.

Réglez les paramètres de Courrier

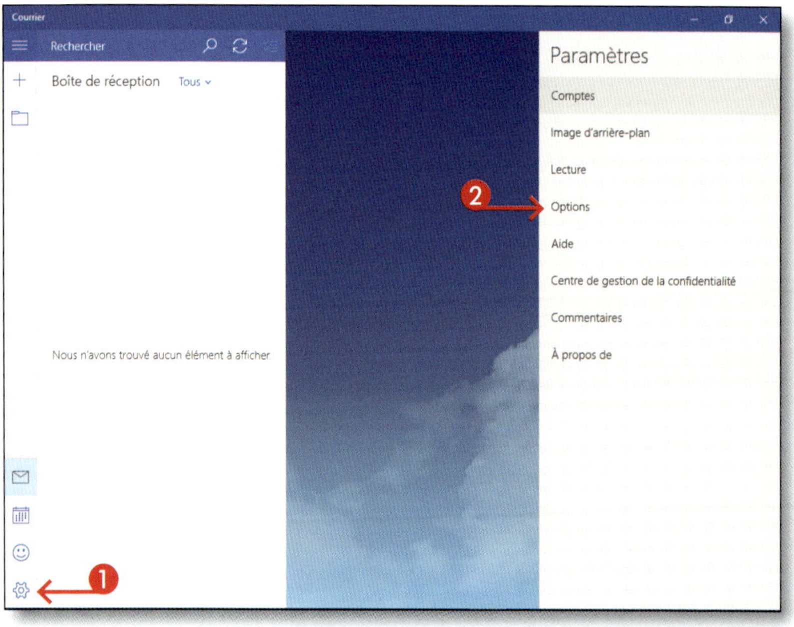

1 Cliquez **Accéder aux paramètres** ⚙.

Le volet Paramètres s'ouvre.

2 Cliquez **Options**.

Vous pouvez aussi bien modifier les gestes pour interagir en mode tactile avec Courrier que définir la présence ou non d'un texte de signature à l'envoi de chaque message, ou encore personnaliser l'apparence de l'application.

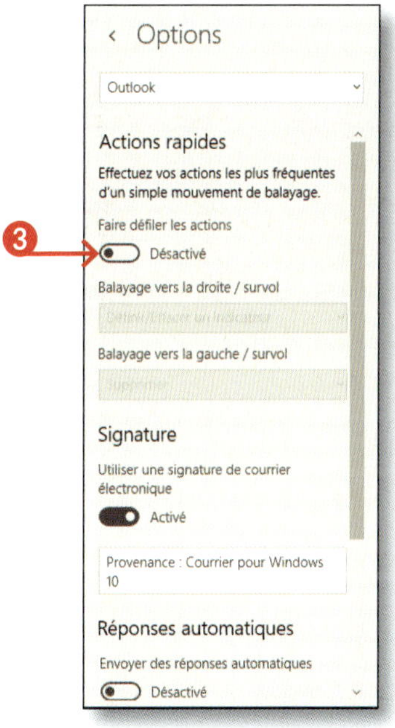

Le volet Options s'ouvre.

3 Pour ne plus utiliser les gestes de balayage sur l'écran tactile, cliquez le bouton sous Faites défiler les actions en position **Désactivé**.

Pour modifier l'image d'arrière-plan de l'application Courrier, cliquez **Image d'arrière-plan** dans le volet Paramètres, puis le bouton **Parcourir**. Il vous reste à sélectionner l'image de votre choix puis à cliquer **Ouvrir** dans la boîte de dialogue du même nom.

Réglez les paramètres de Courrier

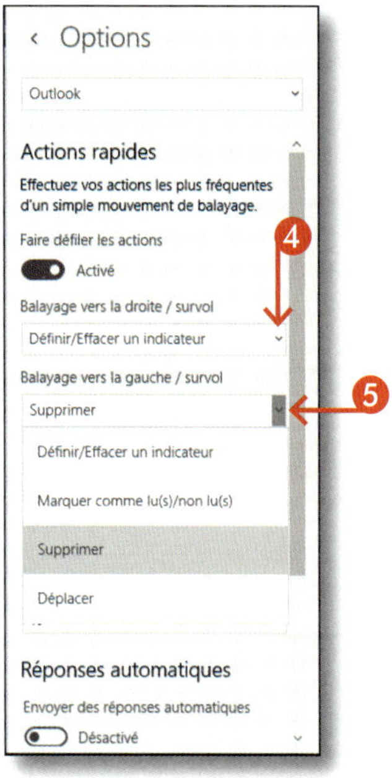

4 Cliquez la flèche ⌄ du menu **Balayage vers la droite/survol**, puis sélectionnez l'action en résultant avec Courrier.

5 Cliquez la flèche du menu **Balayage vers la gauche/survol**, puis sélectionnez l'action en résultant avec Courrier.

6 Cliquez le bouton **Signature** en position **Désactivé** pour ne plus envoyer automatiquement de signature à la fin de chaque message.

Si vous laissez cette fonction activée, modifiez éventuellement le texte de signature dans cette zone.

IMPORTEZ LES PHOTOS D'UN APPAREIL NUMÉRIQUE

Raccordez votre appareil photo numérique à votre ordinateur pour y transférer les photos que vous avez prises. Si votre ordinateur est équipé d'un lecteur de cartes, vous pouvez aussi y insérer la carte mémoire de l'appareil pour transférer les photos numériques à partir du support amovible configuré par Windows 10.

Importez les photos d'un appareil numérique

1 Raccordez votre appareil numérique ou votre lecteur de cartes mémoire à votre ordinateur.

Une notification apparaît.

2 Cliquez la notification.

Pour importer directement les photos à partir de votre appareil photo, connectez-le à l'ordinateur à l'aide d'un câble, fourni avec la plupart des appareils photo.

Vous pouvez afficher, modifier et imprimer les images ainsi importées.

La liste des actions possibles s'affiche.

❸ Cliquez **Importer des photos et des vidéos**.

Note. *Vous pouvez aussi cliquer* ***Ouvrir l'appareil mobile pour afficher les fichiers****, double-cliquer votre appareil photo, puis parcourir les dossiers pour retrouver vos images. Copiez ensuite les images dans votre bibliothèque d'images.*

Pour importer uniquement quelques photos de votre appareil, cliquez **Ouvrir l'appareil mobile pour afficher les fichiers** à l'étape 3, puis ouvrez l'Explorateur de fichiers et double-cliquez l'icône de l'appareil photo ou de la carte mémoire pour parcourir ses dossiers et fichiers.

Importez les photos d'un appareil numérique

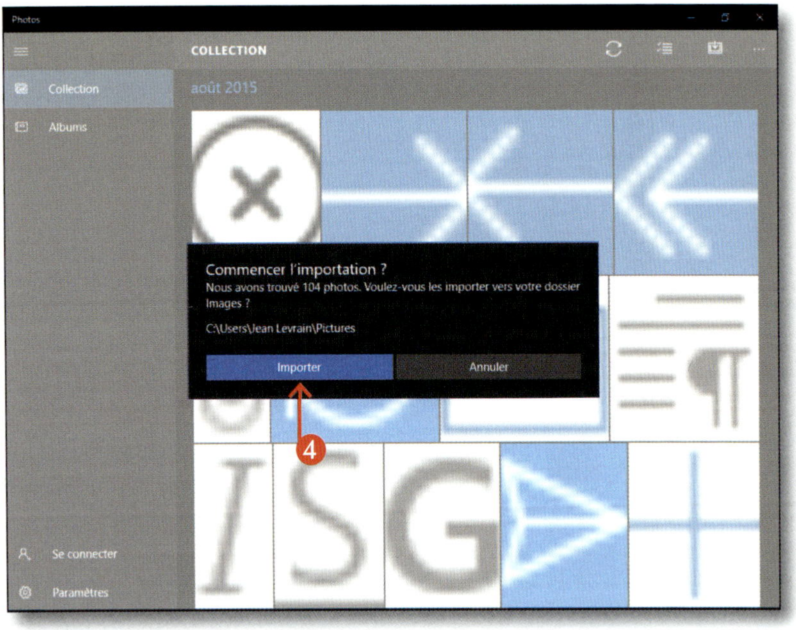

L'application Photos s'ouvre et affiche une boîte de dialogue.

4 Cliquez **Importer**.

Windows 10 classe les images et les photos importées dans l'application Photos par dates de prises de vue.

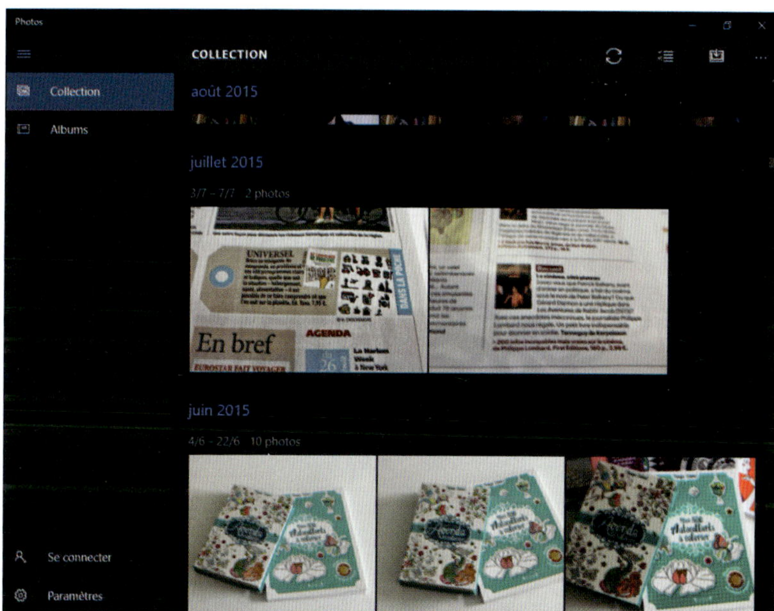

L'importation des photos numériques débute.

Photos affiche toutes les photos importées.

PRENEZ UNE PHOTO OU UNE VIDÉO AVEC UNE WEBCAM

Si votre ordinateur possède une caméra intégrée ou qu'il soit connecté à une webcam, l'application Caméra vous permet de prendre des photos et d'enregistrer des vidéos.

Prenez une photo ou une vidéo avec une webcam

1 Dans le menu Démarrer, cliquez la vignette **Caméra**.

Au premier démarrage, l'application vous demande si elle peut utiliser votre position.

2 Cliquez **Autoriser**.

Si votre webcam n'est pas détectée par l'application Caméra, cela signifie probablement que le pilote de la caméra n'est pas compatible avec Windows 10. Consultez le fabricant de votre appareil pour obtenir la dernière version du pilote.

L'image captée par votre caméra s'affiche en plein écran dans la fenêtre de l'application.

Pour effectuer des réglages avant de déclencher la prise de vue, cliquez ···, puis **Paramètres**.

Pour définir un retardateur, cliquez ··· puis **Retardateur**, et définissez le délai.

3 Quand vous êtes prêt à déclencher, cliquez l'icône 📷.

L'application Caméra prend la photo.

Les paramètres de l'application Caméra proposent de modifier le format de la vidéo, de définir le résultat d'un appui prolongé sur le bouton déclencheur ou encore d'afficher un quadrillage.

Prenez une photo ou une vidéo avec une webcam

4 Pour enregistrer une vidéo, cliquez l'icône [icône].

5 Cliquez l'icône [icône].

L'application commence à filmer en affichant la durée de la séquence.

6 Cliquez [icône] pour arrêter de filmer.

L'application Caméra enregistre la vidéo.

7 Pour afficher vos photos et vidéos, cliquez le bouton [icône] dans le coin gauche.

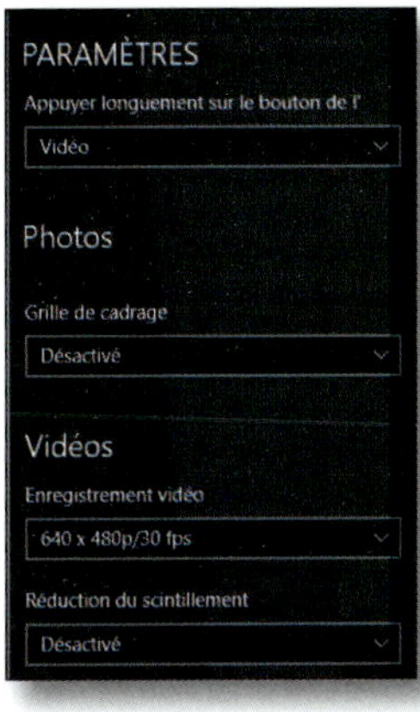

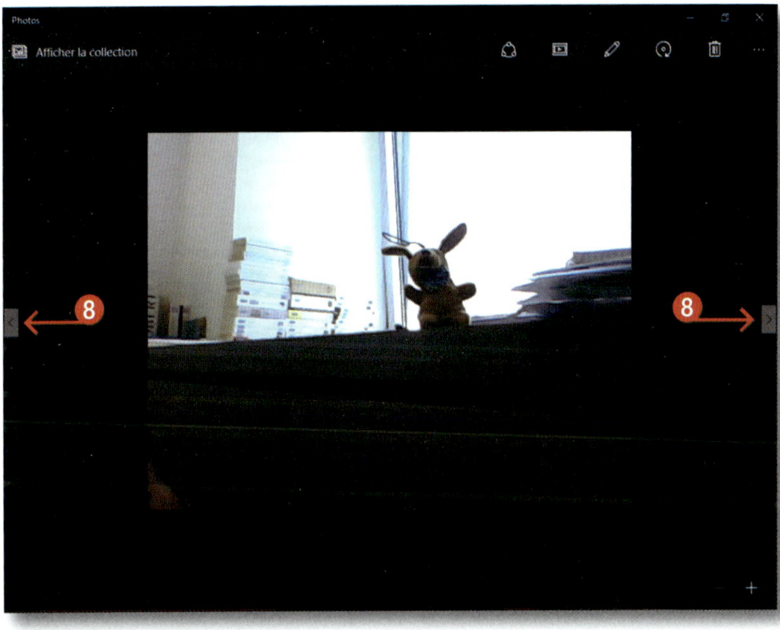

Note. *Pour régler l'exposition, cliquez* ▸ *en haut de l'écran, puis* ⊘*, et déplacez le curseur* ⊘ *vers le haut ou le bas.*

La dernière photo ou vidéo enregistrée apparaît à l'écran.

8 Utilisez les flèches ‹ et › pour visualiser les différents fichiers.

Windows stocke par défaut les images dans la bibliothèque d'images, spécialement conçue à cette fin. Vous devez l'ouvrir pour accéder à vos images, les afficher et les modifier.

Ouvrez la bibliothèque d'images

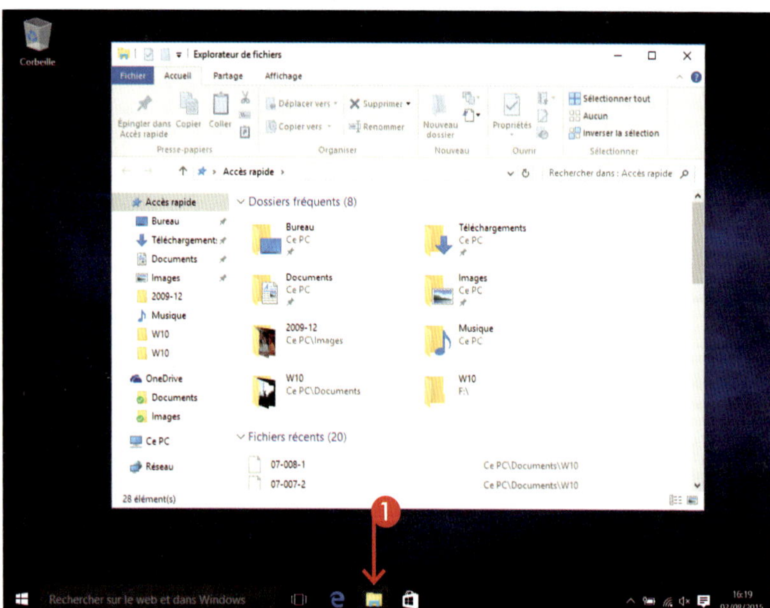

❶ Cliquez **Explorateur de fichiers** .

La fenêtre Explorateur de fichiers s'ouvre.

Si vous n'avez pas encore d'images sur votre ordinateur pour pouvoir suivre les instructions de cette section, reportez-vous aux sections suivantes pour découvrir comment en réaliser ou en importer.

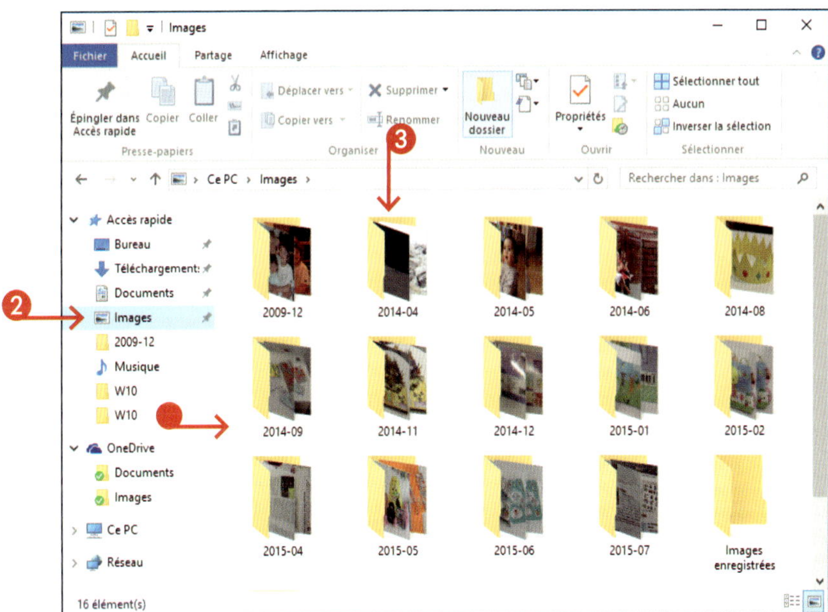

❷ Cliquez **Images**.

● La bibliothèque d'images s'affiche.

❸ Cliquez le sous-dossier de votre choix pour parcourir ses images.

AFFICHEZ L'APERÇU D'UNE IMAGE

La bibliothèque d'images présente des vignettes de vos images. Pour visionner une version agrandie, affichez l'aperçu d'une image précise.

Affichez l'aperçu d'une image

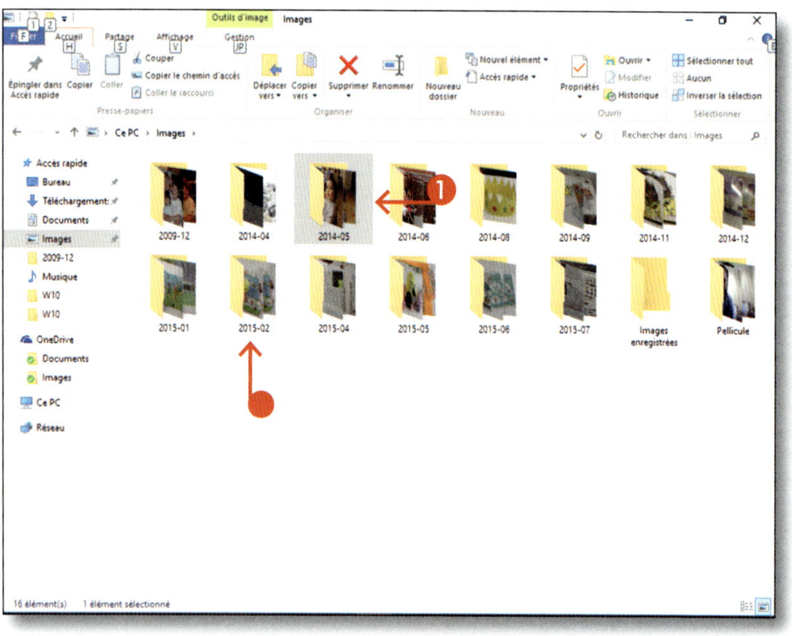

❶ Si l'image à visualiser se trouve dans un sous-dossier, double-cliquez ce dernier.

● Les sous-dossiers apparaissent sous la forme d'un dossier jaune contenant deux images.

Le volet de visualisation, à droite de la fenêtre, offre un aperçu plus étendu de vos images. Il peut également afficher les images stockées dans des sous-dossiers – des dossiers stockés dans la bibliothèque d'images.

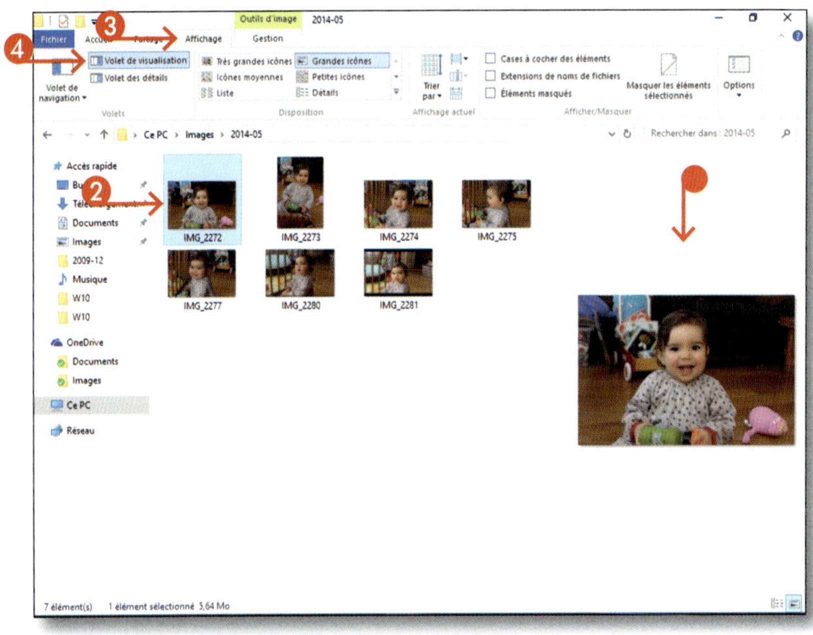

2 Cliquez le fichier image à prévisualiser.

3 Cliquez l'onglet **Affichage**.

4 Cliquez **Volet de visualisation**.

Le volet de visualisation s'ouvre et affiche un aperçu plus grand de l'image.

Windows 10 propose plusieurs outils pour parcourir toutes les images de la bibliothèque. L'Explorateur de fichiers permet d'ouvrir une image individuellement dans l'application Photos et de parcourir ensuite les autres photos de son dossier.

Depuis l'Explorateur de fichiers

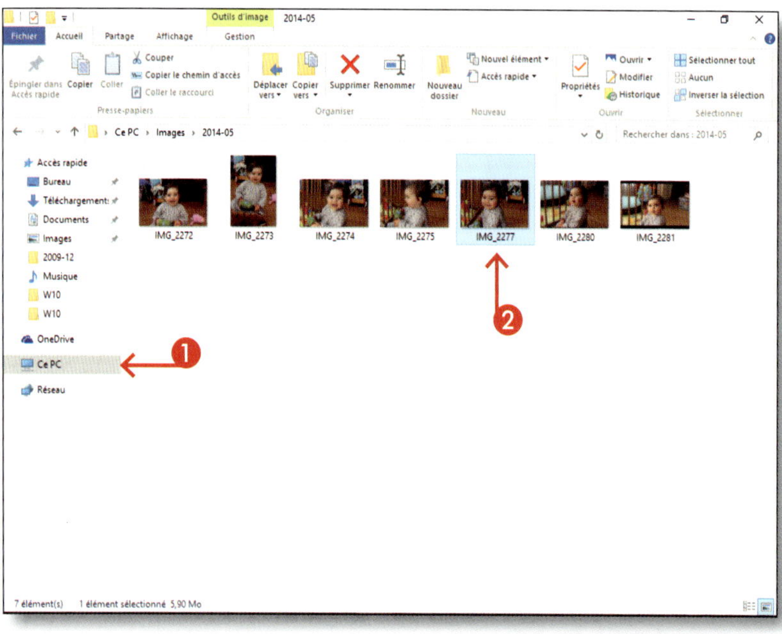

❶ Dans l'Explorateur de fichiers, ouvrez le dossier contenant les images que vous voulez visionner.

❷ Double-cliquez l'image à afficher.

Vous disposez également de l'application Photos pour visionner directement les images par collections ou albums.

L'image s'affiche dans l'application Photos.

3 Pour examiner l'image en détail, cliquez +.

4 Cliquez > pour afficher l'image suivante du dossier.

5 Cliquez < pour afficher l'image précédente du dossier.

Pour visionner vos images sans faire appel à l'application Photos, changez l'affichage de la bibliothèque d'images de manière à afficher de grandes vignettes. Dans l'onglet Affichage, cliquez **Très grandes icônes**.

Avec l'application Photos

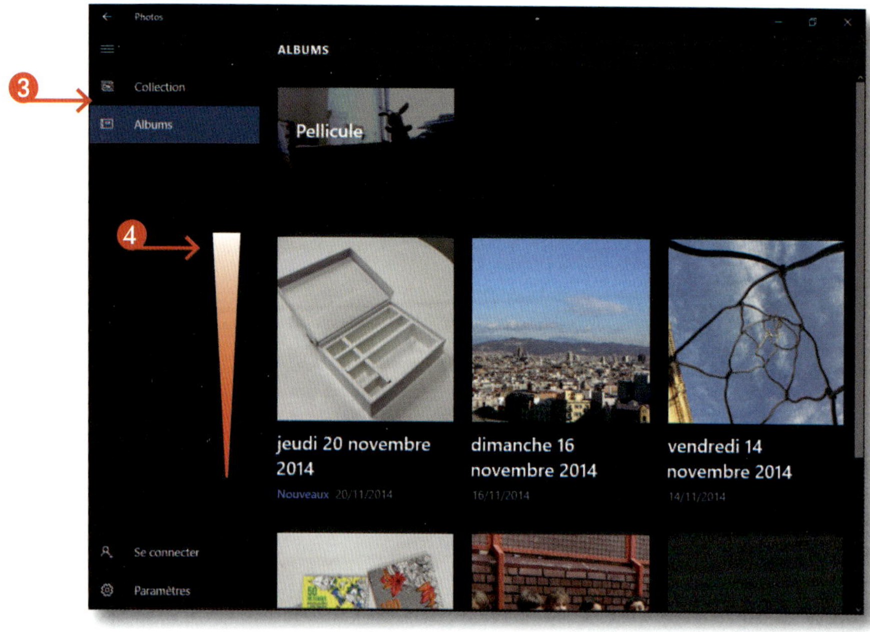

1 Cliquez le bouton **Démarrer** .

2 Cliquez **Photos** .

L'application Photos s'ouvre.

3 Cliquez **Collection** ou **Albums** selon que vous voulez consultez vos photos par collections ou par albums.

4 Faites défiler vers le bas pour afficher les différents albums ou collections d'images.

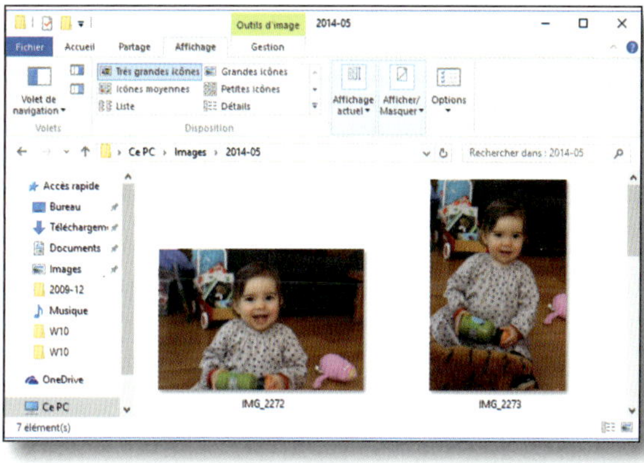

5 Cliquez le nom d'une collection ou d'un album pour l'ouvrir.

6 Cliquez une photo pour l'afficher en grand.

7 Cliquez ‹ ou › pour parcourir les images de la collection ou de l'album.

8 Cliquez la flèche ← pour revenir à la fenêtre principale de Photos.

Plutôt que de visionner vos photos une par une, affichez-les sous forme de diaporama grâce à l'application Photos ou de l'Explorateur de fichiers. Chaque photo s'affiche quelques secondes avant de laisser la place à la suivante.

Avec l'application Photos

❶ Dans l'application Photos, cliquez la collection ou l'album qui contient les photos que vous voulez diffuser dans le diaporama.

❷ Cliquez la première image à afficher dans le diaporama.

La vignette Photos du menu Démarrer affiche également une succession de vos images les plus récentes.

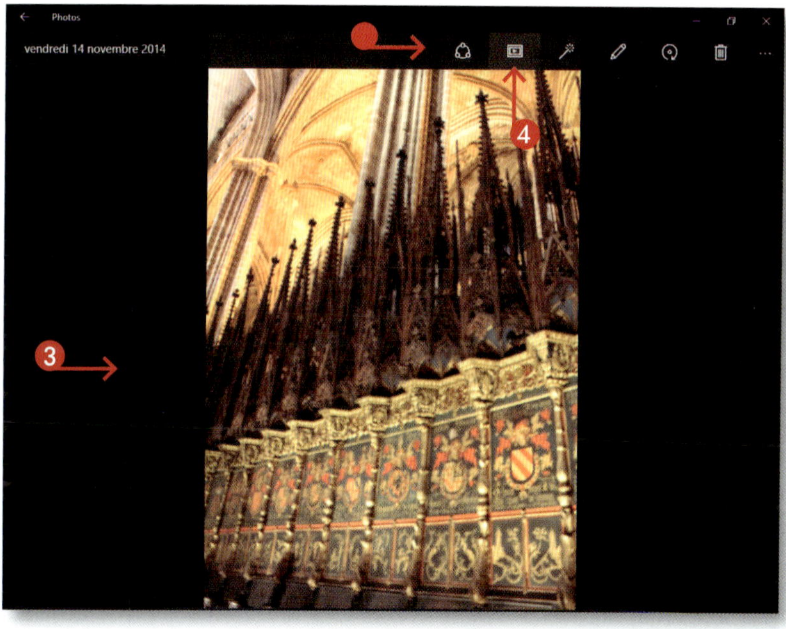

Photos ouvre l'image.

3 Cliquez l'écran.

● La barre d'outils de l'application s'affiche.

4 Cliquez **Diaporama** .

Le diaporama commence.

Appuyez sur la touche Echap pour quitter le diaporama.

AFFICHEZ UN DIAPORAMA (SUITE)

L'Explorateur de fichiers permet également de diffuser un diaporama à partir du dossier Images.

Avec l'Explorateur de fichiers

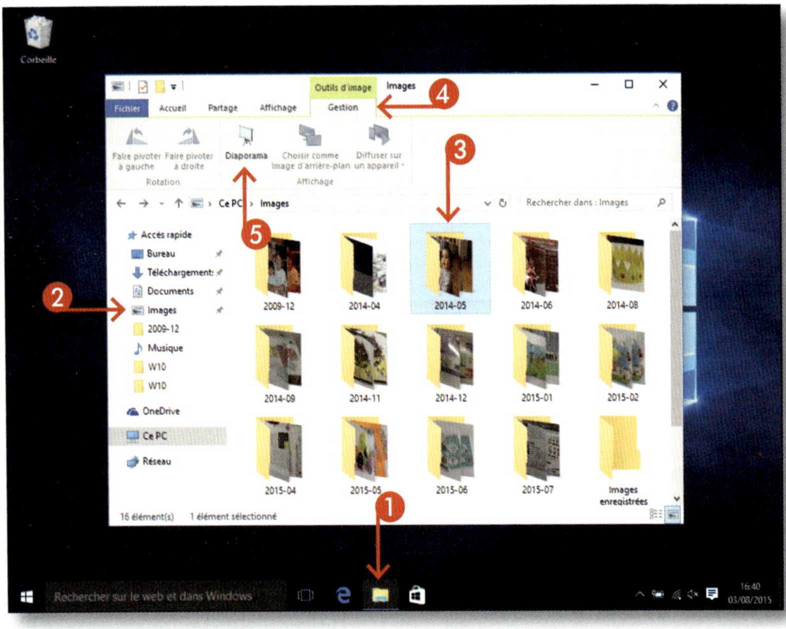

1 Cliquez **Explorateur de fichiers** .

2 Cliquez **Images**.

Le dossier Images s'affiche.

3 Cliquez le dossier dont vous voulez diffuser les images sous forme de diaporama.

4 Cliquez l'onglet **Gestion** dans le ruban.

5 Cliquez le bouton **Diaporama**.

Vous pouvez modifier la vitesse de défilement des images du diaporama et définir s'il faut les lire une seule fois ou en boucle.

Le diaporama commence.

6 Cliquez l'écran du bouton droit.

Un menu contextuel s'affiche pour régler la vitesse de défilement des images sur **Lente**, **Moyenne** ou **Rapide**.

Appuyez sur la touche Echap pour quitter le diaporama.

L'application Photos dispose de plusieurs outils de base pour retoucher vos photos. Le moyen le plus rapide de retoucher une image consiste à utiliser la fonction **Améliorer** qui ajuste automatiquement la luminosité, le contraste, la température de couleur, la teinte et la saturation.

Corrigez vos photos automatiquement

1 Affichez la photo à retoucher dans Photos.

2 Cliquez l'écran.

La barre d'outils de Photos s'affiche.

Vous pouvez aussi bien effectuer ces retouches manuellement et en apporter d'autres pour corriger les yeux rouges ou effacer des taches ou poussières.

3 Cliquez le bouton **Améliorer** .

Photos corrige automatiquement l'image.

Pour supprimer les yeux rouges d'un portrait réalisé au flash, effectuez les étapes 1 à 3 ci-dessous, puis cliquez **Corrections de base → Yeux rouges**. Cliquez ensuite chacun des yeux rouges à corriger.

Corrigez vos photos manuellement

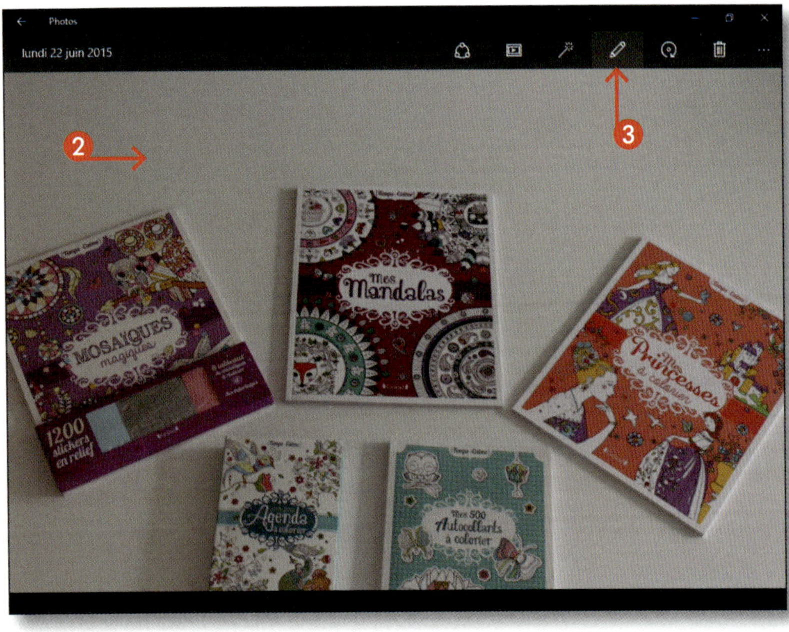

1 Affichez la photo à retoucher dans Photos.

2 Cliquez l'écran.

La barre d'outils de Photos s'affiche.

3 Cliquez le bouton **Modifier**.

Pour corriger les petits défauts (taches, reflets, poussières, *etc.*) d'une photo, effectuez les étapes 1 à 3 ci-dessous, puis cliquez Corrections de base → Retouche. Cliquez ensuite chaque défaut à supprimer.

Photos affiche les outils de retouche d'image.

4 Utilisez les outils de retouche pour corriger vous-même l'image.

5 Cliquez **Enregistrer une copie** ou **Enregistrer** selon que vous voulez ou non conserver une version non retouchée de l'image.

Note. *Cliquez* ***Annuler*** *à tout moment pour revenir en arrière dans une série de retouches.*

Vous pouvez améliorer une photo en lui appliquant l'un des effets prédéfinis de Photos.

Affichez les effets

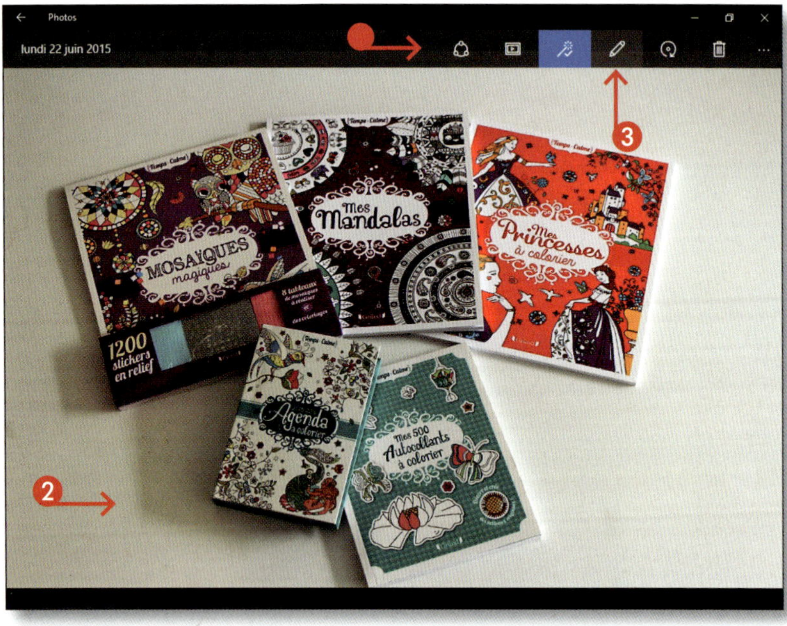

1 Dans Photos, affichez l'image à modifier.

2 Cliquez l'écran.

● La barre d'outils de Photos s'affiche.

3 Cliquez **Modifier** .

Les effets proposés sont au nombre de deux : Vignette, qui obscurcit les contours de l'image afin de valoriser le sujet central, et Focus sélectif, qui permet de définir une zone de netteté dans l'image, tandis que le reste devient flou, afin d'attirer l'attention sur la zone nette.

Photos affiche les outils de retouche d'image.

4 Cliquez **Effets**.

5 Cliquez l'effet de votre choix : **Vignette** ou **Focus sélectif**

Si vous appliquez un effet Focus sélectif, vous disposez de quelques options de réglages. Vous pouvez par exemple redimensionner la zone de mise au point en faisant glisser les poignées situées sur le contour de cette dernière.

Appliquez un effet Vignette

❶ Cliquez **Vignette**.

❷ Faites glisser le curseur blanc dans le sens des aiguilles d'une montre jusqu'à obtenir l'effet voulu.

Note. *Faites glisser le curseur dans le sens inverse des aiguilles d'une montre pour réduire l'effet Vignette.*

❸ Cliquez **Enregistrer une copie** ou **Enregistrer** selon que vous voulez ou non conserver une version non retouchée de l'image.

Vous avez également la possibilité de doser la quantité de flou appliquée à l'image : cliquez **Flou**, puis l'une des options proposées (de **Maximum** à **Minimum**, **Moyenne** étant la valeur par défaut).

› Appliquez un effet Focus sélectif

1 Cliquez **Focus sélectif**.

2 Cliquez dans la zone de focus (↖ devient ✥).

3 Faites glisser la zone de focus sur la partie de la photo que vous voulez laisser au point.

4 Cliquez **Appliquer** ✓.

5 Cliquez **Enregistrer une copie** ou **Enregistrer** selon que vous voulez ou non conserver une version non retouchée de l'image.

Si l'une de vos images contient des éléments que vous jugez indésirables ou inutiles, vous avez la possibilité de les supprimer au moyen d'un recadrage dans l'application Photos.

Recadrez une image

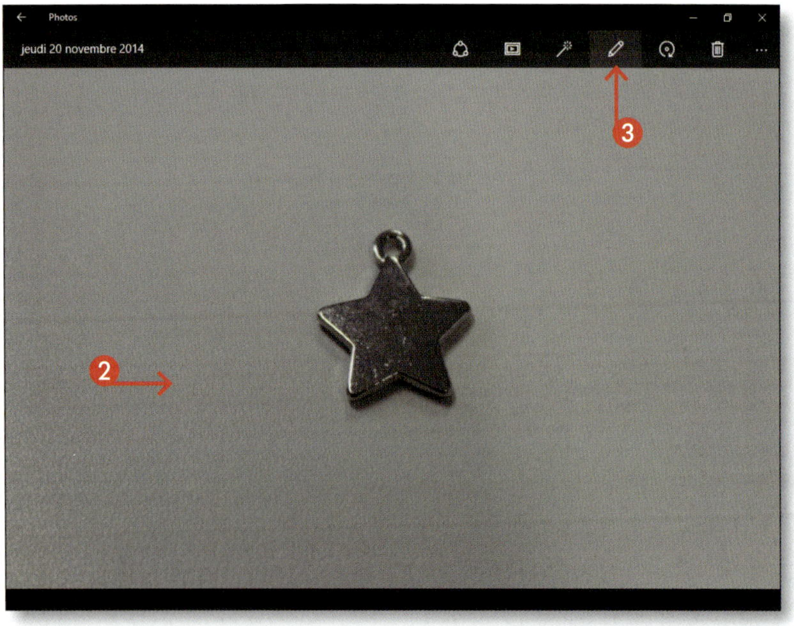

1 Dans Photos, affichez l'image à modifier.

2 Cliquez l'écran.

La barre d'outils de Photos s'affiche.

3 Cliquez **Modifier** .

Le recadrage consiste à définir une zone de la photo à conserver. Tout ce qui se trouve hors de cette zone est supprimé.

Cela peut vous aider à attirer l'attention sur le véritable objet d'une photo ou à supprimer des éléments sans rapport avec elle.

Photos affiche les outils de retouche d'image.

4 Cliquez **Corrections de base**.

5 Cliquez **Rogner**.

L'application Photos vous permet de spécifier un rapport, comme 4 × 3ou 13 × 18. Pour ce faire, effectuez les étapes 1 à 5 de cette section, puis cliquez **Proportions** . Choisissez la proportion à appliquer.

Recadrez une image

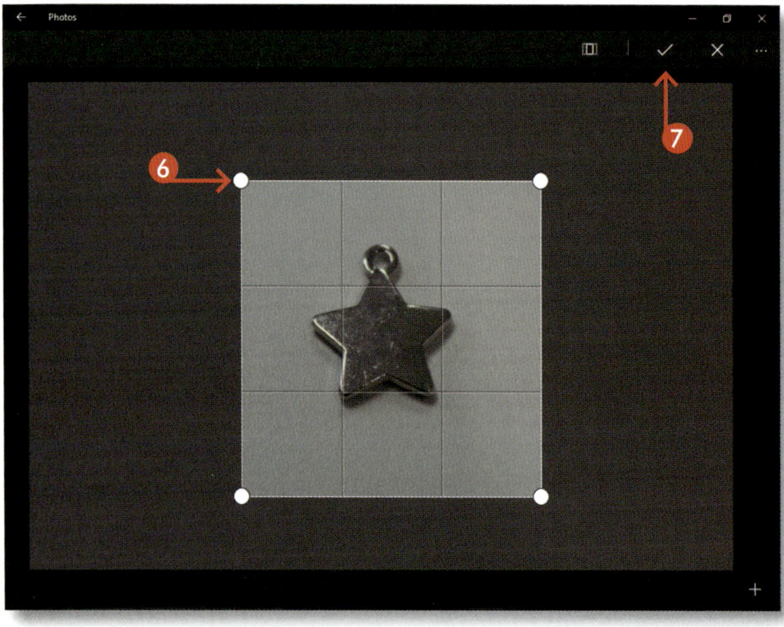

Photos ajoute un rectangle de recadrage sur la photo.

6 Cliquez et faites glisser un angle pour définir la zone à conserver.

Note. *N'oubliez pas que Photos conserve la zone à l'intérieur du rectangle.*

7 Cliquez **Appliquer** .

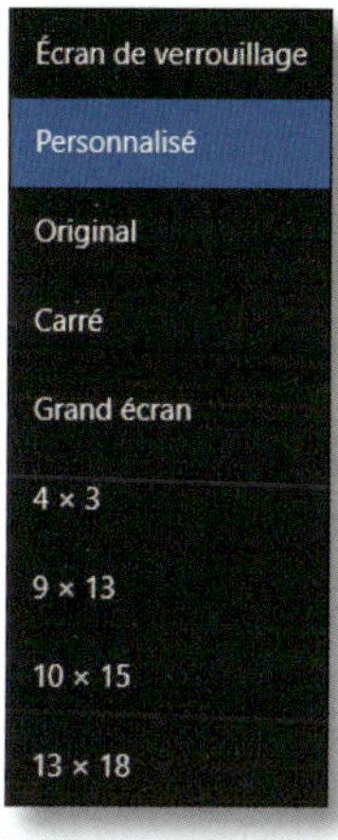

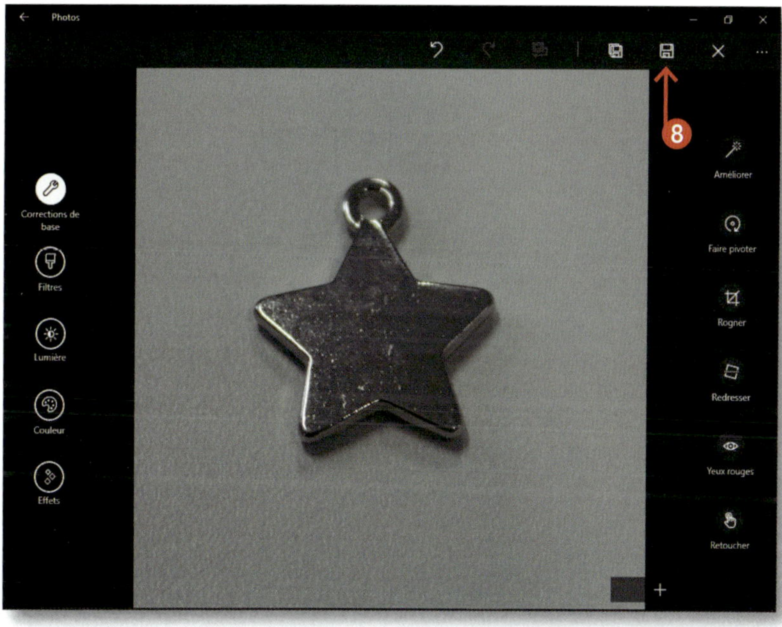

Photos recadre l'image.

8 Cliquez **Enregistrer une copie** ou **Enregistrer** selon que vous voulez ou non conserver une version non retouchée de l'image.

Photos enregistre l'image.

Faites pivoter et redressez vos images grâce à l'application Photos.

Faites pivoter une image

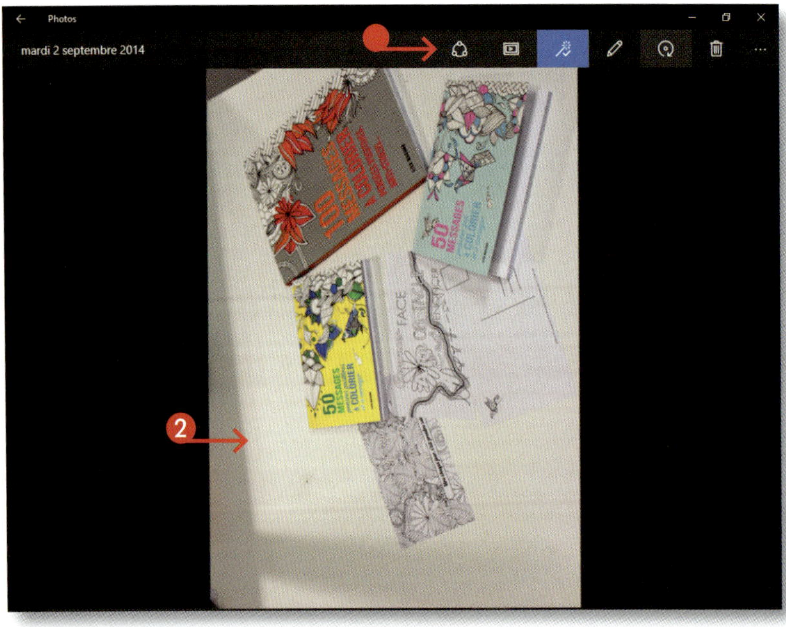

1 Dans Photos, affichez l'image à modifier.

2 Cliquez l'écran.

La barre d'outils de Photos s'affiche.

Certaines photos sont prises de travers, selon l'orientation de l'appareil photo. Pour corriger ce défaut, il suffit de les faire pivoter dans le sens approprié pour les redresser.

Si, malgré tous vos efforts, votre image n'est toujours pas parfaitement droite, ajustez encore son orientation dans Photos.

3 Cliquez **Faire pivoter** pour modifier l'orientation par pas de 45 ° dans le sens des aiguilles d'une montre jusqu'à obtenir l'orientation voulue.

Photos enregistre l'image.

Pour vous assurer que votre photo est parfaitement droite, utilisez la grille placée par l'application Photos.

Redressez une image

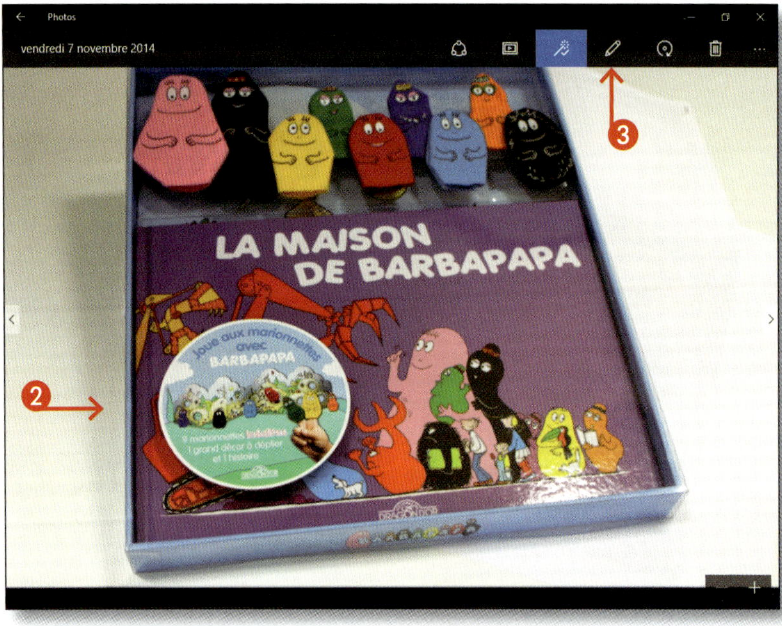

1 Dans Photos, affichez l'image à modifier.

2 Cliquez l'écran.

● La barre d'outils de Photos s'affiche.

3 Cliquez **Modifier** .

4 Cliquez **Redresser**.

Faites pivoter l'image de manière à aligner parallèlement la grille à une ligne verticale ou horizontale de la photo.

● Une grille se superpose à l'image.

5 Déplacez le curseur blanc dans le sens des aiguilles d'une montre ou dans le sens inverse pour régler l'orientation de l'image.

6 Cliquez en dehors de l'image.

L'image est redressée.

7 Cliquez **Enregistrer une copie** ou **Enregistrer** selon que vous voulez ou non conserver une version non retouchée de l'image.

Photos enregistre l'image.

IMPRIMEZ UNE IMAGE

Vous pouvez imprimer les images depuis la bibliothèque d'images et ses sous-dossiers ou bien depuis l'application Photos. La boîte de dialogue Imprimer les images ou Imprimer que vous obtenez permet de choisir l'imprimante à utiliser, la mise en page, et de lancer l'impression.

À partir de l'Explorateur de fichiers

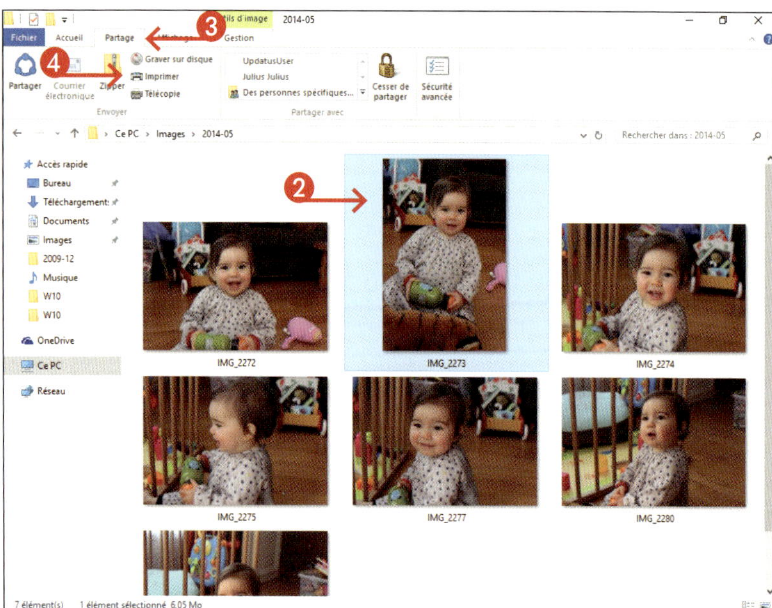

❶ Ouvrez la bibliothèque d'images (voir la section « Ouvrez la bibliothèque d'images » plus haut dans ce chapitre).

❷ Cliquez la ou les images à imprimer.

Note. *Pour sélectionner plusieurs images, appuyez et maintenez enfoncée la touche* Ctrl*, puis cliquez chaque image.*

❸ Cliquez l'onglet **Partage**.

❹ Cliquez **Imprimer**.

La boîte de dialogue Imprimer les images s'affiche.

Vous pouvez imprimer une seule ou plusieurs images. Si vous imprimez plusieurs images, vous pouvez les disposer sur la même page ou séparément.

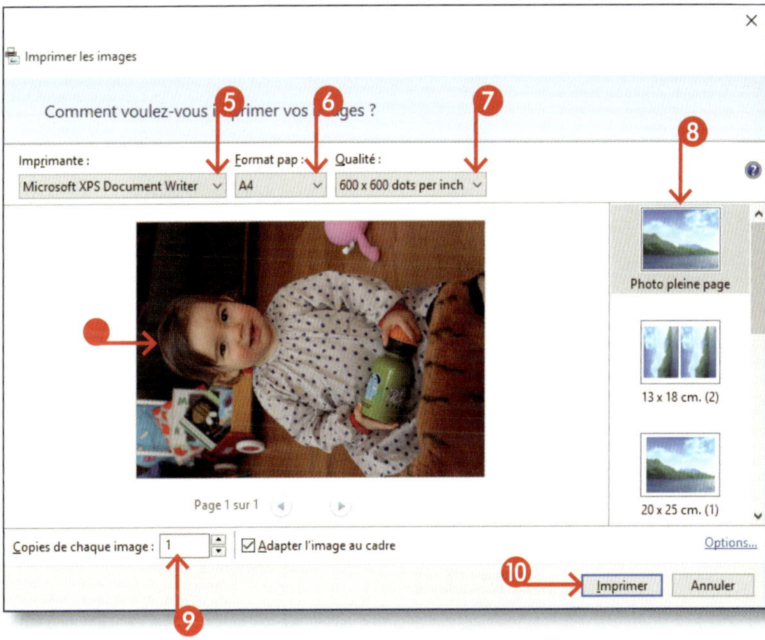

5 Cliquez ⌵, puis l'imprimante à utiliser.

6 Cliquez ⌵, puis le format du papier utilisé.

7 Cliquez ⌵, puis la qualité d'impression à appliquer.

8 Cliquez la mise en page à appliquer.

9 Indiquez le nombre d'exemplaires à imprimer.

● Un aperçu du tirage s'affiche.

10 Cliquez **Imprimer**.

Selon l'imprimante que vous utilisez, vous pouvez imprimer sur une grande variété de types de papier, y compris du papier ordinaire. Toutefois, le papier photo améliore la netteté et les couleurs des tirages, et augmente leur durée de vie.

Dans l'application Photos

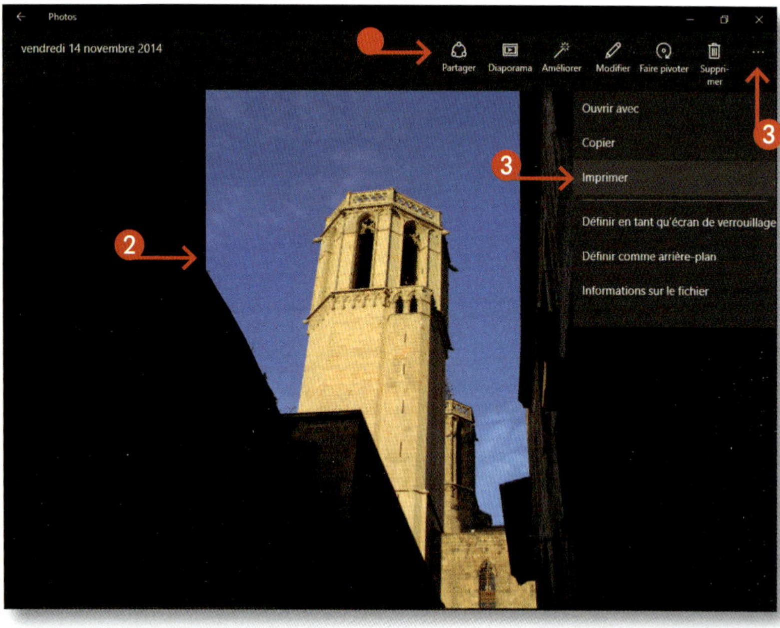

1 Dans Photos, affichez l'image à modifier.

2 Cliquez l'écran.

● La barre d'outils de Photos s'affiche.

3 Cliquez ..., puis **Imprimer**.

La boîte de dialogue Imprimer s'ouvre.

Il existe divers finis de papier, allant du mat au brillant. Veillez, de toute façon, à choisir un papier recommandé par votre marque d'imprimante.

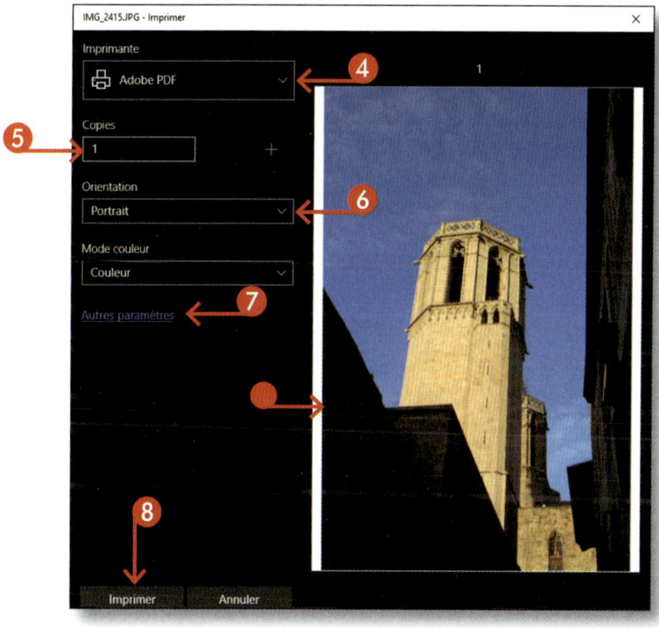

4 Cliquez ﹀, puis l'imprimante à utiliser.

5 Indiquez le nombre d'exemplaires à imprimer.

6 Cliquez ﹀, puis l'orientation.

7 Cliquez **Autres paramètres** pour effectuer d'autres réglages.

● Un aperçu du tirage s'affiche.

8 Cliquez **Imprimer**.

L'application Films et séries TV vous permet de visionner vos fichiers vidéo en plein écran, pour profiter pleinement de cette expérience. Vous pouvez alors suspendre, redémarrer, avancer ou reculer la lecture.

Regardez une vidéo

1 Dans le menu Démarrer, cliquez la vignette **Films et séries TV**.

Windows 10 propose deux autres programmes pour regarder des vidéos : l'application Photos et le programme Lecteur Windows Media, traité plus loin dans ce chapitre.

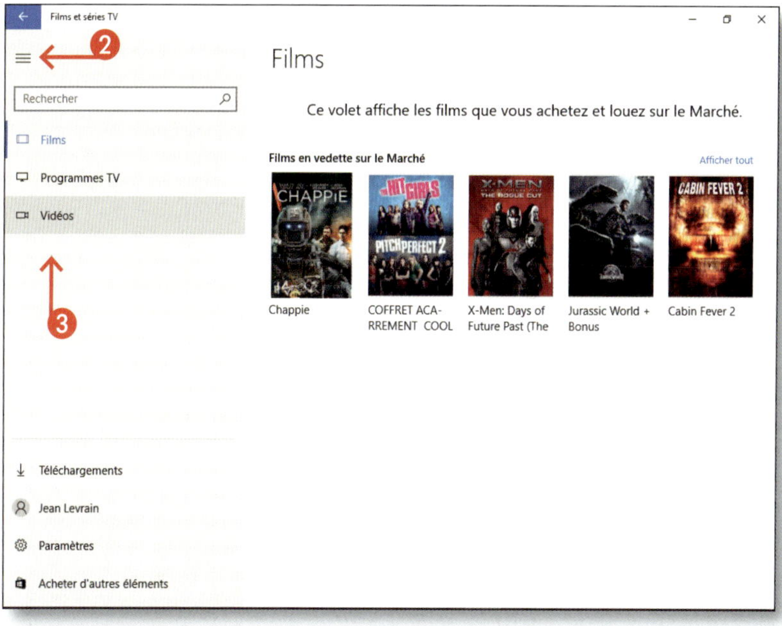

2 Cliquez **Menu** ☰.

3 Cliquez **Vidéos** pour visionner une vidéo que vous avez filmée ou importée vous-même. Cliquez **Films** ou **Programmes TV** pour visionner les films que vous avez achetés sur Windows Store.

Note. *Pour acheter des films ou émissions TV, connectez-vous avec votre compte Microsoft, cliquez **Windows Store** dans la barre des tâches, puis **Films et TV**.*

L'application Photos permet également de visionner des vidéos personnelles. Cliquez une vidéo (repérable à l'icône ▶) dans l'application Photos, et la lecture démarre aussitôt.

Regardez une vidéo

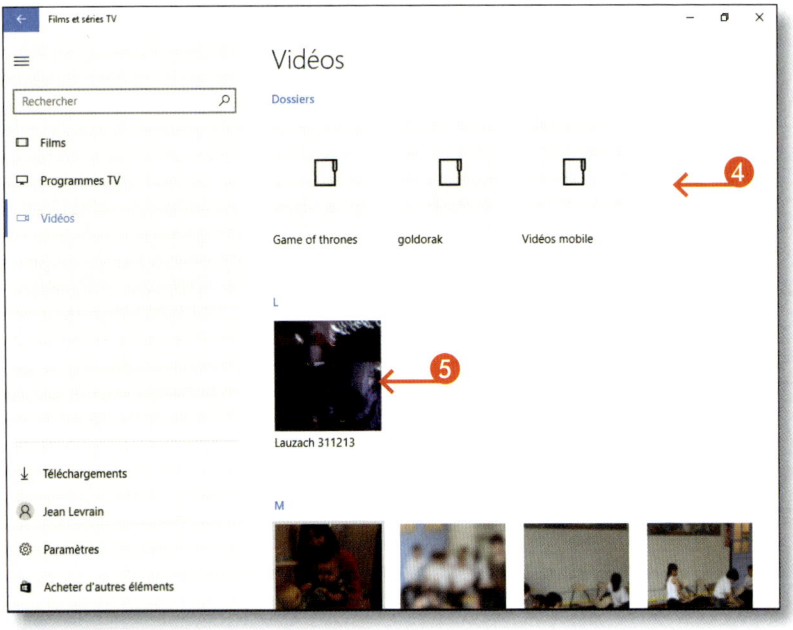

4 Cliquez éventuellement un dossier.

5 Cliquez la vidéo que vous souhaitez visionner.L'application lance la lecture de la vidéo.

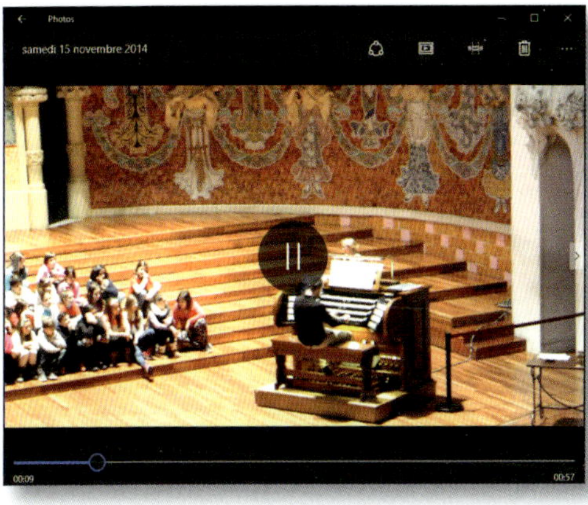

Les contrôles de lecture apparaissent au démarrage de la vidéo et disparaissent après quelques secondes. Pour les réafficher, déplacez la souris ou touchez l'écran tactile.

Cliquez le signe **Pause** pour interrompre et redémarrer la lecture.

Cliquez et faites glisser le curseur pour revenir en arrière ou avancer la vidéo.

Cliquez **Plein écran** pour afficher la vidéo en plein écran.

Écoutez la musique de votre bibliothèque tout en travaillant sur votre ordinateur. Vous pouvez écouter toutes les pistes d'un album, toutes les chansons d'un artiste en particulier ou des titres individuels, et tout cela dans un ordre aléatoire et/ou en répétant les albums et les artistes.

Écoutez de la musique

1 Dans le menu Démarrer, cliquez la vignette **Groove Musique**.

Windows 10 propose deux programmes pour écouter de la musique : l'application Groove Musique, décrite dans cette section, et le programme Lecteur Windows Media, traité plus loin dans ce chapitre.

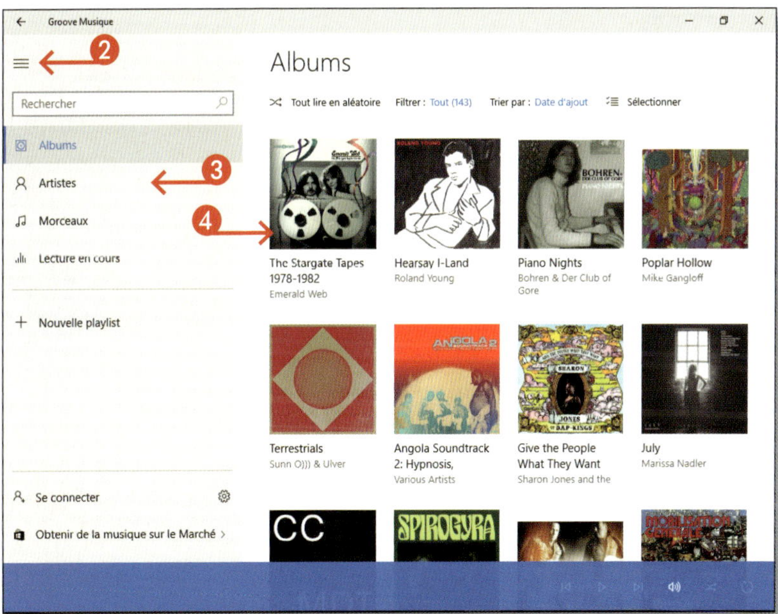

La fenêtre de l'application s'ouvre.

2 Cliquez **Menu** (≡).

3 Cliquez **Albums**, **Artistes** ou **Morceaux**, selon la présentation que vous souhaitez.

Les résultats correspondant à ce critère s'affichent.

4 Cliquez l'album, l'artiste ou le morceau.

Cliquez l'option **Obtenir de la musique sur le Marché** du menu de Groove Musique pour vous rendre dans les rayons musicaux du Windows Store. Parcourez les catégories de la boutique et achetez les titres ou albums de votre choix.

Écoutez de la musique

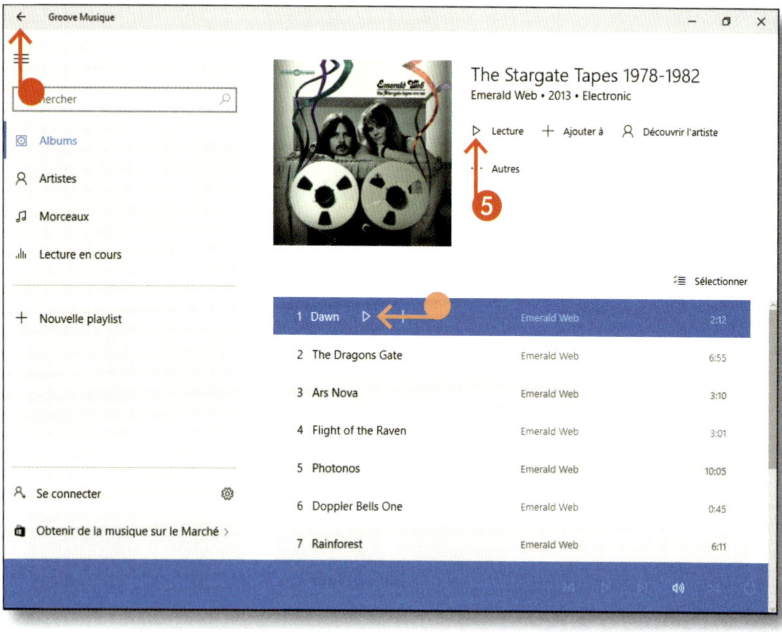

L'album s'affiche, avec la liste des titres.

● Cliquez **Retour** pour revenir en arrière.

5 Cliquez la flèche pour lire l'album.

● Vous pouvez aussi cliquer un titre, puis **Lecture**.

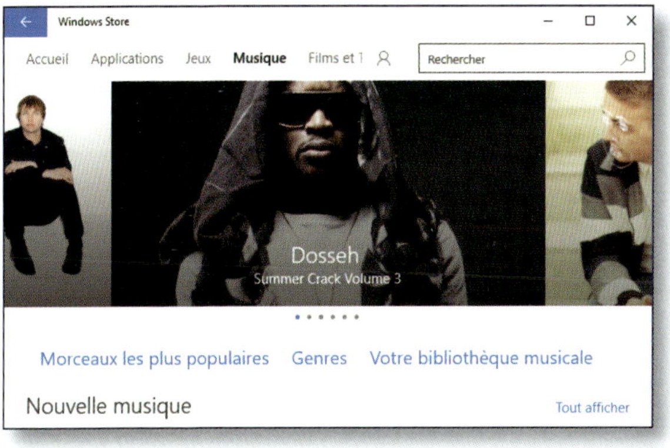

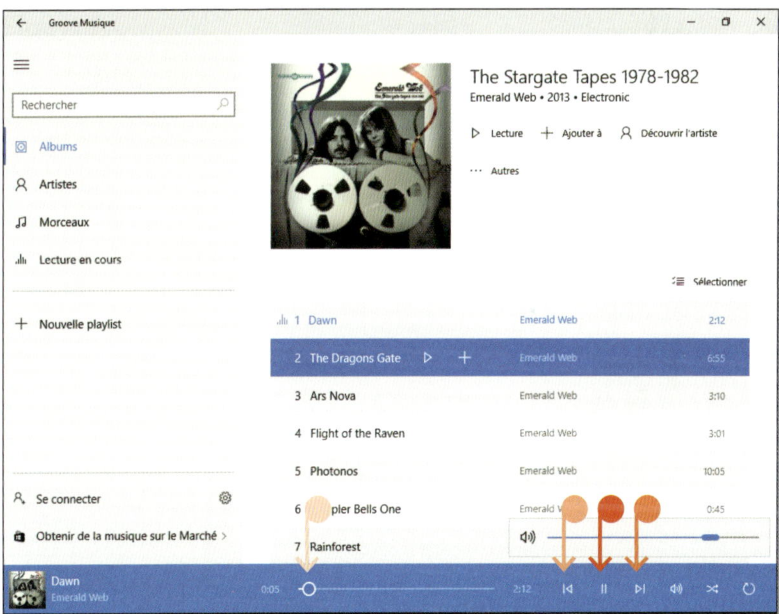

Cliquez **Pause** pour interrompre et redémarrer la lecture.

Cliquez **Suivant** pour lire le titre suivant.

Cliquez une fois sur **Précédent** pour revenir au début du titre en cours, deux fois pour lire le titre précédent.

Cliquez **Volume**, puis faites glisser le curseur pour régler le niveau sonore.

Fourni avec Windows 10, le Lecteur Windows Media permet de lire du son et de la vidéo.

Ouvrez le Lecteur Windows Media

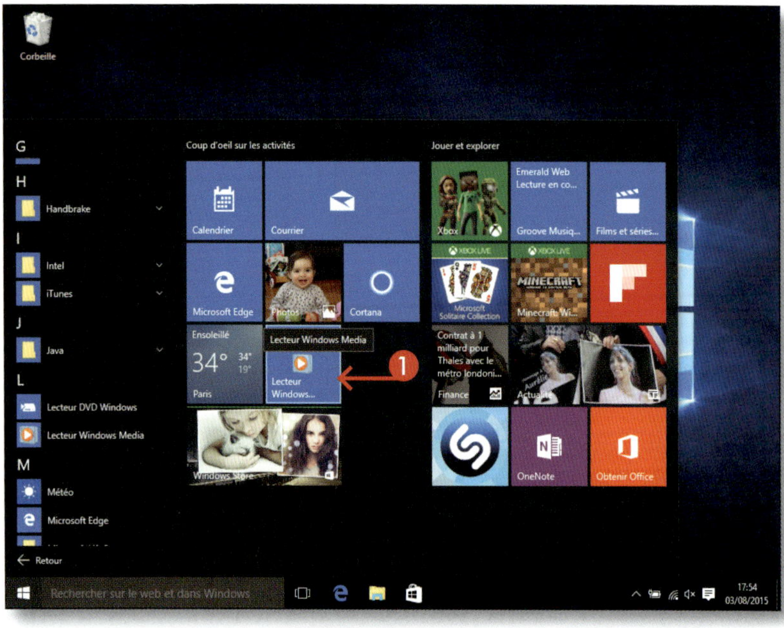

1 Dans le menu Démarrer, cliquez la vignette **Lecteur Windows Media**.

Pour utiliser ce programme, il faut bien sûr l'ouvrir. Dès que vous avez fini de vous en servir, fermez-le pour éviter de trop solliciter le processeur.

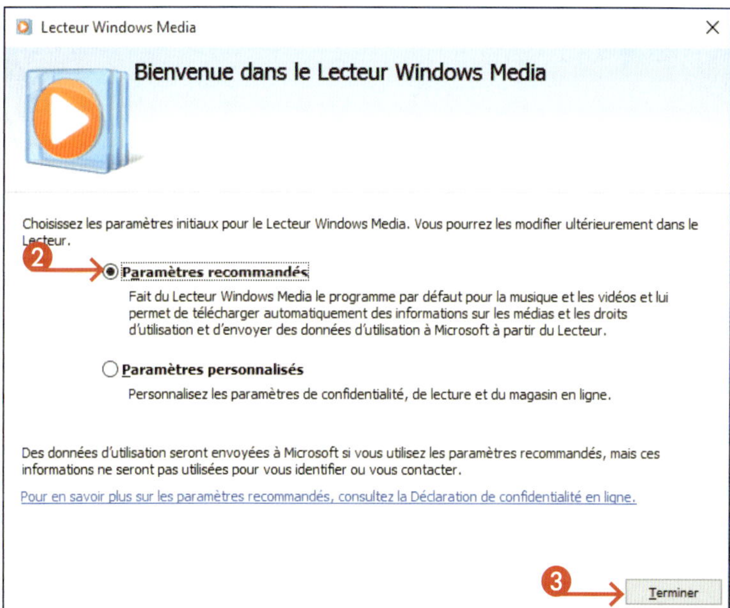

À la première utilisation du programme, la boîte de dialogue Bienvenue dans le Lecteur Windows Media apparaît.

2 Cliquez **Paramètres recommandés** (○ devient ◉).

3 Cliquez **Terminer**.

La fenêtre Lecteur Windows Media s'affiche.

Familiarisez-vous avec les différents éléments du Lecteur Windows Media afin de profiter pleinement de ses fonctionnalités.

Barre d'adresse

Indique l'emplacement actuel dans la bibliothèque du lecteur multimédia.

Onglets

Les onglets sont des liens vers les fonctionnalités clés du Lecteur Windows Media.

Barre d'outils

Permet d'accéder aux commandes, de changer l'affichage et de rechercher du contenu multimédia.

Volet de navigation

Permet de naviguer entre les différentes catégories de la bibliothèque du lecteur.

Commandes de lecture

Contrôlent la lecture d'un fichier audio ou vidéo et permettent de régler le volume sonore.

Volet Détails

Affiche des informations sur le contenu de la bibliothèque en cours, telles que le nom de l'album et son genre, ainsi que le titre et la durée du morceau ou de la vidéo.

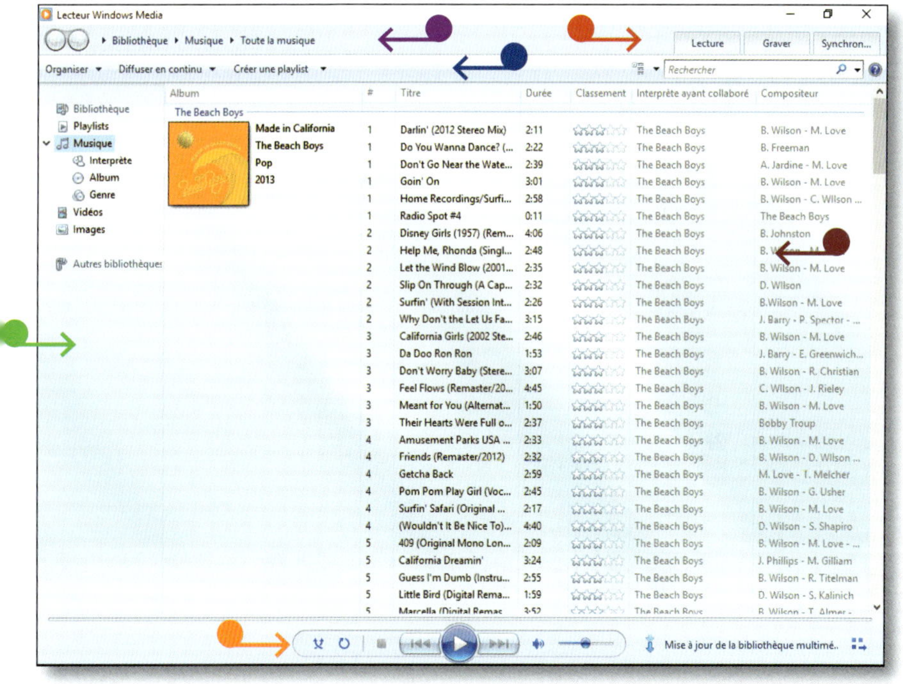
Lecteur Windows Media
Bibliothèque ▸ Musique ▸ Toute la musique
Lecture
Graver
Synchron...
Organiser
Diffuser en continu
Créer une playlist
Rechercher
Bibliothèque
Playlists
Musique
Interprète
Album
Genre
Vidéos
Images
Autres bibliothèques
Album
#
Titre
Durée
Classement
Interprète ayant collaboré
Compositeur
The Beach Boys
Made in California
The Beach Boys
Pop
2013
Darlin' (2012 Stereo Mix) 2:11 The Beach Boys B. Wilson - M. Love
Do You Wanna Dance? (... 2:22 The Beach Boys B. Freeman
Don't Go Near the Wate... 2:39 The Beach Boys A. Jardine - M. Love
Goin' On 3:01 The Beach Boys B. Wilson - M. Love
Home Recordings/Surfi... 2:58 The Beach Boys B. Wilson - C. Wilson ...
Radio Spot #4 0:11 The Beach Boys The Beach Boys
Disney Girls (1957) (Rem... 4:06 The Beach Boys B. Johnston
Help Me, Rhonda (Singl... 2:48 The Beach Boys
Let the Wind Blow (2001... 2:35 The Beach Boys B. Wilson - M. Love
Slip On Through (A Cap... 2:32 The Beach Boys D. Wilson
Surfin' (With Session Int... 2:26 The Beach Boys B.Wilson - M. Love
Why Don't the Let Us Fa... 3:15 The Beach Boys J. Barry - P. Spector - ...
California Girls (2002 Ste... 2:46 The Beach Boys B. Wilson - M. Love
Da Doo Ron Ron 1:53 The Beach Boys J. Barry - E. Greenwich...
Don't Worry Baby (Stere... 3:07 The Beach Boys B. Wilson - R. Christian
Feel Flows (Remaster/20... 4:45 The Beach Boys C. Wilson - J. Rieley
Meant for You (Alternat... 1:50 The Beach Boys B. Wilson - M. Love
Their Hearts Were Full o... 2:37 The Beach Boys Bobby Troup
Amusement Parks USA ... 2:33 The Beach Boys B. Wilson - M. Love
Friends (Remaster/2012) 2:32 The Beach Boys B. Wilson - D. Wilson ...
Getcha Back 2:59 The Beach Boys M. Love - T. Melcher
Pom Pom Play Girl (Voc... 2:45 The Beach Boys B. Wilson - G. Usher
Surfin' Safari (Original ... 2:17 The Beach Boys B. Wilson - M. Love
(Wouldn't It Be Nice To)... 4:40 The Beach Boys D. Wilson - S. Shapiro
409 (Original Mono Lon... 2:09 The Beach Boys B. Wilson - M. Love - ...
California Dreamin' 3:24 The Beach Boys J. Phillips - M. Gilliam
Guess I'm Dumb (Instru... 2:55 The Beach Boys B. Wilson - R. Titelman
Little Bird (Digital Rema... 1:59 The Beach Boys D. Wilson - S. Kalinich
Mise à jour de la bibliothèque multimé..

Maîtrisez les différentes fonctions de la bibliothèque du Lecteur Windows Media afin de mieux gérer votre collection de fichiers multimédias et d'organiser tout votre contenu numérique, comme vos CD audio.

Explorez la bibliothèque

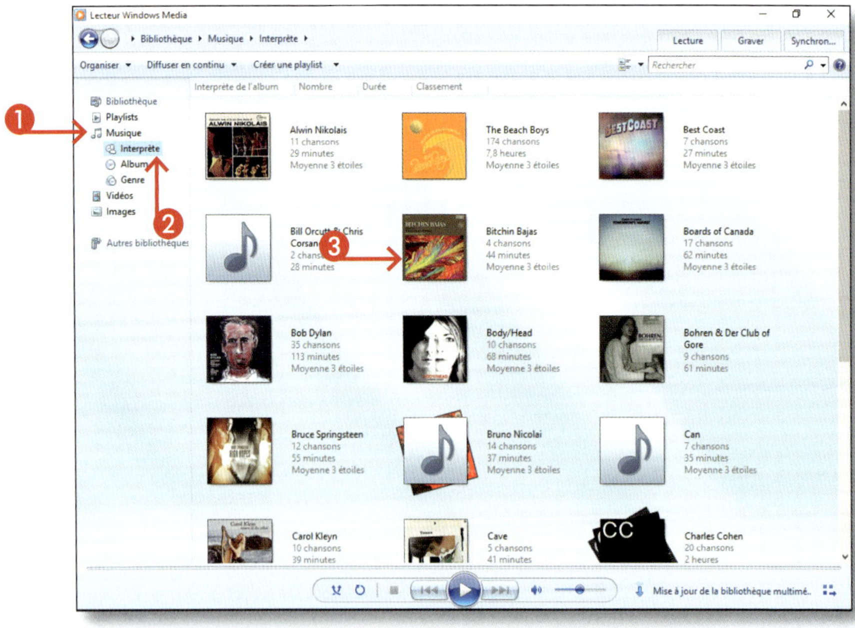

❶ Dans le volet de navigation, cliquez la catégorie à afficher.

❷ Si la catégorie inclut des sous-catégories, cliquez une sous-catégorie pour voir son contenu.

❸ Double-cliquez l'élément de votre choix.

Dès sa première utilisation, le Lecteur Windows Media actualise automatiquement la bibliothèque avec les fichiers contenus dans les dossiers multimédias de l'ordinateur, tels que Musique et Vidéos.

Pour utiliser au mieux ce lecteur, découvrez comment explorer la bibliothèque et changer son affichage.

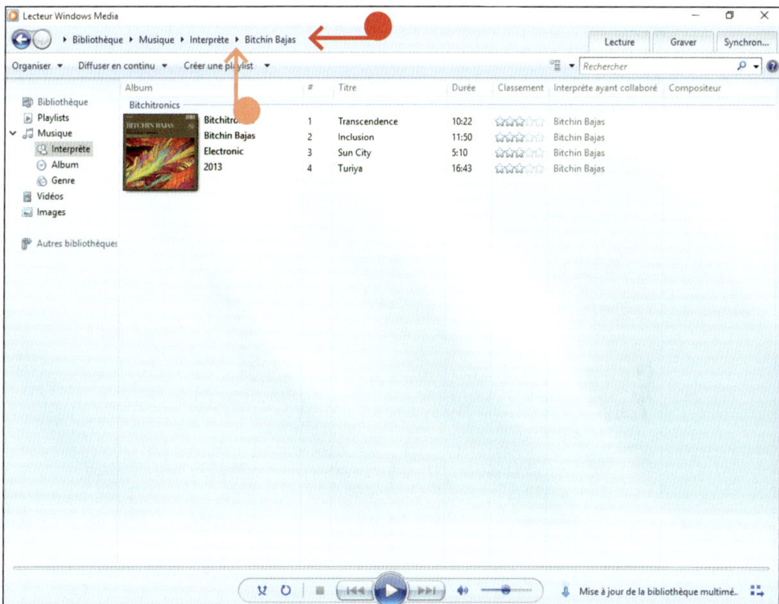

Le Lecteur Windows Media affiche le contenu de l'élément dans le volet Détails.

● Cliquez les éléments de la barre d'adresse pour revenir à une catégorie ou à une sous-catégorie.

● Cliquez une flèche pour afficher le contenu d'un élément de la barre d'adresse.

Lorsque la bibliothèque est très vaste, il peut être difficile de retrouver un fichier précis. Si vous voulez rechercher dans toute la bibliothèque, cliquez **Bibliothèque** dans la barre d'adresse. Sinon, cliquez la catégorie à explorer, comme **Musique**. Cliquez dans la zone de recherche à droite de la barre d'outils. Tapez un mot ou une expression se rapportant au fichier à trouver. Les fichiers correspondants apparaissent dans la bibliothèque.

Changez l'affichage de la bibliothèque

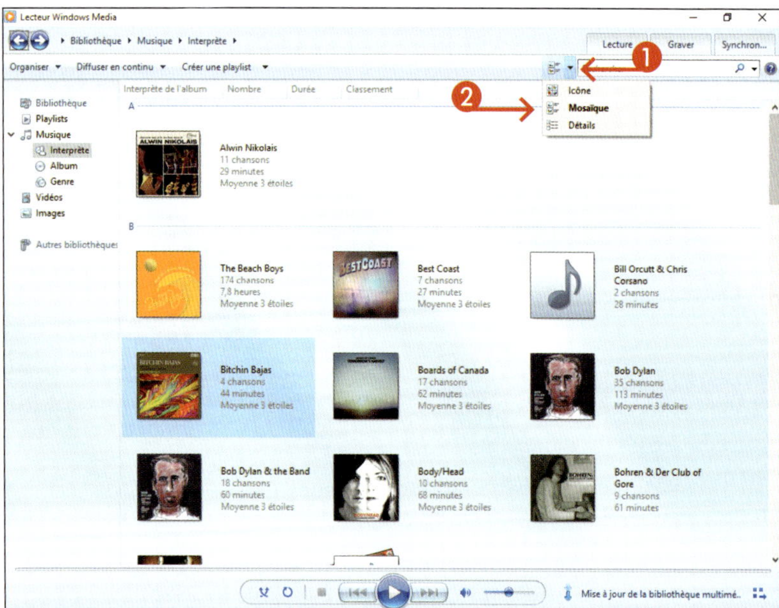

❶ Cliquez la flèche ▾ du bouton **Afficher les options**.

❷ Choisissez l'affichage à appliquer.

Cliquez **Icône** pour afficher uniquement les images associées aux éléments, comme les couvertures des albums.

Cliquez **Mosaïque** pour afficher les icônes et autres données des éléments.

Cliquez **Détails** pour afficher d'autres informations.

Note. *Les affichages ne sont pas tous disponibles avec toutes les catégories ou sous-catégories.*

Pour créer ses dossiers et sous-dossiers, la bibliothèque trie et classe les fichiers grâce à certaines informations intégrées dans chaque fichier, appelées *métadonnées*. Pour la musique, il s'agit, par exemple, du nom de l'artiste, du titre de l'album, du titre de la chanson, du genre musical, du classement. Elles identifient également le type de fichier.

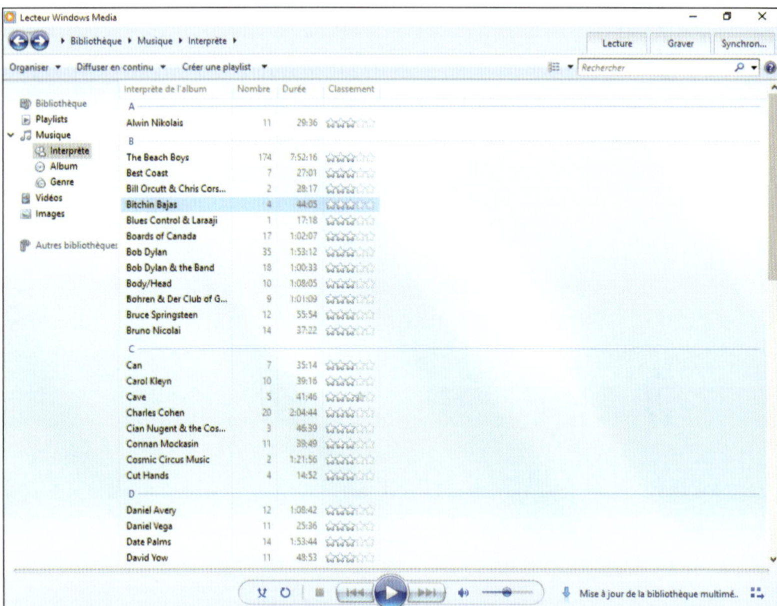

Le Lecteur Windows Media adopte le nouvel affichage.

Le Lecteur Windows Media utilise la bibliothèque pour lire les fichiers audio stockés dans votre ordinateur. Il existe plusieurs méthodes pour retrouver le titre à écouter, mais la plus simple consiste à afficher les albums de la bibliothèque du lecteur, puis à ouvrir celui qui contient le morceau.

Lisez un fichier audio ou vidéo

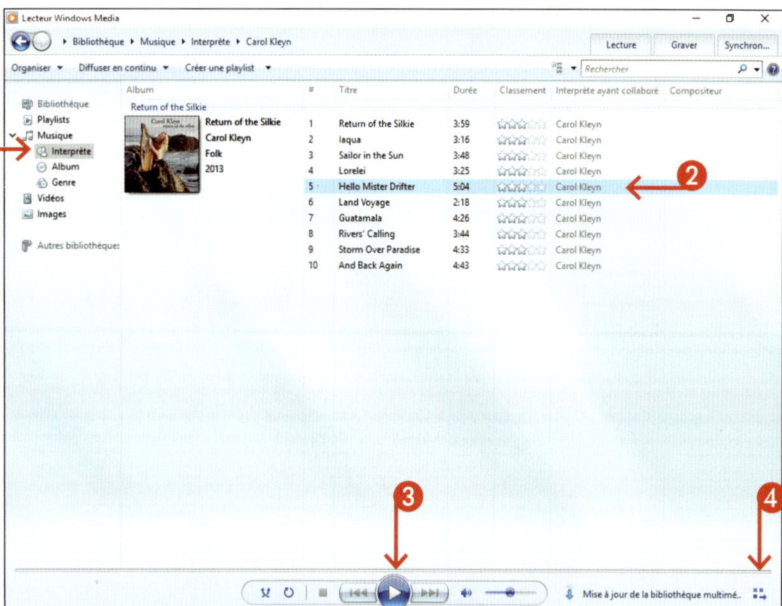

❶ Localisez dans la bibliothèque le dossier contenant le fichier audio ou vidéo à lire.

***Note.** Reportez-vous à la section « Utilisez la bibliothèque » pour explorer la bibliothèque et ses dossiers.*

❷ Cliquez le fichier audio ou vidéo.

❸ Cliquez le bouton **Lire** (▶).

❹ Cliquez **Basculer en mode Lecture en cours** (⠛) pour afficher les visualisations pendant la lecture d'un fichier audio.

Pendant la lecture, vous pouvez cliquer l'onglet Lecture en cours pour voir les images vidéo ou afficher les visualisations qui accompagnent la musique.

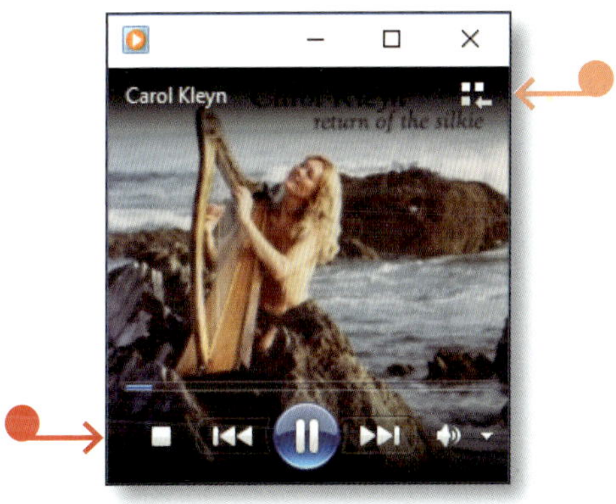

Le Lecteur Windows Media démarre la lecture du fichier.

5 Déplacez le pointeur dans la fenêtre Lecture en cours.

● Les commandes de lecture apparaissent.

Note. *Reportez-vous à la section « Écoutez un CD audio » pour en savoir plus sur les commandes de lecture.*

● Pour revenir à la bibliothèque du lecteur, cliquez **Basculer vers la bibliothèque** (icône).

RÉGLEZ LE VOLUME SONORE

Augmentez ou diminuez le volume sonore du Lecteur Windows Media pour votre confort d'écoute.

Dans la bibliothèque

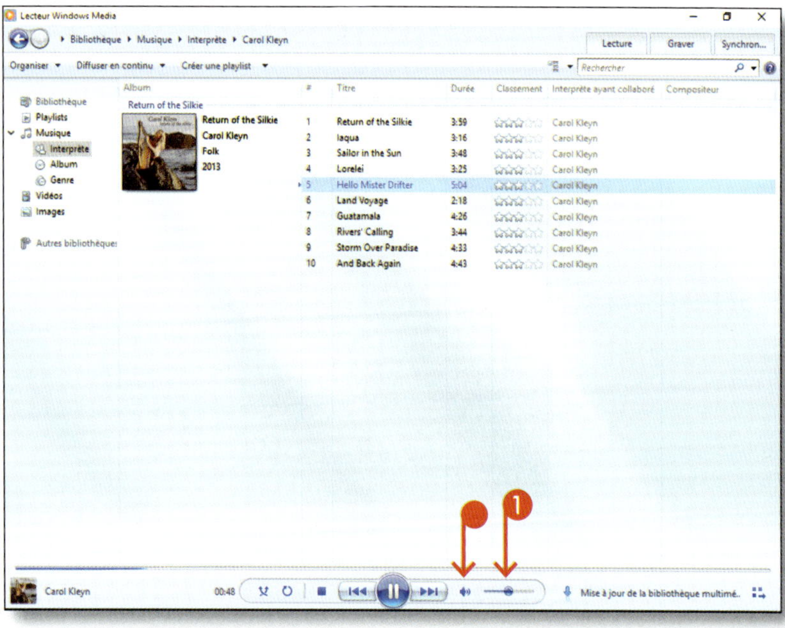

❶ Faites glisser le curseur **Volume** vers la gauche (pour réduire le volume) ou vers la droite (pour l'augmenter).

● Pour couper le son de la lecture, cliquez **Muet** (🔊).

Note. *Pour rétablir le volume, cliquez* ***Son*** *(🔇).*

Adaptez si possible le volume au type de musique et à vos envies. Cependant, si vous risquez de déranger d'autres personnes, baissez le volume du Lecteur Windows Media. Vous pouvez couper temporairement le son de la lecture – pour répondre à un appel téléphonique, par exemple.

Dans la fenêtre Lecture en cours

1 Déplacez le pointeur dans la fenêtre Lecture en cours.

Les commandes de lecture apparaissent.

2 Cliquez ici et faites glisser le curseur **Volume** vers la gauche (pour réduire le volume) ou vers la droite (pour l'augmenter).

Pour couper le son, cliquez **Muet** ( ).

Note. *Pour rétablir le volume, cliquez **Son** ( ).*

Le Lecteur Windows Media permet d'écouter des CD audio. Lorsque vous insérez un disque audio dans le lecteur de votre ordinateur, Windows vous demande quelle action exécuter. Vous pouvez lui indiquer de lire les CD audio avec le Lecteur Windows Media.

Écoutez un CD audio

1 Insérez un CD audio dans le lecteur de votre ordinateur.

● Une notification s'affiche.

2 Cliquez la notification.

Le CD apparaît dans la fenêtre Lecture en cours. Si vous êtes connecté à Internet, le nom de chaque piste et autres données relatives s'affichent.

Certaines options de lecture se contrôlent *via* la fenêtre Lecture en cours, mais vous accédez à davantage d'options en basculant vers la bibliothèque.

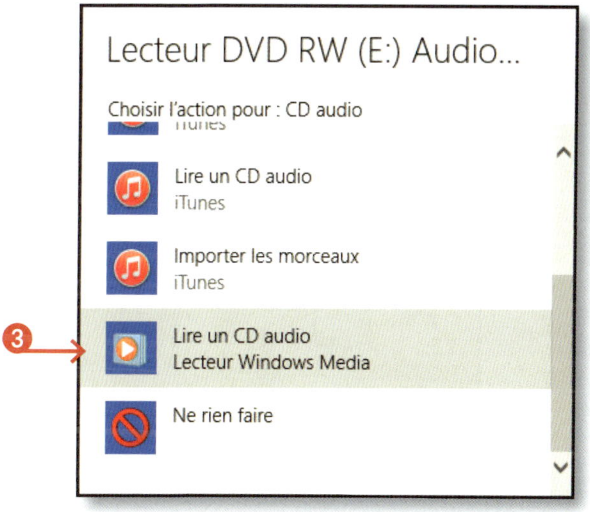

Windows 10 vous propose de choisir entre plusieurs actions.

3 Cliquez **Lire un CD audio Lecteur Windows Media**.

La fenêtre Lecture en cours du Lecteur Windows Media s'affiche et la lecture du CD débute.

Le Lecteur Windows Media possède un égaliseur graphique qui permet de régler le niveau des fréquences. Pour l'afficher, cliquez du bouton droit dans la fenêtre **Lecture en cours**, cliquez **Améliorations**, puis **Égaliseur graphique**. Pour appliquer un réglage prédéfini, cliquez **Par défaut**, puis sélectionnez une option prédéfinie, comme Rock ou Classique. Sinon, servez-vous des curseurs pour définir vos propres fréquences.

Écoutez un CD audio

4 Cliquez **Suivant** (⏭) pour lire la piste suivante.

5 Cliquez **Précédent** (⏮) pour lire la piste précédente.

6 Cliquez **Suspendre** (⏸) pour interrompre la lecture.

La lecture s'interrompt.

7 Cliquez **Lire** (▶).

La lecture reprend là où vous l'avez suspendue.

Pour changer la visualisation affichée au cours de la lecture, cliquez du bouton droit dans la fenêtre Lecture en cours et choisissez Visualisations. La liste des catégories de visualisation s'affiche. Cliquez une catégorie, puis sélectionnez la visualisation à afficher.

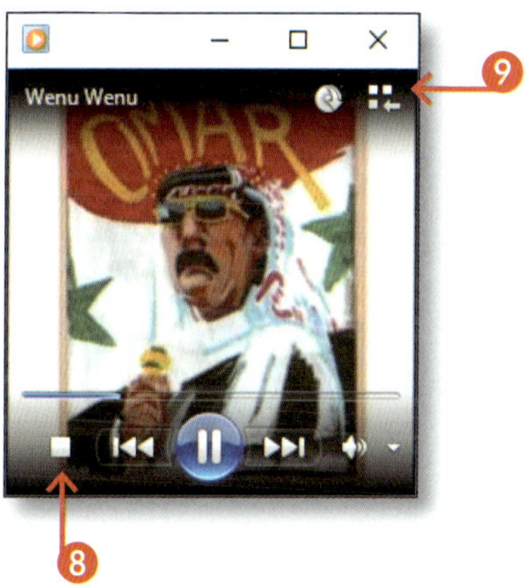

8 Cliquez **Arrêter** (□) pour stopper la lecture.

La lecture s'arrête.

Si vous cliquez **Lire** (▶) après avoir cliqué **Arrêter** (□), la lecture reprend au début du titre.

9 Cliquez **Basculer vers la bibliothèque** (⊞) pour ouvrir la fenêtre de la bibliothèque.

Grâce aux boutons de lecture situés au bas de la bibliothèque du Lecteur Windows Media, vous pouvez passer d'une piste à une autre, répéter la totalité du CD ou encore écouter les pistes en mode aléatoire.

Écoutez un CD audio

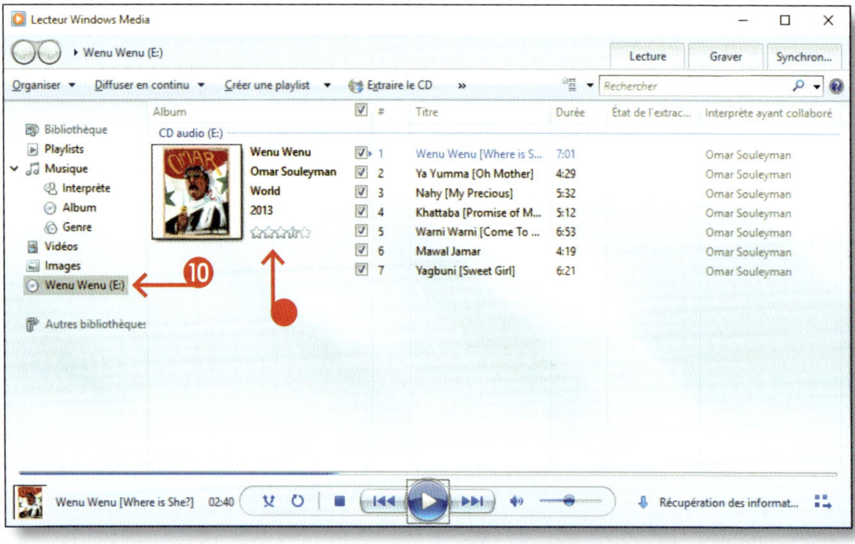

10 Dans le volet Détails, double-cliquez un autre morceau à écouter.

La lecture du morceau débute.

● Cette zone présente le titre de la chanson, le titre de l'album et l'auteur.

Le Lecteur Windows Media télécharge les informations concernant le CD audio *via* Internet. S'il n'en trouve aucune, il affiche dans le volet Détails non pas les titres des chansons, mais les numéros des pistes. Pour ajouter manuellement les titres, cliquez une piste du bouton droit et choisissez **Modifier**. Tapez le titre du morceau, puis appuyez sur Entrée, ou appuyez sur F2, puis sur Tab.

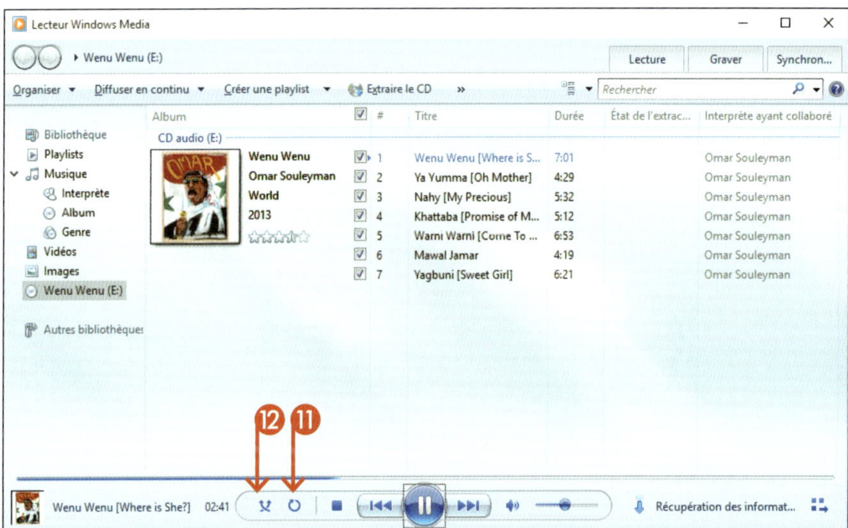

⑪ Cliquez **Activer la répétition** (↻) pour répéter la lecture.

Le CD va redémarrer une fois la dernière piste écoutée.

⑫ Cliquez **Activer la lecture aléatoire** (⤮).

Le Lecteur Windows Media lit les pistes du CD sans suivre l'ordre affiché.

COPIEZ LES PISTES D'UN CD AUDIO

Grâce au Lecteur Windows Media, vous pouvez lire le contenu de vos CD audio sans les insérer dans le lecteur de l'ordinateur. Pour cela, vous devez extraire les pistes des CD, c'est-à-dire les copier sur votre disque dur.

Avec la fenêtre Lecture en cours

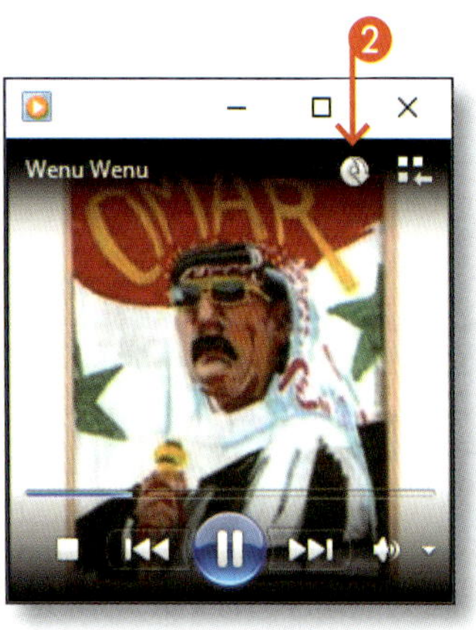

1 Insérez un CD dans le lecteur de votre ordinateur.

La fenêtre Lecture en cours s'affiche.

2 Cliquez **Extraire le contenu du CD** (icône).

Le Lecteur Windows Media copie les pistes du CD sur votre disque dur.

Vous pouvez extraire la totalité d'un CD directement à partir de la fenêtre Lecture en cours ou extraire des pistes sélectionnées *via* la bibliothèque. Créez ensuite vos propres compilations à partir des titres extraits.

Avec la bibliothèque

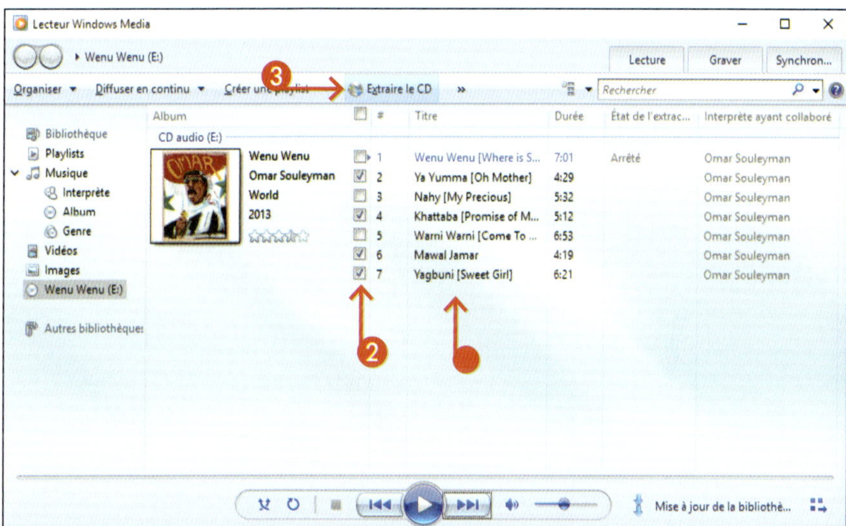

❶ Insérez un CD dans le lecteur de votre ordinateur.

Si la fenêtre Lecture en cours apparaît, cliquez **Basculer vers la bibliothèque** (▦).

● Le Lecteur Windows Media affiche la liste des pistes du CD.

❷ Cliquez les pistes à ne pas extraire (☑ devient ☐).

❸ Cliquez **Extraire le CD** (💿).

Pour supprimer une piste extraite par erreur, cliquez **Musique → Album**, puis double-cliquez l'album extrait pour afficher la liste des titres. Cliquez du bouton droit la piste à supprimer, puis cliquez **Supprimer**.

Copiez des pistes sélectionnées avec la bibliothèque

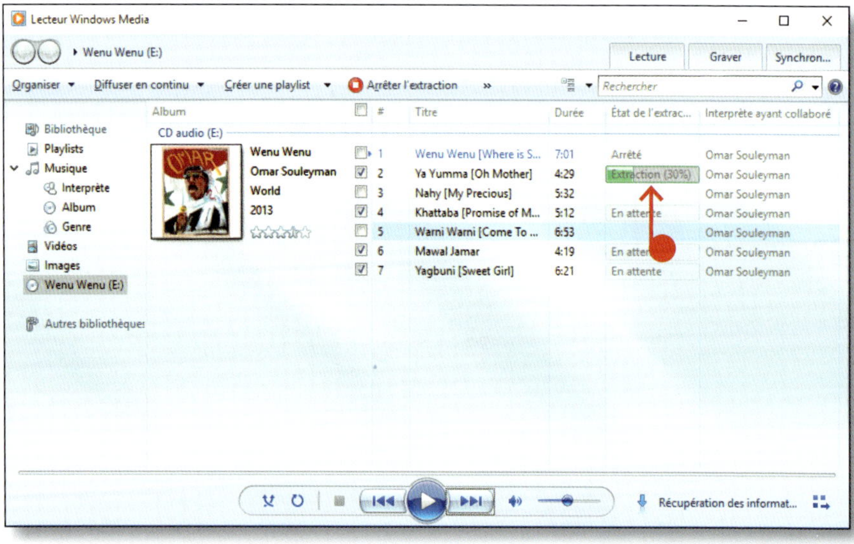

Le Lecteur Windows Media copie la ou les pistes sur votre disque dur.

● La colonne État de l'extraction affiche la progression de l'extraction.

Pour choisir la qualité des pistes extraites, vous devez changer le taux d'échantillonnage, lequel définit la quantité de données du CD qui sont copiées sur l'ordinateur. Plus il est élevé, plus la qualité est bonne, mais plus les fichiers générés sont volumineux. Cliquez Paramètres d'extraction → Qualité audio → la valeur à définir.

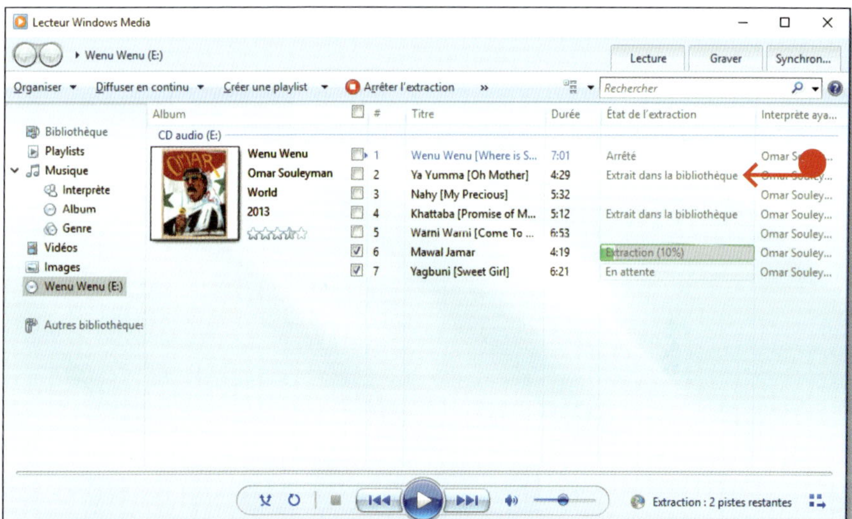

Dès qu'un fichier est copié, la colonne État de l'extraction affiche le message « Extrait dans la bibliothèque ».

La copie est terminée lorsque toutes les pistes sélectionnées apparaissent comme extraites dans la bibliothèque.

Une *playlist* est une liste de morceaux de musique copiés d'un CD, stockés sur votre disque dur ou téléchargés sur Internet. Libre à vous de personnaliser une sélection dans l'application Groove Musique qui regroupe les titres de votre choix.

Créez une playlist

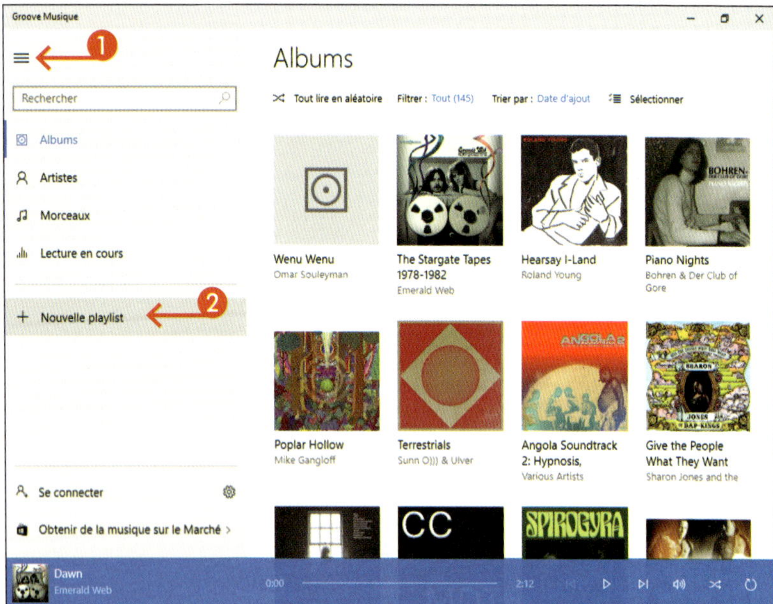

1. Dans Groove Musique, cliquez **Menu** ☰.
2. Cliquez **Nouvelle playlist**.

Créez par exemple une playlist de morceaux festifs pour vos soirées dansantes ou de vos morceaux préférés pour les graver sur un CD.

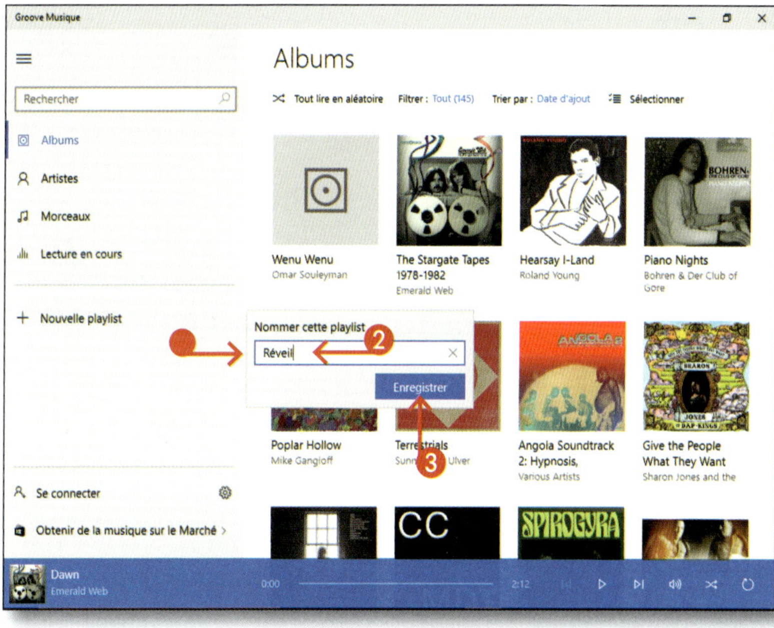

1 Groove Musique vous demande de nommer la playlist.

2 Saisissez le nom de la nouvelle playlist.

3 Cliquez **Enregistrer**.

Pour modifier une playslist existante, cliquez-la dans le menu de Groove Musique. Cliquez le bouton **Renommer** pour changer le nom de la playlist. Pour modifier l'ordre des titres, faites-les glisser dans la liste vers le haut ou le bas.

Créez une playlist

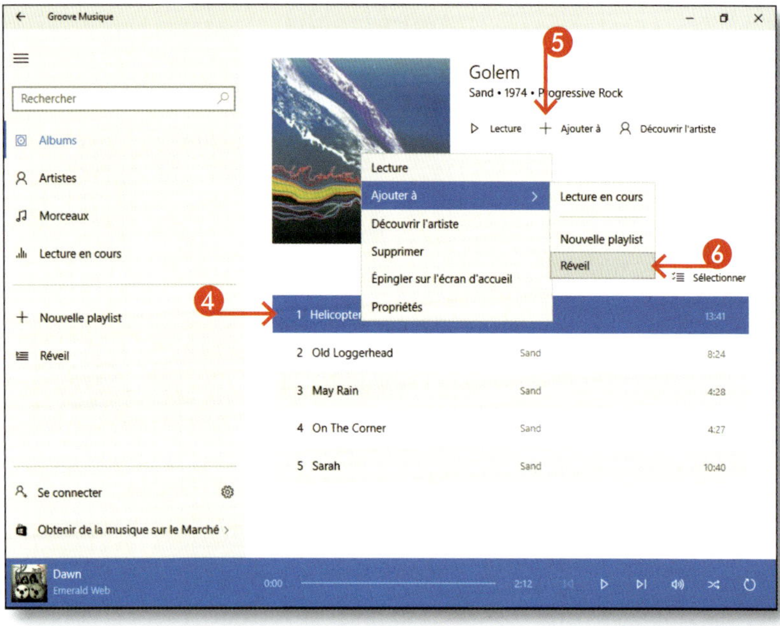

❹ Cliquez un titre à ajouter à la playlist.

❺ Cliquez **Ajouter à** (le signe +).

❻ Cliquez le nom de la playlist.

Groove Musique ajoute le titre à la playlist.

Pour supprimer un titre d'une playlist, cliquez-le du bouton droit dans la liste, puis sélectionnez Supprimer de la playlist. Pour supprimer une playlist, cliquez Autres ··· → Supprimer.

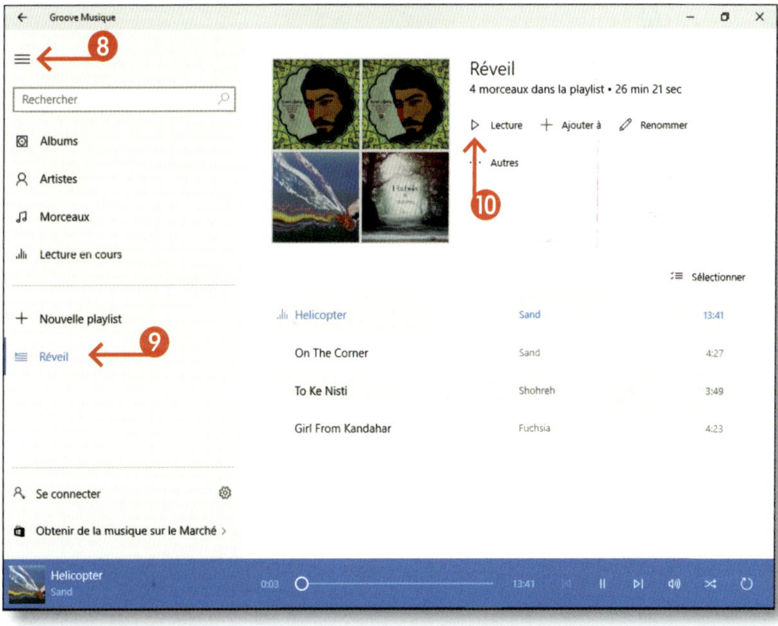

7 Répétez les étapes **4** à **6** pour ajouter d'autres titres à la playlist.

8 Cliquez **Menu** (≡).

9 Cliquez la playlist.

Le contenu de la playlist s'affiche.

10 Cliquez **Lecture** (▶) pour écouter la playlist.

Le Lecteur Windows Media permet de copier, ou *graver*, des fichiers audio de votre ordinateur sur un CD. Vous pouvez ainsi créer vos propres compilations musicales et les écouter sur votre ordinateur comme sur tout autre lecteur de CD.

Gravez des fichiers audio sur un CD

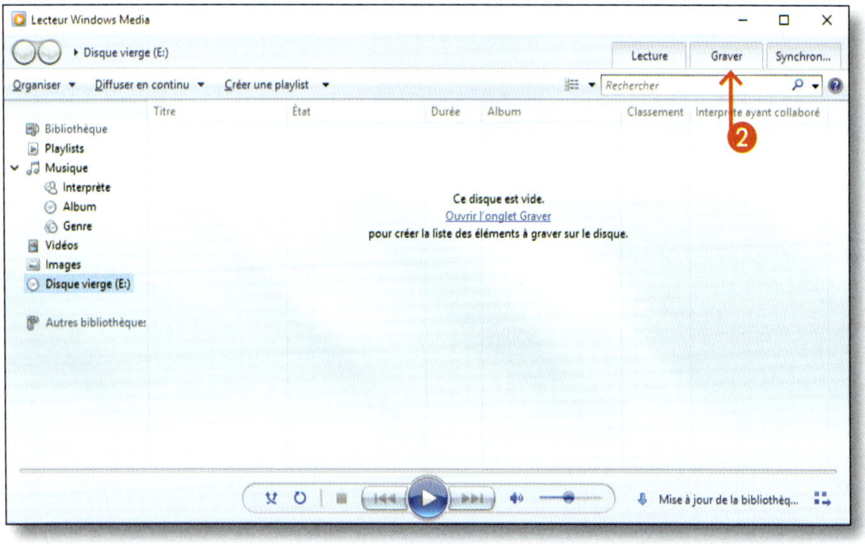

1 Insérez un CD vierge dans le graveur de votre ordinateur.

2 Cliquez l'onglet **Graver**.

La sélection à graver apparaît.

La manière la plus simple de graver des fichiers audio à partir de la fenêtre du Lecteur Windows Media consiste à créer une sélection des titres à graver. Classez ensuite les titres de la sélection selon l'ordre où vous souhaitez les écouter.

Pour graver des fichiers audio sur un CD, votre ordinateur doit évidemment être équipé d'un graveur.

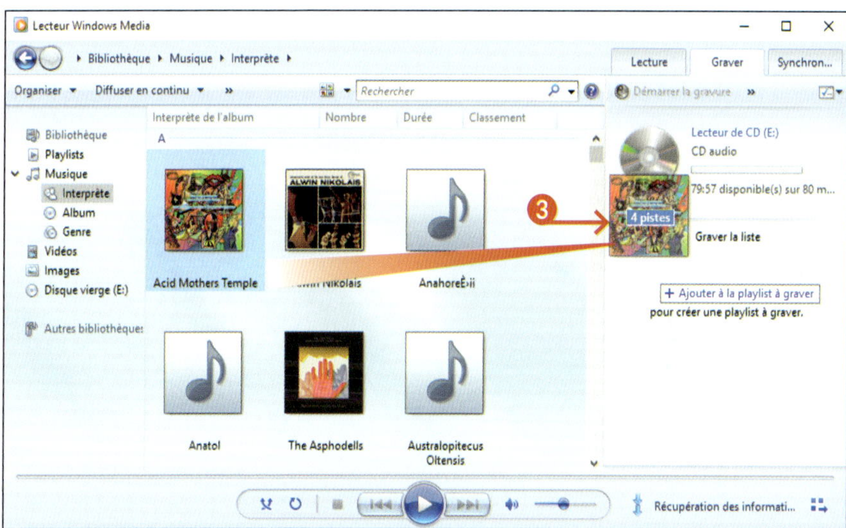

3 Faites glisser les éléments de la bibliothèque vers la sélection à graver.

Vous n'êtes pas obligé de graver les titres dans l'ordre où ils apparaissent dans la liste. Il existe plusieurs manières de les réorganiser avant la gravure. La plus simple consiste à faire glisser une piste à un autre endroit dans la liste. Autrement, cliquez **Options de gravure** (☑▾), puis soit **Lecture aléatoire de la liste**, soit **Trier la liste par**, en sélectionnant un ordre de tri.

Gravez des fichiers audio sur un CD

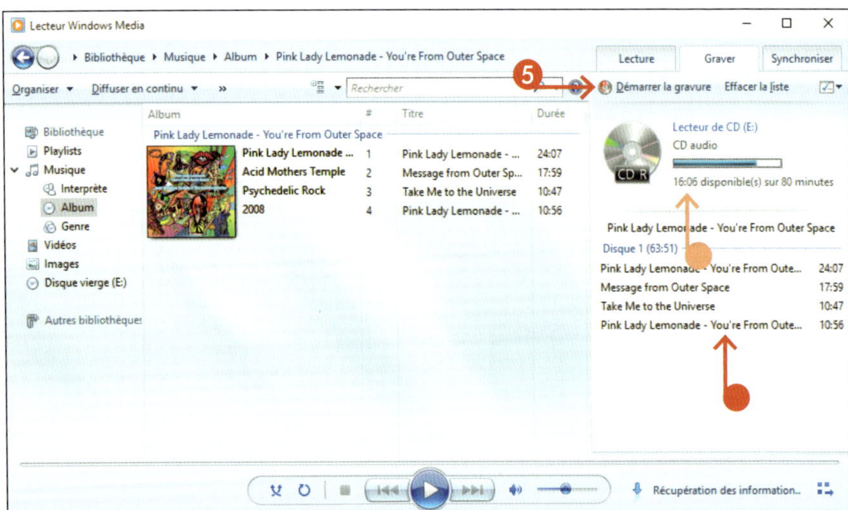

● Le Lecteur Windows Media ajoute les fichiers à la sélection à graver.

● Le temps restant sur le CD s'affiche ici.

4 Répétez l'étape **3** pour ajouter d'autres fichiers à la sélection.

5 Cliquez **Démarrer la gravure**.

Si vous ajoutez à la liste à graver plus de fichiers que ne peut en contenir un seul CD, le Lecteur Windows Media vous invite à insérer des CD supplémentaires au cours de la gravure.

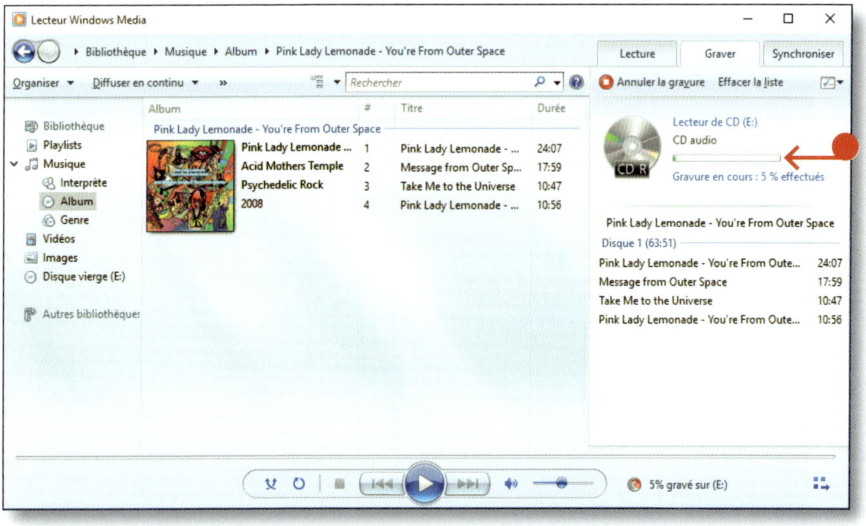

Le Lecteur Windows Media convertit les fichiers en pistes de CD audio et les copie sur le CD.

● L'onglet **Graver** affiche la progression de la gravure.

Note. *La gravure terminée, le CD est automatiquement éjecté. N'essayez surtout pas d'éjecter le CD en cours de gravure.*

Si votre ordinateur est équipé d'un lecteur de DVD, profitez de Windows 10 pour vous offrir une séance de cinéma.

Lisez un DVD

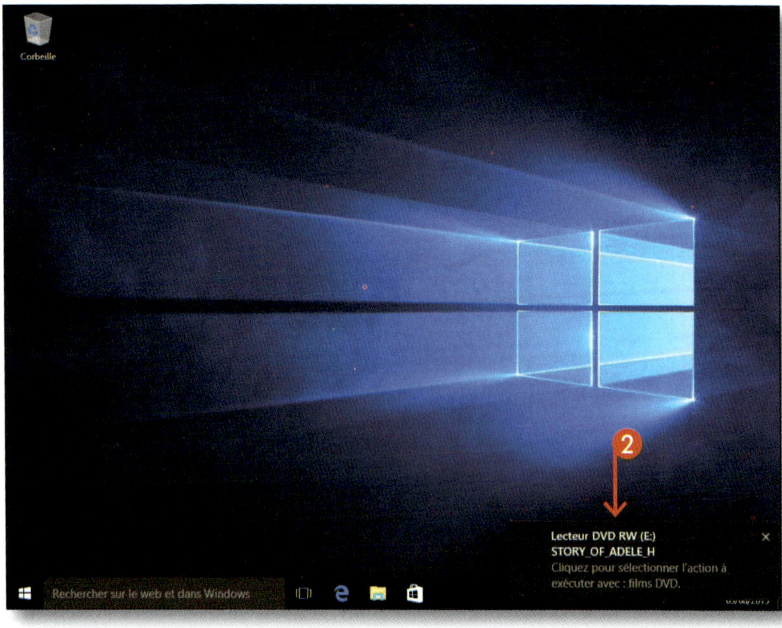

1 Insérez un DVD dans le lecteur de votre ordinateur.

● Une notification s'affiche.

2 Cliquez la notification.

Windows 10 vous propose de choisir entre plusieurs actions.

L'application Lecteur DVD Windows permet en effet de lire vos DVD et d'en contrôler ensuite la lecture.

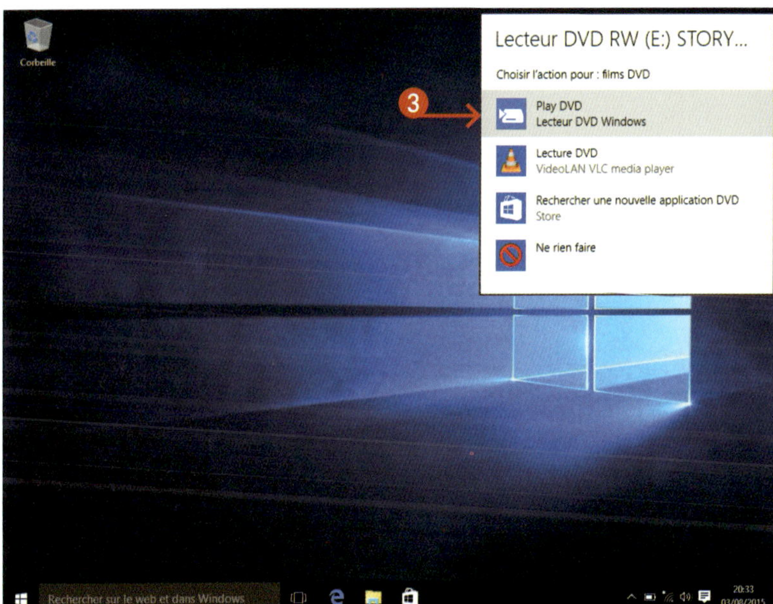

❸ Cliquez **Lire un DVD Lecteur DVD Windows**.

La fenêtre de l'application Lecteur DVD Windows s'ouvre et commence à lire le DVD.

Pour régler le volume du DVD, cliquez le bouton **Volume** et faites glisser le curseur à votre convenance.

Lisez un DVD

Les contrôles de lecture apparaissent au démarrage de la lecture et disparaissent après quelques secondes. Pour les réafficher, déplacez la souris ou touchez l'écran tactile.

● Cliquez le bouton **Arrêter** ☐ pour arrêter la lecture.

● Cliquez le bouton **Pause** pour interrompre et redémarrer la lecture.

● Cliquez et maintenez appuyé le bouton **Avance rapide** ⏩ ou **Retour rapide** ⏪ pour avancer ou rembobiner la vidéo.

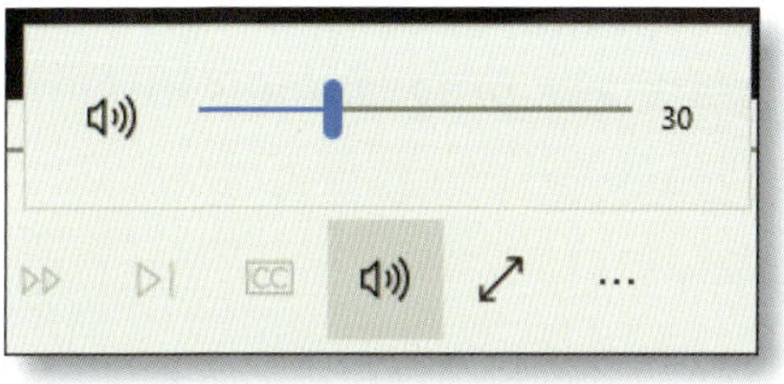

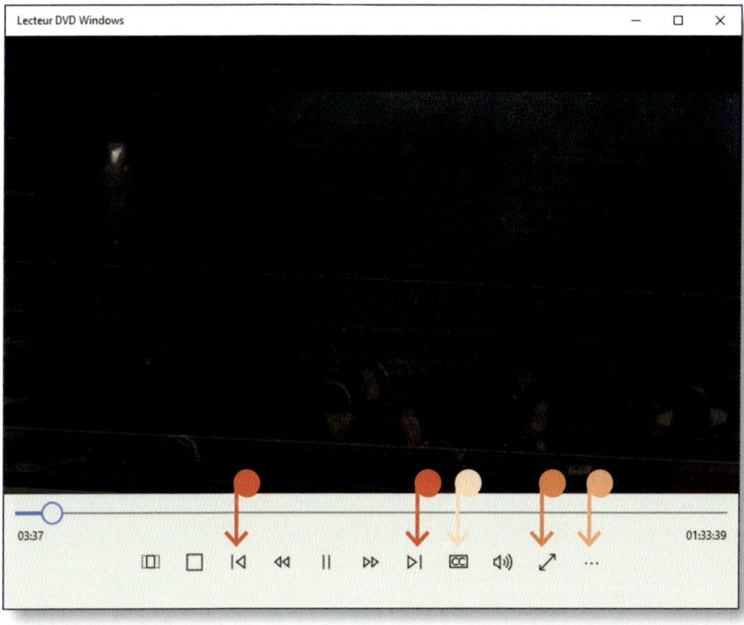

Cliquez **Saut avant** ▷| ou **Saut arrière** |◁ pour lire le chapitre suivant ou précédent.

Cliquez **Plein écran** pour afficher la vidéo en plein écran.

Cliquez [···] pour afficher d'autres options de lecture, comme l'affichage du menu racine du DVD.

Cliquez le bouton **Sous-titres** [CC] pour afficher des sous-titres.

Un document est un fichier que vous créez ou modifiez vous-même. Les quatre exemples ci-après constituent les types de documents de base que vous pouvez créer grâce aux programmes intégrés à Windows 10.

Fichier texte

Un fichier texte ne contient que les caractères qu'affiche votre clavier, ainsi que des symboles et des caractères spéciaux. Mis à part la police de caractères, vous ne pouvez appliquer aucune mise en forme particulière au texte (gras, italique, couleur, *etc.*). Dans Windows 10, le Bloc-notes sert à créer les fichiers texte. Toutefois, vous pouvez aussi utiliser WordPad.

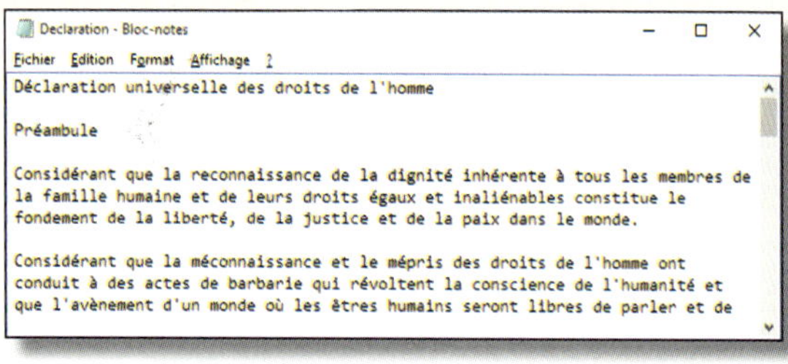

Document de traitement de texte

Le document de traitement de texte contient des caractères et des symboles, et vous pouvez mettre en forme les caractères et les paragraphes pour améliorer l'apparence du document. Il est possible de modifier la couleur, la taille et la police des caractères, de les mettre en gras ou en italique. Dans Windows 10, vous créez des documents de traitement de texte au format RTF (*Rich Text Format*) avec WordPad.

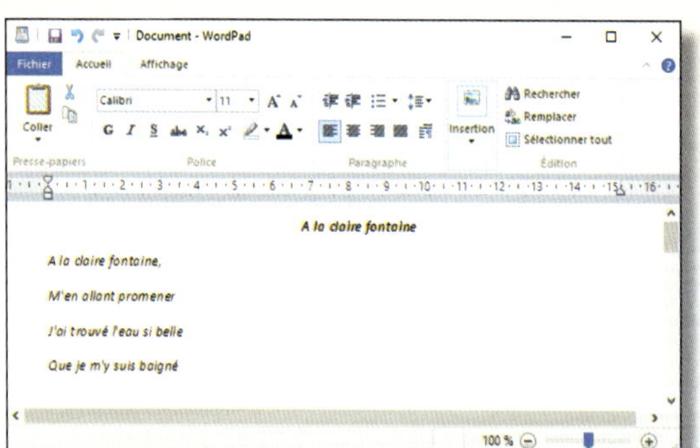

Dessin

Dans le contexte de Windows 10, un dessin est une image numérique constituée de lignes, de formes géométriques, de formes libres et d'effets spéciaux. Le programme Paint sert à créer des dessins.

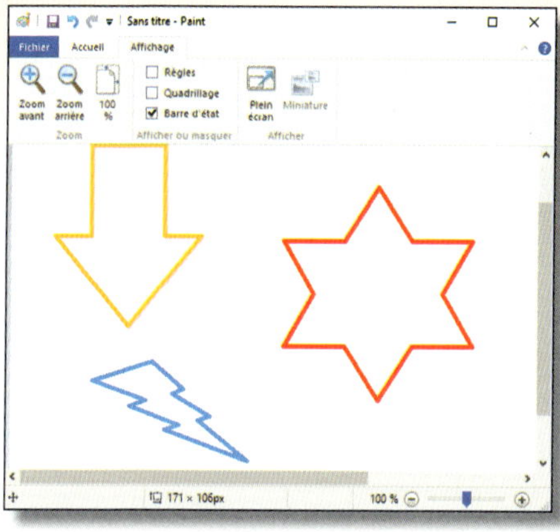

Message électronique

Un message électronique est un document que vous envoyez à un correspondant *via* Internet. La plupart de ces messages ne contiennent que du texte. Certains logiciels de messagerie électronique peuvent cependant mettre en forme le texte, insérer des images et appliquer d'autres effets. Dans Windows 10, vous disposez de l'application Courrier (chapitre 6).

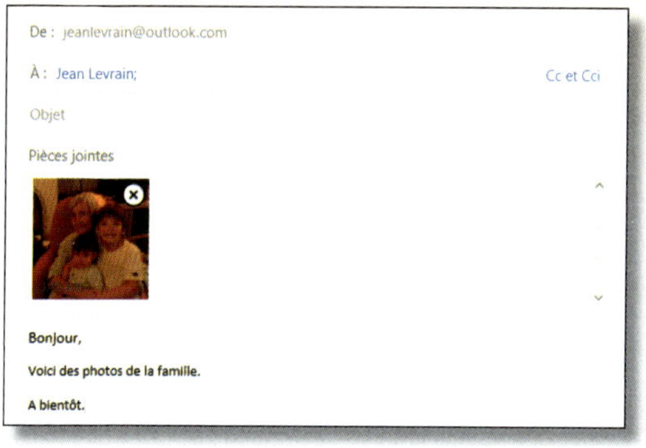

Lorsque vous avez un document à créer dans Windows 10, vous commencez généralement par lancer le programme adéquat pour réaliser votre travail.

Créez un document

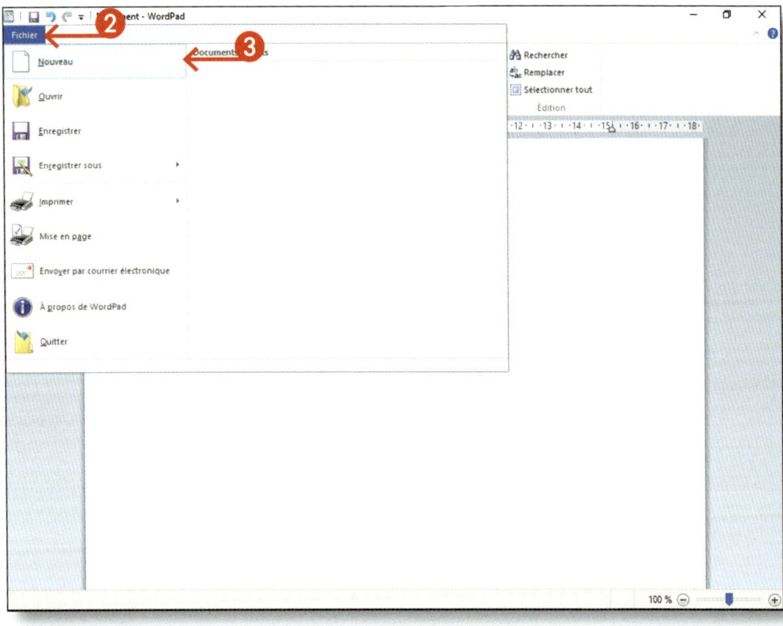

1 Démarrez le programme à utiliser.

Le programme s'ouvre sur un nouveau document.

2 Cliquez **Fichier**.

3 Cliquez **Nouveau**.

La plupart des programmes intégrés à Windows 10, comme WordPad ou Paint, s'ouvrent sur un document vierge. Vous pouvez bien sûr créer de nouveaux documents une fois le programme ouvert.

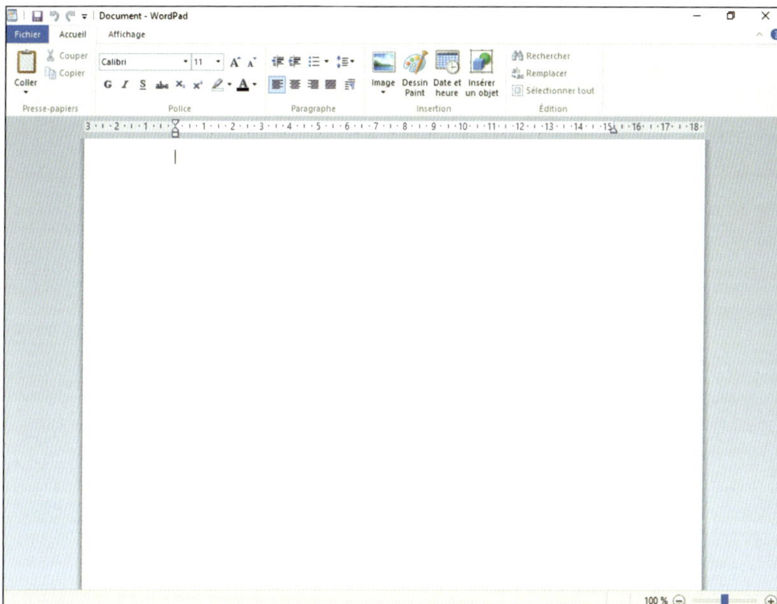

Un nouveau document apparaît.

***Note.** Dans la plupart des programmes, la combinaison de touches* Ctrl *+* N *crée un nouveau document.*

Une fois votre document créé et modifié, vous pouvez l'enregistrer pour conserver votre travail.

Enregistrez un document

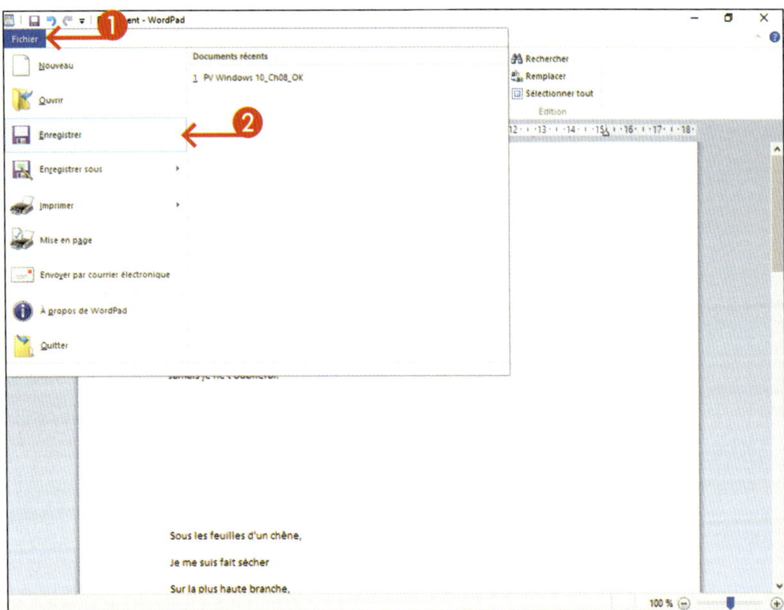

1. Cliquez **Fichier**.
2. Cliquez **Enregistrer**.

Note. *Dans la plupart des programmes, vous pouvez aussi appuyer sur* Ctrl *+* S *ou cliquer .*

Note. *Si vous avez déjà enregistré le document auparavant, vous n'avez pas besoin de suivre les étapes suivantes.*

Au cours du travail, Windows 10 enregistre les modifications dans la mémoire de l'ordinateur. Or, Windows efface la mémoire vive de l'ordinateur chaque fois que l'ordinateur est éteint ou redémarré. Aussi, si vous n'enregistrez pas vos documents, vous perdez toutes les modifications que vous leur avez apportées quand vous éteignez l'ordinateur. Lorsque vous enregistrez le document, il est stocké sur le disque dur de façon permanente.

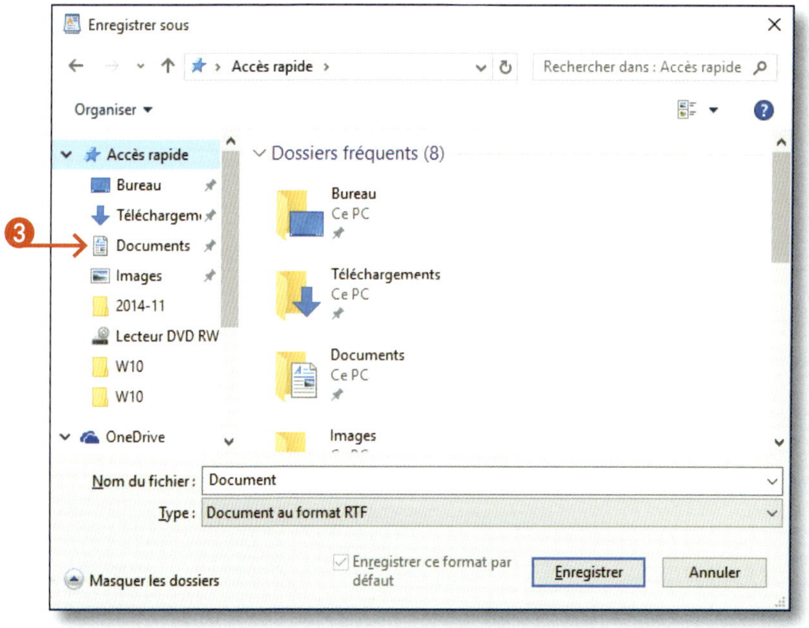

S'il s'agit du premier enregistrement d'un nouveau document, la boîte de dialogue Enregistrer sous apparaît.

3 Cliquez **Documents**.

Note. *La plupart des programmes enregistrent par défaut le document dans la bibliothèque Documents.*

La majorité des programmes prennent en charge différents types de documents. Avec WordPad, par exemple, vous pouvez créer un document de traitement de texte ou un fichier texte. Dans ce cas, la boîte de dialogue Enregistrer sous affiche une liste déroulante où vous sélectionnez le type de document à créer. Un programme comme le Bloc-notes, en revanche, ne peut créer qu'un seul format de fichier.

Enregistrez un document

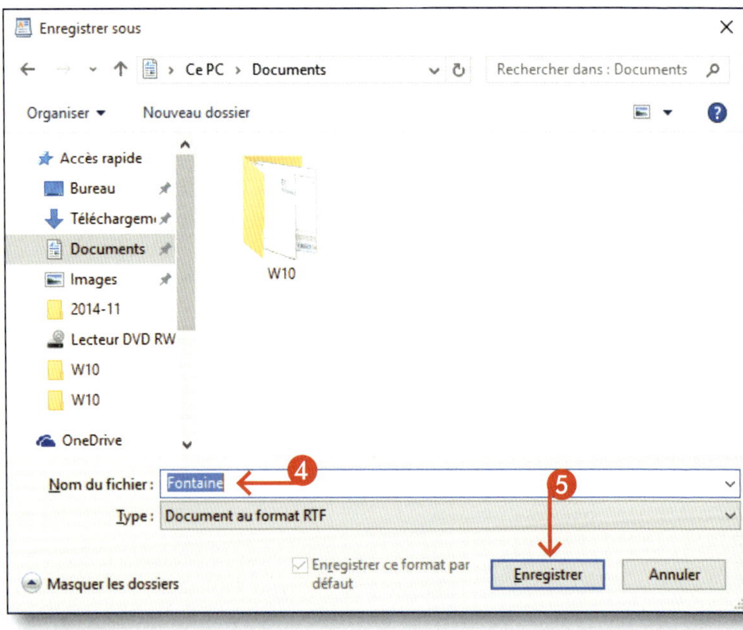

La bibliothèque Documents s'affiche.

4 Cliquez dans la zone de texte **Nom du fichier** et tapez le nom à attribuer au fichier.

Note. *Le nom du fichier peut contenir jusqu'à 255 caractères, à l'exception des caractères suivants :* **< > , ? : " ** *et* *****.

5 Cliquez **Enregistrer**.

Vous n'êtes pas tenu d'enregistrer tous vos documents dans la bibliothèque Documents, mais il est conseillé de les centraliser à cet emplacement. Libre à vous de créer des sous-dossiers dans d'autres dossiers. Dans la boîte de dialogue Enregistrer sous, cliquez Nouveau dossier, appuyez sur Entrée, double-cliquez le nouveau dossier et suivez les étapes **4** et **5**.

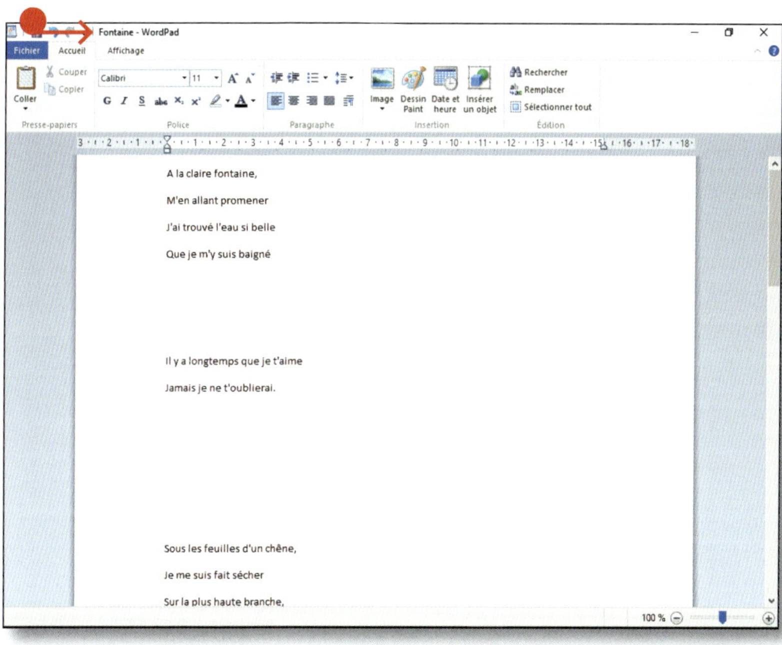

● Le nom que vous avez tapé apparaît dans la barre de titre.

Pour modifier un document déjà enregistré, vous devez l'ouvrir dans le programme qui a servi à le créer.

Ouvrez un document

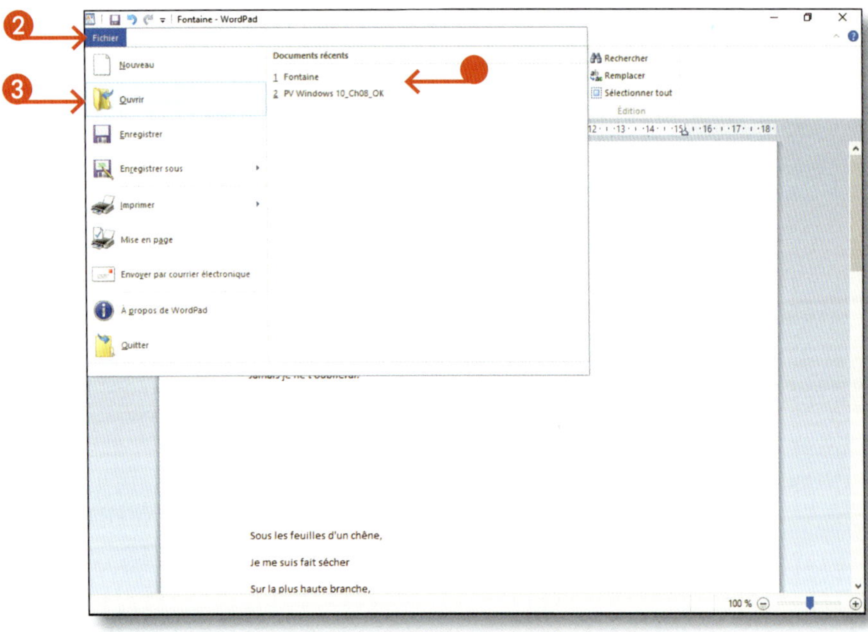

1 Démarrez le programme à utiliser.

2 Cliquez **Fichier**.

● Si le nom du document à ouvrir apparaît dans la liste des fichiers récemment ouverts du menu Fichier, cliquez-le. Inutile alors d'exécuter les étapes suivantes.

3 Cliquez **Ouvrir**.

Note. *Dans la plupart des programmes, vous pouvez aussi appuyer sur* Ctrl *+* O *ou cliquer* .

Lorsque vous enregistrez un nouveau document, Windows crée un fichier sur le disque dur pour y conserver le contenu de ce document. Quand vous ouvrez le document avec le programme qui a servi à sa création, Windows charge en mémoire le contenu du fichier et affiche le document dans le programme. Vous pouvez alors voir le document et le modifier.

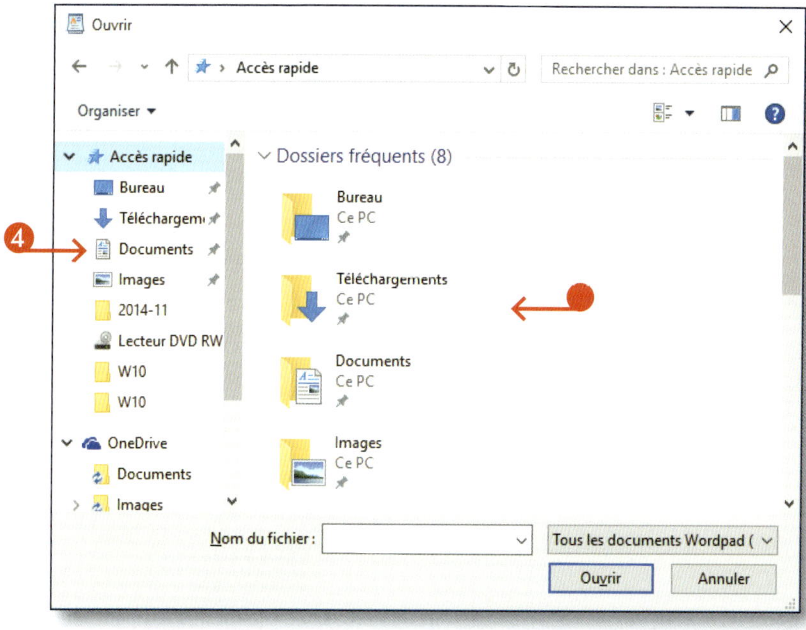

4 Cliquez **Documents**.

Note. *Par défaut, la plupart des programmes proposent de choisir un fichier dans la bibliothèque Documents.*

● Si le document se trouve dans une autre bibliothèque, cliquez ici, cliquez votre compte d'utilisateur, puis double-cliquez le dossier voulu.

Il n'est pas obligatoire de démarrer un programme pour ouvrir un document. Ouvrez le dossier contenant le document, double-cliquez le fichier à ouvrir. Windows 10 démarre le programme qui a servi à créer le document et l'affiche.

Ouvrez un document

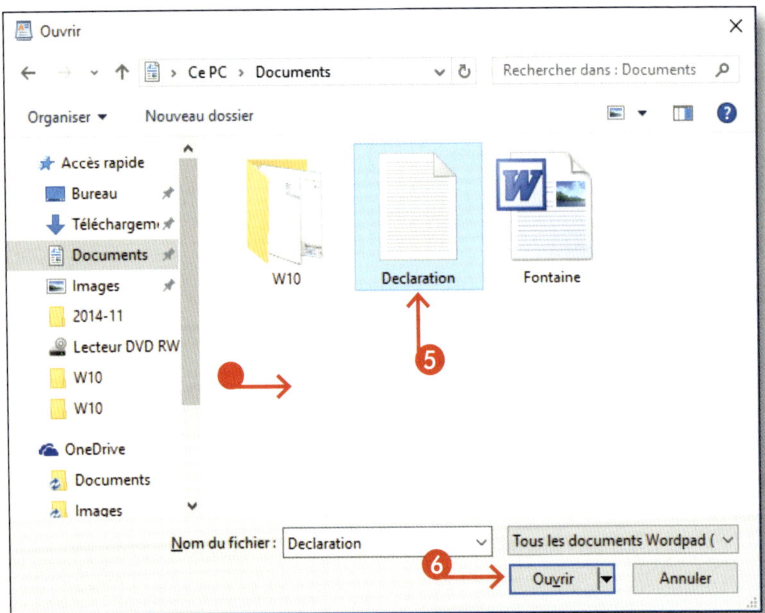

● La bibliothèque Documents s'affiche.

5 Cliquez le nom du document.

6 Cliquez **Ouvrir**.

Pour retrouver rapidement un document, utilisez la zone de recherche de la barre d'état de Windows 10. Tapez le début du nom du fichier dans la zone de texte. Cliquez l'élément qui correspond à votre recherche dans la liste de résultats qui s'affiche.

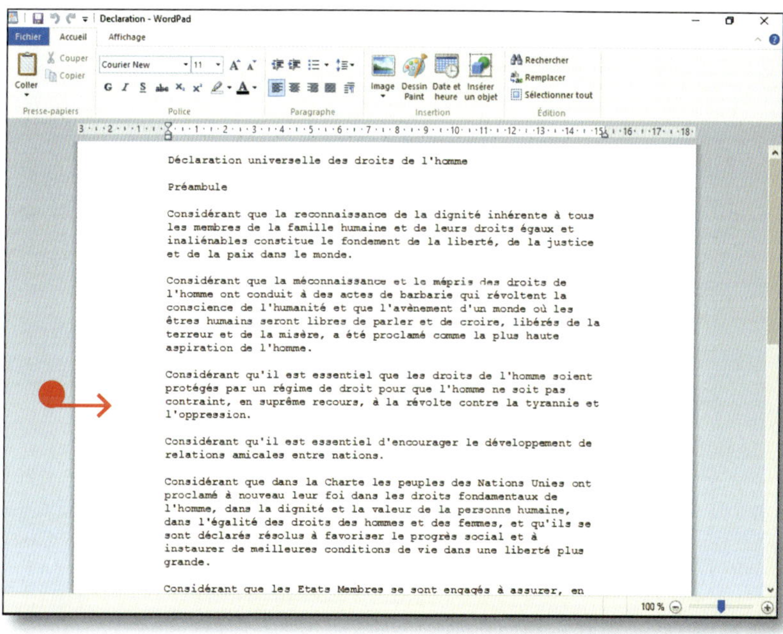

Le document s'ouvre dans la fenêtre du programme.

Maîtriser les techniques de modification, de sélection, de copie et de déplacement de texte augmente votre efficacité lors du travail sur les documents composés essentiellement de texte (fichier texte, document de traitement de texte ou message électronique).

Supprimez du texte

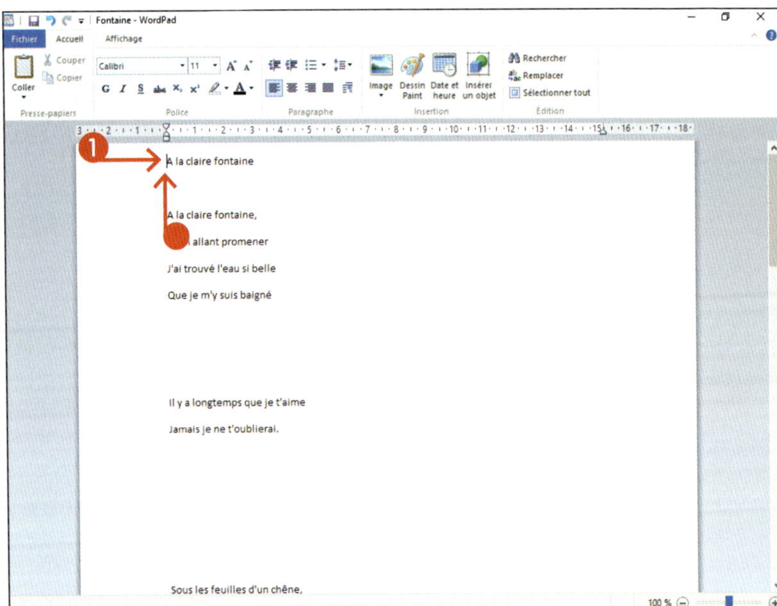

1 Cliquez juste à gauche du premier caractère à supprimer.

● Le point d'insertion apparaît devant le caractère.

Lors de la rédaction d'un texte, il est rare que celui-ci soit parfait dès le premier jet. Vous pourriez avoir besoin de corriger des erreurs et de déplacer des portions de texte. Pour améliorer votre texte, vous devez connaître les techniques de modification : supprimer des caractères, sélectionner une portion de texte, la copier et la déplacer.

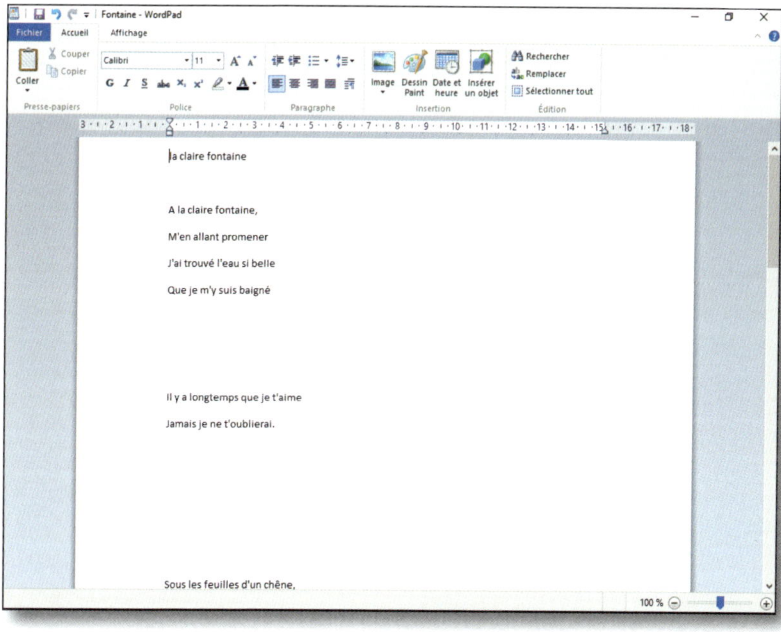

❷ Appuyez autant de fois que nécessaire sur **Suppr** jusqu'à l'effacement total du texte à supprimer.

Note. *Vous pouvez aussi cliquer juste à droite du dernier caractère à supprimer et appuyer sur* **Retour arrière**.

Note. *En cas d'erreur, appuyez immédiatement sur* **Ctrl** + **Z**, *cliquez le bouton* ***Annuler*** *() ou* ***Édition*** ➜ ***Annuler***.

Voici les raccourcis les plus utiles pour sélectionner du texte dans WordPad :

- cliquez dans la marge devant une ligne pour la sélectionner ;
- double-cliquez un mot pour le sélectionner ;
- triple-cliquez dans un paragraphe pour le sélectionner ;

Sélectionnez du texte à modifier

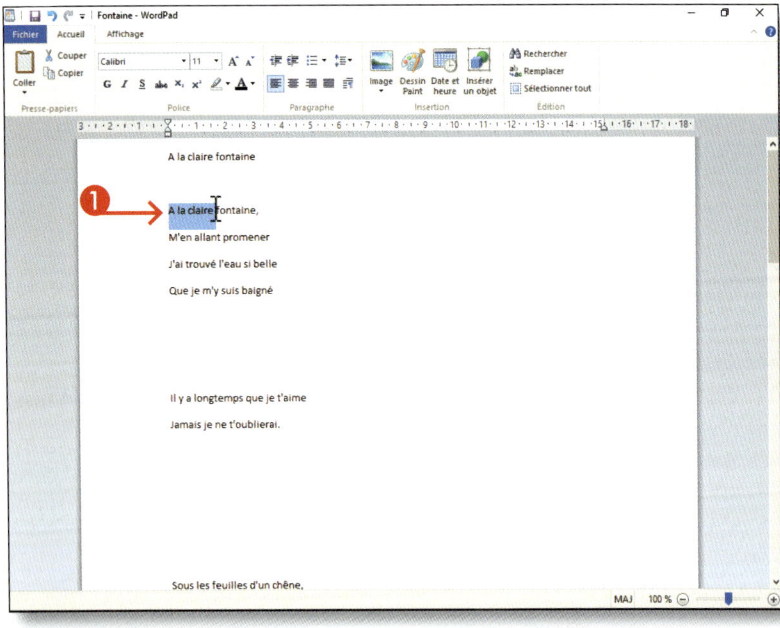

❶ Cliquez et faites glisser le curseur sur le texte à sélectionner.

- appuyez sur Ctrl + A pour sélectionner la totalité du document ;
- si la sélection est longue, cliquez à gauche du premier caractère à sélectionner, faites défiler le document jusqu'à la fin de la sélection en maintenant enfoncée la touche Maj, puis cliquez à droite du dernier caractère à sélectionner.

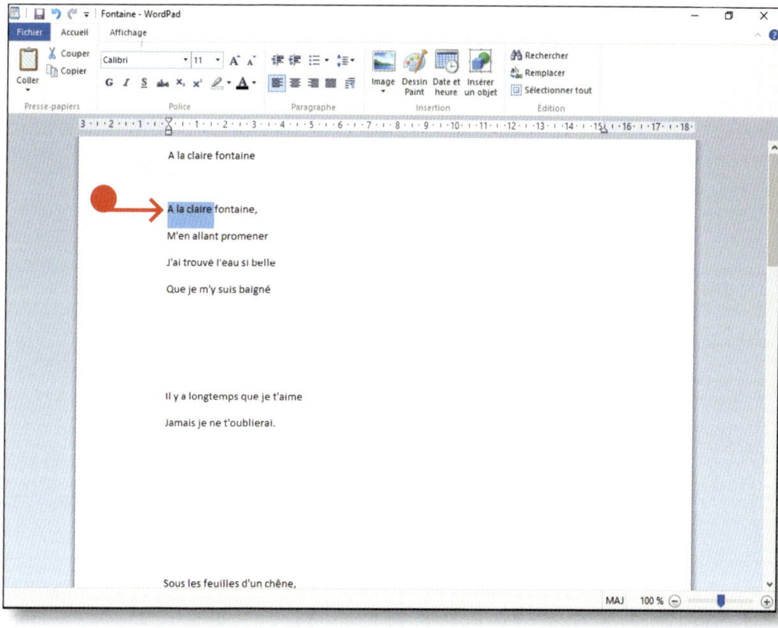

2 Relâchez le bouton de la souris.

Le texte est sélectionné.

Une fois le texte sélectionné, vous pouvez le copier ou le déplacer ailleurs dans le document.

Copier du texte vous aidera à gagner du temps. Si une même portion de texte doit être répétée dans le document, vous pouvez la copier au lieu de la retaper et éventuellement y apporter quelques modifications.

Copiez du texte

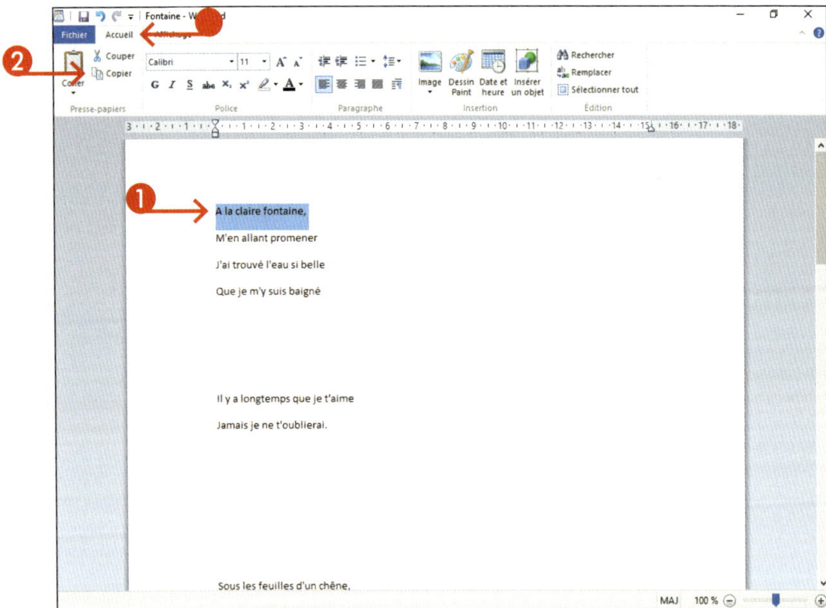

1 Sélectionnez le texte à copier.

2 Cliquez **Copier** (📋).

● Dans WordPad, les fonctions du Presse-papiers se trouvent dans l'onglet Accueil.

Note. *Dans la plupart des programmes, vous pouvez aussi appuyer sur* Ctrl + C *ou cliquer le menu* ***Édition → Copier****.*

En révisant votre document, vous pourriez constater qu'un passage de texte se trouve au mauvais endroit. Il est facile alors de le déplacer sans avoir à le retaper.

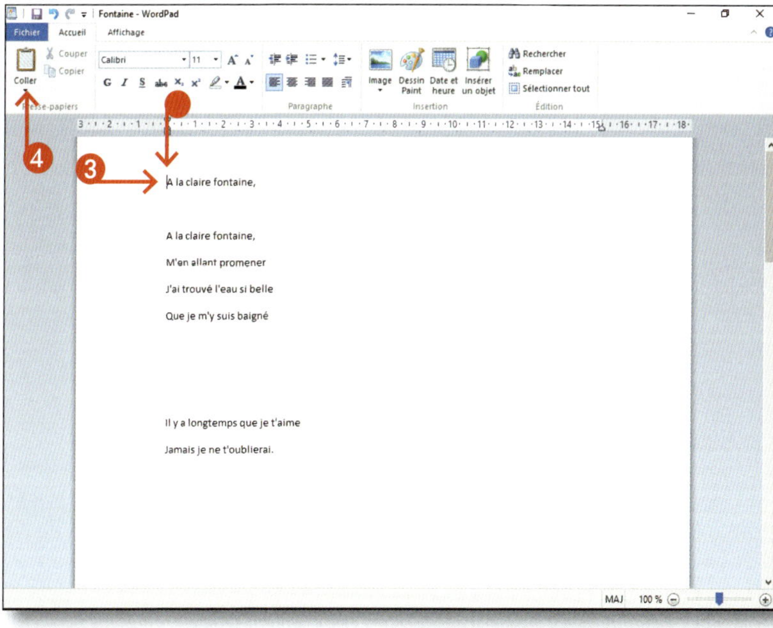

3 Cliquez dans le document à l'endroit où insérer le texte copié.

Le point d'insertion apparaît là où vous avez cliqué.

4 Cliquez **Coller** (📋).

Note. *Dans la plupart des programmes, vous pouvez aussi appuyer sur* Ctrl *+* V *ou cliquer le menu* ***Édition*** *→* ***Coller****.*

● Le texte copié apparaît au niveau du point d'insertion.

Pour déplacer du texte avec la souris, commencez par le sélectionner, puis cliquez et faites glisser la sélection vers sa nouvelle position.

Déplacez du texte

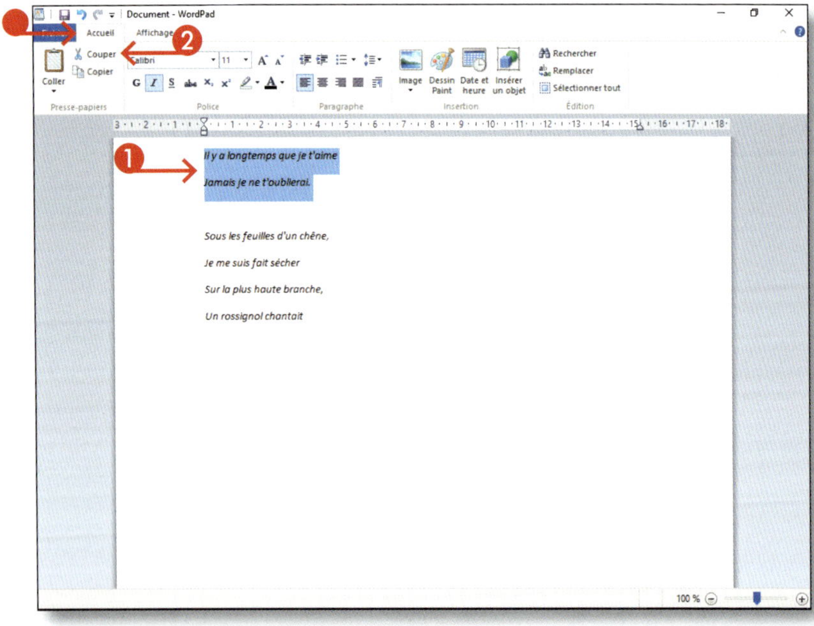

1 Sélectionnez le texte à déplacer.

2 Cliquez **Couper** (✂).

● Dans WordPad, les fonctions du Presse-papiers se trouvent dans l'onglet Accueil.

Note. *Dans la plupart des programmes, vous pouvez aussi appuyer sur* Ctrl *+* X *ou cliquer le menu* ***Édition*** → ***Couper****.*

Le programme supprime le texte sélectionné.

Pour copier le texte, procédez de la même manière tout en maintenant enfoncée la touche Ctrl.

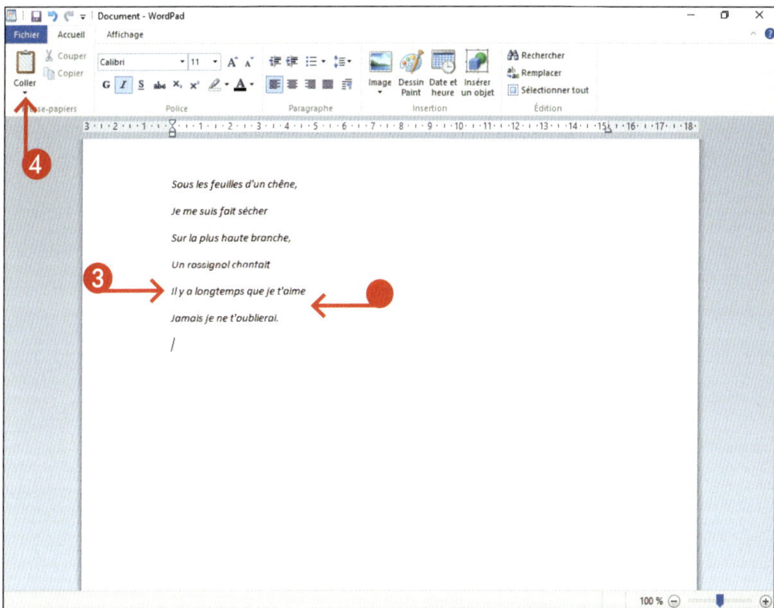

❸ Cliquez dans le document à l'endroit où déplacer le texte.

Le point d'insertion apparaît là où vous avez cliqué.

❹ Cliquez **Coller** (📋).

Note. *Dans la plupart des programmes, vous pouvez aussi appuyer sur* Ctrl *+* V *ou cliquer le menu* ***Édition*** *→* ***Coller****.*

● Le texte apparaît au niveau du point d'insertion.

METTEZ EN FORME LES CARACTÈRES

Dans un programme de traitement de texte, donnez plus d'impact à votre document en appliquant une mise en forme aux caractères.

Mettez en forme les caractères

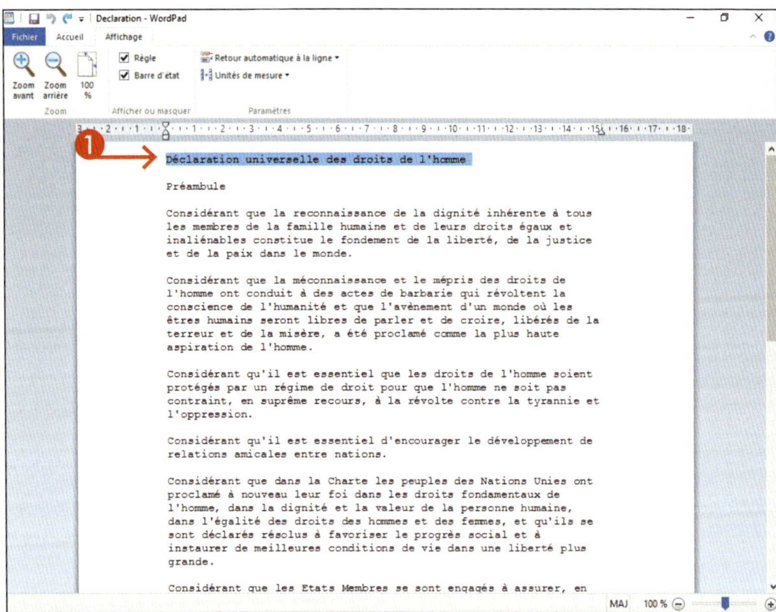

1 Sélectionnez le texte à mettre en forme.

Vous pouvez par exemple changer la police, le style et la taille des caractères, et leur appliquer des effets. La police définit l'esthétique des caractères. Le style sert à mettre les caractères en gras et/ou en italique. La taille de police détermine la hauteur des caractères. Elle se mesure en points, 72 points équivalant à un pouce. Les effets spéciaux modifient la présentation du texte. Vous disposez, entre autres, des effets souligné et ~~barré~~.

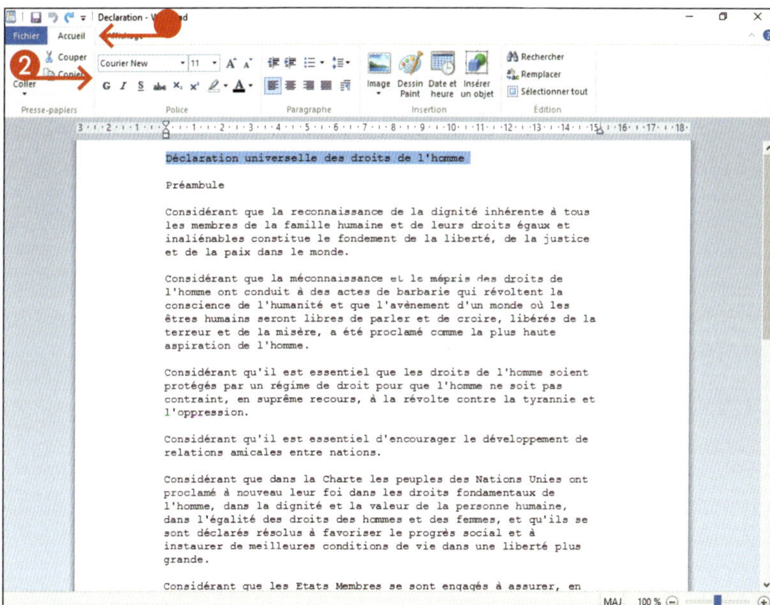

2 Affichez les options relatives à la police.

Dans WordPad, les options de police se trouvent dans l'onglet Accueil.

Note. *Dans la plupart des programmes, les options de police s'affichent en cliquant* ***Format*** *dans la barre de menus, puis en sélectionnant* ***Police****.*

Voici quelques conseils pour optimiser vos mises en forme :

- Limitez le nombre de polices utilisées à un maximum de deux pour préserver l'homogénéité du document.
- Évitez les polices fantaisistes et trop décoratives, car elles nuisent souvent à la lisibilité du texte.

Mettez en forme les caractères

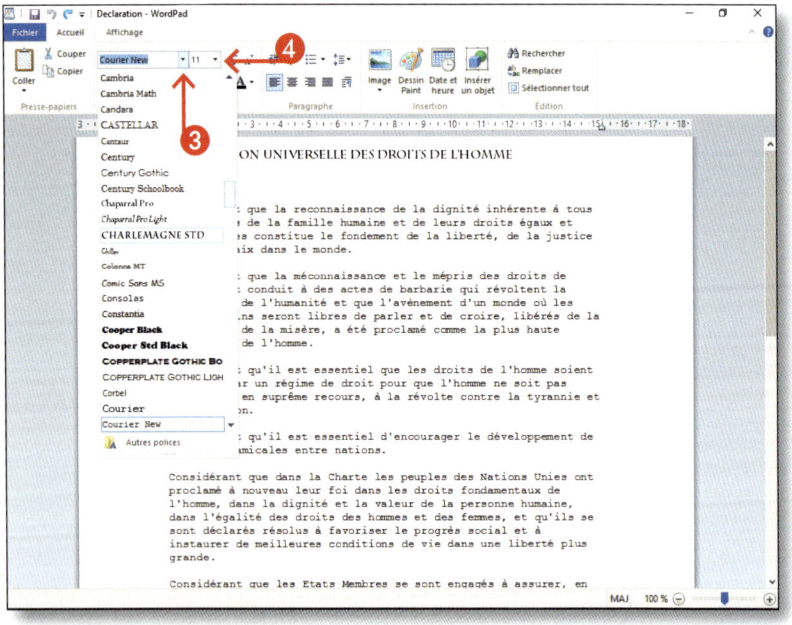

❸ Cliquez la flèche ▾ de la liste **Police**, puis choisissez votre police.

❹ Dans la liste **Taille**, choisissez la taille des caractères.

- **Réservez les caractères gras et de grande taille aux titres et sous-titres.**
- **N'utilisez l'attribut italique que pour mettre en évidence certaines portions ou pour les mots étrangers et les titres de livres et de magazines.**
- **Choisissez une couleur de caractère qui contraste suffisamment avec l'arrière-plan. Pour une meilleure lisibilité, préférez un texte sombre sur un fond clair.**

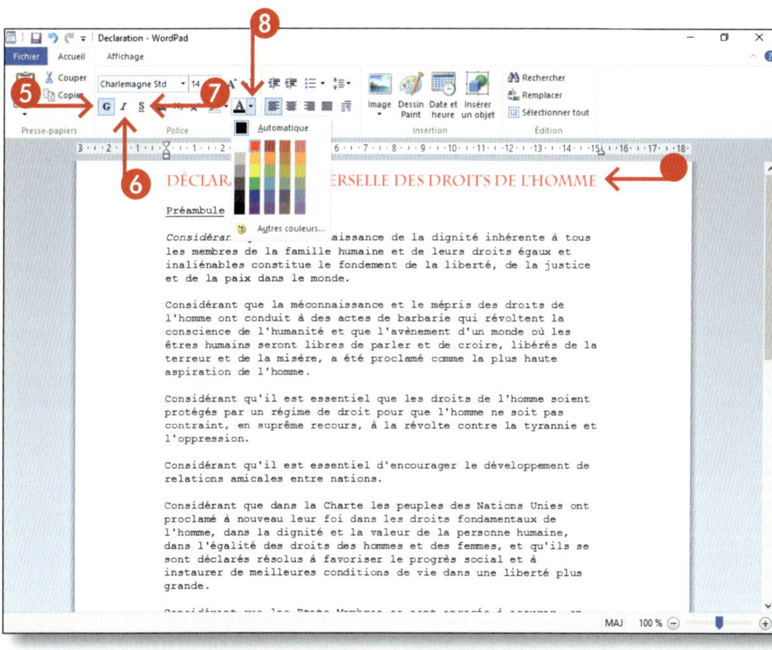

5 Pour mettre le texte en gras, cliquez le bouton **Gras** (**G**).

6 Pour mettre le texte en italique, cliquez le bouton **Italique** (*I*).

7 Pour souligner le texte, cliquez S.

8 Pour changer la couleur, cliquez la flèche ▾ du bouton **Couleur du texte**, puis choisissez une couleur.

● La mise en forme est appliquée au texte sélectionné.

Note. *Les raccourcis suivants fonctionnent dans la plupart des programmes : appuyez sur* Ctrl + G *pour mettre en gras,* Ctrl + I *pour l'italique et* Ctrl + U *pour le soulignement.*

RECHERCHEZ DU TEXTE

Que le document soit court ou long, vous gagnerez du temps en utilisant la fonction de recherche du programme pour retrouver les occurrences d'un mot particulier.

Recherchez du texte

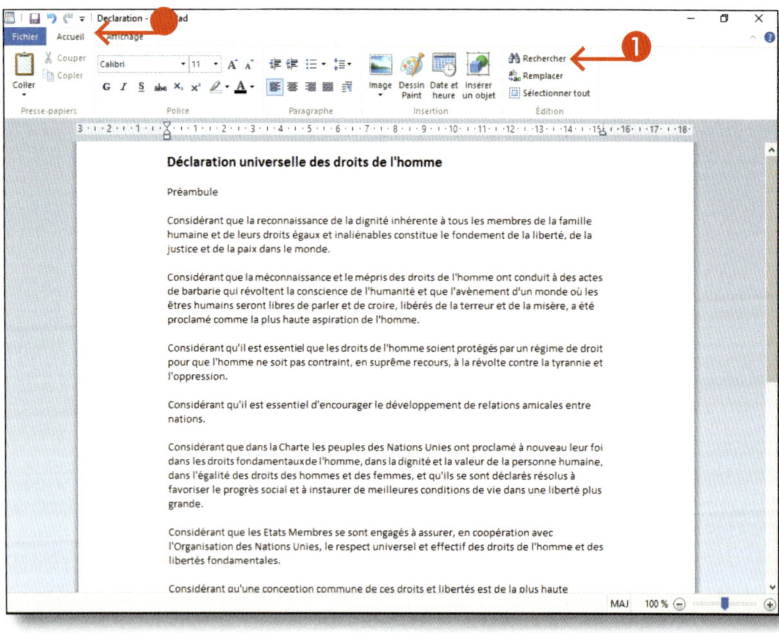

❶ Cliquez **Rechercher** (🔍).

● Dans WordPad, la fonction Rechercher se trouve dans l'onglet Accueil.

Note. *Dans la plupart des programmes, vous pouvez aussi appuyer sur* Ctrl *+* F *ou cliquer* ***Édition*** *→* ***Rechercher****.*

Généralement, les programmes traitant les documents composés de texte, comme le Bloc-notes ou WordPad, disposent d'une fonction de recherche.

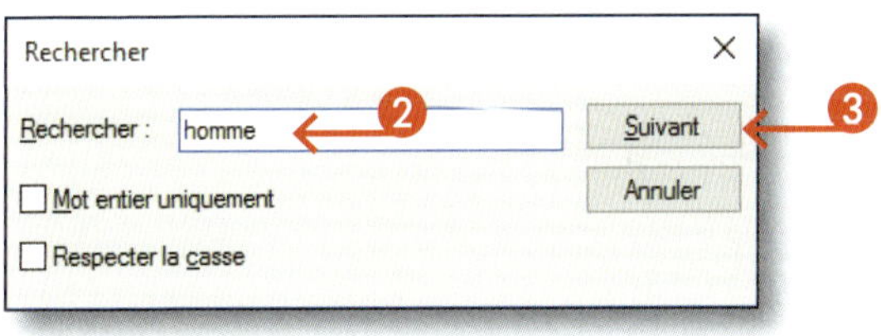

La boîte de dialogue Rechercher s'affiche.

2 Cliquez dans la zone **Rechercher** et tapez le texte à trouver.

3 Cliquez **Suivant**.

Différentes options vous permettent d'affiner votre recherche en limitant les mots trouvés à ceux qui sont réellement pertinents. Dans la boîte de dialogue Rechercher, cliquez **Mot entier uniquement** (☐ devient ☑) pour préciser que la suite de caractères constitue un mot indépendant et ne fait pas partie d'un autre mot. Cela permet d'exclure les mots *organe*, *dehors* et *castor*, par exemple, lorsque vous recherchez le mot *or*.

Recherchez du texte

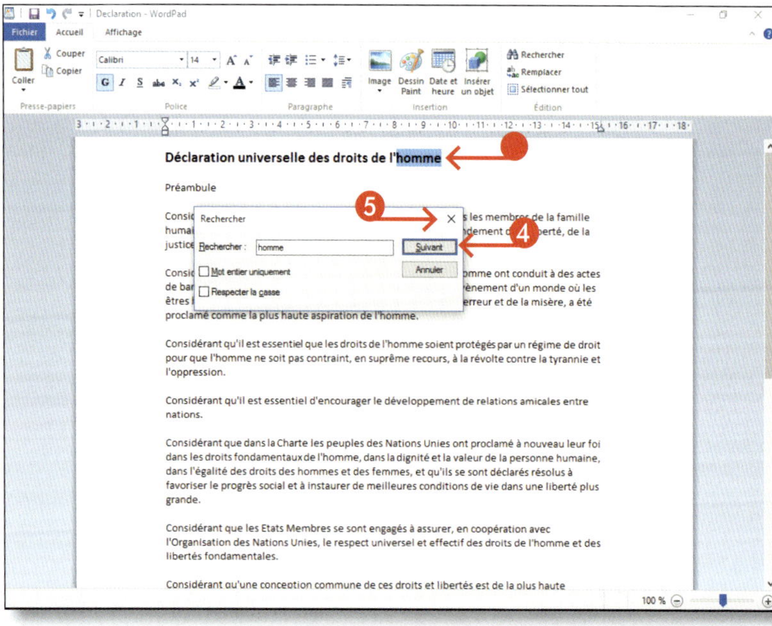

● Le programme sélectionne l'occurrence suivante du texte recherché.

Note. *Si le programme ne trouve pas le texte recherché, un message apparaît pour vous en avertir.*

4 Si l'occurrence ne correspond pas à celle que vous recherchez, cliquez **Suivant** jusqu'à trouver celle qui vous intéresse.

5 Cliquez ✕ pour fermer la boîte de dialogue Rechercher.

Cliquez **Respecter la casse** (☐ devient ☑) pour tenir compte des majuscules et des minuscules. Si vous recherchez, par exemple, le nom de la ville de Rennes, la fonction de recherche ignore le mot *rennes*.

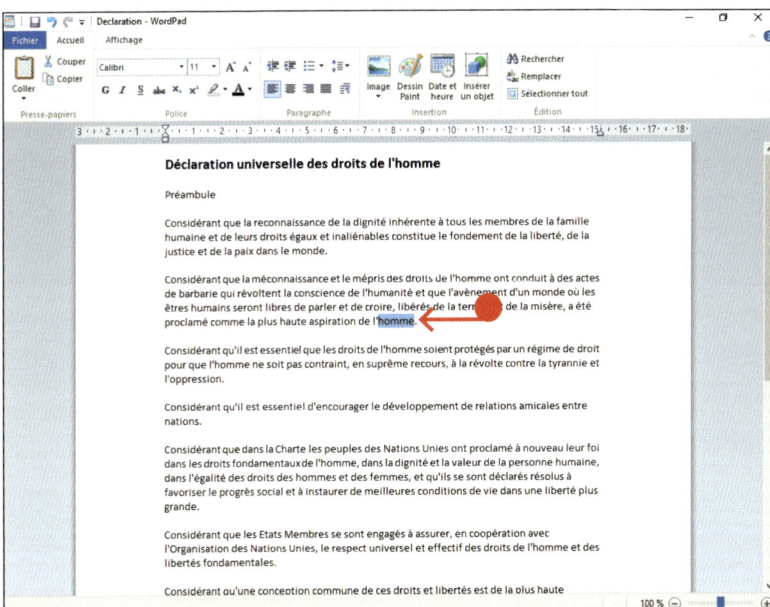

● Le texte trouvé reste sélectionné.

L'emploi de la fonction Remplacer vous facilite la tâche lorsque vous avez besoin de trouver un mot pour le remplacer par un autre. La fonction Remplacer trouve le mot recherché et le remplace automatiquement par le mot que vous avez spécifié.

Remplacez du texte

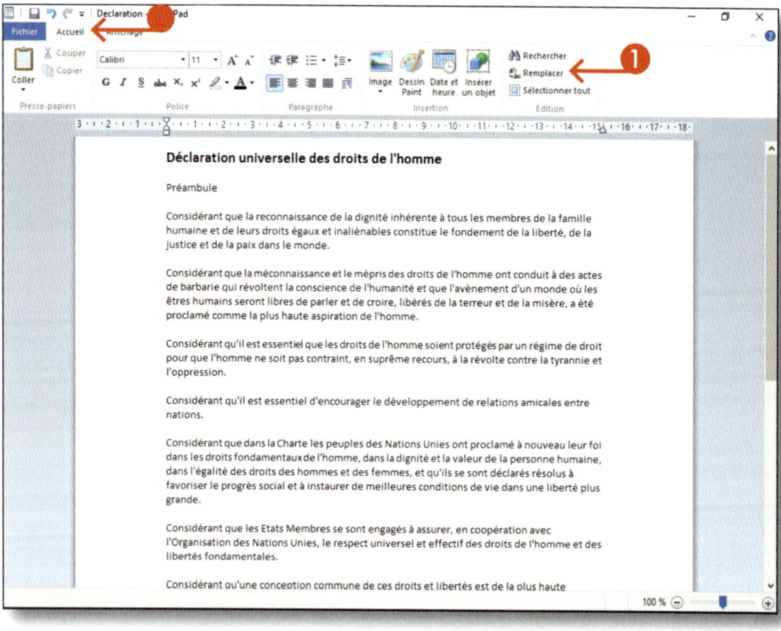

1 Cliquez **Remplacer** (ab→ac).

● Dans WordPad, la fonction Remplacer se trouve dans l'onglet Accueil.

Note. *Dans la plupart des programmes, vous pouvez aussi appuyer sur* Ctrl *+* H *ou cliquer* ***Édition*** *→* ***Remplacer****.*

Généralement, les programmes traitant les documents composés de texte, comme le Bloc-notes ou WordPad, disposent d'une fonction de remplacement de texte.

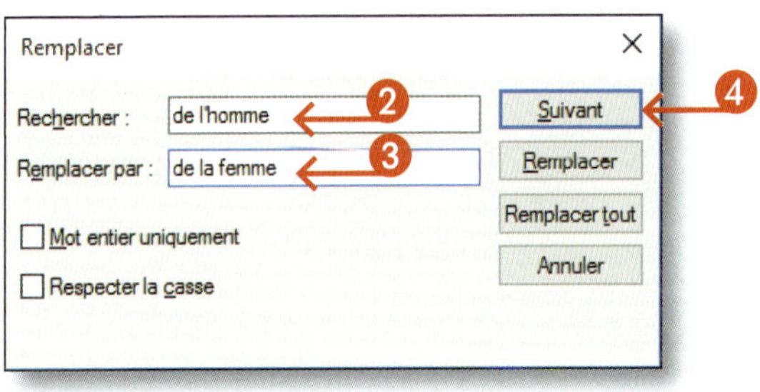

La boîte de dialogue Remplacer s'affiche.

2 Cliquez dans la zone **Rechercher** et tapez le texte à trouver.

3 Cliquez dans la zone **Remplacer par** et tapez le texte à utiliser en remplacement du texte trouvé.

4 Cliquez **Suivant**.

Si vous êtes sûr de vouloir remplacer un mot partout dans le document, vous gagnerez du temps avec le bouton Remplacer tout.

Remplacez du texte

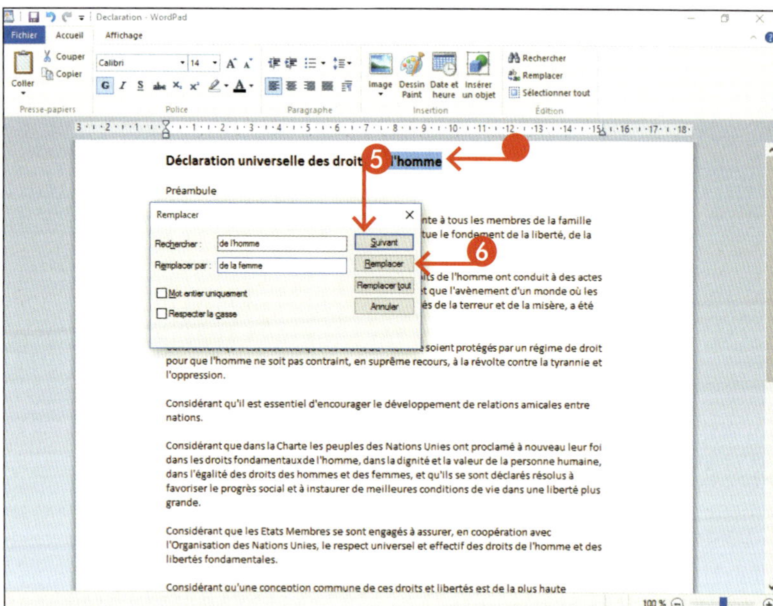

● Le programme sélectionne l'occurrence suivante du texte recherché.

Note. *Si le programme ne trouve pas le texte recherché, un message apparaît pour vous en avertir.*

5 Si l'occurrence ne correspond pas à celle que vous recherchez, cliquez **Suivant** jusqu'à trouver celle qui vous intéresse.

6 Cliquez **Remplacer**.

Avec cette commande, le programme remplace automatiquement dans le document toutes les occurrences du mot recherché. Prenez garde que cette opération n'effectue pas des remplacements imprévus. Prenez la précaution de cliquer plusieurs fois sur le bouton **Suivant** pour vérifier les mots que la commande va remplacer. Pensez aussi à cocher les options **Mot entier uniquement** et **Respecter la casse** (☐ devient ☑) décrites à la section précédente.

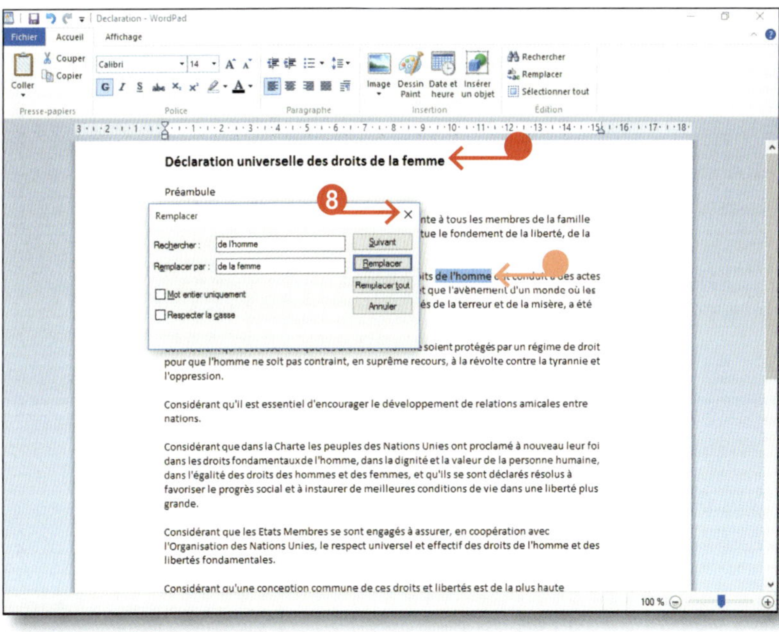

● Le programme remplace le texte sélectionné par le texte saisi dans le champ Remplacer par.

● Le programme sélectionne l'occurrence suivante du texte recherché.

7 Répétez les étapes **5** et **6** pour continuer de remplacer les autres occurrences du mot.

8 Cliquez ✕ pour fermer la boîte de dialogue Remplacer.

Si vous devez créer un document quasiment identique à un autre déjà existant, dupliquez ce dernier pour gagner du temps et apportez les modifications nécessaires à la copie.

Dupliquez un document

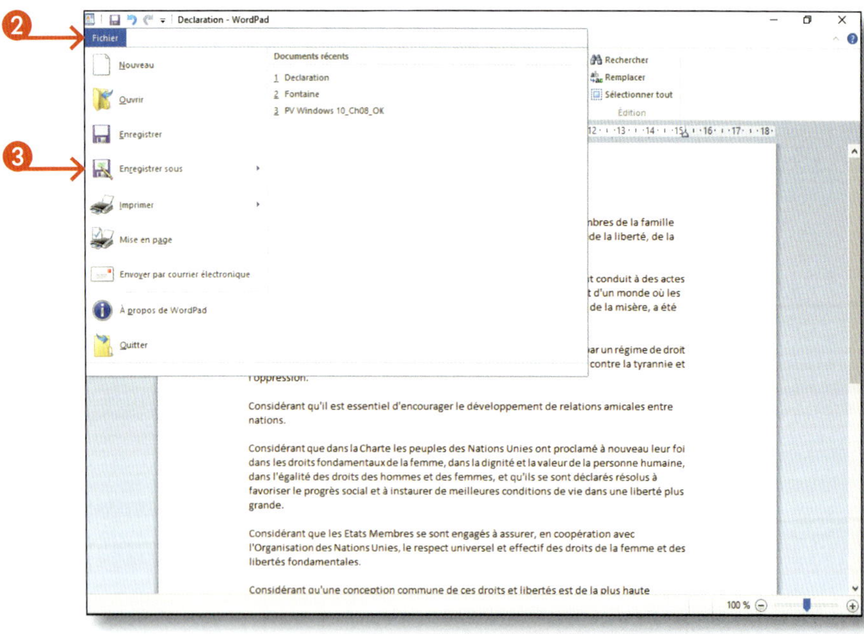

❶ Démarrez le programme à utiliser et ouvrez le document d'origine.

❷ Cliquez **Fichier**.

❸ Cliquez **Enregistrer sous**.

Vous pourriez, par exemple, avoir rédigé une lettre de motivation que vous voudriez adapter pour répondre à une autre offre d'emploi. Autre exemple, le programme d'une conférence pourrait être très semblable à celui d'une ancienne conférence. Plutôt que de recréer ces documents en entier, vous gagnerez du temps en les dupliquant et en les modifiant.

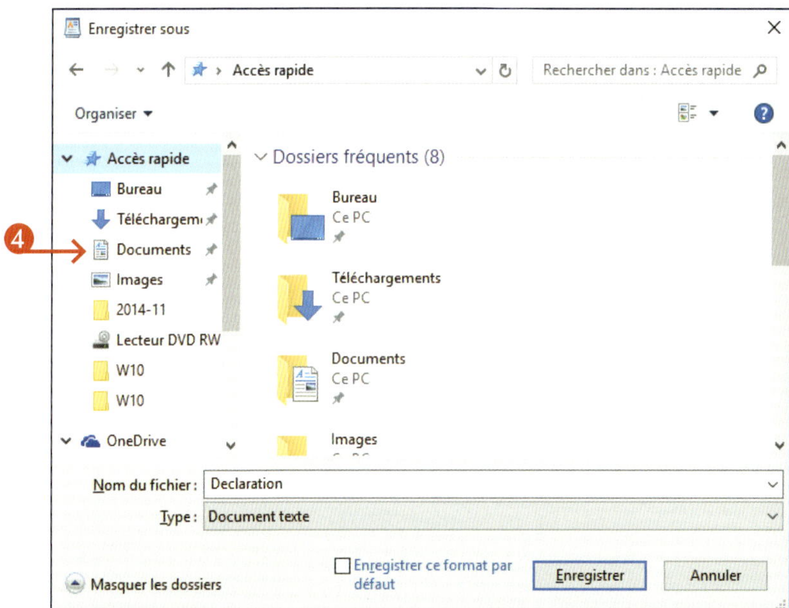

La boîte de dialogue Enregistrer sous s'affiche.

4 Cliquez **Documents**.

Note. *La plupart des programmes vous proposent par défaut d'enregistrer le document dans la bibliothèque Documents.*

Vous pouvez faire appel à la commande Enregistrer sous pour créer une copie de sauvegarde d'un document. Il suffit d'enregistrer une copie du document avec le même nom mais à un emplacement différent : un autre disque dur, un lecteur flash USB ou tout autre support amovible.

Dupliquez un document

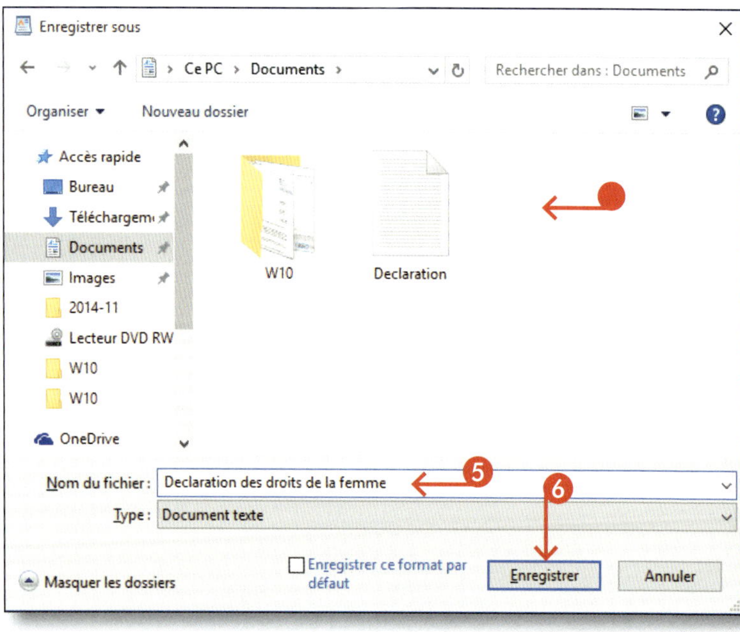

● La bibliothèque Documents s'affiche.

5 Cliquez dans la zone de texte **Nom du fichier** et tapez le nom à attribuer à la copie du fichier.

Note. *Le nom du fichier peut contenir jusqu'à 255 caractères, mais aucun des caractères suivants :* **< > , ? : " \ ** *et* *****.

6 Cliquez **Enregistrer**.

Attention : si vous appliquez cette technique, le document ouvert dans la fenêtre du programme sera la copie et non l'original. Fermez la copie et rouvrez le document original pour y poursuivre votre travail.

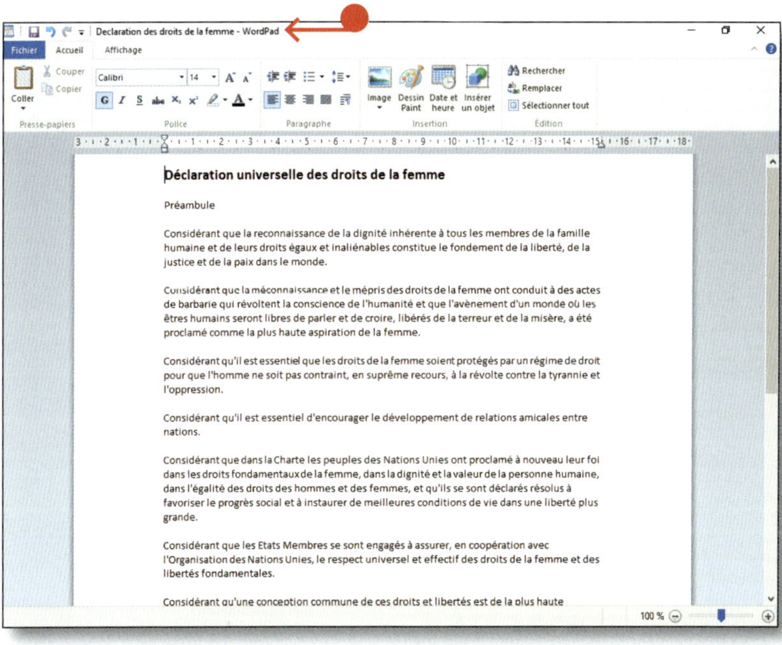

Le programme ferme le document d'origine et ouvre la copie que vous venez de créer.

● Le nom que vous avez tapé apparaît dans la barre de titre.

Vous aurez parfois besoin de la version papier d'un document électronique, pour vos propres archives ou pour le remettre à quelqu'un. Il suffit dans ce cas d'imprimer le document.

Imprimez un document

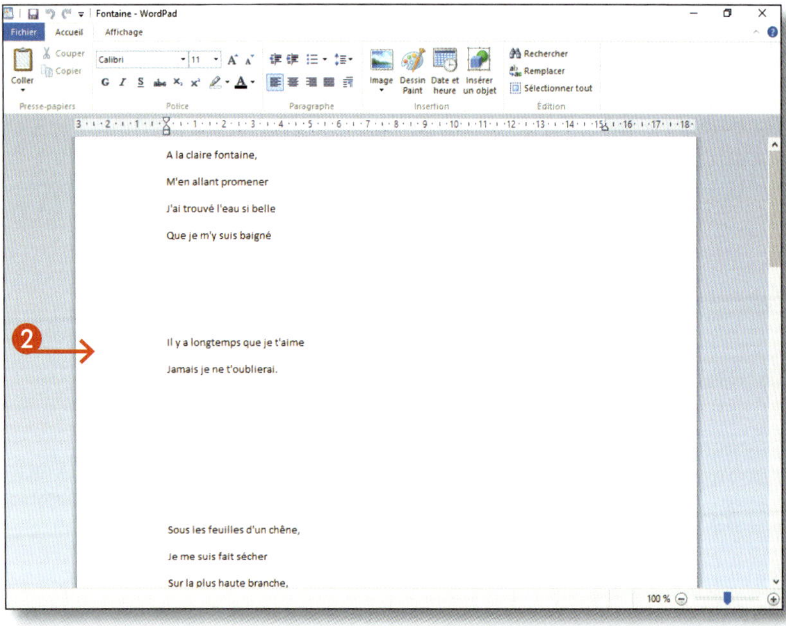

1 Allumez votre imprimante.

2 Ouvrez le document à imprimer.

La plupart des applications disposent d'une commande Imprimer. Cette commande ouvre la boîte de dialogue Imprimer. Vous utiliserez cette boîte de dialogue pour choisir l'imprimante à utiliser et pour définir le nombre d'exemplaires à imprimer. La boîte de dialogue Imprimer permet généralement d'obtenir un aperçu du document avant impression.

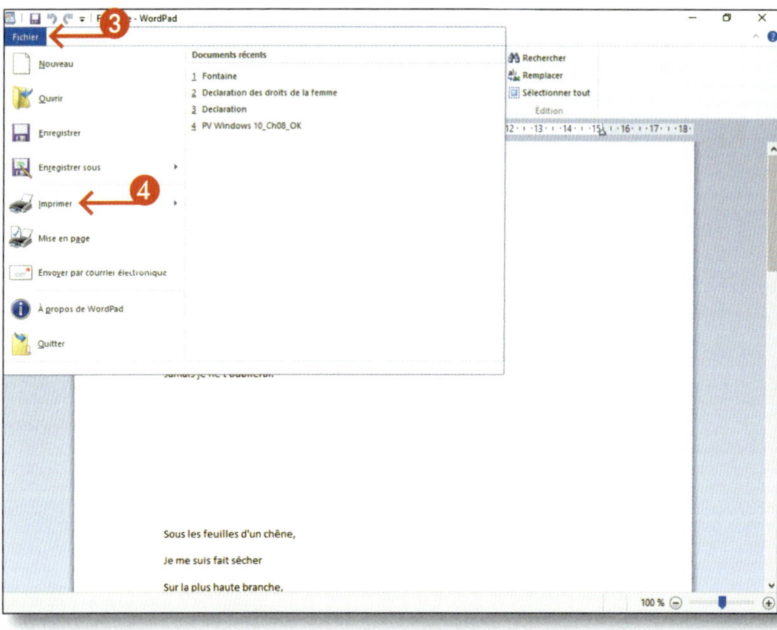

3 Cliquez **Fichier**.

4 Cliquez **Imprimer**.

Note. *Dans la plupart des programmes, vous pouvez aussi appuyer sur* Ctrl *+* P *ou cliquer le bouton* ***Imprimer*** *( ).*

Voici différentes méthodes, applicables dans la majorité des programmes, pour limiter l'impression à une partie du document :

- Avant de lancer l'impression, sélectionnez le texte à imprimer. Dans la boîte de dialogue Imprimer, cliquez **Sélection** (○ devient ◉).
- Avant de lancer l'impression, cliquez dans la page à imprimer pour y placer le point d'insertion. Dans la boîte de dialogue Imprimer, cliquez **Page actuelle** (○ devient ◉).

Imprimez un document

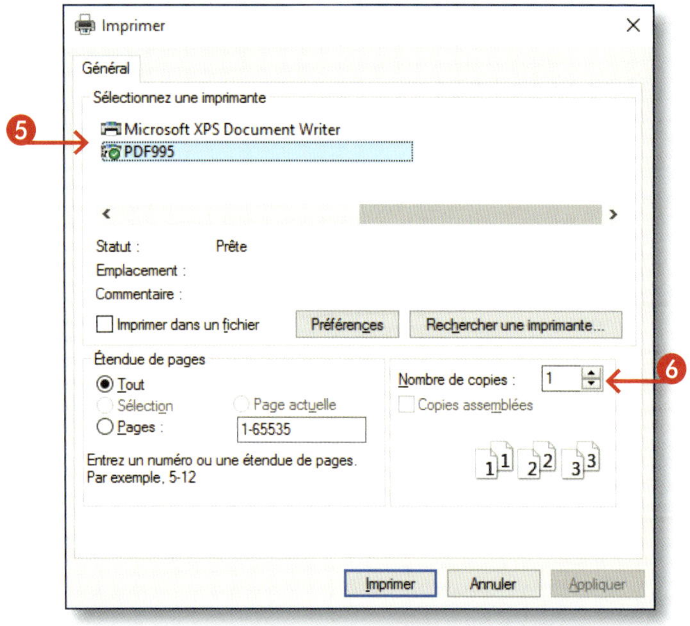

La boîte de dialogue Imprimer s'affiche.

Note. *L'apparence de cette boîte de dialogue varie selon le programme utilisé.*

5 Si l'ordinateur est relié à plusieurs imprimantes, sélectionnez celle à utiliser.

6 Cliquez les flèches dans la zone **Nombre de copies** pour spécifier le nombre d'exemplaires à imprimer.

7 Cliquez **Imprimer**.

- Dans la boîte de dialogue Imprimer, cliquez **Pages** (○ devient ◉). Précisez ensuite les numéros des première et dernière pages à imprimer, en les séparant par un tiret (3-6, par exemple).
- Il est conseillé de vérifier l'aperçu du document avant de lancer son impression. Pour afficher l'aperçu dans WordPad, cliquez **Fichier**, pointez **Imprimer** puis cliquez **Aperçu avant impression**.

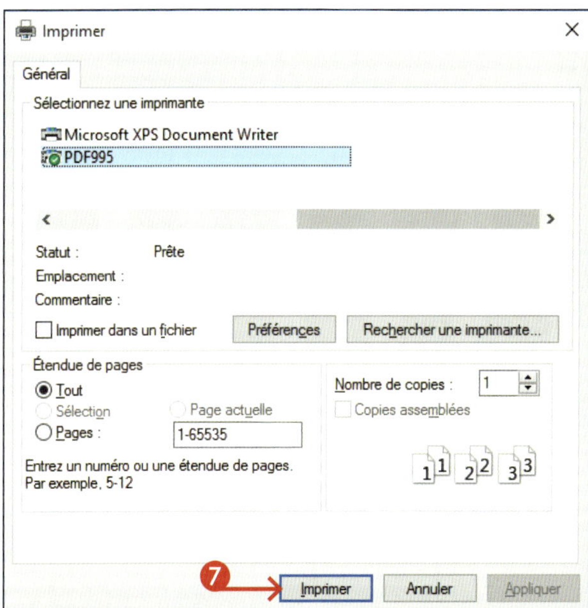

Windows 10 imprime le document. Pendant cette opération, l'icône d'impression ( ) apparaît dans la zone de notification de la barre des tâches.

Avant de manipuler des fichiers, vous devez d'abord les sélectionner. Windows 10 sait ainsi précisément sur quels fichiers agir.

Sélectionnez un seul fichier

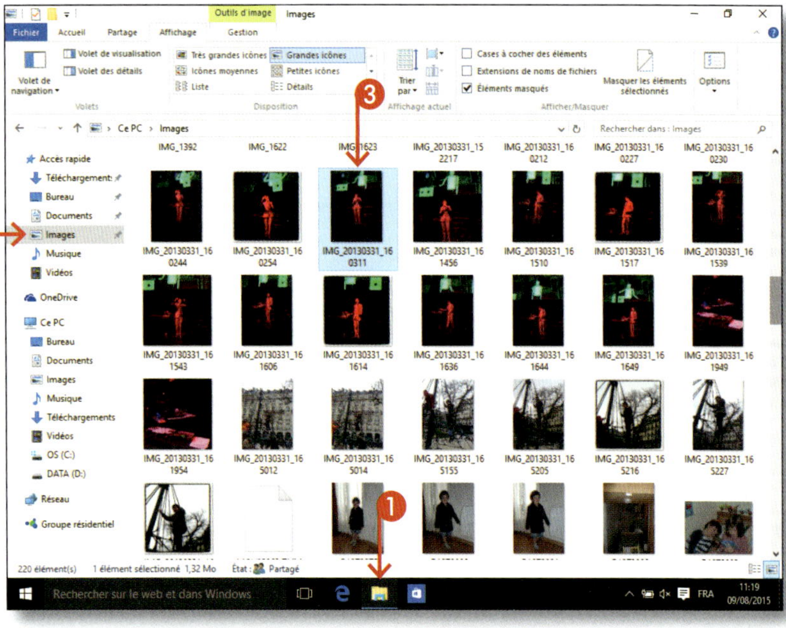

1 Cliquez **Explorateur de fichiers** .

2 Ouvrez le dossier contenant le fichier à sélectionner.

3 Cliquez le fichier.

Les sections suivantes de ce chapitre décrivent les techniques de suppression, copie et déplacement de fichiers. Pour effectuer ces opérations, vous devez au préalable sélectionner les fichiers concernés. Les techniques décrites ci-après s'appliquent aussi à la sélection de dossiers.

Sélectionnez plusieurs fichiers

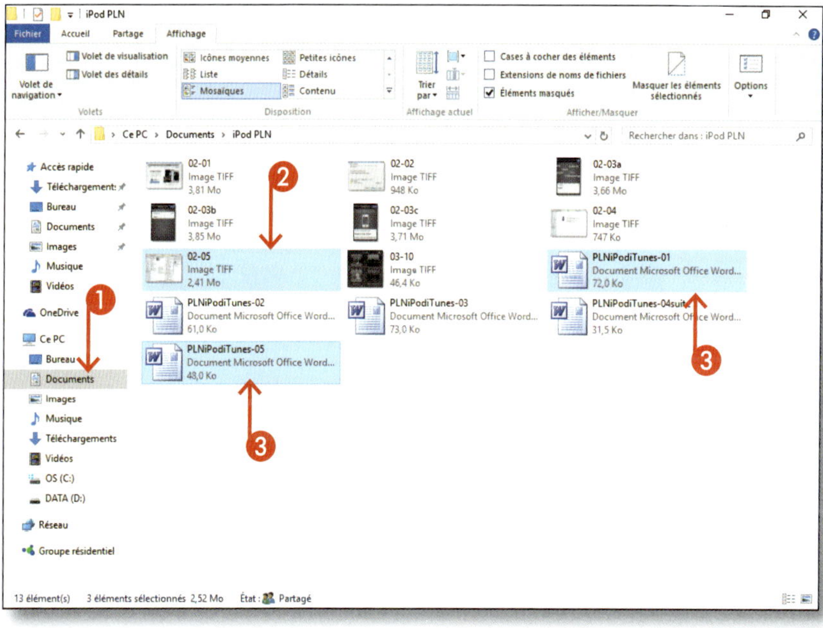

❶ Ouvrez le dossier contenant les fichiers à sélectionner.

❷ Cliquez le premier fichier à sélectionner.

❸ Maintenez enfoncée la touche Ctrl et cliquez chacun des autres fichiers à sélectionner.

Retenez les astuces suivantes pour faciliter la sélection ou l'annuler :

- Pour retirer un fichier d'une sélection, enfoncez Ctrl et cliquez le fichier à désélectionner.
- Pour désélectionner tous les fichiers, cliquez une zone vide du dossier.

Sélectionnez un groupe de fichiers voisins

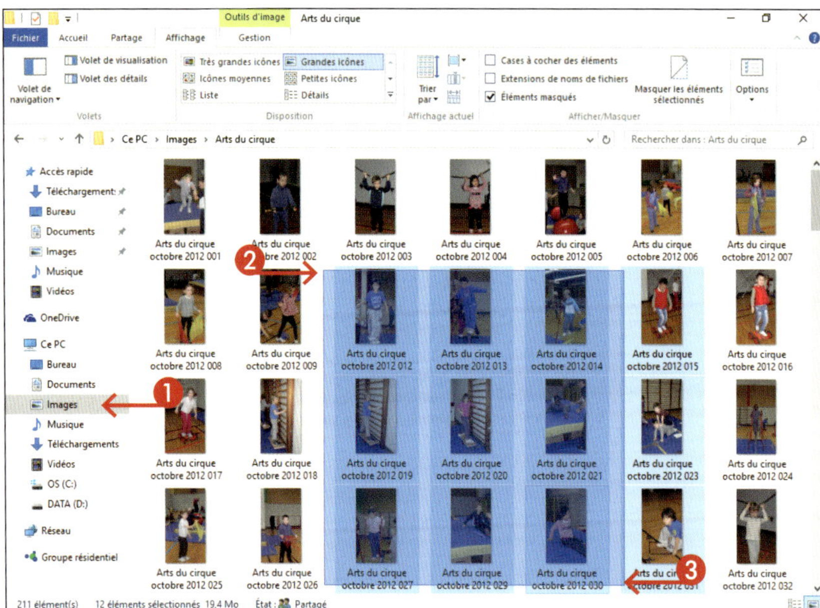

1 Ouvrez le dossier contenant les fichiers à sélectionner.

2 Placez le pointeur en haut à gauche du premier fichier du groupe.

3 Cliquez et faites glisser le pointeur jusqu'à inclure tout le groupe de fichiers dans le rectangle de sélection.

• **Pour inverser une sélection, c'est-à-dire sélectionner tous les fichiers qui ne l'étaient pas auparavant et désélectionner les autres, cliquez l'onglet Accueil, puis Inverser la sélection.**

› Sélectionnez tous les fichiers

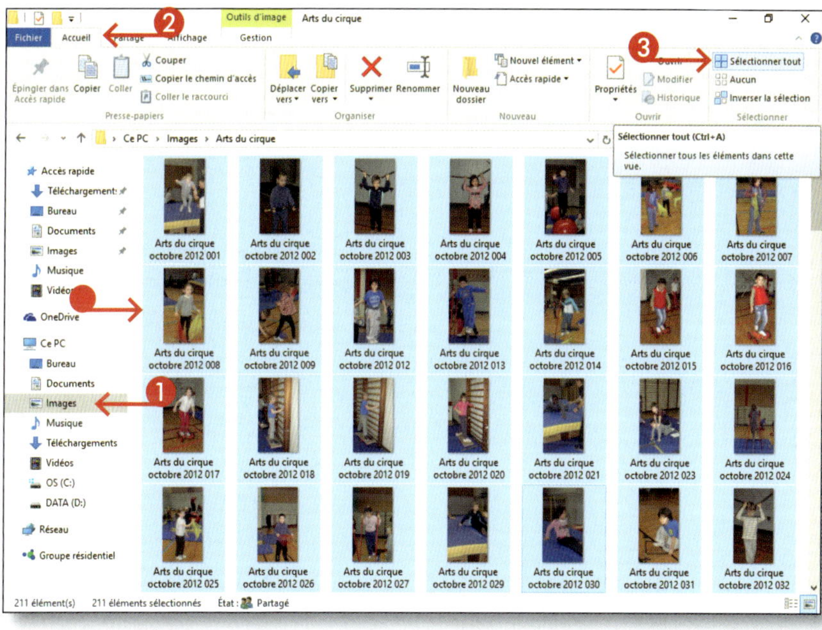

❶ Ouvrez le dossier contenant les fichiers à sélectionner.

❷ Cliquez l'onglet **Accueil**.

❸ Cliquez **Sélectionner tout**.

● L'Explorateur de fichiers sélectionne tous les fichiers du dossier.

Note. *Vous pouvez aussi appuyer sur* Ctrl + A.

CHANGEZ LE MODE D'AFFICHAGE DES FICHIERS

En modifiant le mode d'affichage des fichiers dans un dossier, vous pouvez changer la taille des icônes ou consulter des informations sur les fichiers.

Changez le mode d'affichage des fichiers

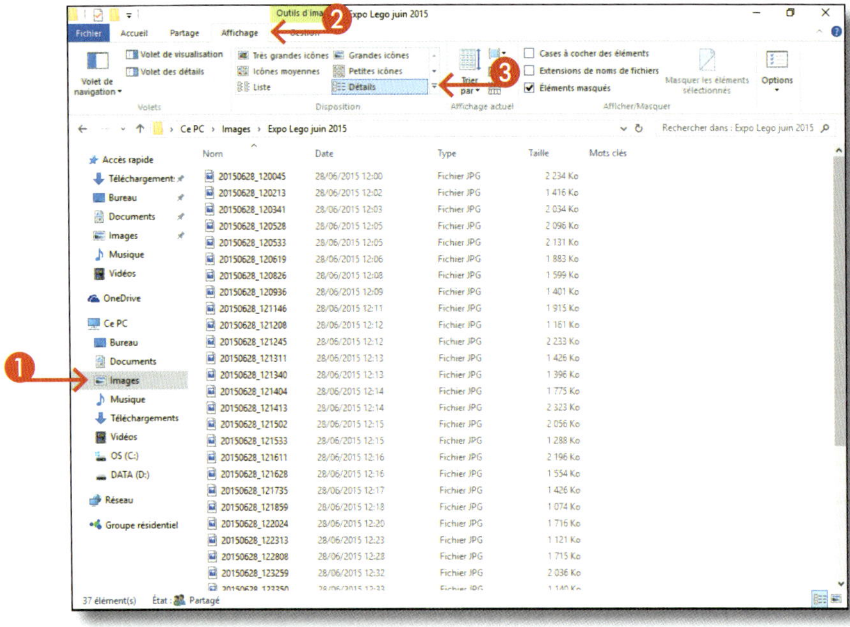

1 Ouvrez le dossier contenant les fichiers à afficher.

2 Cliquez l'onglet **Affichage**.

3 Dans la zone Disposition, cliquez **Autres** (⩡).

Le mode d'affichage Petites icônes permet d'afficher plus de fichiers dans la fenêtre. Choisissez le mode Grandes icônes ou Très grandes icônes pour voir des miniatures de vos images. Si vous souhaitez obtenir des informations détaillées concernant chaque fichier, choisissez le mode Mosaïques, Contenu ou Détails.

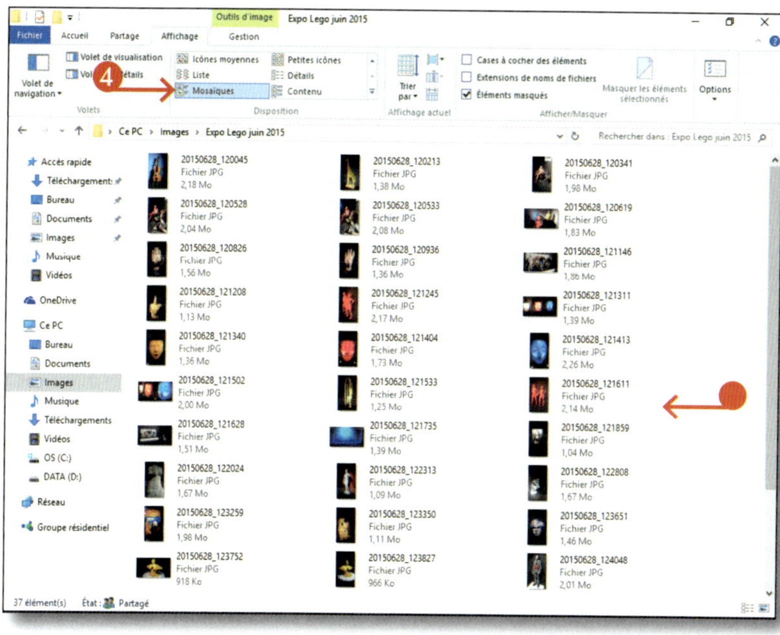

Vous obtenez la liste complète des modes d'affichage.

❹ Cliquez le mode d'affichage à définir.

● L'Explorateur de fichiers change le mode d'affichage (en Mosaïques dans cet exemple).

PRÉVISUALISEZ UN FICHIER

Windows 10 vous permet de voir le contenu de certains fichiers sans les ouvrir. Cette fonction vous aide à trouver le fichier sur lequel vous désirez travailler sans que vous n'ayez besoin de lancer un programme pour vérifier le contenu du fichier. Vérifier un fichier grâce à son aperçu est plus rapide et moins gourmand en mémoire que d'ouvrir un programme.

Prévisualisez un fichier

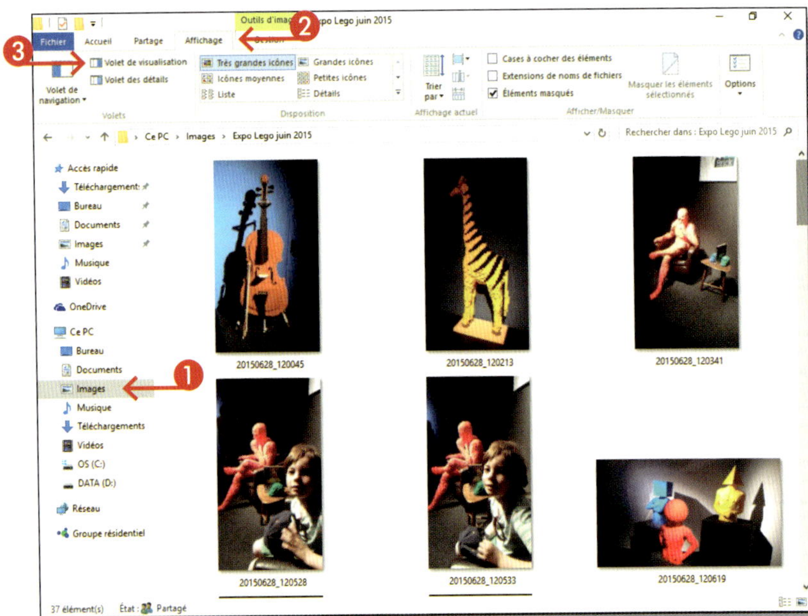

1 Ouvrez le dossier contenant les fichiers à afficher.

2 Cliquez l'onglet **Affichage**.

3 Cliquez **Volet de visualisation**.

Windows 10 n'est pas capable de fournir l'aperçu de tous les types de fichiers. Il permet de prévisualiser les documents texte, RTF, PDF et Word, les pages Web, les images et les vidéos.

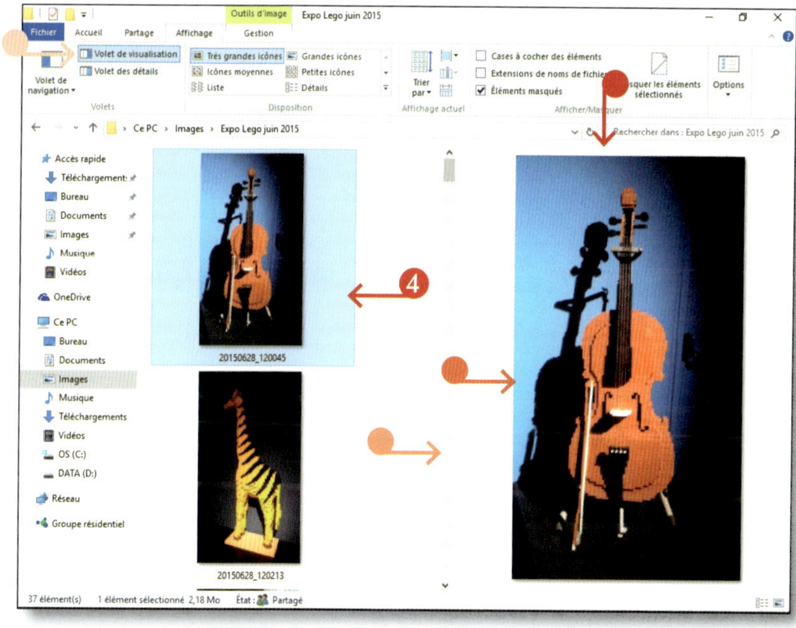

Le volet de visualisation apparaît.

4 Cliquez un fichier.

Le contenu du fichier s'affiche dans le volet de visualisation.

Vous pouvez faire glisser le bord gauche du volet pour modifier sa taille.

Pour fermer le volet, cliquez **Volet de visualisation**.

CRÉEZ UN DOSSIER

Windows 10 dispose de dossiers préexistants (ou bibliothèques) dans l'Explorateur de fichiers, comme Images, Documents ou Musique, qui vous permettent de classer vos fichiers par types. Mais à mesure que vous allez utiliser votre ordinateur, vos fichiers vont s'accumuler, et il deviendra utile de créer des dossiers et sous-dossiers dans ces bibliothèques afin d'y archiver vos fichiers et de les retrouver ensuite plus facilement.

Créez un dossier

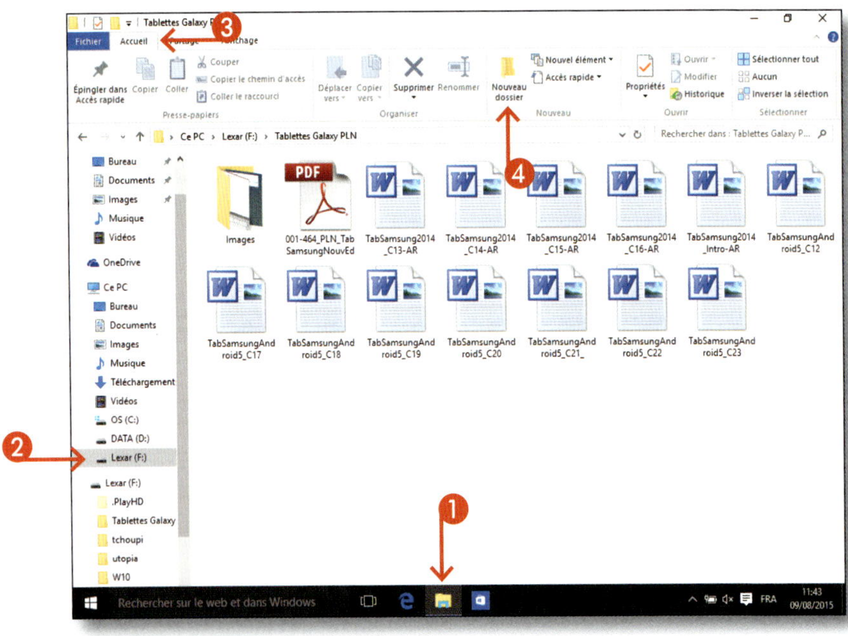

1 Cliquez **Explorateur de fichiers** .

2 Cliquez la bibliothèque dans laquelle vous voulez créer un dossier.

Le contenu de la bibliothèque s'affiche.

3 Cliquez l'onglet **Accueil**.

4 Cliquez **Nouveau dossier**.

Un dossier Windows que vous avez créé se manipule exactement comme un fichier : vous pouvez le renommer, le copier, le déplacer ou encore le supprimer.

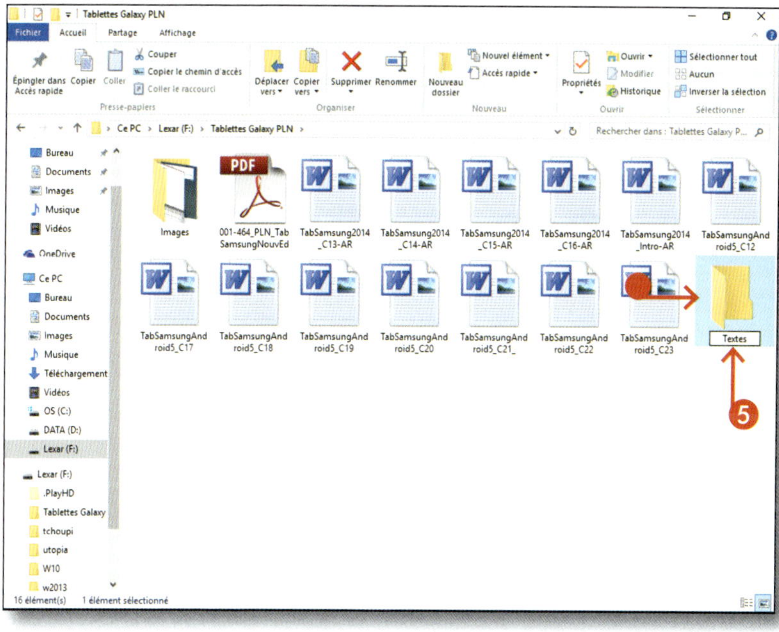

● Une icône de dossier s'affiche dans la fenêtre.

5 Saisissez le nom du dossier.

6 Appuyez sur **Entrée**.

Le nom du dossier s'affiche sous son icône.

7 Copiez ou déplacez les fichiers de votre choix dans le dossier (lire les sections suivantes de ce chapitre).

Vous pouvez copier un fichier de votre disque dur dans un dossier de votre PC ou sur un support amovible (une clé USB, par exemple), à des fins de sauvegarde ou pour le transmettre à quelqu'un.

Copiez un fichier

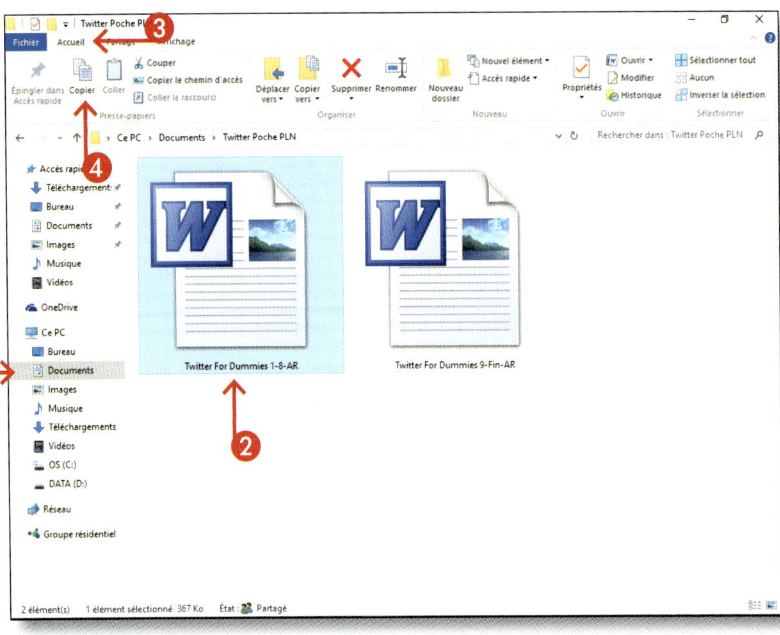

1. Ouvrez le dossier contenant le fichier à copier.
2. Sélectionnez le fichier.
3. Cliquez l'onglet **Accueil**.
4. Cliquez **Copier**.

Une copie du fichier est placée dans un emplacement spécial appelé Presse-papiers.

Pour appliquer la technique ci-après à plusieurs fichiers, sélectionnez-les auparavant. Vous pouvez également copier un dossier de la même façon.

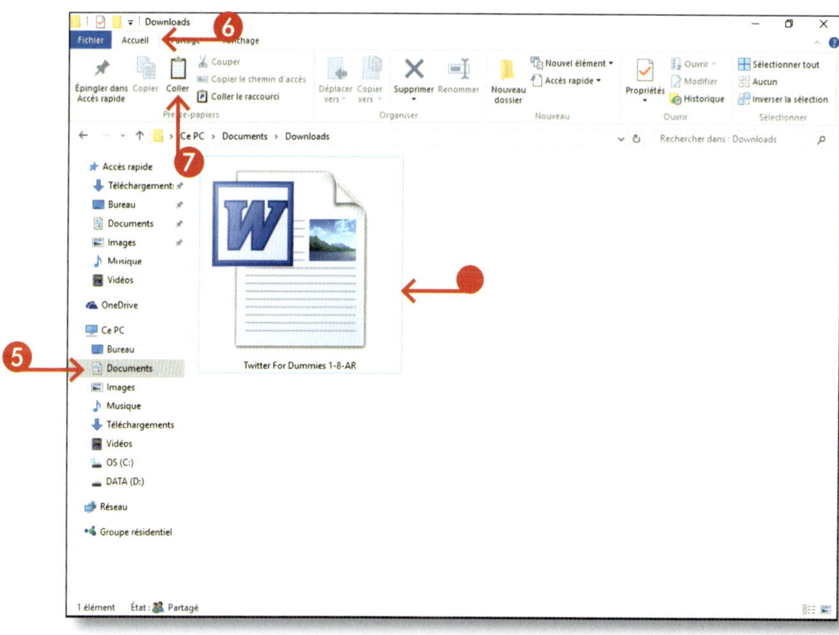

5 Ouvrez l'emplacement où stocker la copie.

6 Cliquez l'onglet **Accueil**.

7 Cliquez **Coller**.

Windows 10 insère la copie du fichier dans le dossier ouvert.

DÉPLACEZ UN FICHIER

Déplacer un fichier consiste à le supprimer de son emplacement d'origine et à en créer une copie à un nouvel emplacement. Lors du premier enregistrement d'un fichier, vous choisissez le dossier dans lequel ranger le fichier sur votre disque dur. Cet emplacement initial n'est pas définitif, vous pouvez ensuite déplacer le fichier ailleurs sur le disque dur.

Déplacez un fichier

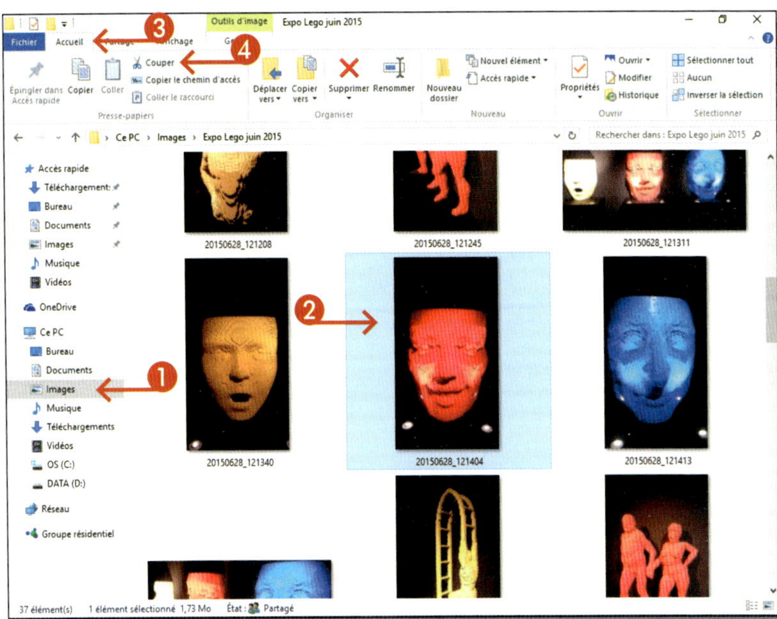

1 Ouvrez le dossier contenant le fichier à déplacer.

2 Sélectionnez le fichier.

3 Cliquez l'onglet **Accueil**.

4 Cliquez **Couper**.

Windows 10 supprime le fichier du dossier et le place dans un emplacement spécial appelé Presse-papiers.

Pour appliquer la technique ci-après à plusieurs fichiers, sélectionnez-les auparavant. Vous pouvez également déplacer un dossier de la même façon.

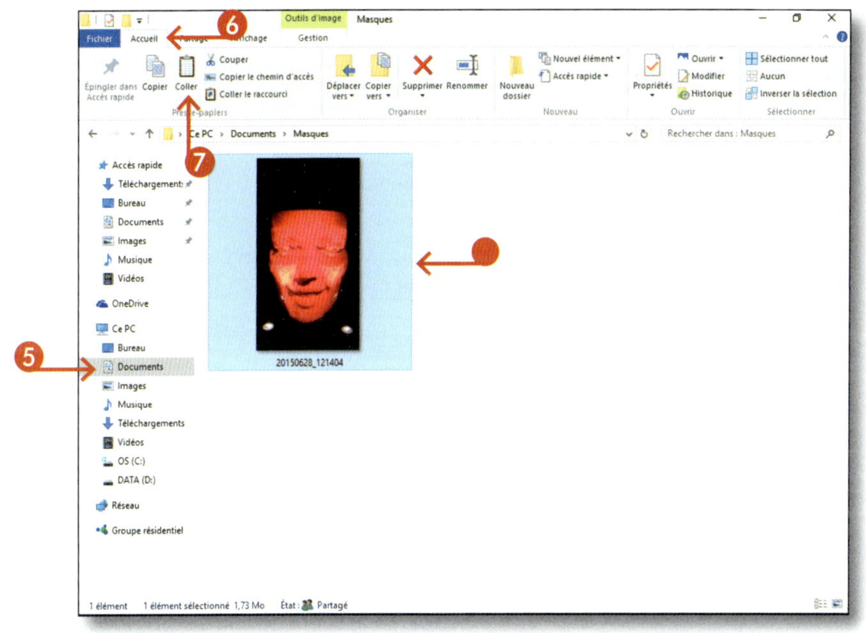

5 Cliquez le nouvel emplacement.

6 Cliquez l'onglet **Accueil**.

7 Cliquez **Coller**.

● Windows 10 déplace le fichier à son nouvel emplacement.

Si le nom d'un fichier n'est pas assez explicite, vous pouvez le changer et faciliter ainsi son identification ultérieure.

Renommez un fichier

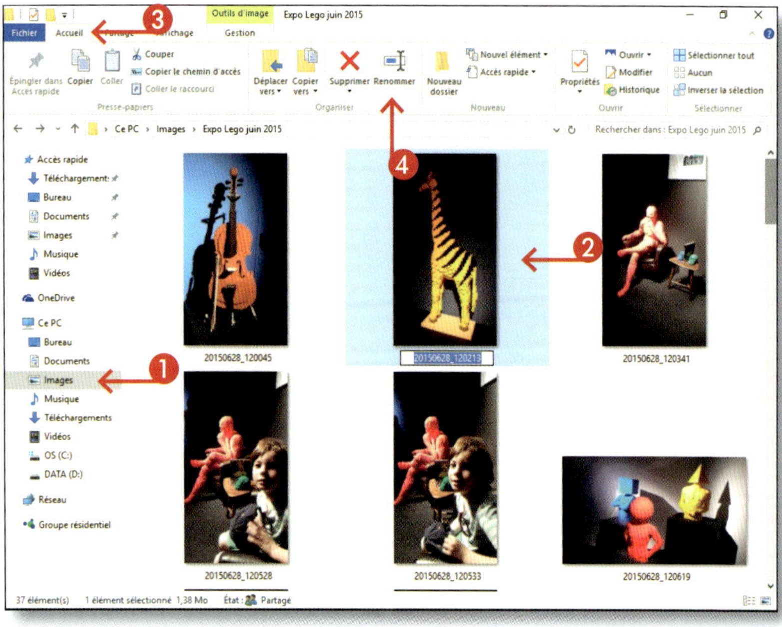

❶ Ouvrez le dossier contenant le fichier à renommer.

❷ Cliquez le fichier.

❸ Cliquez l'onglet **Accueil**.

Note. *La même méthode s'applique pour renommer un dossier.*

❹ Cliquez **Renommer**.

Un cadre apparaît autour du nom du fichier.

Note. *Vous pouvez aussi appuyer sur* F2.

Évitez de renommer les fichiers système de Windows 10, ou ceux associés à vos programmes. Cela pourrait altérer le comportement de ces derniers et endommager votre système. Renommez uniquement les fichiers que vous créez vous-même ou ceux transmis par un tiers.

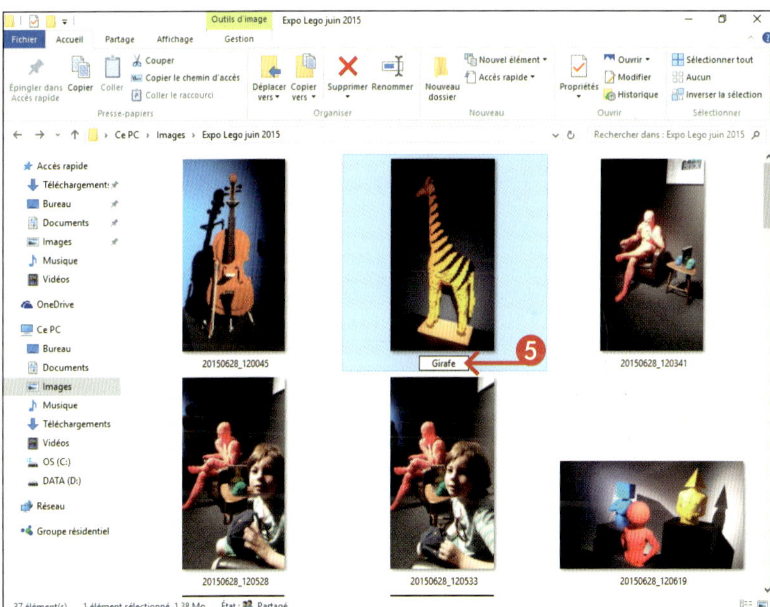

5 Tapez le nouveau nom du fichier.

Note. *Si vous changez d'avis, vous pouvez annuler l'opération en appuyant sur* Echap*, et retrouver le nom d'origine.*

Note. *Le nom peut contenir jusqu'à 255 caractères, à l'exception de* **< > , ? : " ** *et* *.

6 Appuyez sur Entrée ou cliquez une zone vide du dossier.

Le nouveau nom apparaît sous l'icône du fichier.

SUPPRIMEZ UN FICHIER

Plutôt que d'encombrer inutilement votre disque dur avec des fichiers qui ne servent plus, supprimez-les. De la même manière, vous pouvez supprimer un dossier et tout son contenu.

Supprimez un fichier

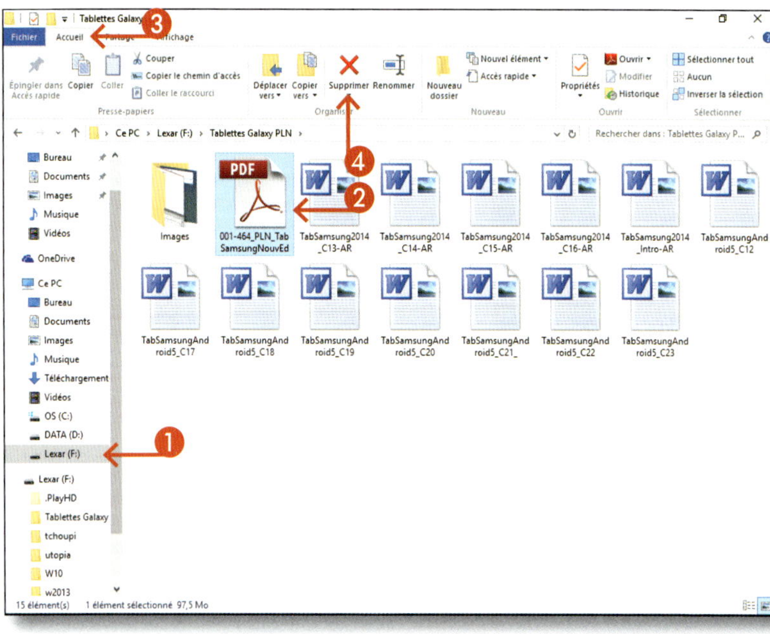

1 Ouvrez le dossier contenant le fichier à supprimer.

2 Cliquez le fichier à supprimer.

Note. *Pour supprimer plusieurs fichiers, sélectionnez-les.*

3 Cliquez l'onglet **Accueil**.

4 Cliquez l'icône du bouton **Supprimer**.

Note. *Vous pouvez aussi appuyer sur* **Suppr** *pour supprimer le fichier sélectionné.*

Évitez de supprimer les fichiers système de Windows 10, ou ceux associés à vos programmes. Cela pourrait altérer le comportement des programmes et endommager votre système. Supprimez uniquement les fichiers que vous créez vous-même ou ceux transmis par un tiers.

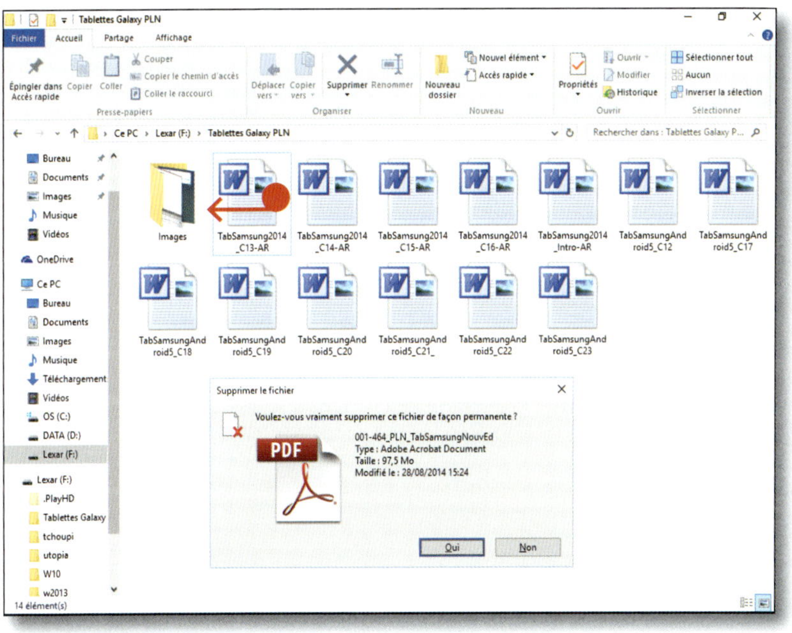

Windows vous demande de confirmer votre souhait de supprimer le fichier.

● Le fichier disparaît du dossier.

Note. *Pour supprimer un fichier, vous pouvez aussi le faire glisser de la fenêtre du dossier vers l'icône de la Corbeille, sur le Bureau.*

Si vous supprimez un fichier par erreur, Windows 10 offre la possibilité de le récupérer et de le replacer dans son dossier d'origine.

Restaurez un fichier supprimé

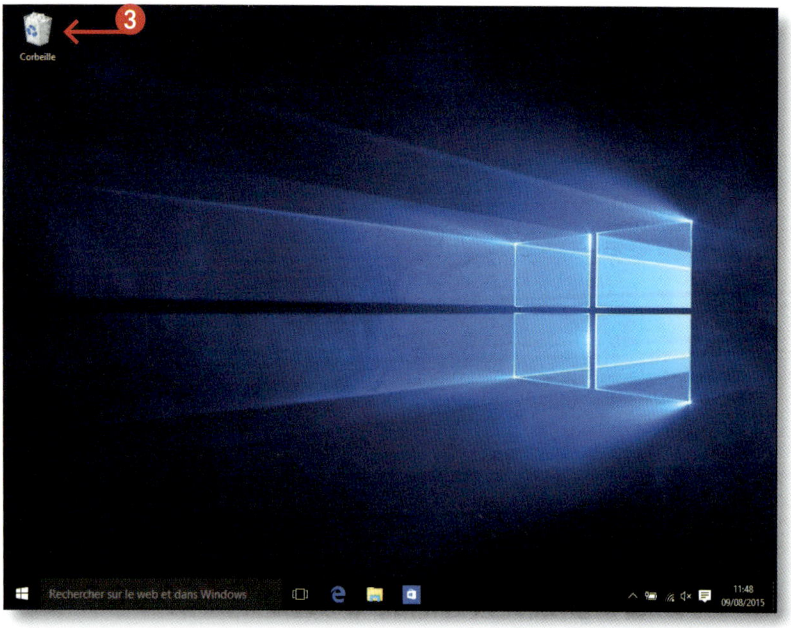

1 Double-cliquez l'icône de la **Corbeille**, sur le Bureau.

Windows conserve les fichiers supprimés dans un dossier spécial, la Corbeille, durant plusieurs jours ou plusieurs semaines. Cela dépend de la fréquence à laquelle vous videz la Corbeille et de sa capacité de remplissage.

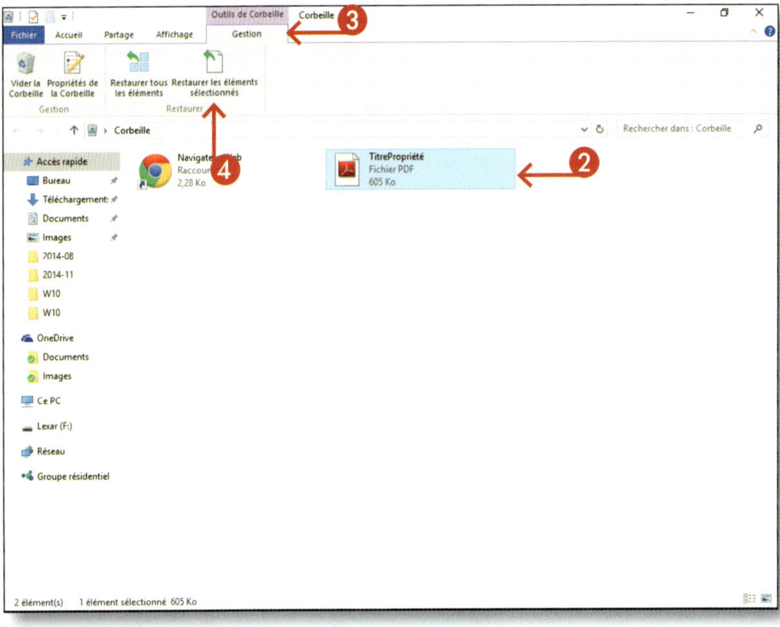

La fenêtre Corbeille s'ouvre.

2 Cliquez le fichier à restaurer.

3 Cliquez l'onglet **Gestion**.

4 Cliquez **Restaurer les éléments sélectionnés**.

Le fichier disparaît de la Corbeille et réintègre son dossier d'origine.

Si vous disposez d'un graveur de CD et/ou de DVD, vous pouvez copier les fichiers et les dossiers de votre disque dur sur un CD ou un DVD enregistrables. Cela permet de transporter ou d'archiver une quantité importante de données sur un support unique et peu encombrant.

Gravez des fichiers sur un CD ou un DVD

1 Insérez le CD ou le DVD inscriptible dans le graveur.

Un message de notification apparaît.

2 Cliquez le message.

Pour copier des fichiers musicaux sur un CD, reportez-vous au chapitre 8.

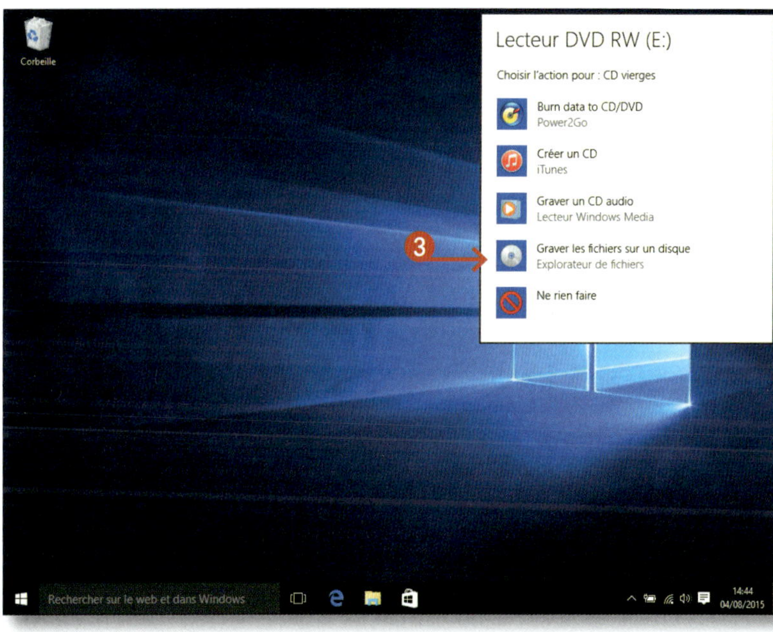

❸ Cliquez **Graver les fichiers sur un disque**.

Avec Windows 10, le type de CD ou de DVD n'a pas d'importance. Les CD-R et DVD-R ne peuvent généralement être gravés qu'une seule fois. Une fois finalisé, le disque se verrouille et il devient impossible de copier d'autres fichiers ou d'en supprimer. Toutefois, Windows 10 utilise un système qui permet de copier, recopier et supprimer des fichiers avec tous les types de disques enregistrables.

Gravez des fichiers sur un CD ou un DVD

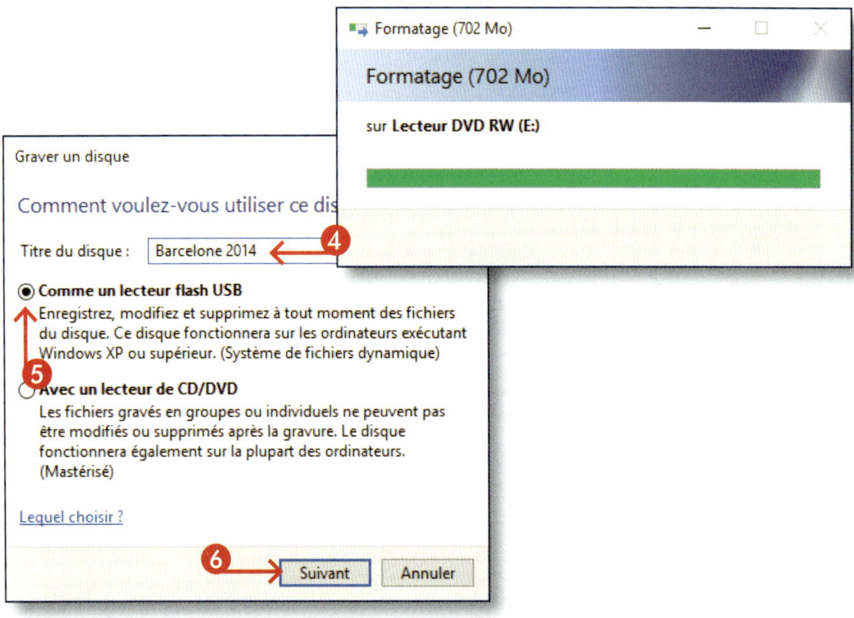

Si vous n'avez jamais gravé de fichiers sur ce disque, la boîte de dialogue Graver un disque s'affiche.

4 Attribuez un titre à ce disque.

5 Cliquez **Comme un lecteur flash USB** (○ devient ◉).

6 Cliquez **Suivant**.

Windows 10 formate le disque et affiche une boîte de dialogue avec la progression.

Les CD ont généralement une capacité de 700 Mo, les DVD de 4,7 Go. Un document de traitement de texte d'une page occupe en moyenne 50 ko et une photo, 1 Mo. Vous pouvez donc copier sur un CD environ 28 000 pages de traitement texte ou 700 photos et, sur un DVD, 4 700 photos et presque 200 000 pages de traitement de texte.

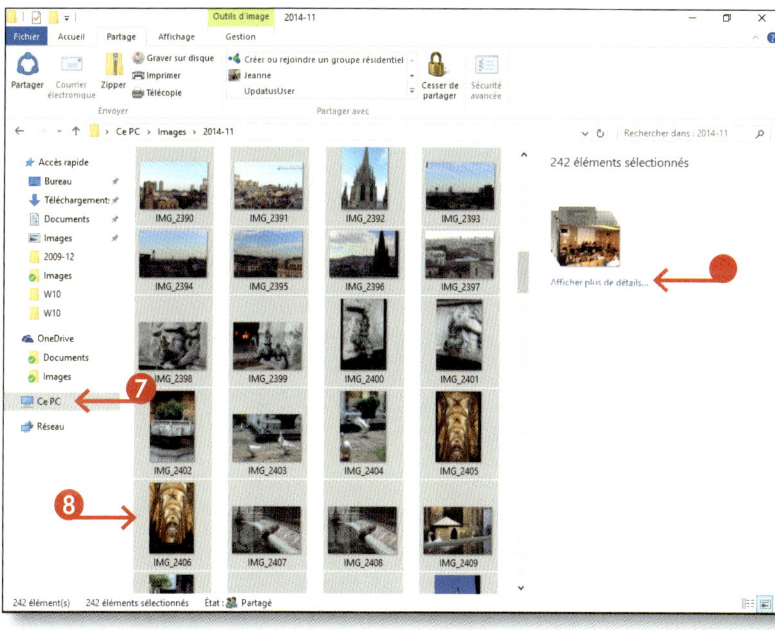

Une fois le formatage terminé, une notification d'Exécution automatique apparaît. Contentez-vous de l'ignorer.

7 Ouvrez le dossier contenant les fichiers à copier.

8 Sélectionnez les fichiers.

● Si vous avez sélectionné plus de 15 fichiers et que vous vouliez connaître la taille totale de la sélection, cliquez l'onglet **Affichage**, le bouton **Volet d'informations**, puis le lien **Afficher plus de détails**.

Auparavant, vous ne pouviez graver un CD ou DVD qu'en une seule session, tout le contenu du disque devant être gravé en une seule fois. Windows 10 exploite une méthode de gravure qui vous permet de graver des fichiers en plusieurs fois, de la même manière que vous copiez des fichiers sur une clé USB.

Gravez des fichiers sur un CD ou un DVD

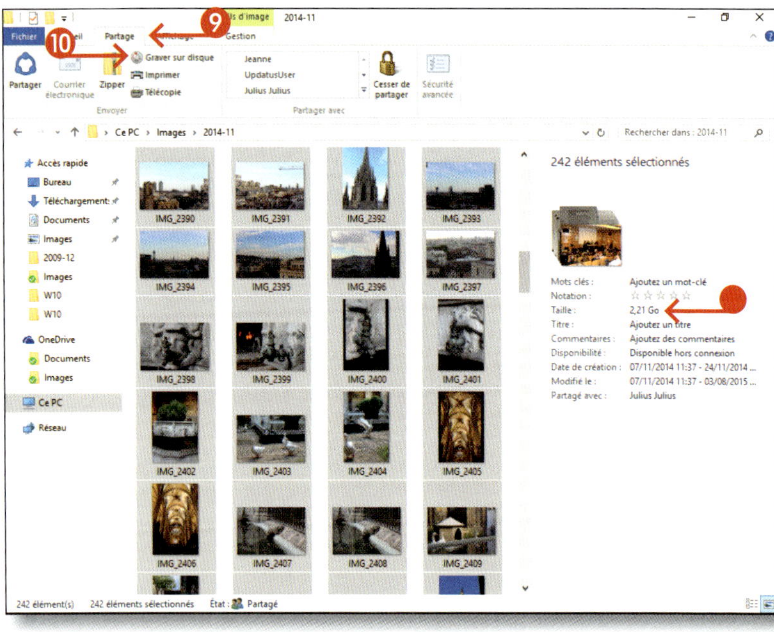

● Si vous avez cliqué **Afficher plus de détails**, vous obtenez la taille totale des fichiers sélectionnés.

9 Cliquez l'onglet **Partage**.

10 Cliquez **Graver sur disque**.

Note. *Pour graver tout le contenu d'un dossier, ne sélectionnez aucun fichier ni sous-dossier et cliquez* ***Graver sur disque****.*

La méthode employée par Windows 10 pour graver des fichiers ne nécessite qu'un seul formatage préalable du CD ou du DVD. Cela fait, vous pouvez ajouter des fichiers au support autant de fois que nécessaire.

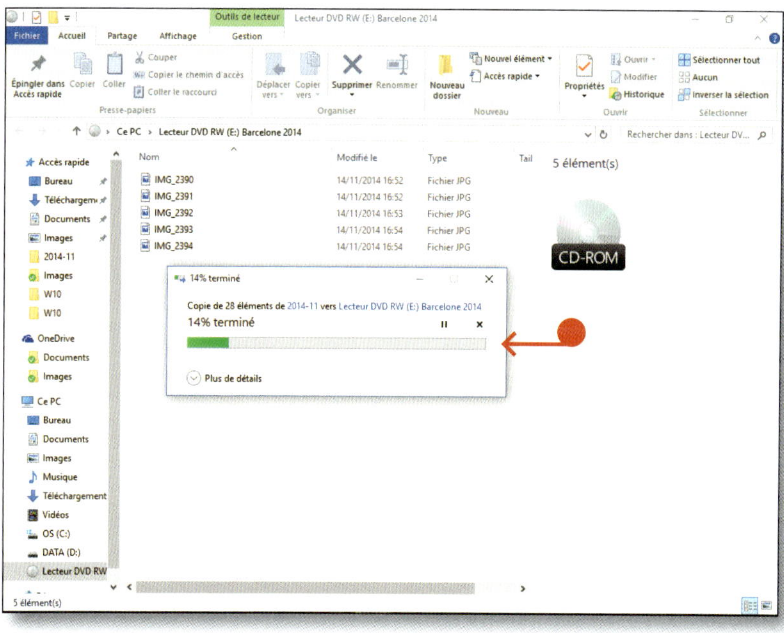

● Windows 10 grave les fichiers sur le disque.

Pour effacer un CD-RW ou un DVD-RW, il faut le reformater. Ouvrez l'Explorateur de fichiers, puis cliquez **Ce PC** ➜ l'icône du disque ➜ l'onglet **Gestion** ➜ **Formater**. Si vous le souhaitez, changez le nom du disque dans le champ Nom de volume. Cliquez **Démarrer**. Windows 10 vous informe que toutes les données du disque seront effacées.

Gravez des fichiers sur un CD ou un DVD

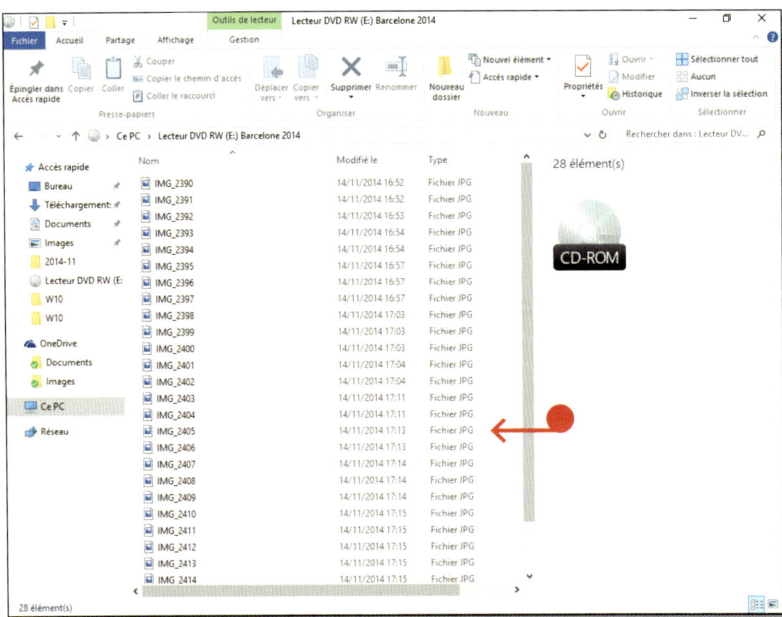

● Windows 10 ouvre le disque et affiche les fichiers copiés.

⓫ Répétez les étapes **8** à **10** pour graver d'autres fichiers.

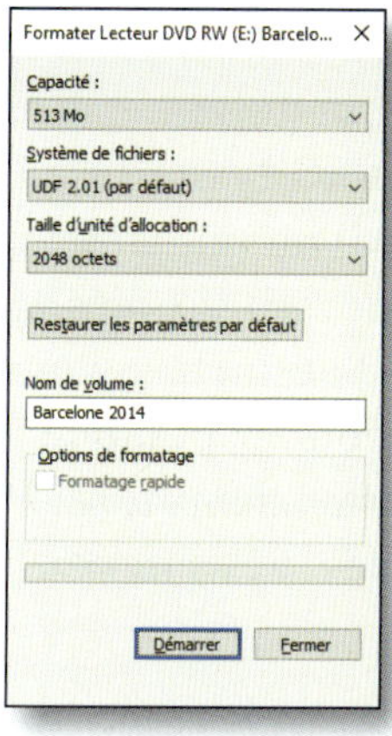

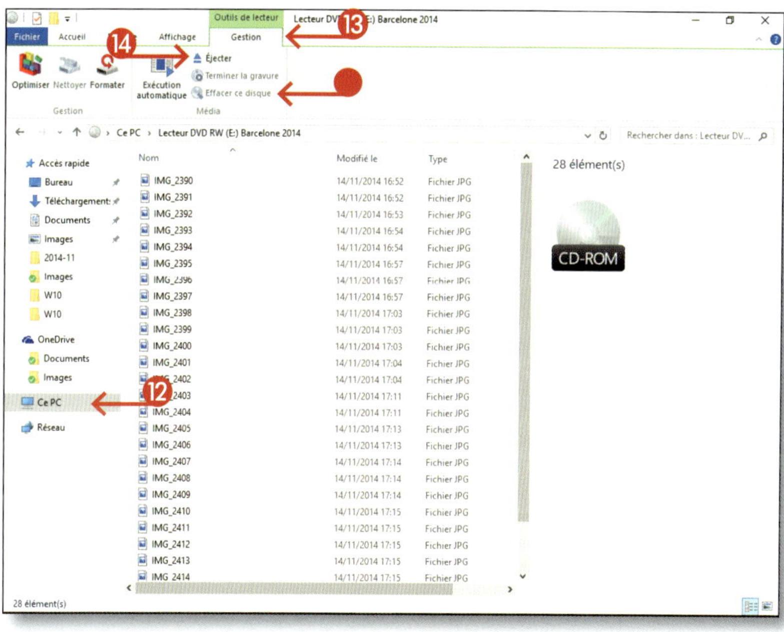

⓬ Ouvrez le dossier du disque.

⓭ Cliquez l'onglet **Gestion**.

⓮ Pour éjecter le disque, cliquez **Éjecter**.

Le disque est éjecté.

● Pour effacer le disque et copier de nouveaux fichiers, cliquez **Effacer ce disque** ou **Formater**.

EXTRAYEZ LES FICHIERS D'UN DOSSIER COMPRESSÉ

Les fichiers que vous recevez en pièce jointe d'un message e-mail ou que vous téléchargez du Web sont souvent compressés pour gagner de l'espace et réduire le temps de téléchargement. La compression a pour effet de regrouper plusieurs fichiers en un seul, qu'on appelle *dossier compressé*. Pour exploiter des fichiers compressés, vous devez les extraire du dossier.

Extrayez les fichiers d'un dossier compressé

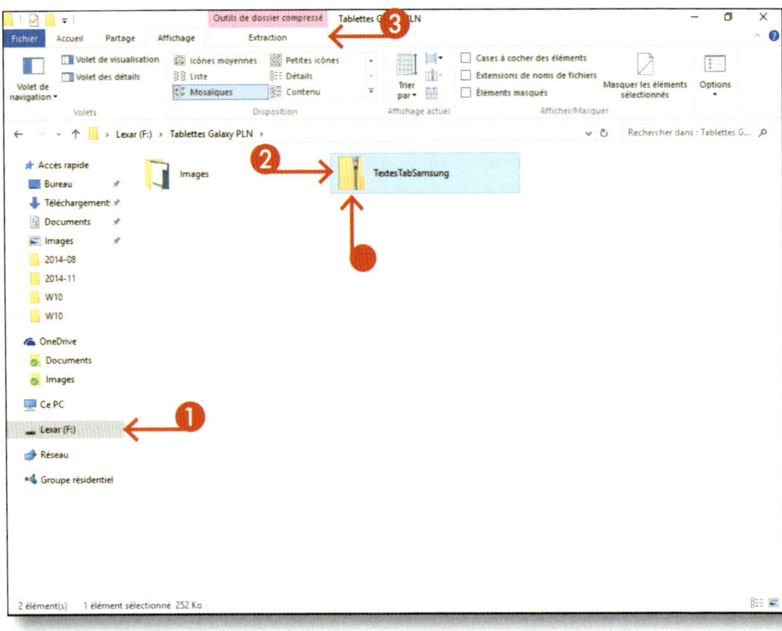

1 Ouvrez le dossier qui contient le dossier compressé.

● Les dossiers compressés sont identifiés par une icône spéciale.

2 Cliquez le dossier compressé.

3 Cliquez l'onglet **Extraction**.

4 Cliquez **Extraire tout**.

Les dossiers compressés sont aussi appelés *fichiers zip* et représentés par une icône de dossier ornée d'une fermeture Éclair.

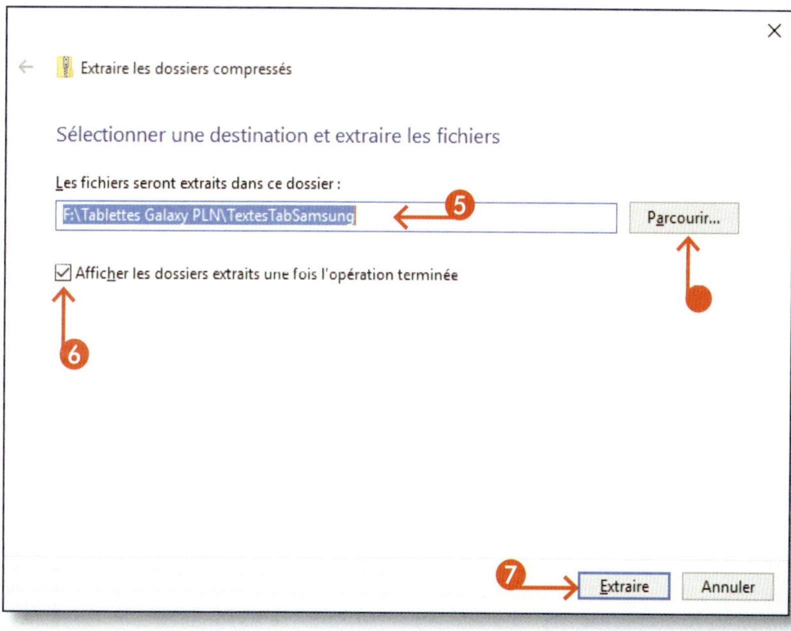

La boîte de dialogue Extraire les dossiers compressés s'affiche.

5 Tapez l'adresse du dossier dans lequel les fichiers seront extraits.

● Le bouton **Parcourir** vous permet de choisir un dossier dans la boîte de dialogue Sélectionnez une destination.

6 Si vous souhaitez ouvrir le dossier pour voir les fichiers extraits, cliquez **Afficher les dossiers extraits une fois l'opération terminée** (☐ devient ☑).

7 Cliquez **Extraire**.

Il est possible de voir le contenu d'un dossier compressé avant d'extraire son contenu. Double-cliquez le dossier compressé pour l'ouvrir. Windows 10 traite le dossier compressé presque comme un dossier ordinateur : il affiche dans la fenêtre les fichiers qu'il contient mais ne présente pas de miniatures pour les images.

Extrayez les fichiers d'un dossier compressé

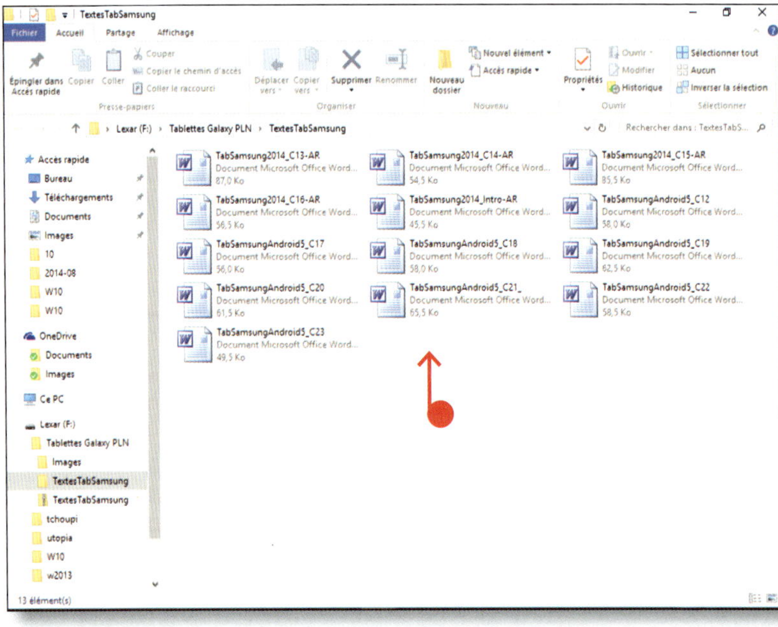

● Windows 10 extrait les fichiers.

Dans cette fenêtre, vous pouvez cliquer **Extraire tout** pour lancer l'extraction.

Créez un dossier compressé

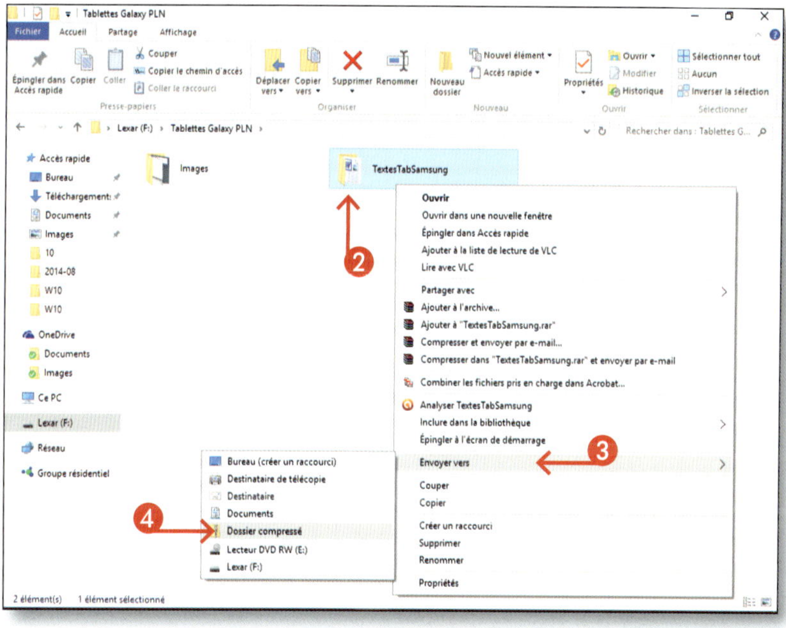

1 Sélectionnez les fichiers et dossiers que vous voulez regrouper dans un dossier compressé.

2 Cliquez du bouton droit l'un des éléments sélectionnés.

3 Cliquez **Envoyer vers**.

4 Cliquez **Dossier compressé**.

AJOUTEZ UN FICHIER SUR ONEDRIVE

Si vous utilisez Windows 10 avec un compte Microsoft, vous bénéficiez d'un espace de stockage en ligne appelé OneDrive, sur lequel vous pouvez stocker vos fichiers. Vous disposez ainsi d'un accès à distance permanent à vos fichiers.

Déplacez un fichier sur OneDrive

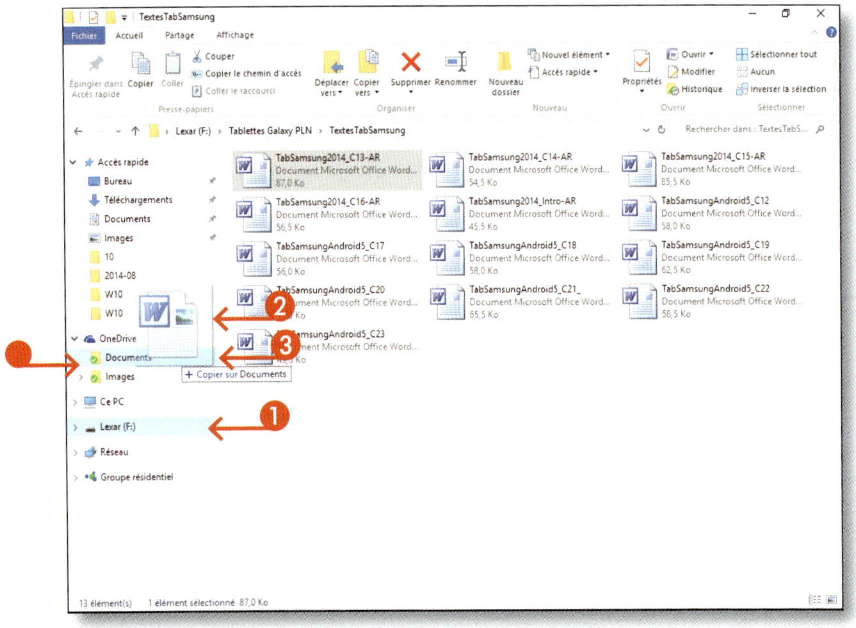

❶ Dans l'Explorateur de fichiers, ouvrez le dossier contenant le fichier à déplacer sur OneDrive.

❷ Cliquez le fichier et faites-le glisser dans le dossier OneDrive.

● Windows affiche les sous-dossiers éventuels de votre dossier OneDrive.

❸ Déposez le fichier dans le dossier de votre choix.

OneDrive étant accessible partout où vous avez une connexion à Internet, vous pouvez afficher et modifier vos fichiers sur n'importe quel ordinateur.

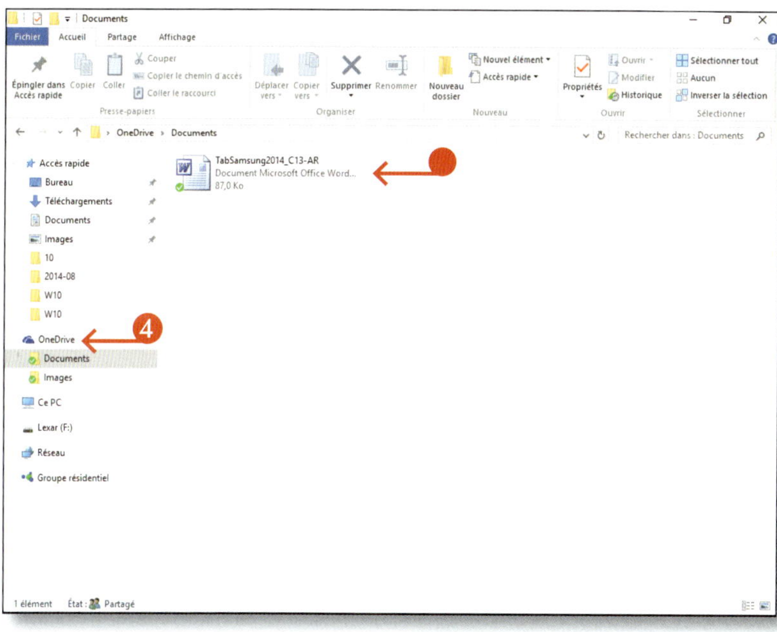

L'Explorateur de fichiers déplace le fichier dans le dossier OneDrive.

4 Cliquez le dossier **OneDrive** pour afficher son contenu et retrouver le fichier que vous venez de déplacer.

Note. *Il faudra vous connecter avec votre compte Microsoft pour retrouver vos fichiers dans le dossier OneDrive en ligne.*

Pour utiliser OneDrive en ligne, ouvrez votre navigateur Edge et rendez-vous sur le site Web `https://onedrive.live.com`**. Vous pouvez dès lors créer des dossiers, renommer ou supprimer des fichiers et profiter d'autres fonctionnalités.**

Copiez un fichier sur OneDrive

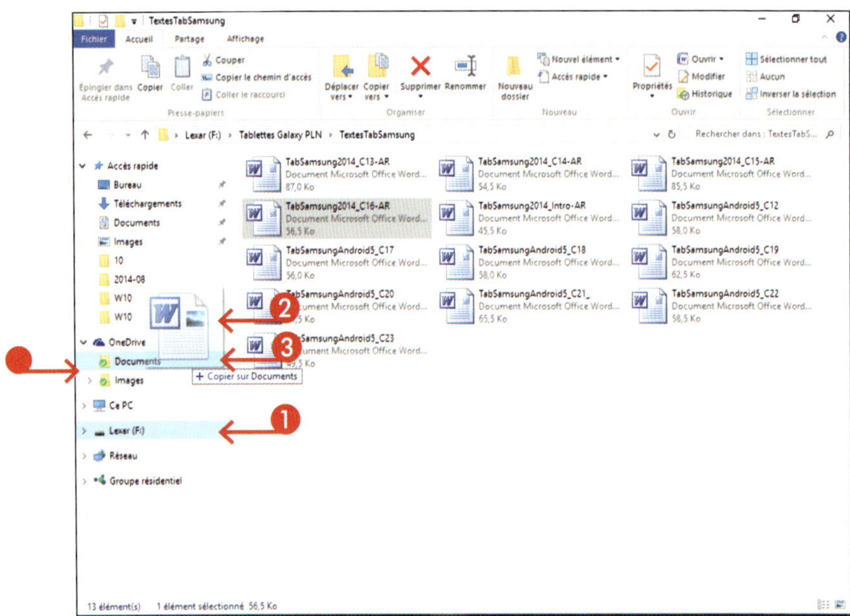

1 Dans l'Explorateur de fichiers, ouvrez le dossier contenant le fichier à déplacer sur OneDrive.

2 Cliquez le fichier tout en maintenant la touche Ctrl enfoncée, puis faites-le glisser dans le dossier OneDrive.

Windows affiche les sous-dossiers éventuels de votre dossier OneDrive.

3 Déposez le fichier dans le dossier de votre choix.

Microsoft vous donne accès aux applications Office Web, des versions allégées en ligne de Word, Excel, PowerPoint et OneNote. Pour créer des documents avec ces programmes, à partir de votre OneDrive en ligne, cliquez Créer → Document Word, Classeur Excel, Présentation PowerPoint, Bloc-notes OneNote, Enquête Excel ou Document de texte brut.

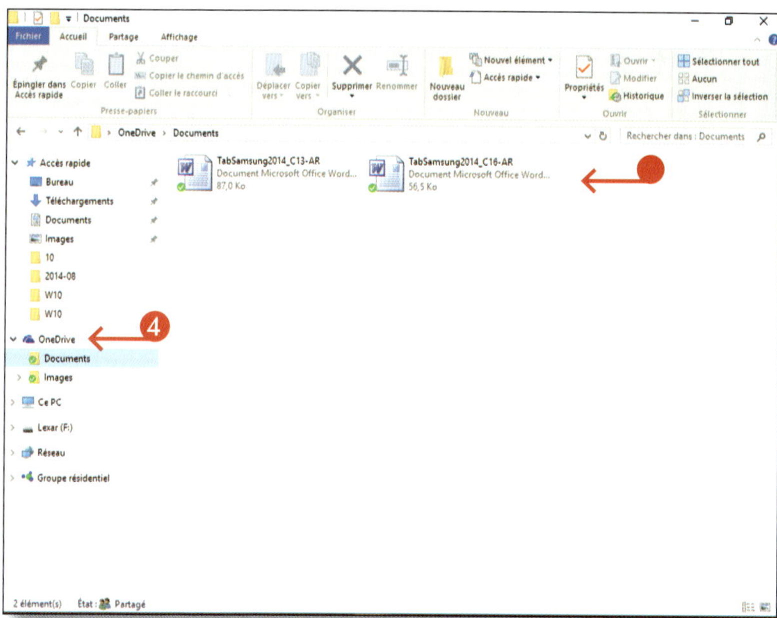

L'Explorateur de fichiers copie le fichier dans le dossier OneDrive.

4 Cliquez le dossier **OneDrive** pour afficher son contenu et retrouver le fichier que vous venez de copier.

Note. *Il faudra vous connecter avec votre compte Microsoft pour retrouver vos fichiers dans le dossier OneDrive en ligne.*

Pour manipuler les comptes d'utilisateurs, il faut passer par l'écran Comptes des Paramètres du PC de Windows 10.

Affichez les comptes d'utilisateurs

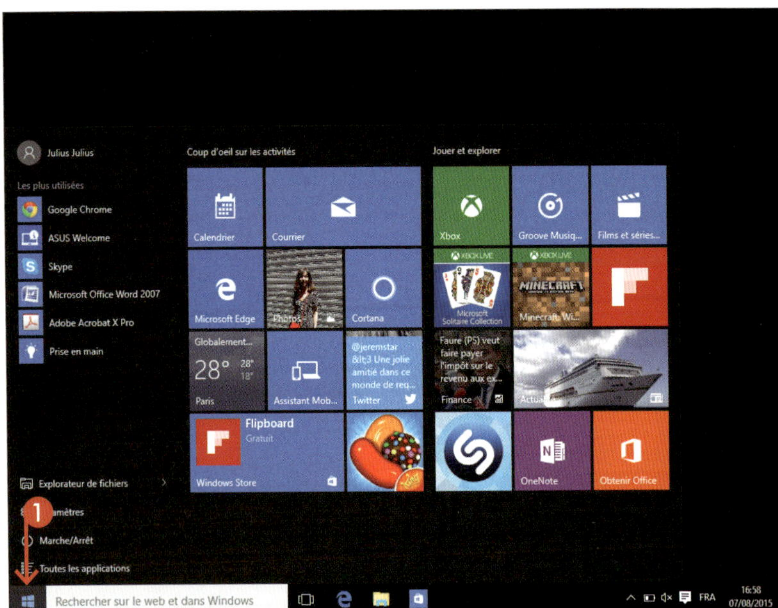

1 Cliquez **Démarrer** ⊞.

Le menu Démarrer s'affiche.

Un compte d'utilisateur est une série de dossiers et de paramètres associés à une personne dans Windows. Ce chapitre vous apprend à créer des comptes d'utilisateurs, à changer l'image et le mot de passe d'un compte et à supprimer un compte d'utilisateur.

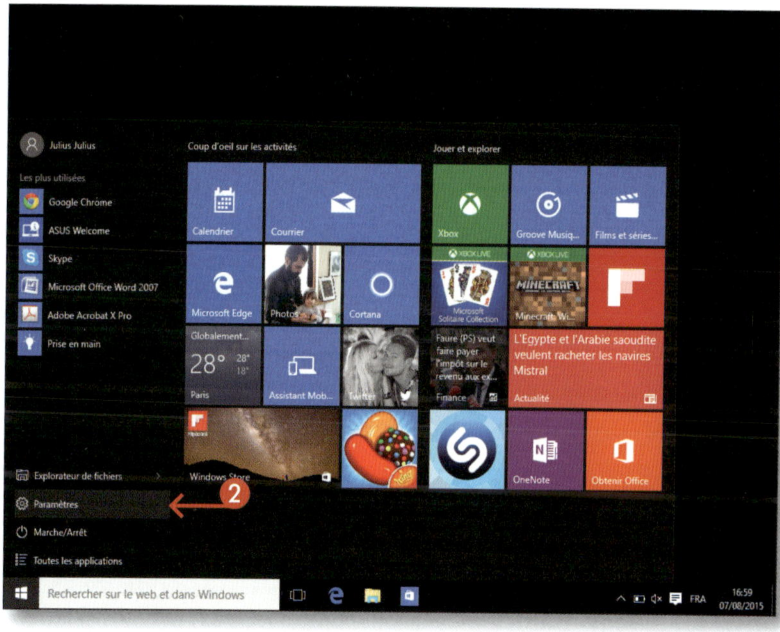

❷ Cliquez **Paramètres**.

Grâce aux comptes d'utilisateurs, chacun dispose de ses propres bibliothèques (Documents, Images, Musique, *etc.*), de ses réglages personnalisés, de ses comptes de messagerie électronique et de ses favoris.

Affichez les comptes d'utilisateurs

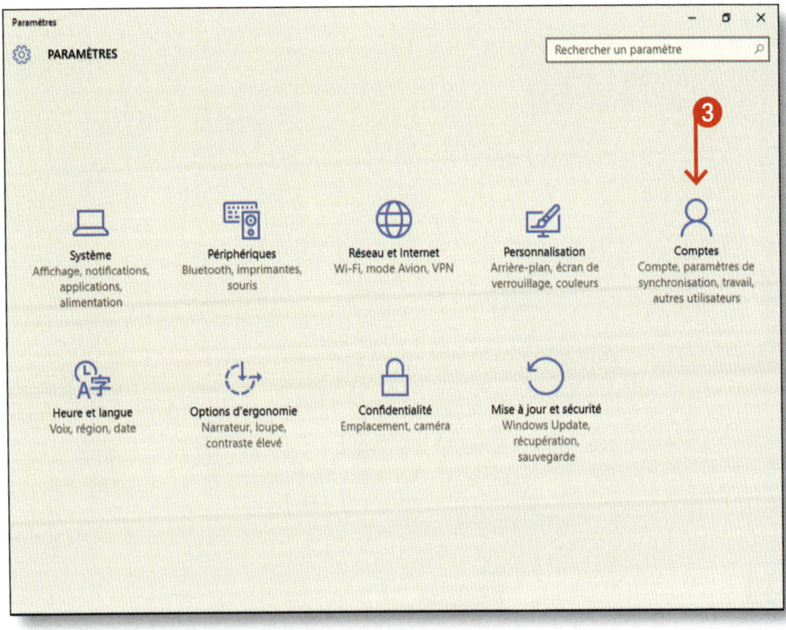

La fenêtre de l'application Paramètres s'ouvre.

3 Cliquez **Comptes**.

Pour simplifier, chaque utilisateur possède sa propre version de Windows 10, sans interférence avec celle d'un autre. En outre, les comptes d'utilisateurs vous permettent de partager des documents et des dossiers entre utilisateurs et membres de votre réseau, en toute sécurité.

Le volet Comptes s'affiche.

● Les informations relatives à votre compte apparaissent ici. Ensuite, lorsque vous ouvrez une session avec un autre compte, ce sont les informations du compte actif qui sont visibles ici.

Si vous voulez partager l'ordinateur avec un tiers, vous devez ajouter un compte d'utilisateur pour cette personne. Ce compte lui permettra d'ouvrir une session dans Windows et d'utiliser le système. Le nouveau compte d'utilisateur est totalement indépendant du vôtre. Ainsi, l'autre utilisateur peut modifier les paramètres de Windows, créer des documents et effectuer d'autres tâches sans interférer avec vos paramètres et vos fichiers.

Créez un compte d'utilisateur

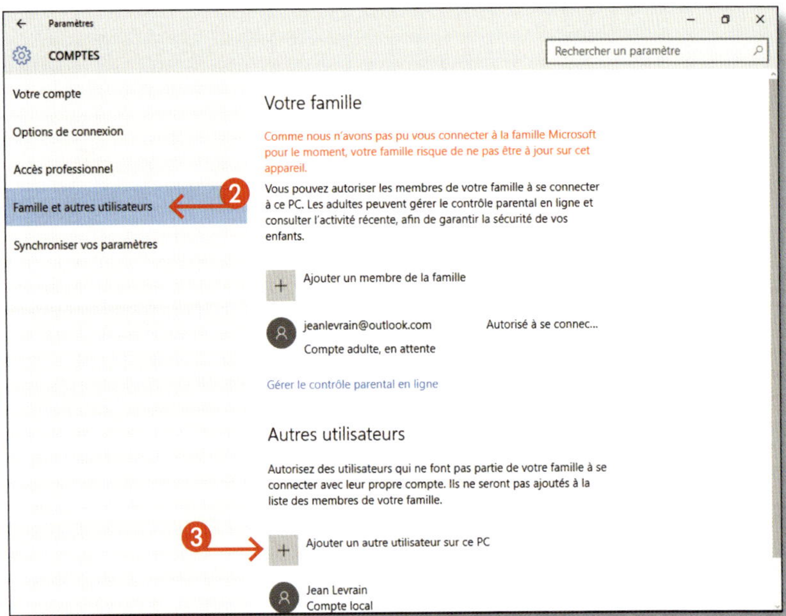

1 Affichez le volet Comptes des Paramètres (voir la section précédente).

2 Cliquez **Famille et autres utilisateurs**.

3 Cliquez **Ajouter un autre utilisateur sur ce PC**.

Vous pouvez créer un compte d'utilisateur local ou un compte Microsoft. Pour garantir la confidentialité de chacun, vous devriez protéger tous les comptes par un mot de passe.

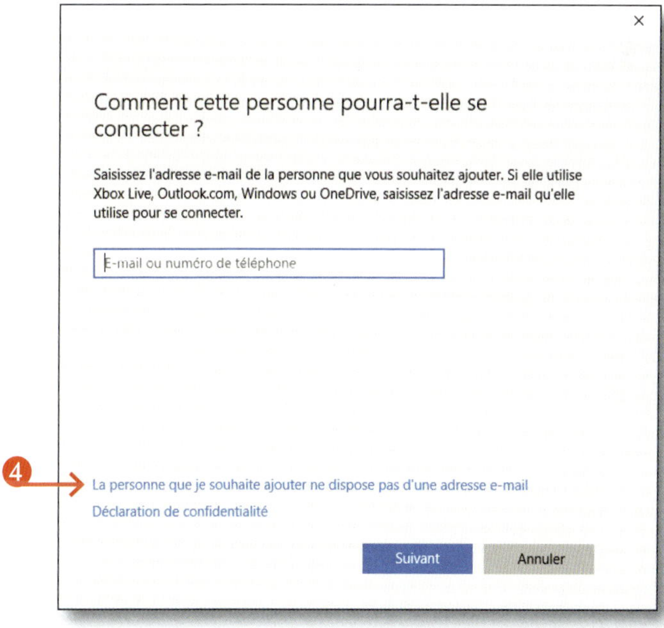

L'écran Comment cette personne pourra-t-elle se connecter ? apparaît.

4 Pour créer un compte local, cliquez **La personne que je souhaite ajouter ne dispose pas d'une adresse e-mail**.

Note. *Pour ajouter un compte Microsoft, lisez la section « Passez à un compte Microsoft » du chapitre 13.*

Il est conseillé de définir un mot de passe fort qui serait difficile à deviner par une personne malveillante qui aurait accès à l'ordinateur. Voici quelques conseils à ce sujet :

Créez un compte d'utilisateur

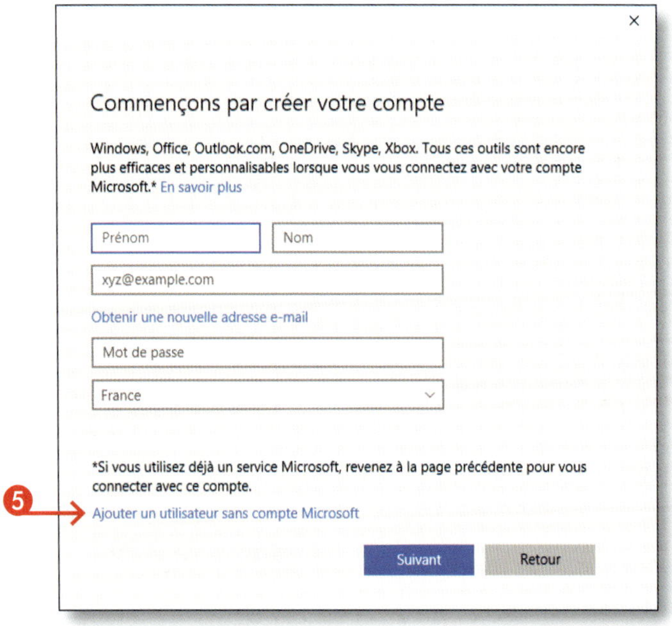

L'écran Commençons par créer votre compte apparaît.

5 Cliquez **Ajouter un utilisateur sans compte Microsoft**.

L'écran Créer un compte pour ce PC s'affiche.

- Évitez de choisir un mot de passe évident, comme le nom de l'utilisateur.
- Définissez un mot de passe composé d'au moins huit caractères.
- Mélangez les majuscules et les minuscules avec des chiffres ou des symboles.

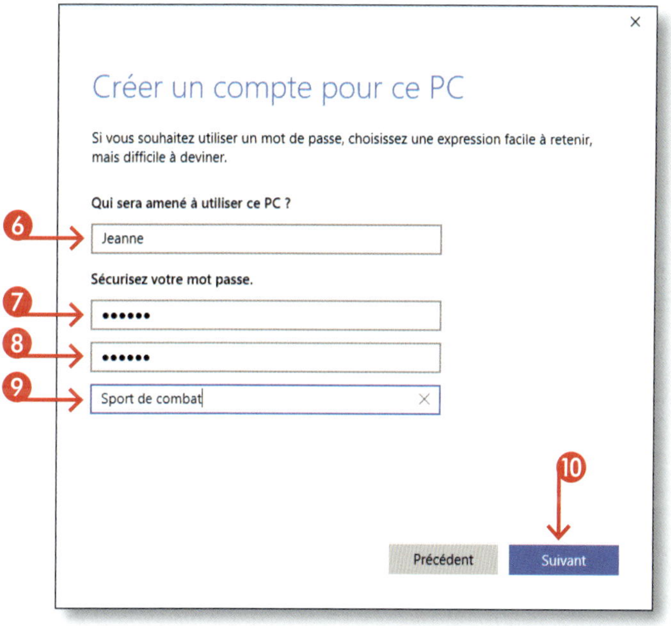

❻ Tapez le nom que vous voulez attribuer au nouveau compte d'utilisateur.

❼ Tapez un mot de passe.

Note. *Pour raison de sécurité, les caractères saisis sont représentés à l'écran par des points.*

❽ Retapez le mot de passe.

❾ Tapez une explication qui aidera l'utilisateur à se rappeler son mot de passe.

❿ Cliquez **Suivant**.

Windows crée le compte.

Lorsqu'il existe plusieurs comptes d'utilisateurs sur l'ordinateur, vous pouvez basculer de l'un à l'autre. Vous avez ainsi la possibilité de céder temporairement la place à un autre utilisateur, alors que vous vous servez déjà de l'ordinateur.

Basculez entre les comptes

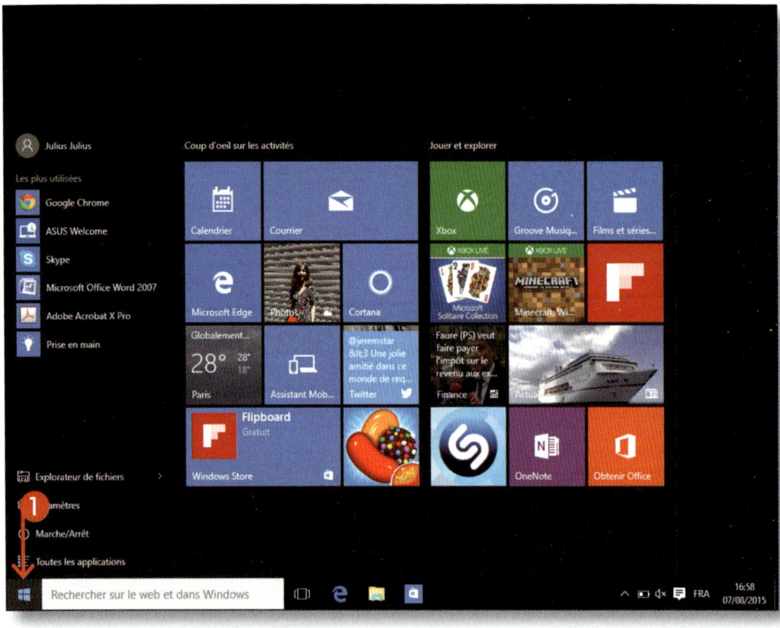

1 Cliquez le bouton **Démarrer** ⊞.

Le menu Démarrer s'affiche.

Lorsque l'autre utilisateur a fini de se servir de l'ordinateur, vous retrouvez vos programmes et fenêtres ouverts tels que vous les avez laissés. Vous pouvez ainsi reprendre votre travail directement.

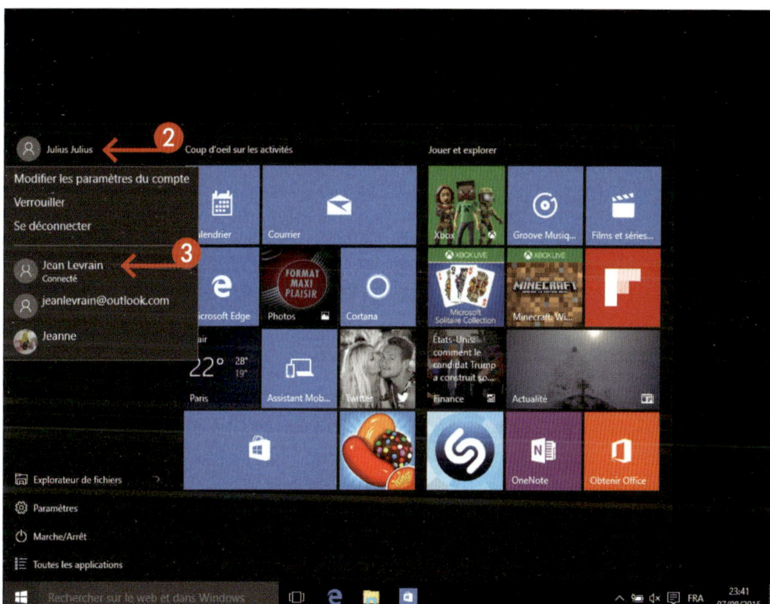

❷ Cliquez votre compte d'utilisateur.

❸ Cliquez le compte d'utilisateur sur lequel vous souhaitez basculer.

Lorsque vous définissez votre mot de passe, comme le décrit la section précédente, Windows demande également de fournir une indication pour vous aider à vous en souvenir. Si vous l'oubliez, suivez ces instructions :

Basculez entre les comptes

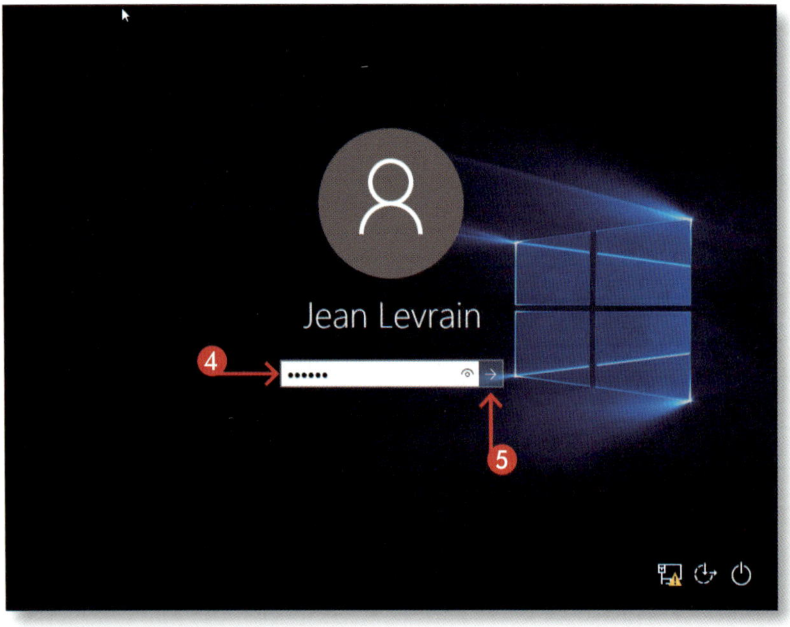

Vous êtes invité à taper le mot de passe du compte d'utilisateur.

4 Tapez le mot de passe.

5 Cliquez la flèche de validation (→).

1 Dans l'écran d'ouverture de session, laissez vide le champ Mot de passe.

2 Cliquez la flèche de validation (→).

Windows vous informe que le mot de passe est incorrect.

3 Cliquez **OK** pour revenir au premier écran. Windows affiche l'indication de mot de passe.

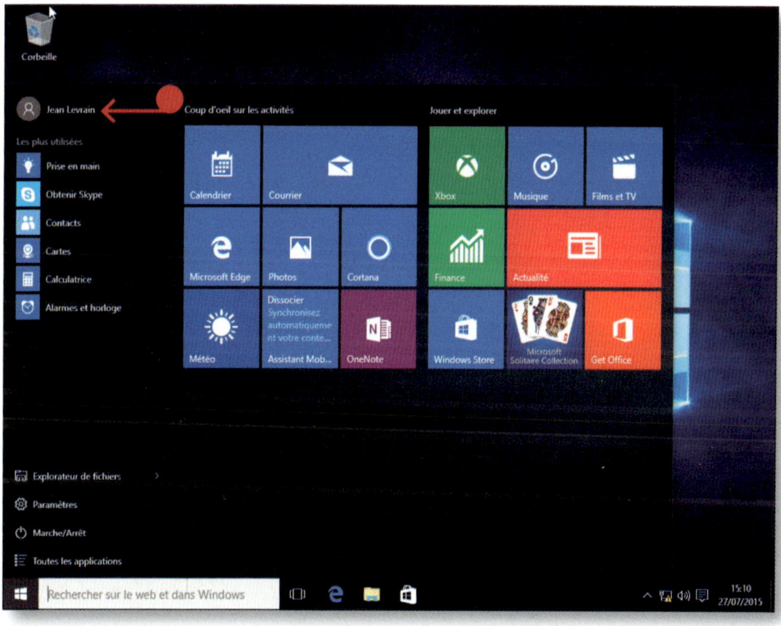

● Le nom et l'image de ce compte d'utilisateur apparaissent dans le menu Démarrer.

MODIFIEZ L'IMAGE DE VOTRE COMPTE D'UTILISATEUR

Vous pouvez personnaliser votre compte d'utilisateur et faciliter l'identification des différents comptes en ajoutant une image à votre compte.

Modifiez l'image de votre compte d'utilisateur

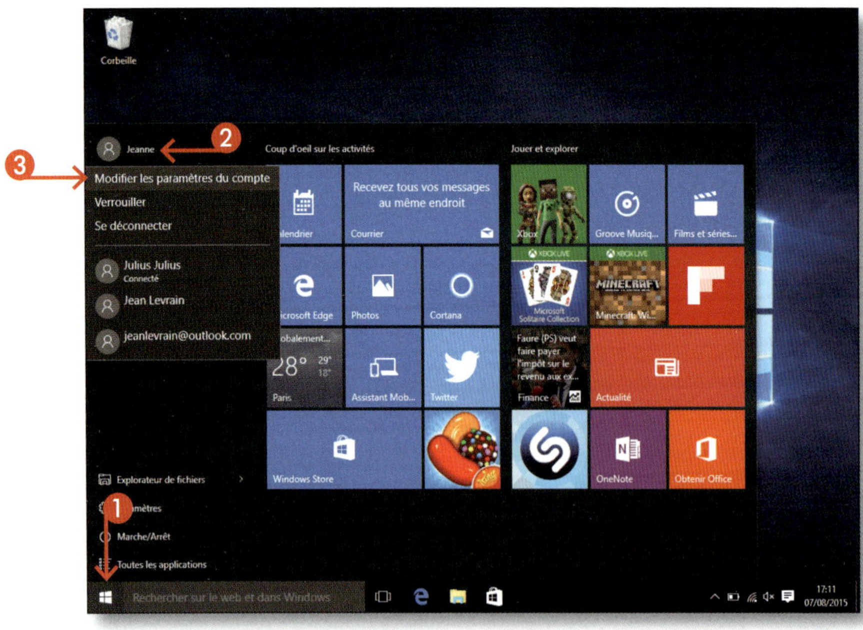

1. Cliquez le bouton **Démarrer** ⊞.

Le menu Démarrer s'affiche.

2. Cliquez votre compte d'utilisateur.
3. Cliquez **Modifier les paramètres du compte**.

Lors de la création d'un compte d'utilisateur, Windows lui attribue une image générique qui apparaît dans l'écran d'accueil, dans l'onglet Votre compte du volet Comptes de l'application Paramètres et dans l'écran d'ouverture de session. Cette image générique est une simple silhouette commune à tous les comptes. Vous pouvez la remplacer par une image plus personnelle.

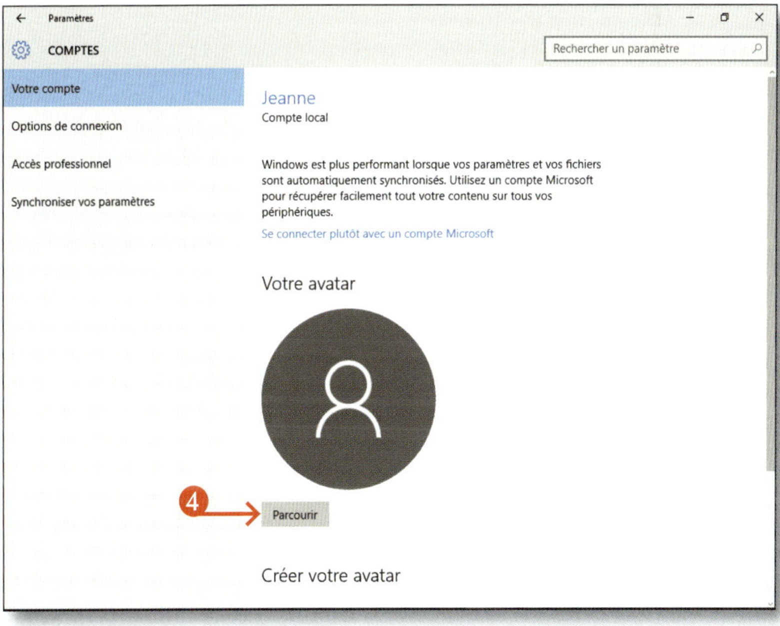

Le volet Comptes de l'application Paramètres s'ouvre sur l'onglet Votre compte.

4 Cliquez **Parcourir**.

Vous pouvez illustrer votre compte avec une photo prise par votre webcam. Répétez les étapes 1 et 2, puis cliquez **Caméra**. L'application Caméra apparaît. Prenez la pose, puis cliquez [icône] pour prendre une photo.

Modifiez l'image de votre compte d'utilisateur

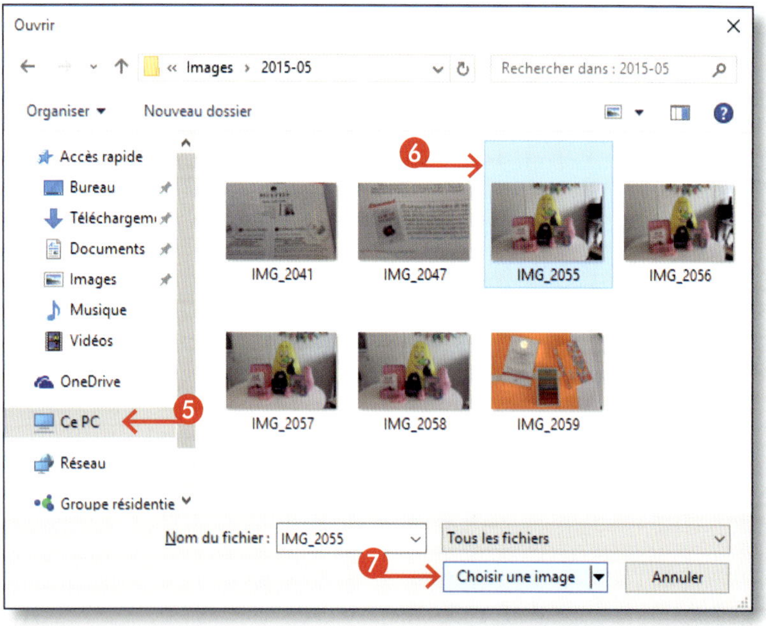

Votre bibliothèque Images s'affiche.

5 Cliquez **Ce PC** pour choisir une autre bibliothèque si nécessaire. Autrement, cliquez le nom d'un dossier d'images.

6 Cliquez l'image à utiliser.

7 Cliquez **Choisir une image**.

L'application Caméra affiche la photo avec un cadre représentant la portion qui sera utilisée pour l'image de votre compte. Faites glisser le cadre pour le positionner à votre convenance. Faites glisser un angle du cadre pour changer ses dimensions, puis cliquez **Appliquer** ☑.

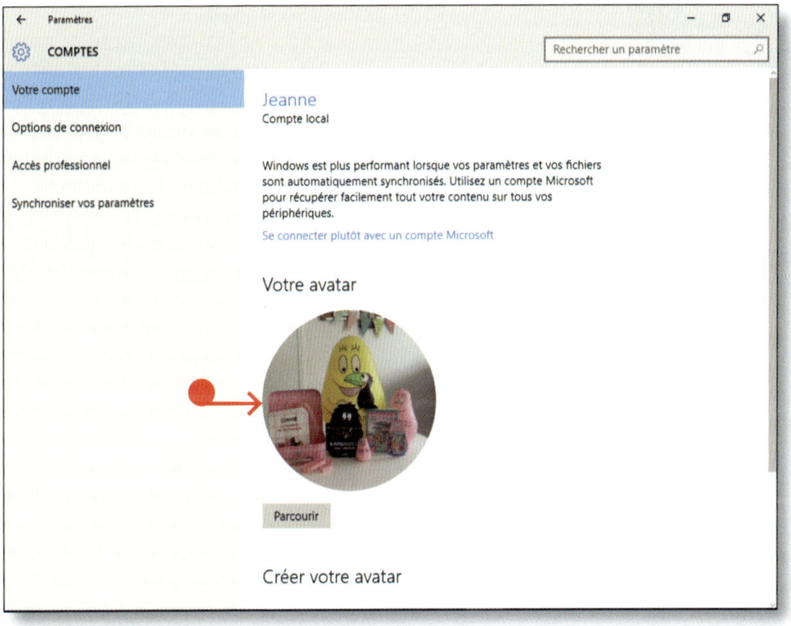

● L'onglet Votre compte apparaît avec la nouvelle image.

Si vous avez créé un compte sans mot de passe ou si vous avez du mal à mémoriser votre mot de passe, vous pouvez le modifier.

Modifiez le mot de passe d'un compte

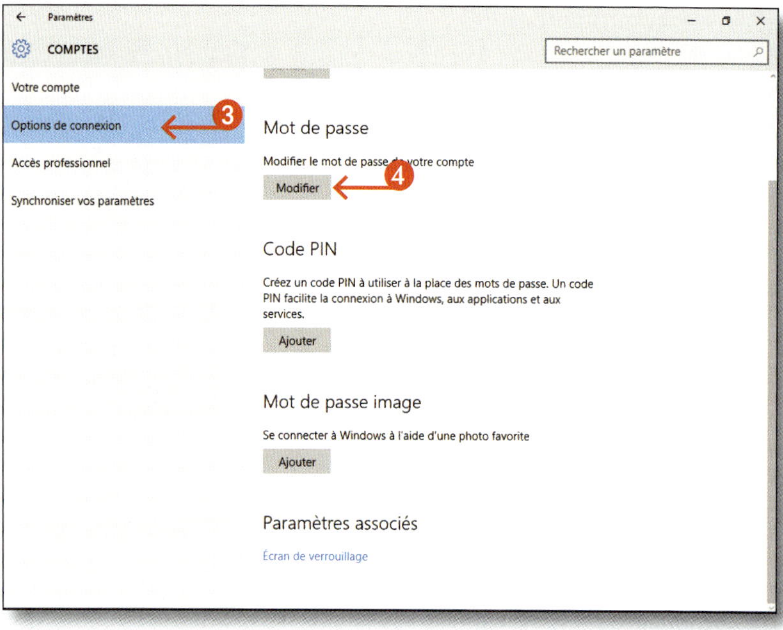

1 Pour modifier le mot de passe d'un autre utilisateur, vous devez ouvrir une session avec son compte.

2 Affichez le volet Comptes de l'application Paramètres.

Note. *Voyez la section « Affichez les comptes d'utilisateurs », plus tôt dans ce chapitre, pour accéder au volet Comptes.*

3 Cliquez **Options de connexion**.

4 Sous Mot de passe, cliquez **Modifier**.

Il est conseillé d'attribuer un mot de passe à chaque compte d'utilisateur, car autrement quiconque ayant accès à l'ordinateur serait en mesure d'utiliser un compte dépourvu de cette protection. Il est également recommandé de définir un mot de passe complexe pour éviter qu'une personne ne puisse le deviner et accéder ainsi au système. Que vous ayez besoin d'attribuer un mot de passe ou d'en définir un plus sécurisé ou plus facile à mémoriser, Windows vous permet de modifier le mot de passe d'un compte d'utilisateur.

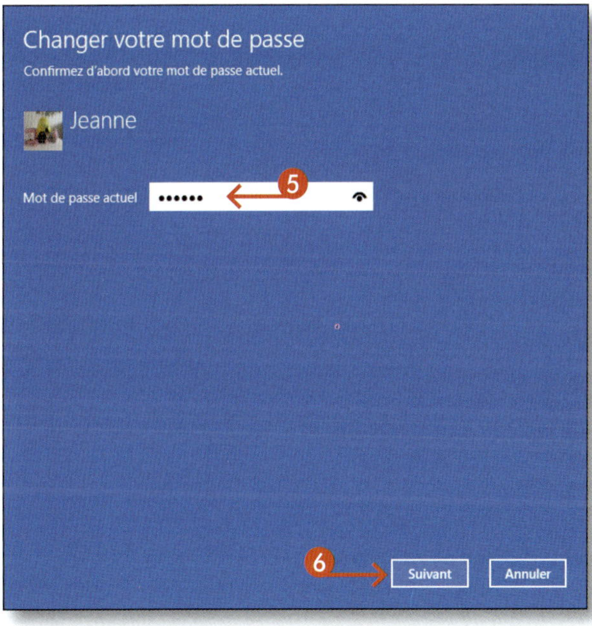

Note. *Si le compte est dépourvu de mot de passe, vous cliquerez sur* ***Ajouter****.*

L'écran Changer votre mot de passe apparaît.

5 Tapez le mot de passe actuel.

Note. *Si le compte est dépourvu de mot de passe, ignorez l'étape* ***5****.*

6 Cliquez **Suivant.**

Certaines précautions s'imposent pour protéger votre mot de passe. En plus de choisir un mot de passe complexe comme décrit plus tôt dans ce chapitre, vous prendrez garde d'appliquer les conseils suivants :

Modifiez le mot de passe d'un compte

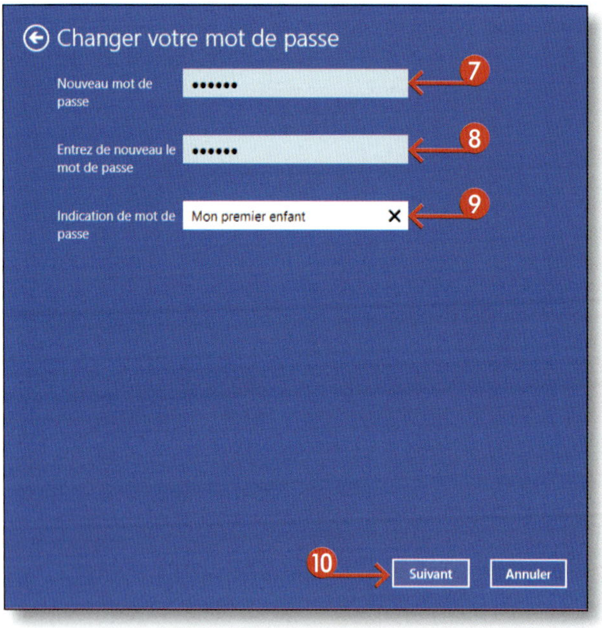

7 Tapez le nouveau mot de passe.

8 Retapez le nouveau mot de passe.

9 Tapez une indication de mot de passe.

10 Cliquez **Suivant**.

- Ne communiquez jamais votre mot de passe.
- Ne notez pas votre mot de passe par écrit.
- Définissez un mot de passe complexe mais facile à retenir grâce à un moyen mnémotechnique. Par exemple, vous pourriez utiliser les initiales d'un roman ou d'un film : *Faut pas prendre les enfants du bon Dieu pour des canards sauvages*, par exemple, pourrait vous donner le mot de passe FpplEdbDpdcs.

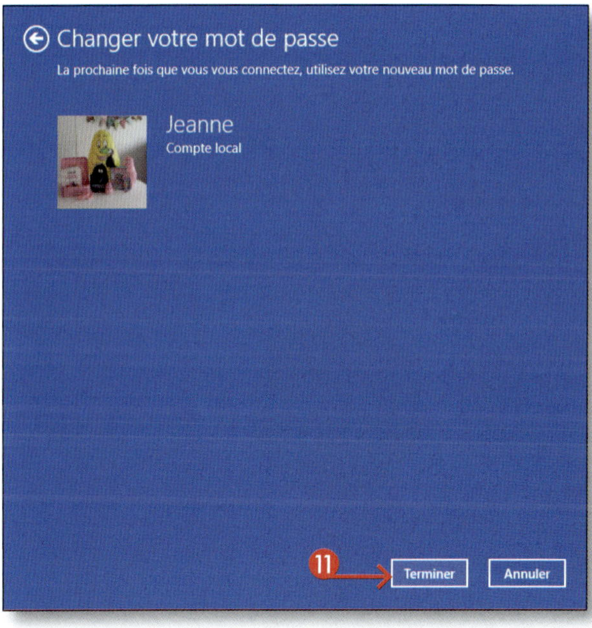

11 Cliquez **Terminer**.

Windows actualise le mot de passe du compte d'utilisateur.

SUPPRIMEZ UN COMPTE D'UTILISATEUR

Si vous avez créé un compte d'utilisateur d'usage provisoire ou s'il existe sur l'ordinateur un compte qui ne sert plus, vous pouvez le supprimer.

Supprimez un compte d'utilisateur

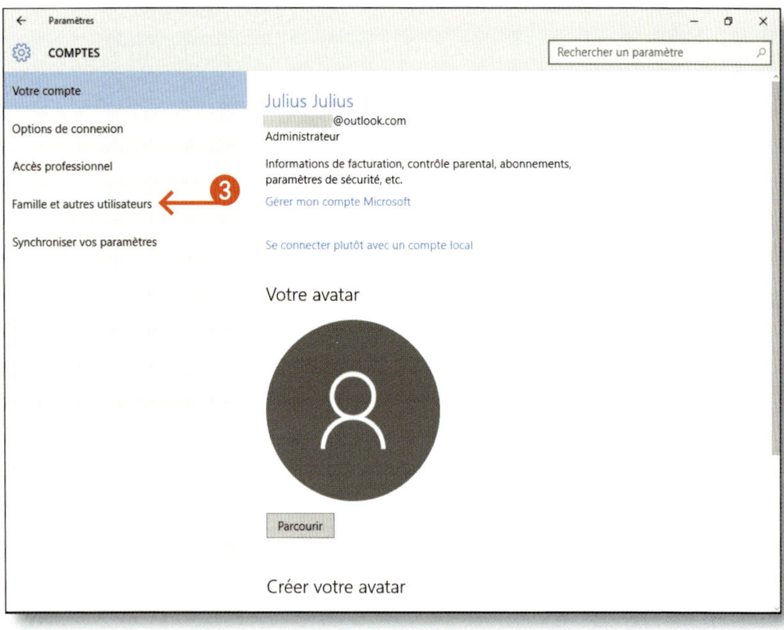

1 Fermez la session du compte à supprimer.

Note. *Pour quitter un compte, cliquez le nom du compte dans le menu Démarrer, puis cliquez* ***Se déconnecter****.*

2 Affichez le volet Comptes de l'application Paramètres (voir « Affichez les comptes d'utilisateurs » au début de ce chapitre).

3 Cliquez **Famille et autres utilisateurs**.

Vous réduirez ainsi le nombre de comptes affichés dans le volet Comptes de l'application Paramètres et dans l'écran d'ouverture de session. La suppression d'un compte inutile a aussi pour avantage de libérer l'espace disque qu'il occupait, ce qui laisse plus d'espace pour les fichiers des autres comptes.

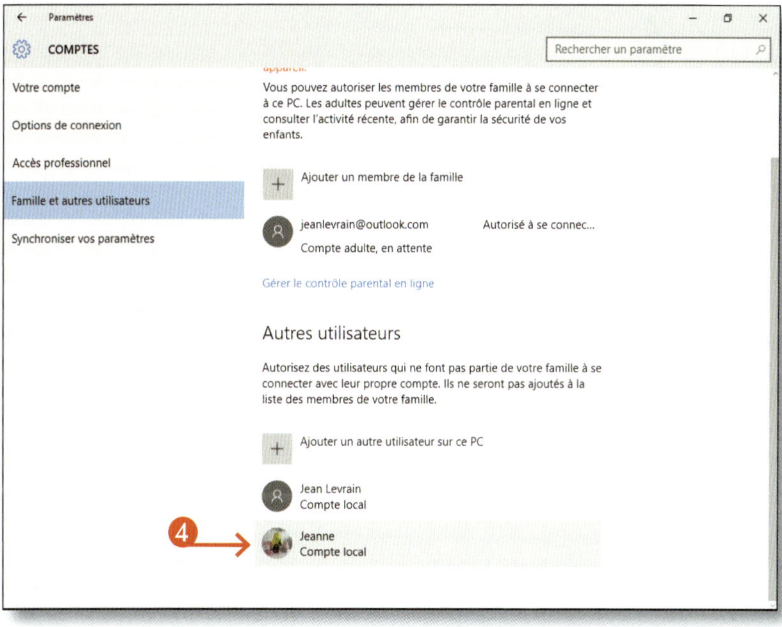

4 Cliquez le compte d'utilisateur à supprimer.

Si votre compte est le seul de type Administrateur sur votre ordinateur, Windows interdit sa suppression. Pour fonctionner sur l'ordinateur, Windows 10 nécessite au moins un compte d'administrateur.

Supprimez un compte d'utilisateur

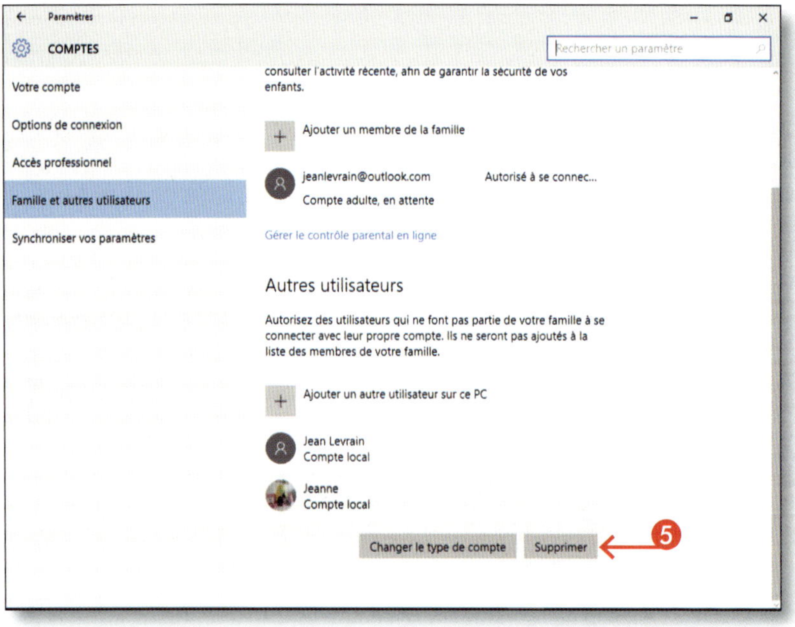

5 Cliquez **Supprimer**.

Pour transformer un compte standard en compte d'administrateur, effectuez les étapes 1 à 4 de cette section, puis cliquez **Changer le type de compte**. Dans la liste Type de compte, sélectionnez ensuite **Administrateur** et cliquez **OK**.

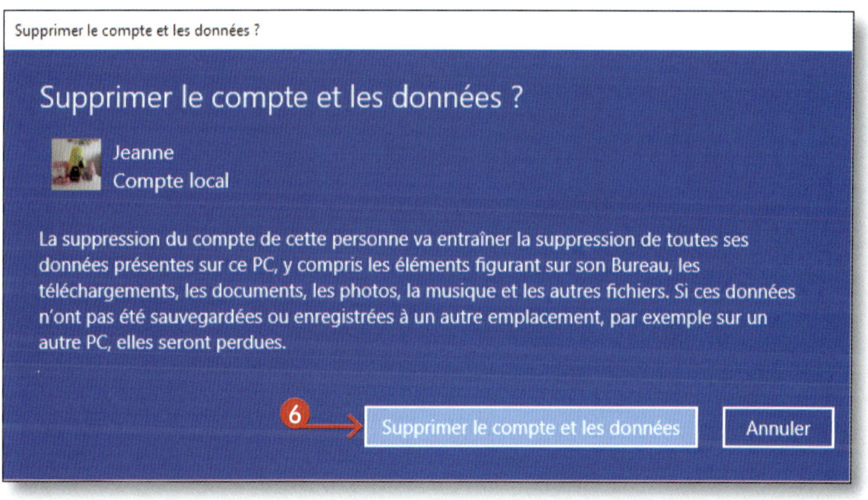

La fenêtre Supprimer le compte et les données ? s'ouvre.

6 Cliquez **Supprimer le compte et les données**.

Windows supprime le compte.

Avant de voir comment bien protéger votre ordinateur, examinons les outils que Windows met à votre disposition pour assurer la sécurité et la confidentialité de vos données.

Mot de passe de compte d'utilisateur

Pour sécuriser Windows, commencez par protéger chaque compte d'utilisateur par un mot de passe. De la sorte, vous éviterez qu'un inconnu puisse prendre possession de votre ordinateur, et verrouillerez ce dernier. Windows 10 propose en outre des mots de passe à sécurité renforcée, comme le mot de passe image.

Contrôle de compte d'utilisateur

La fenêtre Contrôle de compte d'utilisateur s'affiche dès que vous initiez une action qui risque d'endommager ou de perturber le fonctionnement de l'ordinateur. Si vous êtes connecté en tant qu'administrateur, il suffit de cliquer **Oui** pour autoriser cette action. Si vous êtes connecté sous un autre compte d'utilisateur, il faudra indiquer le mot de passe du compte administrateur pour aller plus loin.

Parmi ces outils figurent le mot de passe du compte d'utilisateur, le contrôle de compte d'utilisateur, le verrouillage du PC, le pare-feu Windows, Windows Defender et la navigation InPrivate avec Microsoft Edge. Si vous faites bon usage de tous ces outils en les combinant, vous devriez être à l'abri de la plupart des menaces.

Verrouillage du PC

Protéger votre compte avec un mot de passe, c'est bien, mais si vous quittez votre bureau en laissant la session ouverte, n'importe quel visiteur pourra utiliser l'ordinateur à votre insu. Pour empêcher ce désagrément, pensez à verrouiller l'ordinateur dès que vous le laissez. Toute personne cherchant à en prendre possession devra alors saisir le mot de passe pour ouvrir une session.

Pare-feu Windows

Quand votre ordinateur est connecté à Internet, il se retrouve ouvert aux menaces qui rôdent sur le réseau (logiciels espions, virus et autres programmes malfaisants). Pour vous en prémunir, le Pare-feu Windows est activé par défaut, fermant la porte aux intrusions étrangères en ligne.

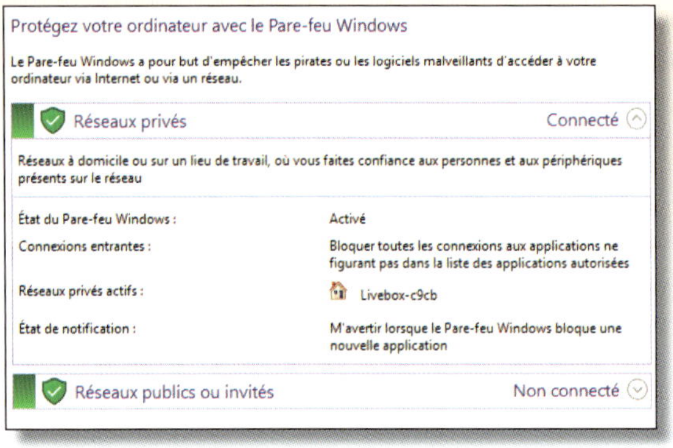

Windows Defender

Un logiciel espion est un programme qui s'installe à votre insu sur votre ordinateur, puis collecte des données contenues dans ce dernier, vole vos mots de passe, affiche des publicités ou encore détourne votre navigateur Web. Pour éviter ce genre de menaces, Windows 10 est fourni avec le programme Windows Defender.

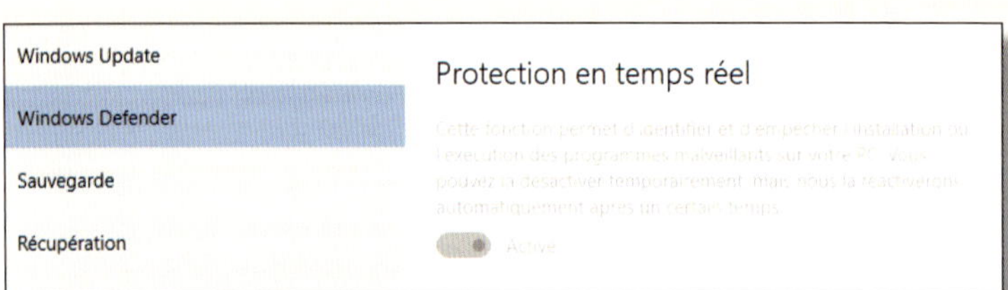

Navigation InPrivate

Le navigateur Web Edge collecte des données à mesure que vous visitez des sites afin d'améliorer votre navigation, mais c'est aussi une façon de mémoriser votre activité en ligne. Si vous comptez vous rendre sur des sites « sensibles » en toute confidentialité, activez la navigation InPrivate, qui interdit à Edge de conserver la moindre trace de ce passage.

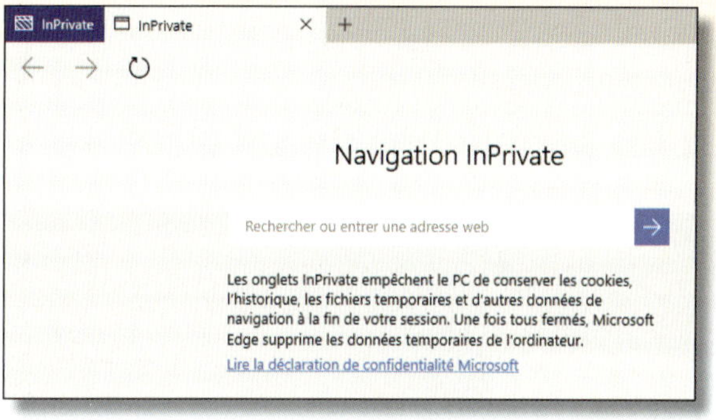

Réinitialiser le PC

Votre ordinateur contient une grande quantité d'informations sur vous, comme vos fichiers personnels, vos sites Web favoris, vos messages électroniques et vos paramètres de Windows. Si vous envisagez de revendre ou de donner votre ordinateur à quelqu'un, pensez à le réinitialiser afin d'effacer son contenu et d'installer une version « propre » de Windows.

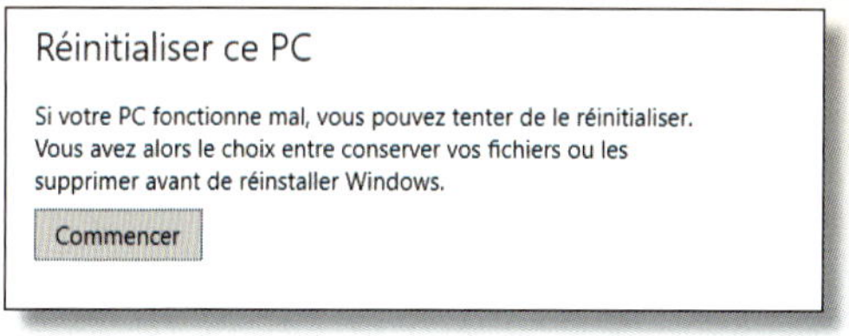

La fenêtre Sécurité et maintenance de Windows 10 affiche des messages sur l'état de votre ordinateur. Elle vous informe plus particulièrement en cas de problèmes de sécurité.

Détectez les problèmes de sécurité

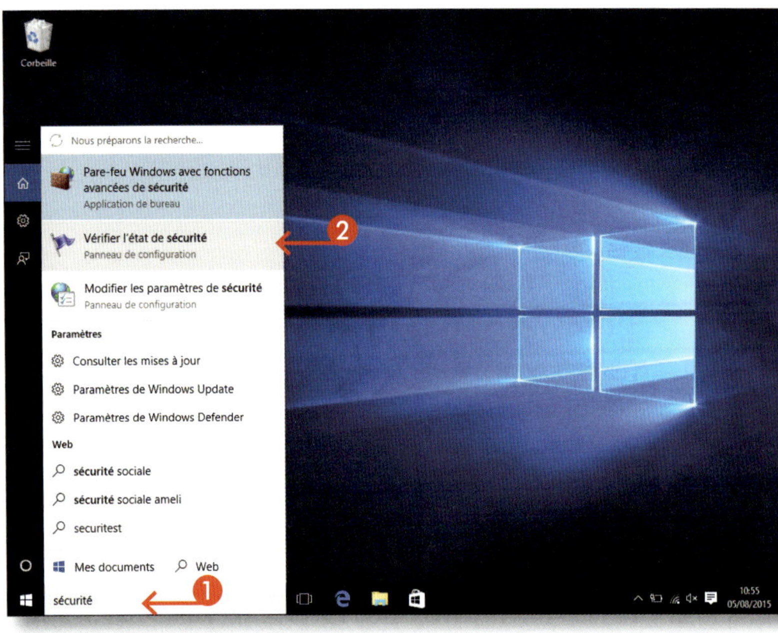

1 Dans la zone de recherche, saisissez **sécurité**.

2 Cliquez **Sécurité et maintenance** ou **Vérifier l'état de sécurité**.

La fenêtre Sécurité et maintenance vous indique par exemple que votre ordinateur n'est pas protégé contre les virus ou que la base de données de Windows Defender n'est pas mise à jour. Il vous avertit si Windows n'est pas configuré pour télécharger automatiquement les mises à jour et si des fonctions de sécurité essentielles, comme le contrôle de compte d'utilisateur, sont désactivées.

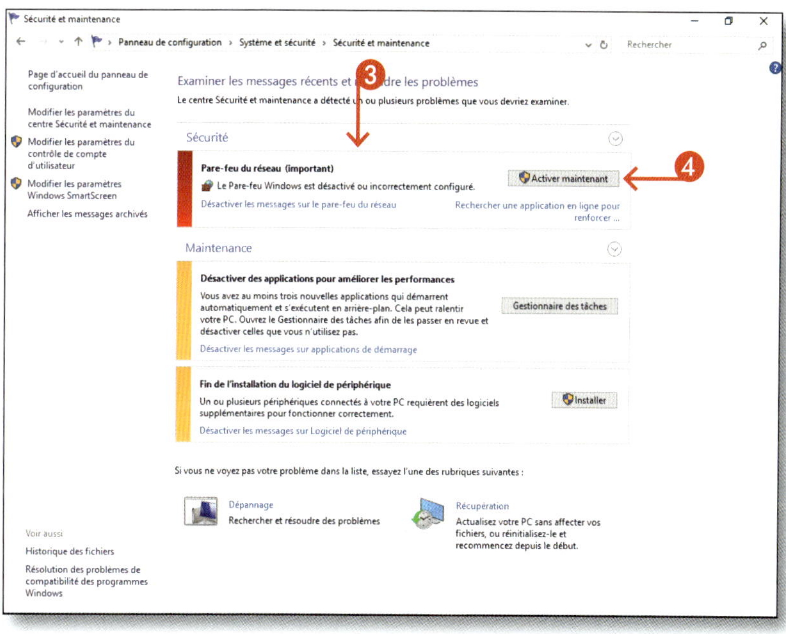

La fenêtre Sécurité et maintenance s'affiche.

3 Consultez les avertissements de sécurité.

4 Cliquez **Activer maintenant** pour éliminer un risque si un message vous avertit qu'une fonction importante est désactivée.

Pour consulter rapidement les messages de Sécurité et maintenance, cliquez l'icône dans la zone de notification de la barre des tâches. Le centre de notifications s'ouvre, avec les messages de Sécurité et maintenance. Cliquez-les pour les afficher.

Détectez les problèmes de sécurité

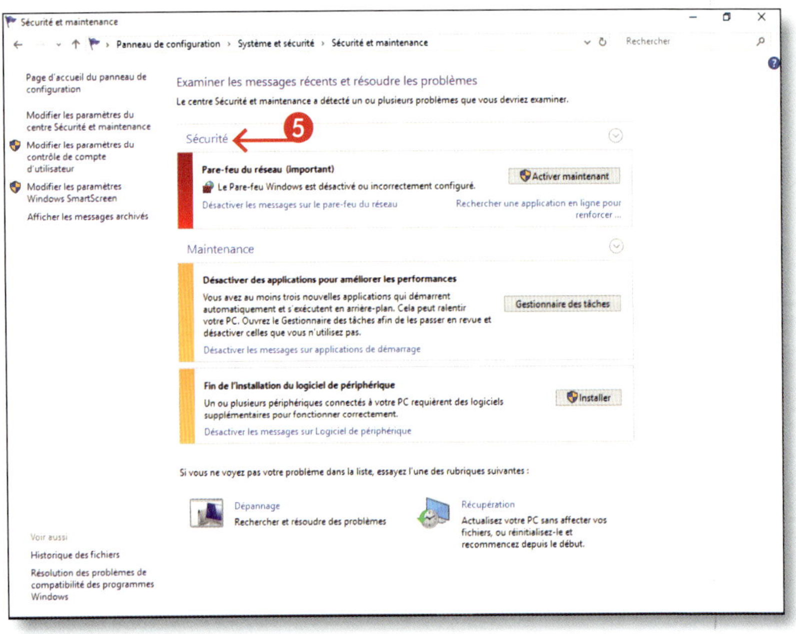

5 Cliquez **Sécurité**.

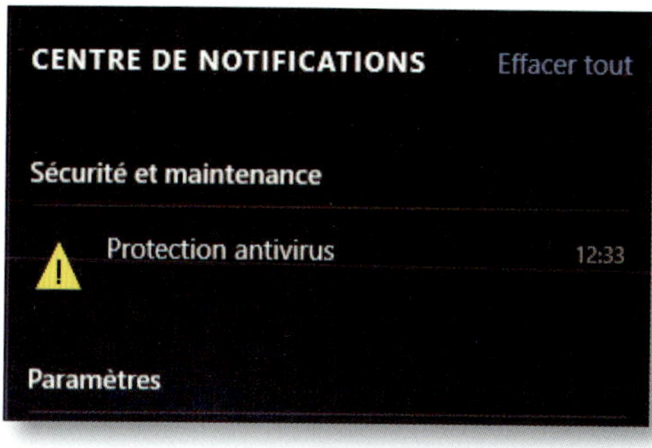

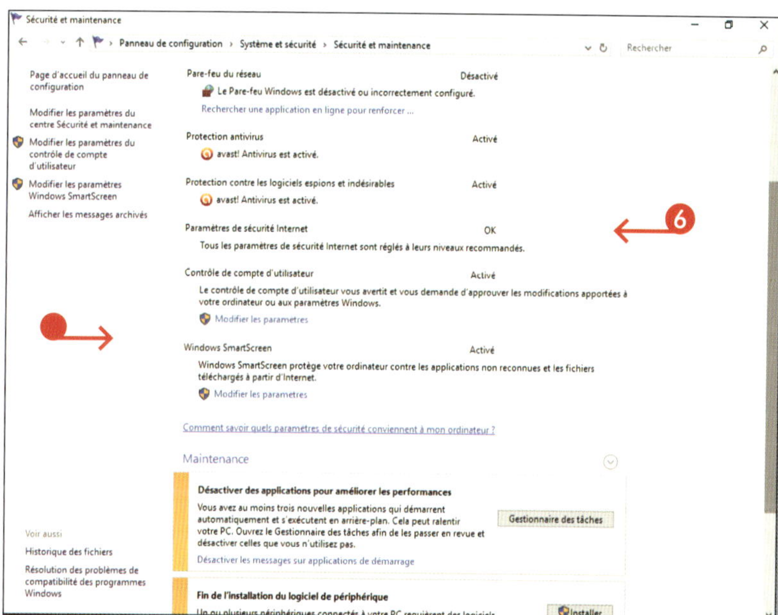

6 Parcourez les éléments de la section Sécurité.

La fenêtre Sécurité et maintenance présente une vue d'ensemble de tous les paramètres de sécurité de votre système.

PROTÉGEZ UN COMPTE D'UTILISATEUR PAR UN MOT DE PASSE IMAGE

Il est conseillé de protéger les comptes d'utilisateurs par un mot de passe renforcé. Le mot de passe image est par exemple un moyen idéal de vous identifier sur un ordinateur à écran tactile.

Protégez un compte d'utilisateur par un mot de passe image

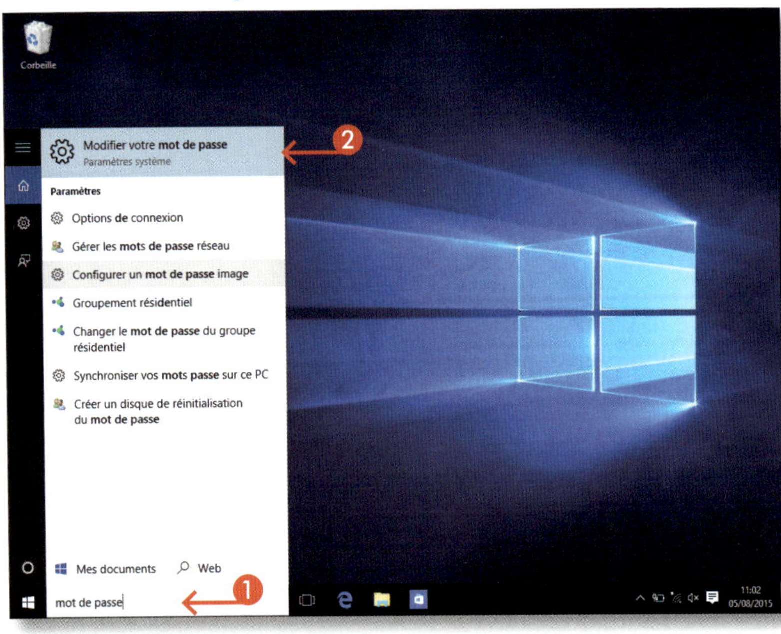

1 Dans la zone de recherche de la barre des tâches, saisissez **mot de passe**.

2 Cliquez **Modifier votre mot de passe**.

Le mot de passe consiste en une série de trois gestes (clic, ligne droite ou cercle) à effectuer sur une image de votre choix.

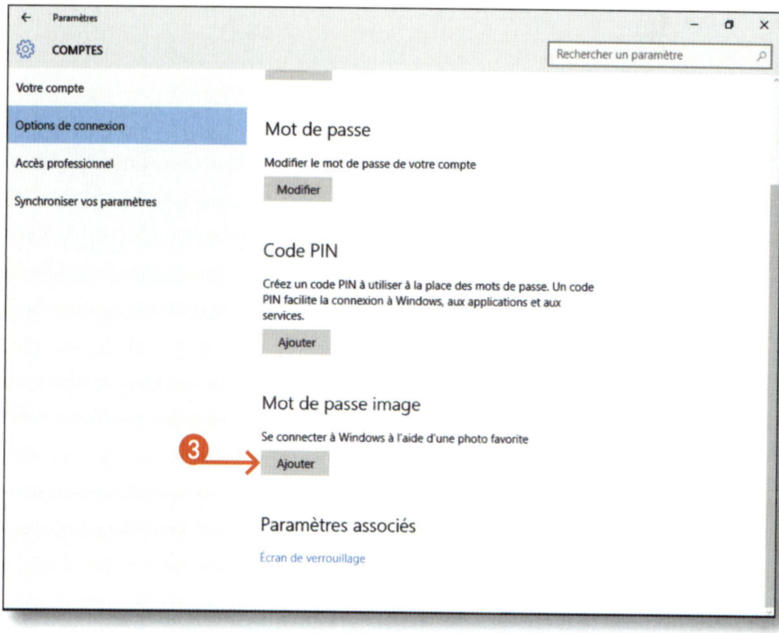

3 Dans la section Mot de passe image, cliquez **Ajouter**.

Un mot de passe image ne remplace pas votre mot de passe habituel. Il est même possible de passer outre le mot de passe image pour demander à vous connecter avec le mot de passe de compte habituel. D'où la nécessité de choisir un mot de passe fort, difficile à trouver pour un intrus.

Protégez un compte d'utilisateur par un mot de passe image

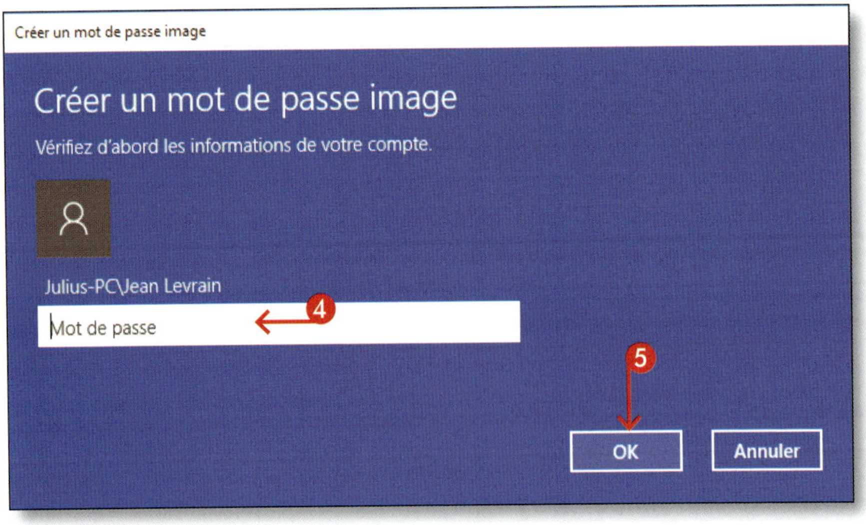

La boîte de dialogue Créer un mot de passe image apparaît.

4 Tapez votre mot de passe.

5 Cliquez **OK**.

Le principal inconvénient d'un mot de passe image en termes de sécurité est qu'il est possible de vous épier au moment où les dessins sont tracés sur l'image, alors qu'un mot de passe classique est masqué au moment de sa saisie dans la zone de texte.

L'écran Bienvenue dans le mot de passe image s'affiche.

6 Cliquez **Choisir une image**.

Tâchez de rendre votre mot de passe image impossible à trouver, comme pour un mot de passe traditionnel. Par exemple, si vous utilisez un portrait avec trois personnes, il serait trop évident de cliquer chaque visage.

Protégez un compte d'utilisateur par un mot de passe image

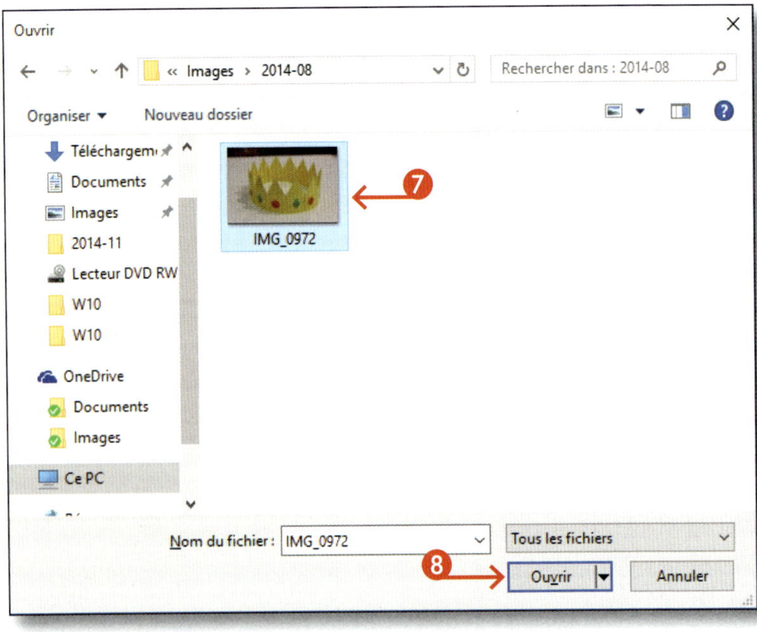

La boîte de dialogue Ouvrir s'affiche.

7 Sélectionnez une image.

8 Cliquez **Ouvrir**.

Un bon mot de passe image doit non seulement utiliser les trois techniques de dessin proposées, mais également y faire appel de façon inattendue. Pour réussir à mémoriser ce mot de passe image, entraînez-vous en vous déconnectant et en vous reconnectant à plusieurs reprises.

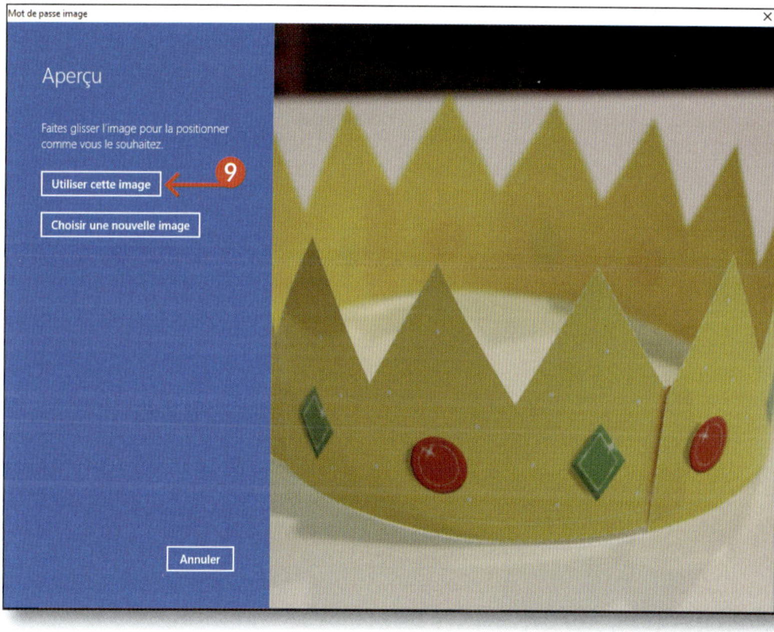

L'écran Aperçu s'affiche avec l'image.

9 Cliquez **Utiliser cette image**.

En cas d'oubli du mot de passe image, cliquez **Options de connexion**, puis **Compte Microsoft** pour vous connecter avec votre mot de passe habituel.

Protégez un compte d'utilisateur par un mot de passe image

L'écran Configurer vos mouvements s'affiche.

10 Avec le doigt, un stylet ou la souris, tracez un mouvement de dessin sur l'image.

11 Effectuez deux autres mouvements de dessin sur l'image.

Pour obtenir un indice de mot de passe image, effectuez les étapes **1** et **2** de cette section, puis cliquez **Modifier**. Saisissez votre mot de passe, puis cliquez **OK**. Dans l'écran Modifier votre mot de passe image, cliquez **Relecture**, puis cliquez à l'emplacement indiqué pour chaque dessin sur l'image.

⓬ Effectuez de nouveau les trois mouvements de dessin sur l'image pour les confirmer.

⓭ Cliquez **Terminer**.

À la prochaine ouverture de session, Windows vous demandera en guise de mot de passe de tracer les mêmes dessins sur l'image.

Vous renforcerez la protection de votre ordinateur en verrouillant le système pendant vos absences momentanées.

Verrouillez votre ordinateur

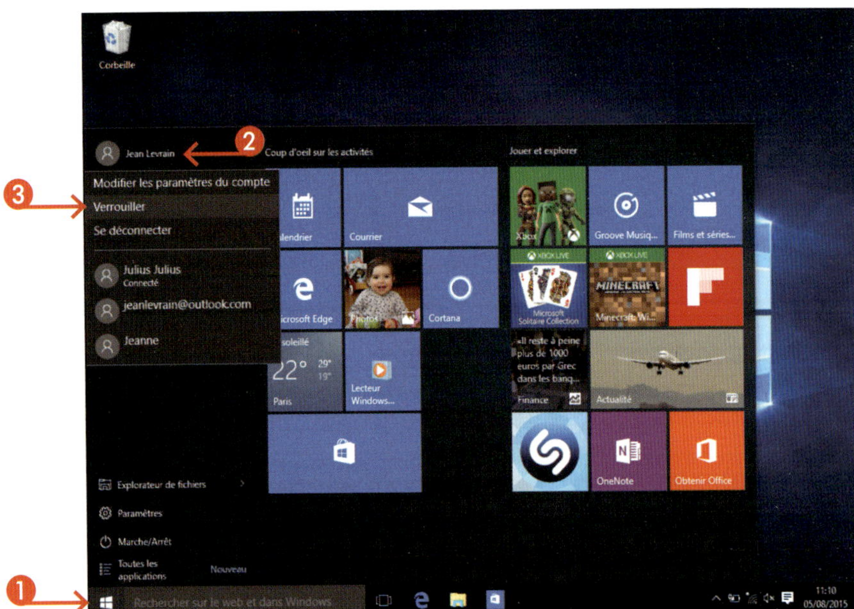

1 Cliquez **Démarrer** ⊞.

2 Cliquez le nom de votre compte d'utilisateur.

3 Cliquez **Verrouiller**.

Le mot de passe vous garantit que personne ne pourra se connecter à votre compte, mais que se passe-t-il si vous quittez temporairement votre bureau en laissant l'ordinateur ouvert ? Si vous laissez votre compte ouvert, quelqu'un pourrait l'utiliser et accéder à vos fichiers. Pour éviter ce risque, verrouillez l'ordinateur. Une fois le verrouillage activé, il faut taper votre mot de passe pour retourner dans Windows.

Windows verrouille l'ordinateur et affiche l'écran de verrouillage.

Si vous êtes pressé de verrouiller l'ordinateur, tapez [Windows] + [L].

Vous pouvez également appuyer sur [Ctrl] + [Alt] + [Suppr], puis cliquer **Verrouiller**.

Déverrouillez votre ordinateur

1 Cliquez dans l'écran de verrouillage ou appuyez sur une touche du clavier pour afficher l'écran d'ouverture de session.

2 Cliquez dans le champ de saisie.

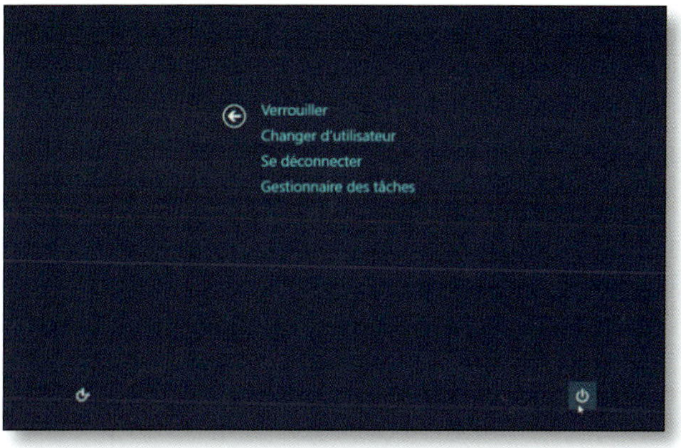

❸ Tapez votre mot de passe.

❹ Cliquez la flèche de validation (→).

Windows déverrouille l'ordinateur et rétablit l'affichage de votre Bureau.

DÉFINISSEZ UN VERROUILLAGE AUTOMATIQUE DE L'ORDINATEUR

La section précédente vous a expliqué comment verrouiller votre PC pour empêcher qu'un intrus ne l'utilise à votre insu si vous le laissez. Mais le problème, c'est que vous n'y penserez pas toujours.

Définissez un verrouillage automatique de l'ordinateur

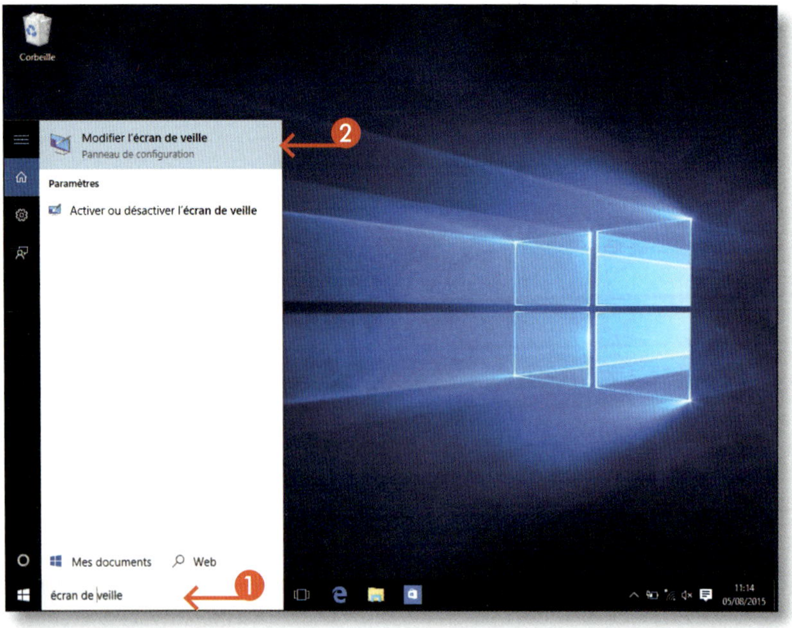

1 Dans la zone de recherche, saisissez **écran de veille**.

2 Cliquez **Modifier l'écran de veille**.

Si jamais vous devez quitter votre poste de travail subitement, vous oublierez certainement de verrouiller votre PC. Fort heureusement, vous pouvez demander à Windows de verrouiller automatiquement votre ordinateur après un certain temps d'inactivité.

La fenêtre Paramètres de l'écran de veille s'affiche.

❸ Cliquez ∨ puis sélectionnez un écran de veille dans la liste.

Windows verrouille l'ordinateur automatiquement dès qu'il se met en mode veille. Pour le forcer à afficher l'écran de connexion à chaque sortie de veille, cliquez le menu **Démarrer** ⊞ → **Paramètres** → **Comptes** → **Options de connexion**, puis déroulez la liste sous Exiger une connexion et sélectionnez **Lorsque le PC sort du mode veille**.

Définissez un verrouillage automatique de l'ordinateur

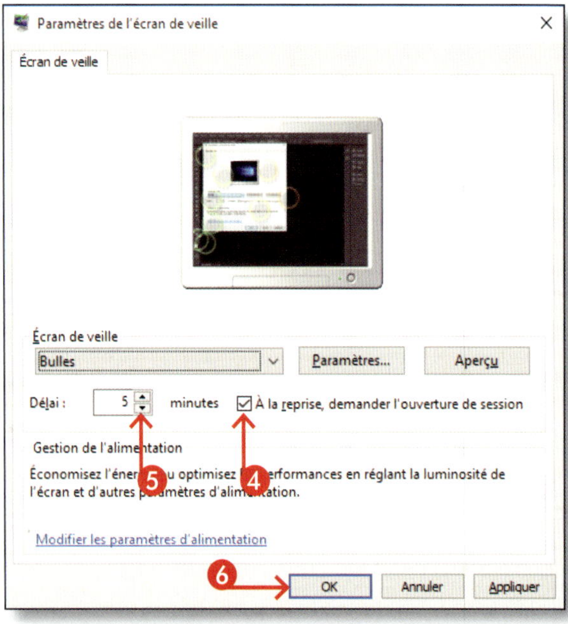

4 Cliquez **À la reprise, demander l'ouverture de session** (☐ devient ☑).

5 Cliquez ⬍ de la section Délai pour indiquer au bout de combien de minutes l'écran de veille devra s'afficher et l'ordinateur se verrouiller.

6 Cliquez **OK**.

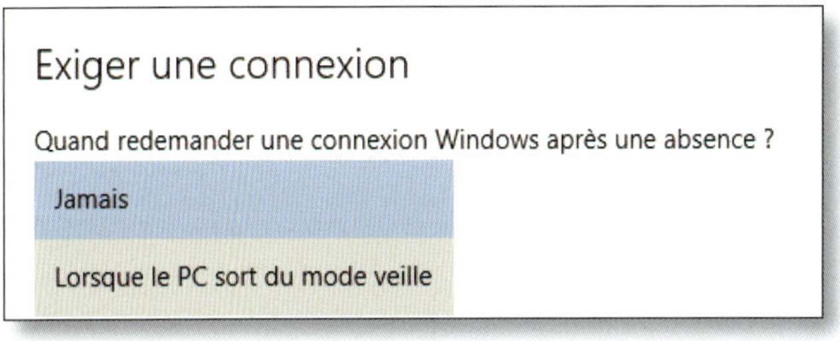

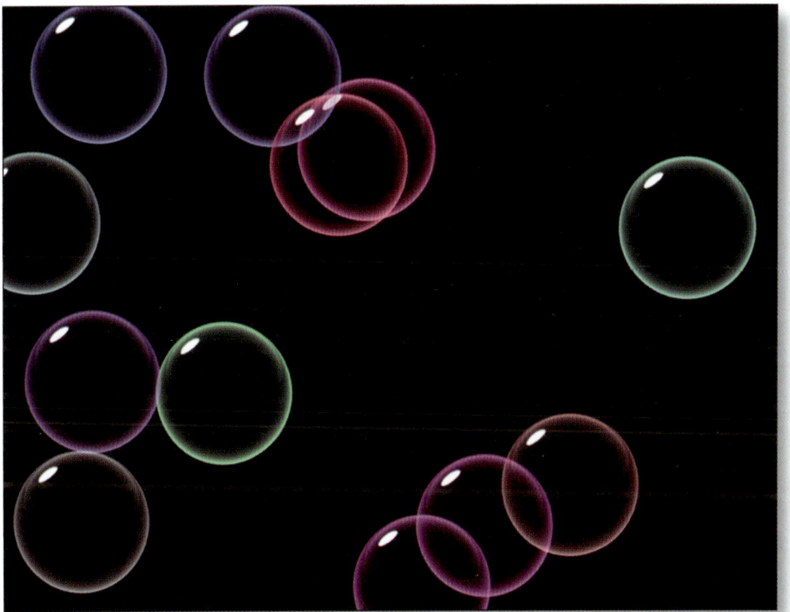

Windows 10 affiche l'écran de veille au bout du délai indiqué et verrouille en même temps l'ordinateur.

Si vous visitez des sites Web au contenu privé ou sensible, vous pouvez commander au navigateur Edge de ne pas enregistrer ces sites dans l'historique de navigation.

Naviguez en mode confidentiel

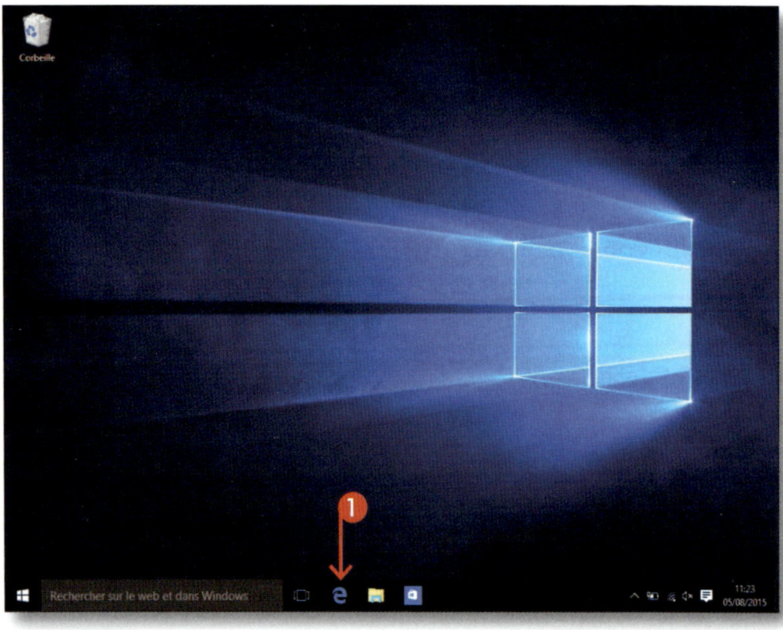

1 Cliquez **Edge** dans la barre des tâches.

La fenêtre d'Edge s'ouvre.

Si vous visitez souvent des sites Web privés ou de nature sensible, vous pouvez éviter les indiscrétions en effaçant l'historique de navigation. Mais cette suppression est excessive si vos visites de sites sensibles sont rares. Une meilleure solution consiste à activer la fonction Navigation InPrivate d'Edge avant d'ouvrir les sites à garder secrets. Avec cette fonction, Edge cesse provisoirement d'enregistrer l'historique de navigation.

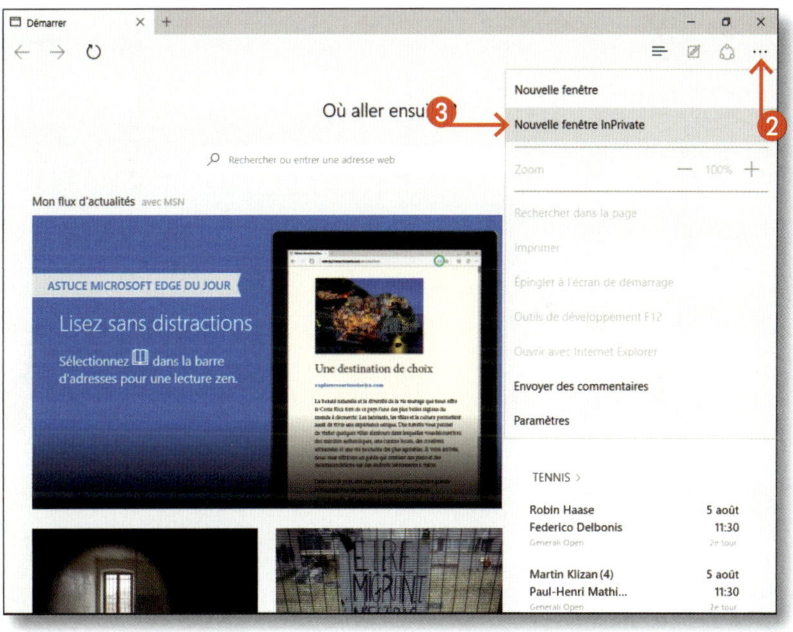

❷ Cliquez **Autres actions** (···).

❸ Cliquez **Nouvelle fenêtre InPrivate**.

Note. *Vous pouvez aussi appuyer sur* Ctrl + Maj + P.

Quand vous visitez certains sites, il est possible qu'ils vous présentent des publicités en rapport avec votre activité passée sur le Web.

Pour empêcher Edge d'afficher ces publicités ciblées, rendez-vous à l'adresse `http://choice.microsoft.com/fr-FR/opt-out`, puis cliquez **Désactiver** en regard d'Annonces personnalisées dans ce navigateur et d'Annonces personnalisées quand j'utilise mon compte Microsoft.

Naviguez en mode confidentiel

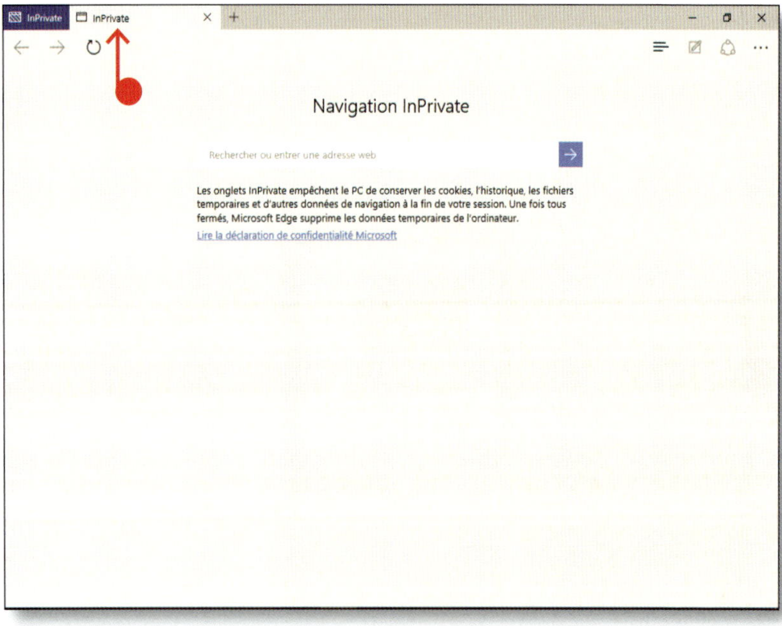

Une nouvelle fenêtre d'Edge s'ouvre.

● La mention [InPrivate] apparaît dans la coin supérieur gauche de la fenêtre.

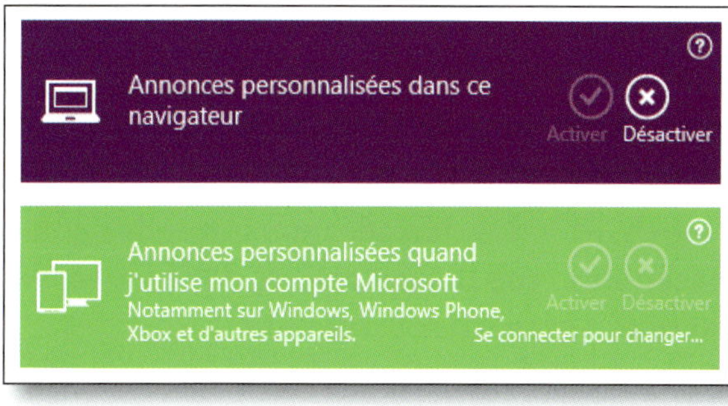

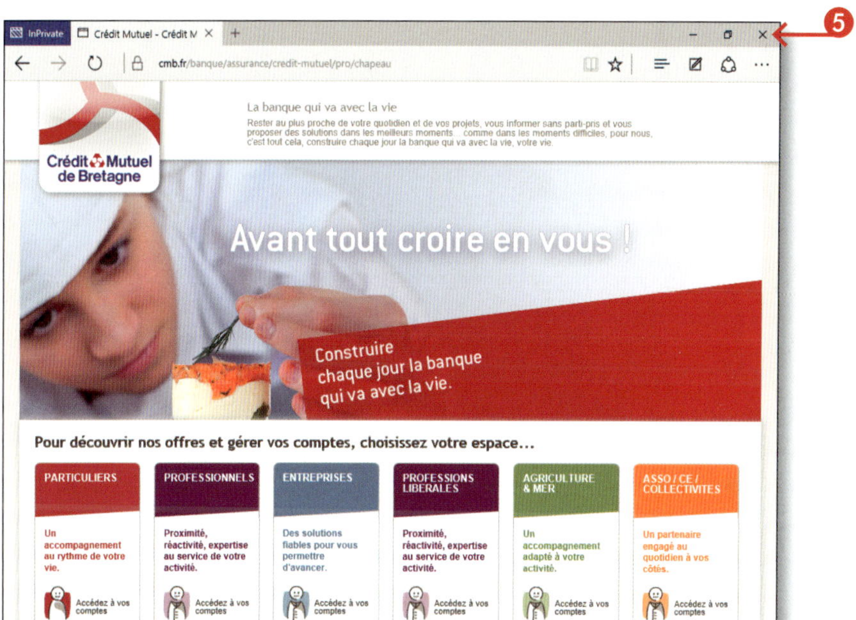

❹ Naviguez sur le Web selon vos habitudes, en consultant par exemple votre compte bancaire.

❺ Quand vous avez terminé, cliquez **Fermer** (✕).

Edge ferme la fenêtre InPrivate et désactive cette fonction.

CONTRÔLEZ LA CONFIDENTIALITÉ DE VOS DONNÉES

Par défaut, Windows 10 autorise les applications à accéder à certains composants du système, comme la webcam, le microphone et les récepteurs Wi-Fi et Bluetooth, et à des données personnelles comme votre emplacement, vos informations de compte, vos contacts et votre calendrier.

Contrôlez la confidentialité de vos données

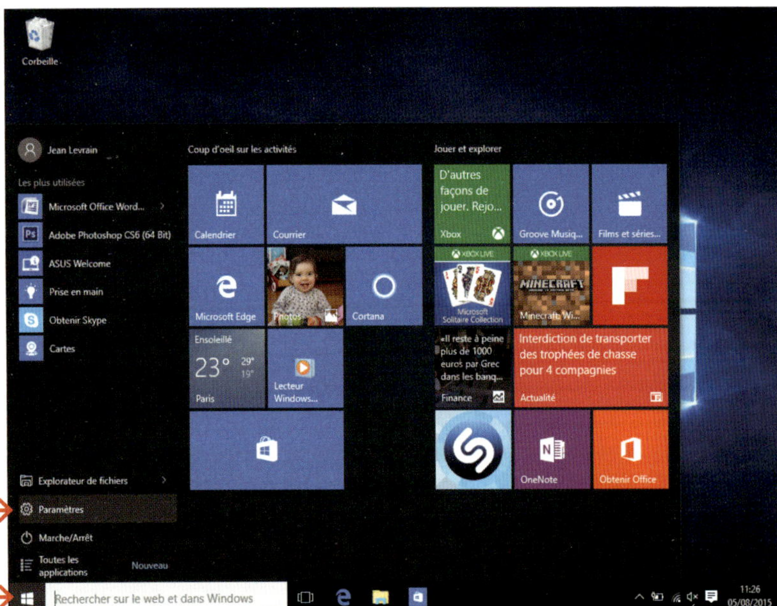

1 Cliquez **Démarrer** ⊞.

2 Cliquez **Paramètres**.

Si cet accès est autorisé pour faciliter en théorie votre utilisation de Windows, vous êtes en droit de le trouver quelque peu intrusif et indiscret. Vous pouvez dès lors protéger la confidentialité de vos données en désactivant l'accès à vos informations pour toutes ou partie des applications.

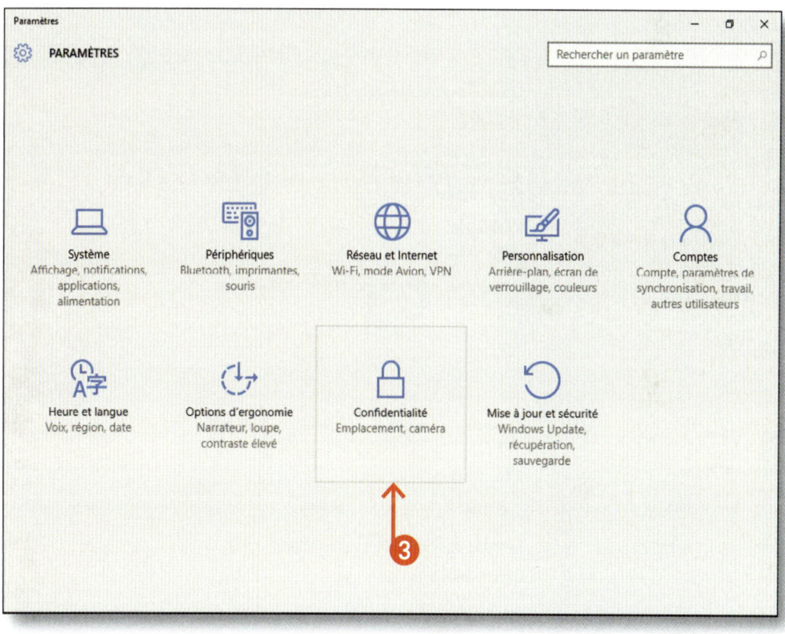

La fenêtre Paramètres s'affiche.

3 Cliquez **Confidentialité**.

Vous pouvez configurer une application de sorte que sa vignette ne montre jamais d'informations personnelles dans le menu Démarrer. Il suffit de désactiver l'actualisation de la vignette. Cliquez une vignette du bouton droit et cliquez Désactiver la vignette.

Contrôlez la confidentialité de vos données

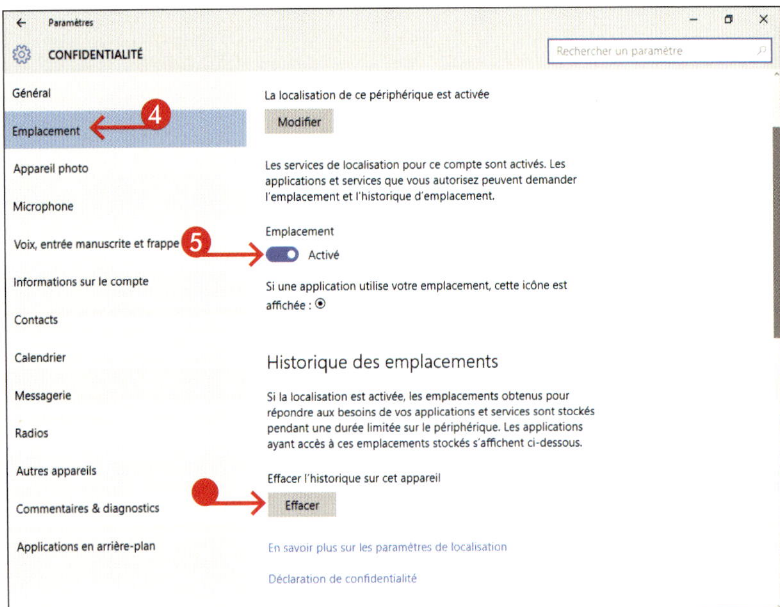

L'écran Confidentialité s'affiche.

4 Cliquez **Emplacement**.

5 Cliquez le bouton-poussoir sous Emplacement en position **Désactivé**.

● Pour supprimer toutes les données d'emplacement mémorisées par l'ordinateur, cliquez **Effacer**.

Windows efface toutes vos données d'emplacement.

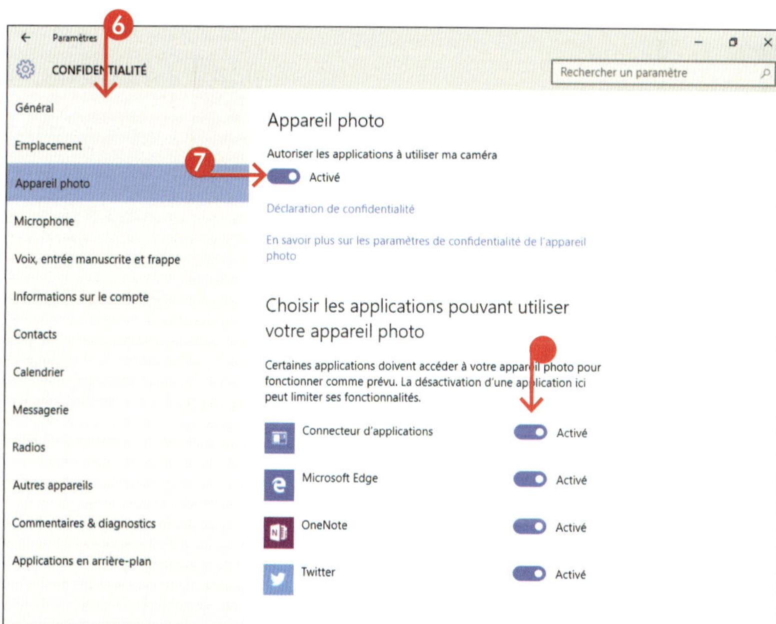

6 Cliquez l'onglet de chaque type d'informations ou de composants auquel une application peut accéder.

7 Cliquez le bouton-poussoir en position **Désactivé** pour empêcher tout accès.

● Vous pouvez également choisir d'activer ou désactiver individuellement cet accès pour chaque application concernée.

À mesure que vous utilisez votre ordinateur, vous accumulez dessus des quantités de données personnelles : documents, applications, sites Web favoris, messages électroniques, photos sont autant de moyens pour une personne malintentionnée de se renseigner sur votre vie privée.

Réinitialisez votre PC pour préserver votre vie privée

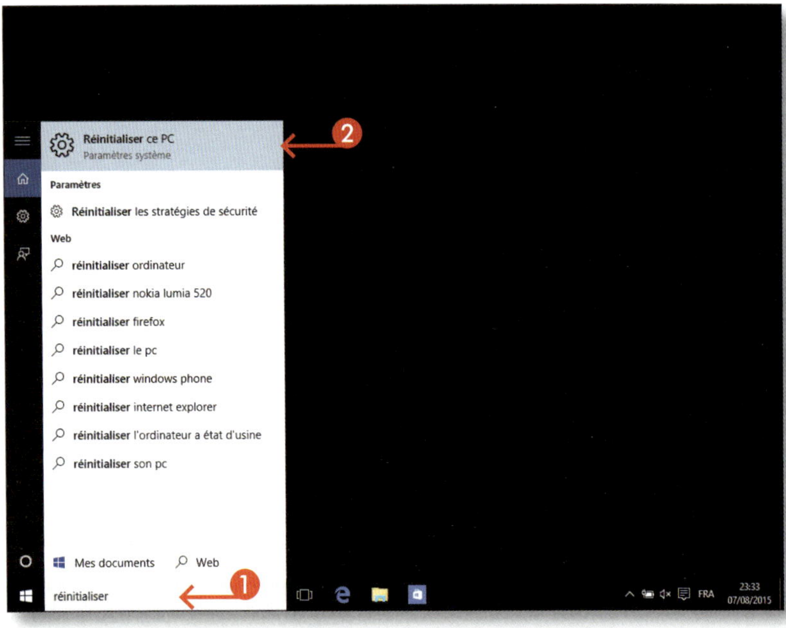

***Note.** Cette section présuppose que vous avez copié au préalable vos données personnelles sur un volume de sauvegarde, comme un disque dur externe.*

1 Dans la zone de recherche, saisissez **réinitialiser**.

2 Cliquez **Réinitialiser ce PC**.

Si vous revendez ou donnez votre PC à quelqu'un, mieux vaut éviter qu'il puisse avoir accès à toutes ces informations. Windows 10 propose pour cela une fonction de réinitialisation du contenu qui réinstalle le système à neuf.

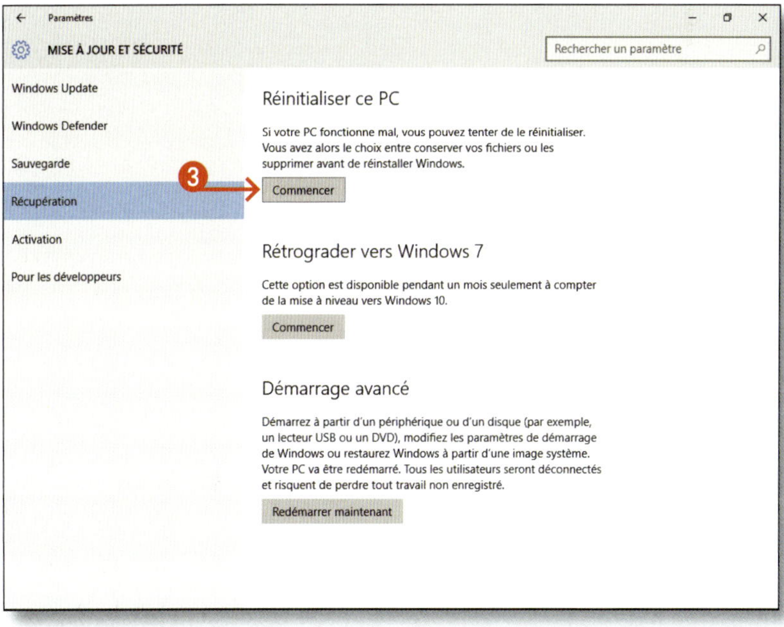

La fenêtre Mise à jour et sécurité des Paramètres s'ouvre sur l'onglet Récupération.

3 Cliquez **Commencer** sous Réinitialiser ce PC.

Au moment de réinitialiser votre PC, Windows vous demande de choisir si vous voulez conserver ou supprimer vos fichiers personnels. Si vous les conservez, seuls seront supprimés vos applications et paramètres, mais ce n'est pas ce que vous recherchez puisque vous voulez remettre votre ordinateur à zéro avant de le revendre.

Réinitialisez votre PC pour préserver votre vie privée

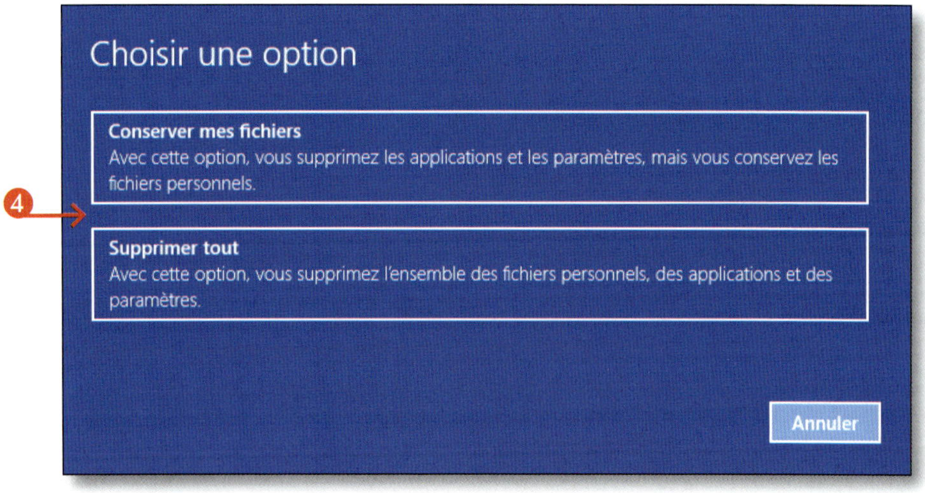

Windows vous demande si vous voulez conserver ou supprimer tous vos fichiers personnels.

4 Cliquez l'option de votre choix.

Si vous cherchez néanmoins juste à réparer votre PC sans porter atteinte à vos fichiers personnels, cliquez Conserver mes fichiers.

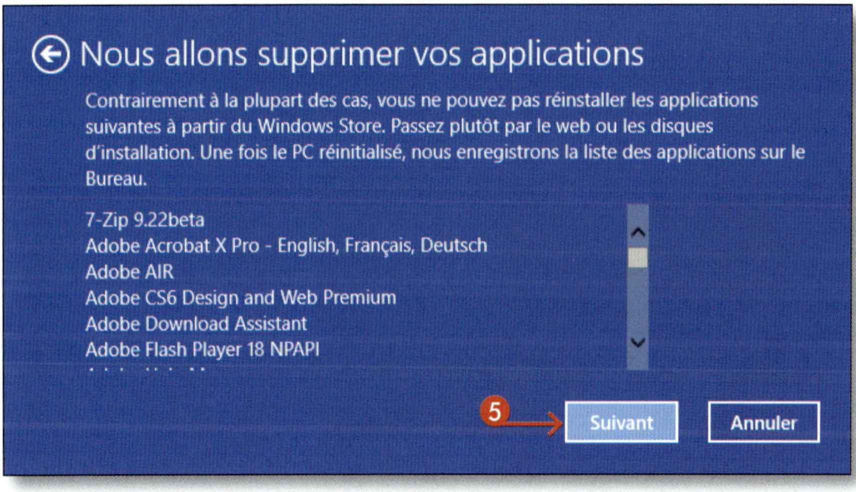

Windows affiche la liste des applications qui seront supprimées du PC.

5 Cliquez **Suivant**.

Windows indique qu'il est prêt à réinitialiser le PC.

6 Cliquez **Réinitialiser**.

Windows réinitialise le PC.

SUPPRIMEZ VOTRE HISTORIQUE DE NAVIGATION

Pendant que vous naviguez sur le Web, Edge enregistre des informations conservées sur votre ordinateur dans l'historique de navigation. Ces informations servent à accélérer et faciliter la navigation lorsque vous retournez sur les mêmes sites, mais elles vous exposent à l'indiscrétion des personnes ayant accès à votre ordinateur.

Supprimez votre historique de navigation

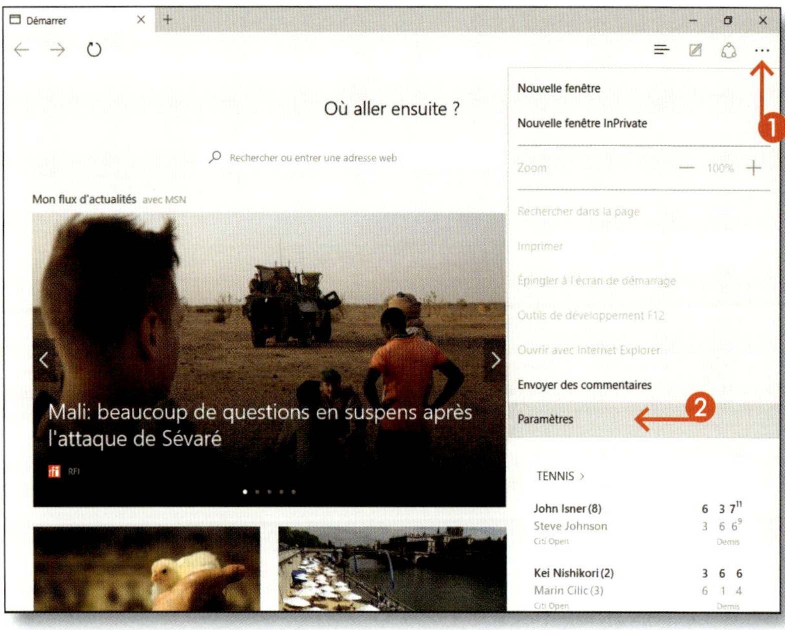

❶ Dans Edge, cliquez **Autres actions**.

❷ Cliquez **Paramètres**.

En supprimant votre historique de navigation, vous vous assurez que les autres personnes qui accèdent à votre ordinateur ne retrouvent pas les sites que vous avez visités.

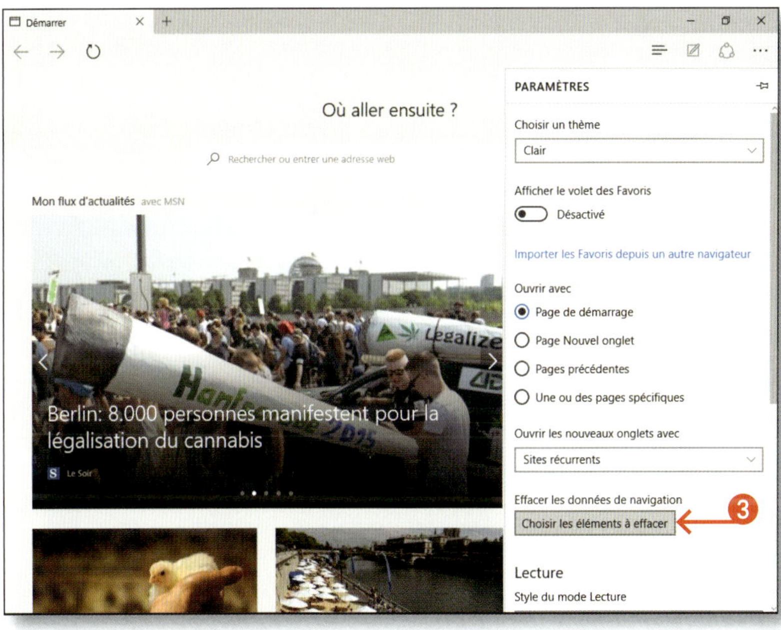

3 Cliquez **Choisir les éléments à effacer**.

Edge conserve la liste des sites que vous visitez, ainsi que des copies du contenu des pages de manière à charger plus rapidement les sites lors des prochaines visites. Il enregistre également le texte et les mots de passe que vous avez tapés dans les formulaires, ainsi que des cookies, de petits fichiers texte qui stockent des données, telles que les informations de connexion aux sites et vos préférences d'affichage de certains sites.

Supprimez votre historique de navigation

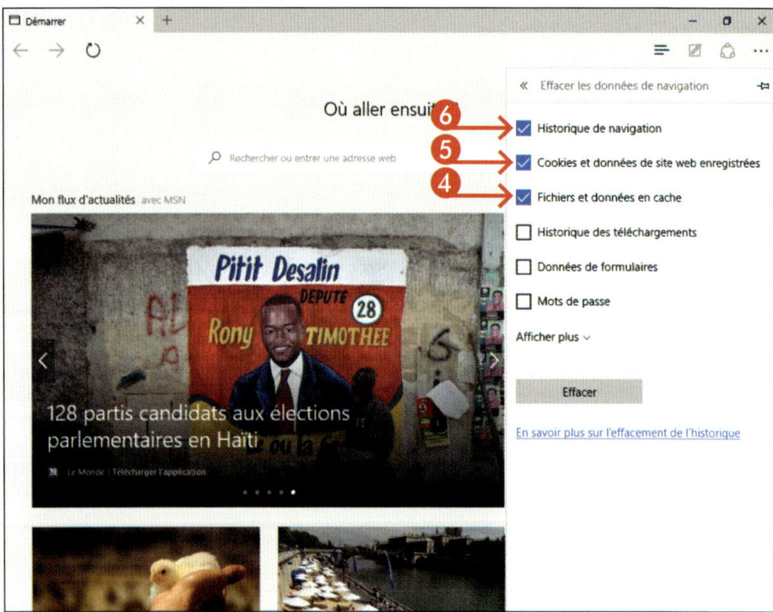

Le volet Effacer les données de navigation s'affiche.

4 Pour supprimer les fichiers de pages Web enregistrés, cochez **Fichiers et données en cache** (☐ devient ☑).

5 Pour supprimer les fichiers de cookies, cochez **Cookies et données de sites Web** (☐ devient ☑).

6 Pour supprimer la liste des sites Web visités, cochez **Historique de navigation** (☐ devient ☑).

Cet historique facilite la navigation, mais constitue également un risque, car toute personne accédant à votre ordinateur peut librement voir quels sites vous visitez ou s'y connecter avec votre identité. Le problème se pose si vous visitez des sites bancaires ou professionnels. En supprimant tout ou partie de votre historique, vous réduisez ce risque.

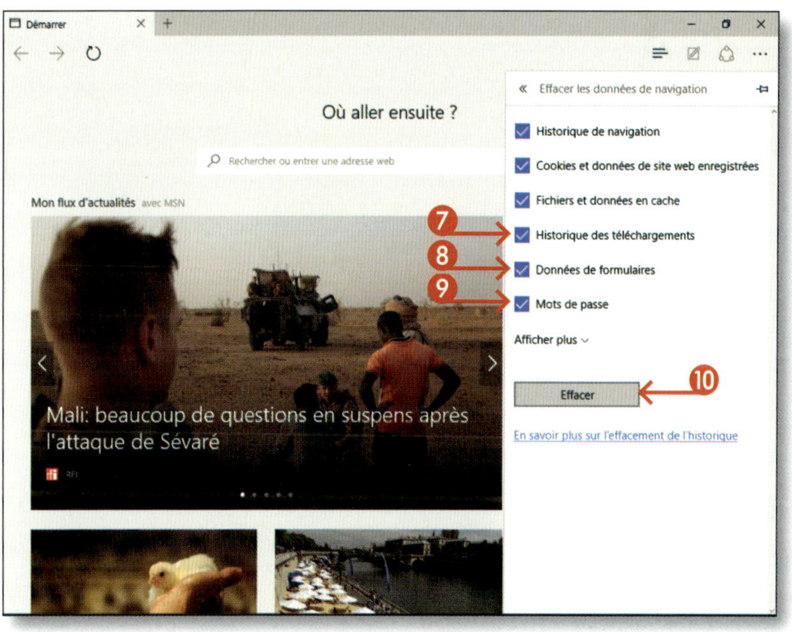

7 Pour supprimer la liste des fichiers que vous avez téléchargés, cochez **Historique des téléchargements** (☐ devient ☑).

8 Pour supprimer les données de formulaires enregistrées, cochez **Données de formulaires** (☐ devient ☑).

9 Pour supprimer les mots de passe enregistrés, cochez **Mots de passe** (☐ devient ☑).

10 Cliquez **Effacer**.

Edge supprime les éléments de l'historique sélectionnés.

PASSEZ À UN COMPTE MICROSOFT

Si vous ne l'avez pas fait avant la première utilisation de votre ordinateur, passez d'un compte d'utilisateur local à un compte Microsoft. Vous pourrez ainsi accéder à davantage de services fournis par Windows, comme le stockage de fichiers en ligne avec OneDrive ou le téléchargement d'applications sur Windows Store.

Passez à un compte Microsoft

1 Cliquez **Démarrer**.

2 Cliquez le nom de votre compte.

3 Cliquez **Modifier les paramètres du compte**.

Vous pourrez également partager des informations, comme vos contacts dans l'application Courrier, ou vos réglages et fichiers sur d'autres appareils mobiles utilisant le même compte Microsoft.

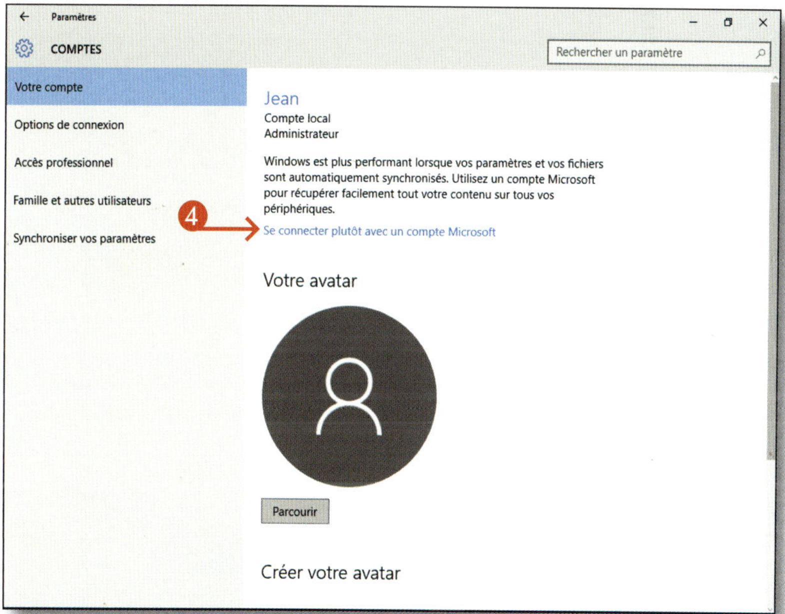

Le volet Comptes des Paramètres s'ouvre.

❹ Cliquez le lien **Se connecter plutôt avec un compte Microsoft**.

Note. *Pour revenir à un compte local ultérieurement, cliquez* ***Se connecter plutôt avec un compte local****.*

Au moment de passer d'un compte local à un compte Microsoft, Windows vous propose d'indiquer une adresse de compte Microsoft existante, ainsi que son mot de passe, ou d'en créer un nouveau si vous n'en possédez pas. Dans ce dernier cas, cliquez **Créez-en un**, puis lisez la sous-section suivante, « Créez un nouveau compte ».

Utilisez un compte existant

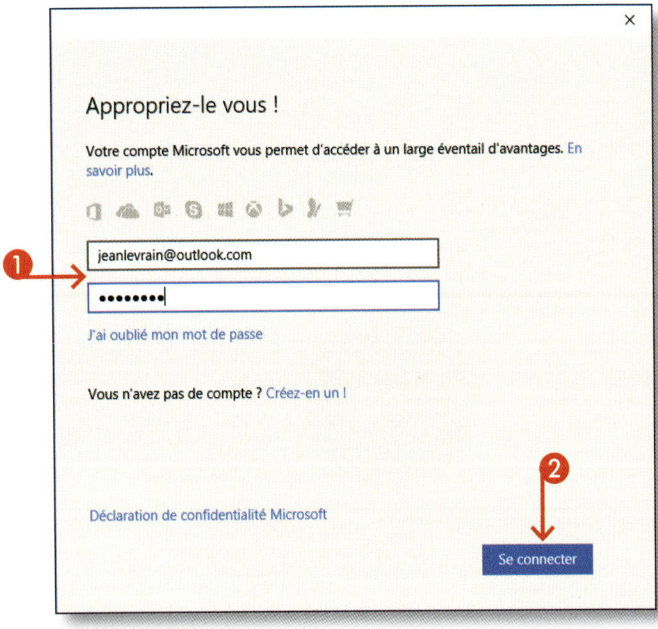

1 Saisissez votre adresse e-mail et le mot de passe associé.

2 Cliquez **Se connecter**.

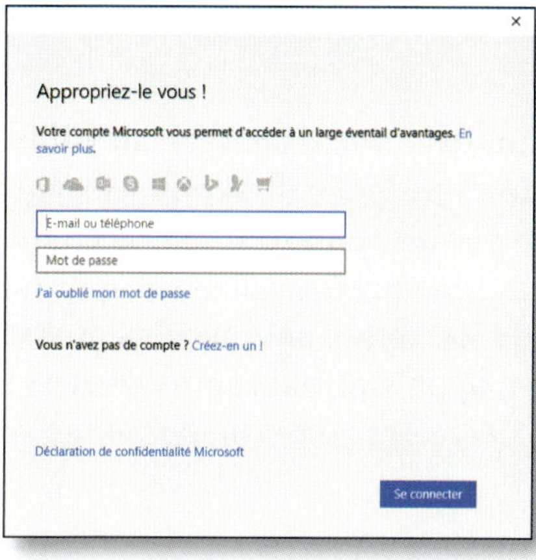

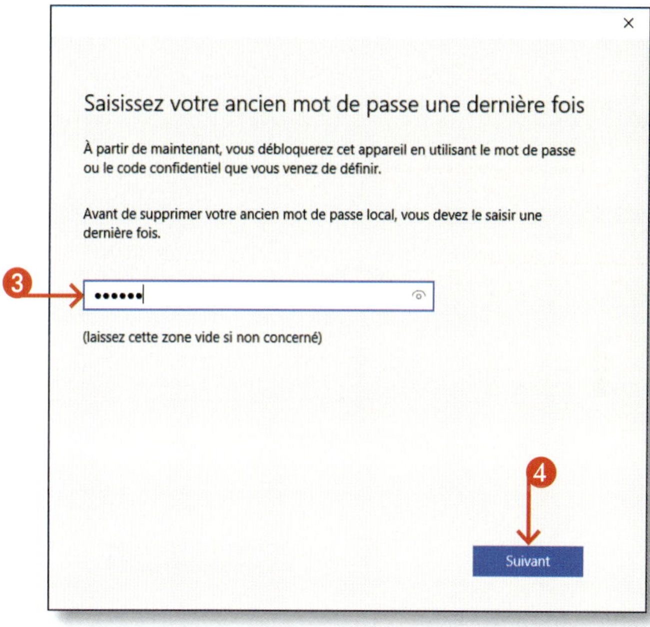

3 Saisissez votre mot de passe de compte local.

4 Cliquez **Suivant**.

Pour finaliser votre passage au compte Microsoft, Windows propose de remplacer votre mot de passe de compte par un code confidentiel à quatre chiffres. C'est certes plus pratique à saisir qu'un mot de passe composé de lettres en minuscules et en majuscules et de chiffres, mais au final moins sécurisé car moins difficile à déchiffrer par une personne malintentionnée.

Utilisez un compte existant

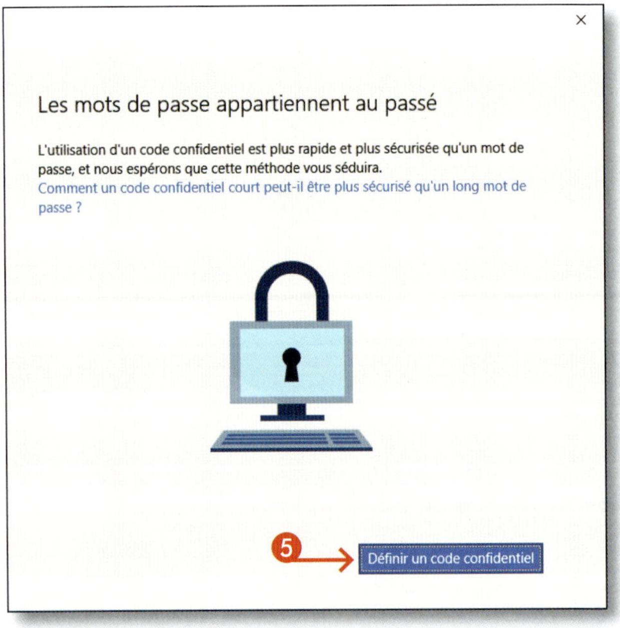

5 Cliquez **Définir un code confidentiel**.

Libre à vous de définir ou non un code confidentiel. Si vous ne le souhaitez pas, cliquez Fermer × à l'étape 5 ci-dessous ou Annuler à l'étape 6.

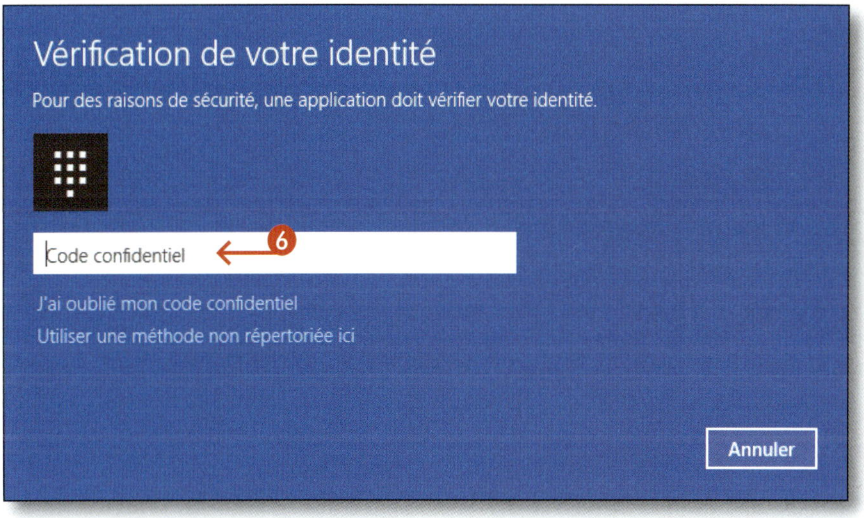

6 Saisissez un code à quatre chiffres.

Indiquez votre numéro de téléphone mobile au moment de la création du compte Microsoft afin de pouvoir être contacté en cas d'oubli de votre mot de passe. Si vous préférez, indiquez une adresse e-mail.

Créez un nouveau compte

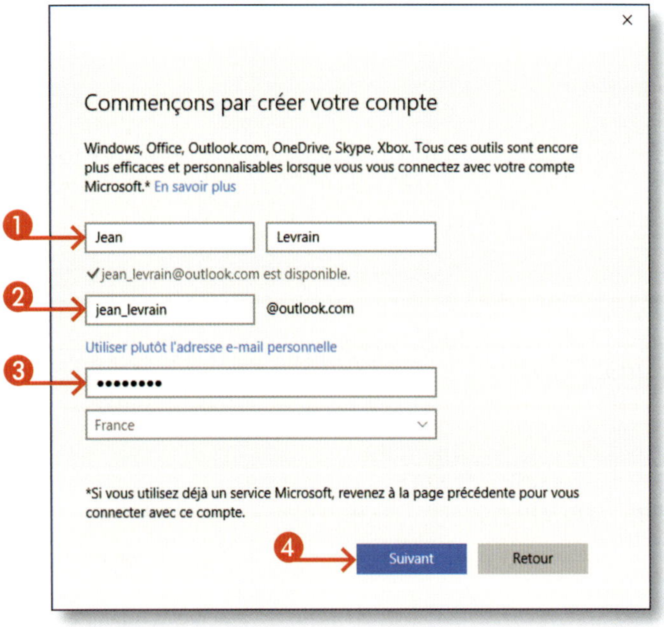

1 Indiquez vos nom et prénom.

2 Saisissez l'adresse e-mail à créer, de type *nomdutilisateur*@outlook.com.

3 Saisissez un mot de passe.

4 Cliquez **Suivant**.

Vous n'êtes pas obligé de créer un compte Microsoft avec une adresse Outlook.com ou Hotmail. Vous pouvez utiliser une adresse existante chez un autre hébergeur. Cliquez pour cela le lien Utiliser plutôt l'adresse e-mail personnelle à l'étape 2 ci-dessous.

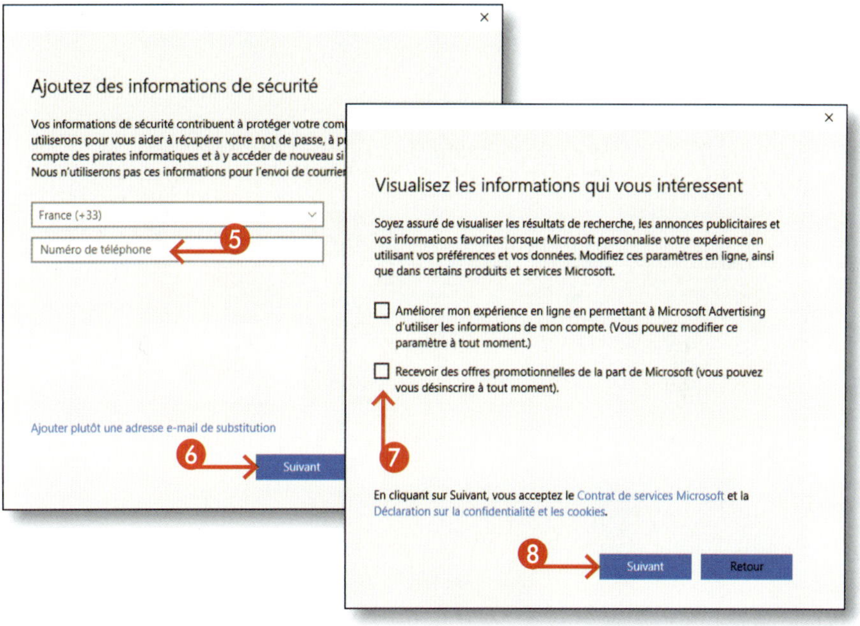

5 Indiquez votre numéro de téléphone mobile.

6 Cliquez **Suivant**.

7 Cochez ou décochez ces cases selon vos souhaits.

8 Cliquez **Suivant**.

9 Effectuez les étapes **3** à **6** de la sous-section précédente, « Utilisez un compte existant ».

Vous pouvez personnaliser et configurer divers aspects de votre système Windows à l'aide de l'application Paramètres.

Accédez aux paramètres

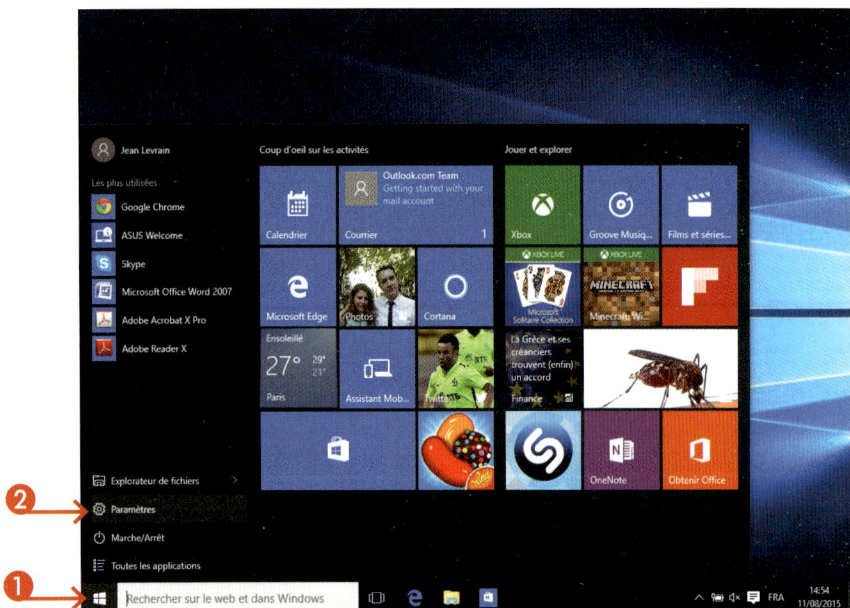

1 Cliquez **Démarrer** ⊞.

Le menu Démarrer s'ouvre.

2 Cliquez **Paramètres**.

La plupart des tâches décrites dans ce chapitre, y compris le choix de l'arrière-plan du Bureau et l'ajout d'une application à l'écran de verrouillage, s'effectuent par ce biais.

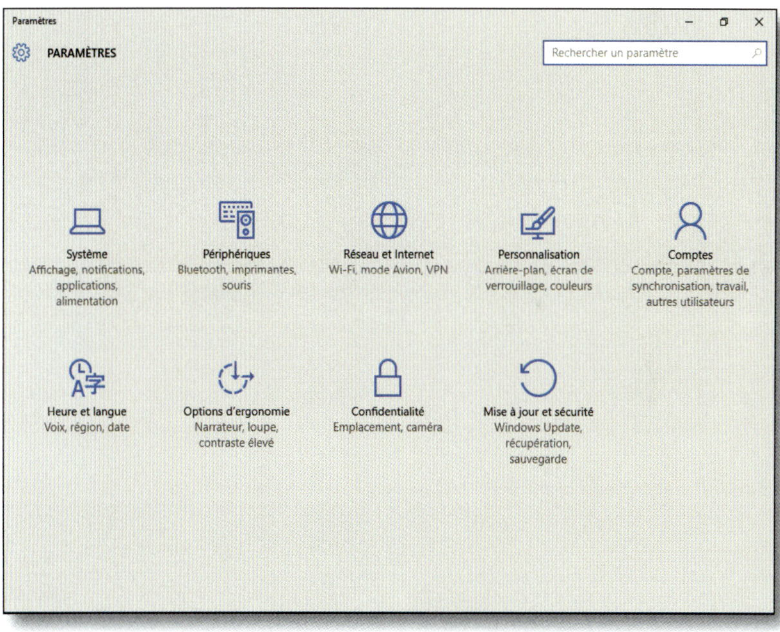

La fenêtre de l'application Paramètres s'affiche.

Note. *Si vous connaissez le nom d'une section de l'application Paramètres, vous pouvez y accéder directement. Commencez à taper le nom de la section à atteindre dans la zone de recherche de la barre des tâches.*

Vous pouvez modifier la présentation du menu Démarrer pour l'adapter à vos goûts et habitudes. Changez par exemple la disposition des vignettes pour regrouper en évidence les applications d'emploi le plus fréquent.

Déplacez une vignette

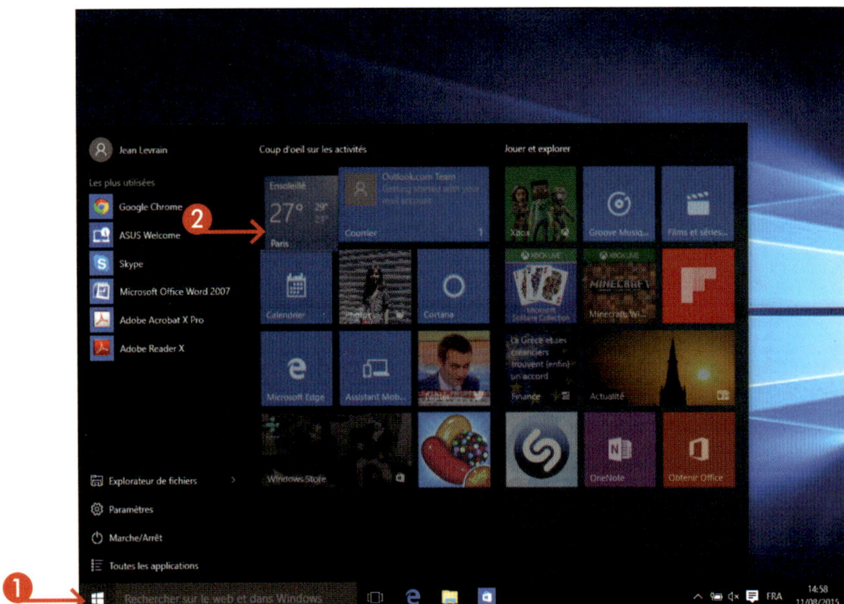

❶ Cliquez **Démarrer** ⊞.

Le menu Démarrer s'affiche.

❷ Cliquez la vignette à déplacer et maintenez la pression sur la souris.

❸ Faites glisser la vignette vers un autre emplacement.

Vous rendrez le menu Démarrer plus pratique en changeant la taille de vignette de certaines applications. Vos vignettes peuvent être grandes, larges, moyennes ou petites.

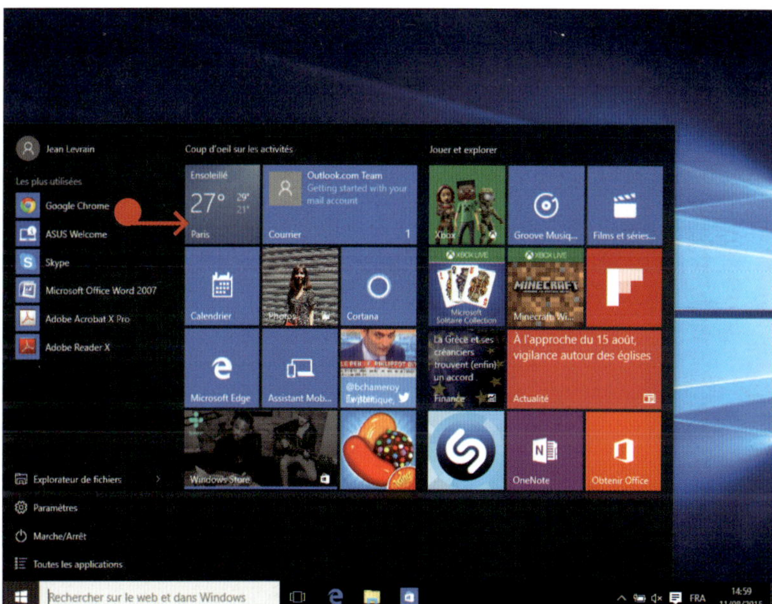

4 Relâchez la vignette.

La vignette s'insère à sa nouvelle position.

Il est possible de rassembler dans un groupe les vignettes d'applications apparentées. Vous pourriez ainsi regrouper les vignettes de jeux. Pour créer un groupe, faites glisser la première vignette vers le bord inférieur du menu Démarrer, jusqu'à voir apparaître une barre horizontale. Relâchez alors le bouton de la souris. Pour ajouter des vignettes au nouveau groupe, il suffit de les faire glisser et de les déposer dans le groupe.

Redimensionnez une vignette

1 Dans le menu Démarrer, cliquez du bouton droit la vignette à redimensionner.

2 Pointez **Redimensionner**.

3 Choisissez une taille de vignette.

Pensez à renommer les groupes d'applications que vous ajoutez au menu Démarrer. Pointez la zone au-dessus du groupe, cliquez Nommer le groupe, tapez un nom, puis cliquez ailleurs dans l'écran.

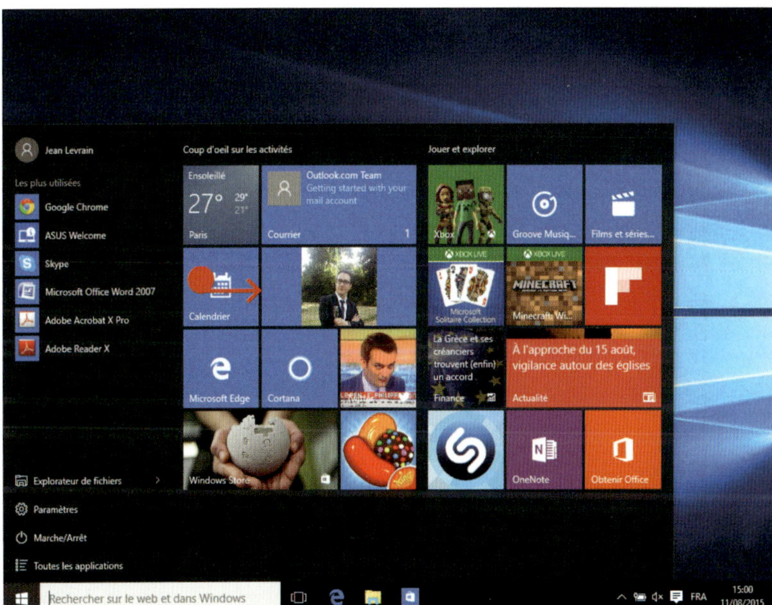

Windows change la taille de la vignette.

Note. *Pour ajouter une vignette d'application au menu Démarrer, lisez « Épinglez une application » au chapitre 2.*

Par défaut, le Bureau de Windows 10 est décoré en arrière-plan d'une photo. Pour personnaliser cet élément, vous pouvez choisir une autre image ou utiliser une teinte unie.

Modifiez l'arrière-plan du Bureau

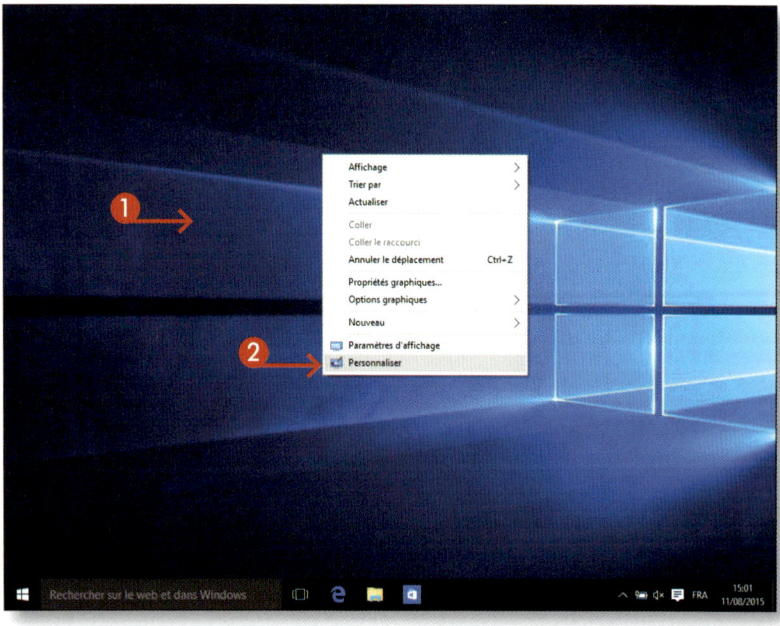

1 Cliquez une zone vide du Bureau du bouton droit de la souris.

Un menu apparaît.

2 Cliquez **Personnaliser**.

Pour appliquer une teinte unie, choisissez Couleur unie à l'étape 3 ci-dessous, puis cliquez une teinte dans le nuancier qui s'affiche.

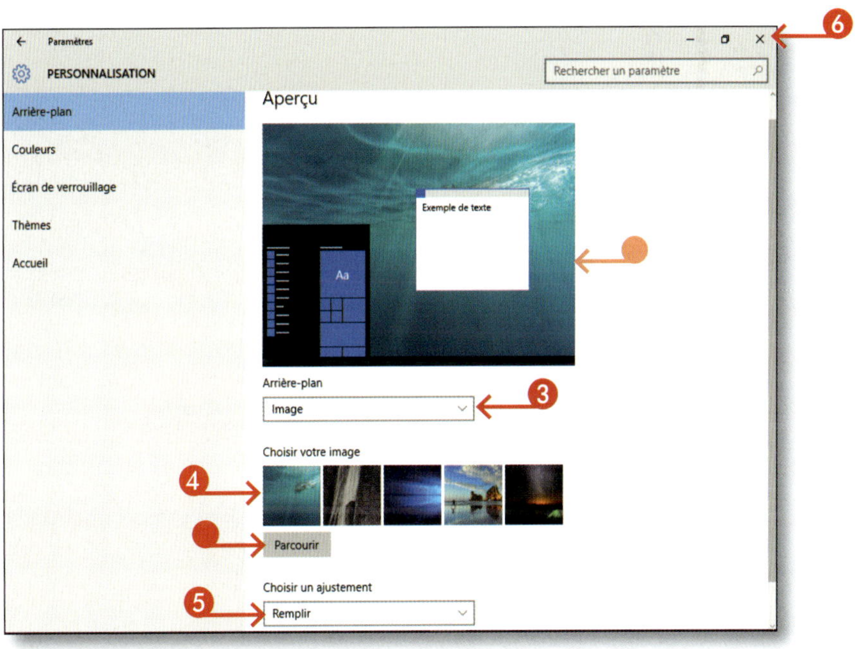

3 Cliquez ⌵ sous Arrière-plan puis choisissez **Image** dans la liste.

4 Cliquez une des images proposées.

● Pour utiliser une autre image, cliquez **Parcourir**, puis choisissez une image parmi vos dossiers.

● L'arrière-plan choisi s'affiche dans la zone Aperçu.

5 Cliquez éventuellement un ajustement de l'image dans cette liste.

6 Cliquez **Fermer** ✕.

AJOUTEZ UNE APPLICATION À L'ÉCRAN DE VERROUILLAGE

Si vous verrouillez souvent votre ordinateur, vous pouvez compléter l'utilité de l'écran de verrouillage en y ajoutant des applications. Lorsque vous verrouillez l'ordinateur, Windows continue d'afficher les notifications récentes de certaines applications.

Ajoutez une application à l'écran de verrouillage

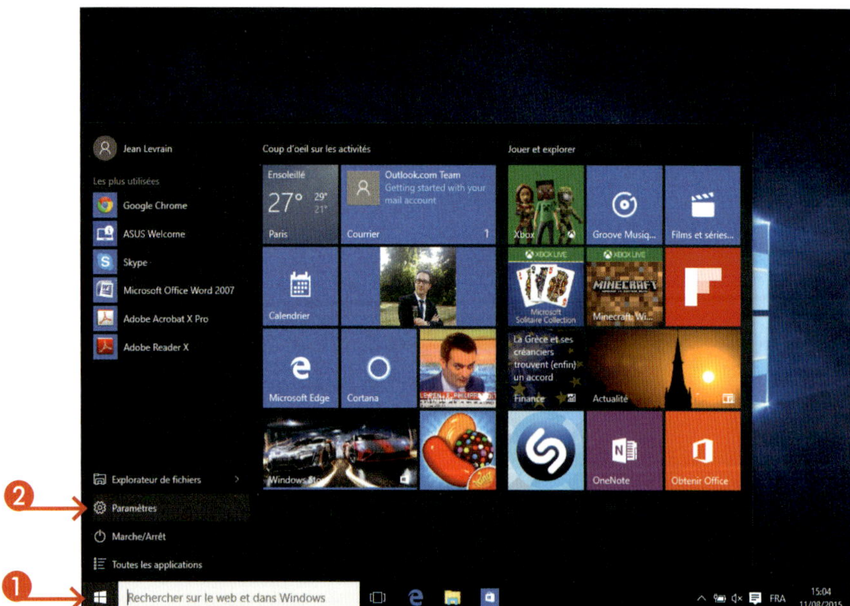

1 Cliquez **Démarrer**.

2 Cliquez **Paramètres**.

Par exemple, l'application Courrier affiche le nombre de nouveaux messages électroniques reçus. L'écran de verrouillage est capable d'afficher ces notifications si vous activez cette fonction. Vous rendrez l'écran de verrouillage plus utile en y ajoutant les vignettes des applications qui émettent des notifications.

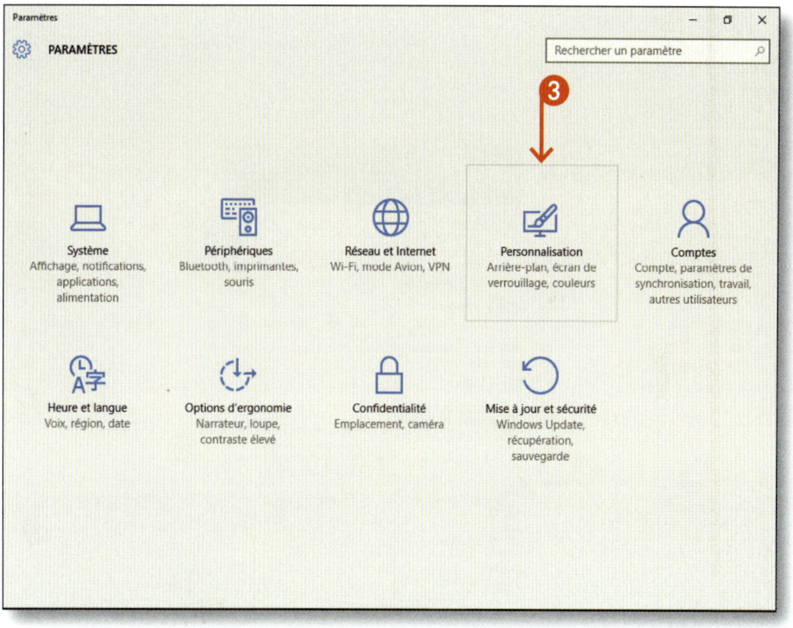

3 Cliquez **Personnalisation**.

Vous pouvez également modifier l'image d'arrière-plan de l'écran de verrouillage. Effectuez les étapes 1 à 5 de cette section, puis déroulez la liste **Arrière-plan** et choisissez si vous voulez afficher une image ou un diaporama de plusieurs photos. Sélectionnez enfin la ou les photos à afficher dans la liste ou dans vos dossiers (avec le bouton **Parcourir**).

Ajoutez une application à l'écran de verrouillage

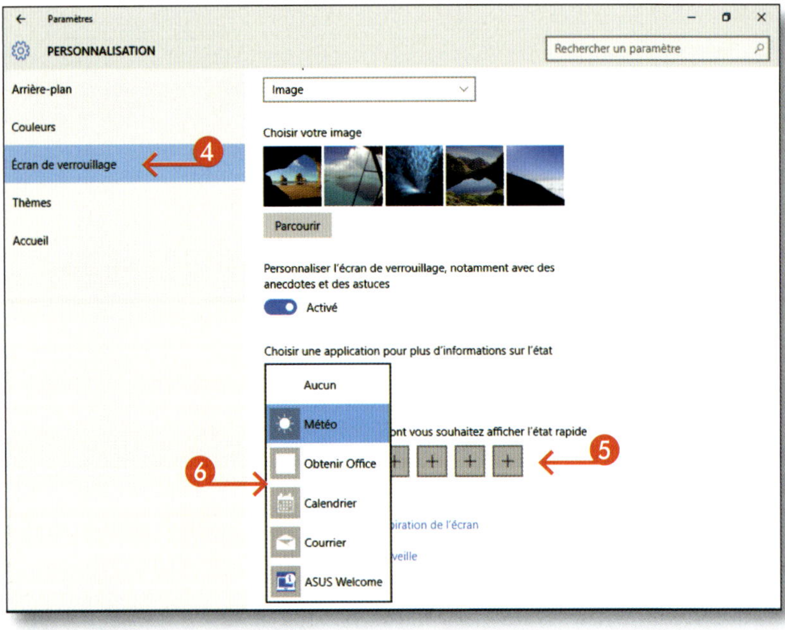

4 Cliquez **Écran de verrouillage**.

5 Dans la section Choisir les applications dont vous voulez afficher l'état rapide, cliquez le signe plus (+).

Un menu apparaît.

6 Cliquez l'application à ajouter à l'écran de verrouillage.

Répétez les étapes 5 et 6 pour ajouter d'autres applications à l'écran de verrouillage.

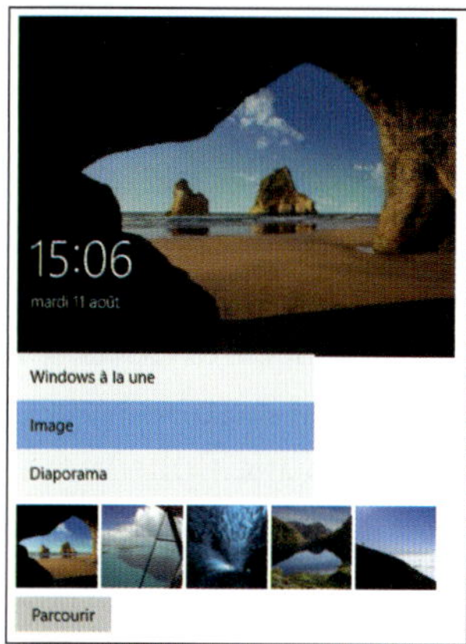

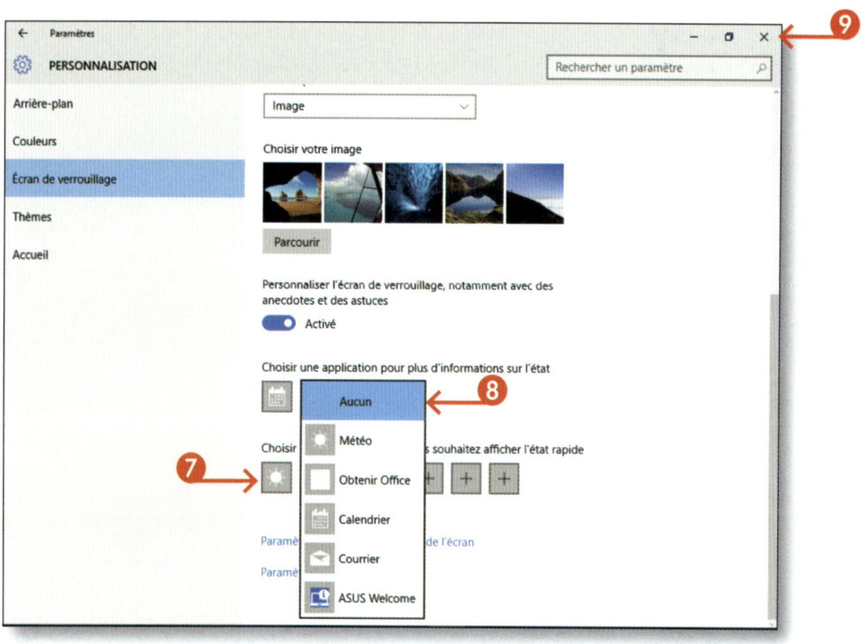

7 Pour supprimer une application de l'écran de verrouillage, cliquez son icône.

8 Cliquez **Aucun**.

9 Cliquez **Fermer** ✕.

Windows prend en compte ces nouveaux paramètres. Les notifications des applications sélectionnées apparaîtront dans l'écran de verrouillage la prochaine fois qu'il sera actif.

Si vous utilisez un petit écran, vous pouvez optimiser l'organisation de vos fenêtres en créant plusieurs Bureaux, chacun d'eux étant dévolu à l'affichage d'une ou de plusieurs applications spécifiques. Il est ensuite très simple de passer d'un Bureau à l'autre.

Créez un nouveau Bureau

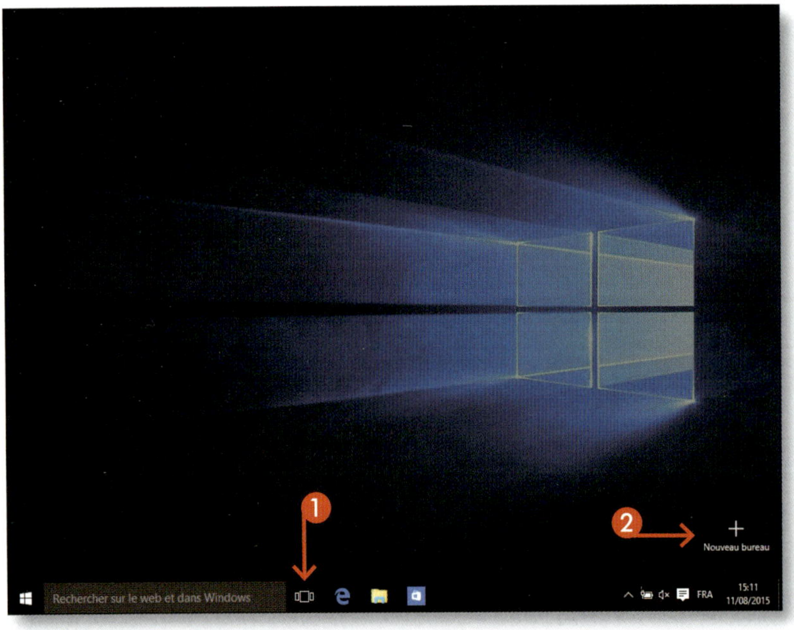

1 Dans la barre des tâches, cliquez le bouton **Affichage des tâches** .

2 Cliquez **Nouveau Bureau**.

Par exemple, vous pourriez dédier un premier Bureau aux applications de travail, comme votre programme de traitement de texte et votre tableur, un deuxième aux applications de loisirs comme Photos et le Lecteur Windows Media, et un troisième aux programmes Internet, comme Courrier et Edge.

Windows 10 crée un nouveau Bureau.

● Votre Bureau précédent est symbolisé par l'icône Bureau 1.

Désormais, tout programme que vous lancerez dans un Bureau ne pourra plus se lancer que dans ce dernier.

Vous pouvez utiliser les raccourcis clavier suivants pour manipuler des Bureaux multiples.

Windows + Ctrl + D : Créer un nouveau Bureau.

Windows + Tab : Ouvrir le mode Affichage des tâches.

Tab : Sélectionner soit la première icône de Bureau soit la première icône de programme.

Changez de Bureau

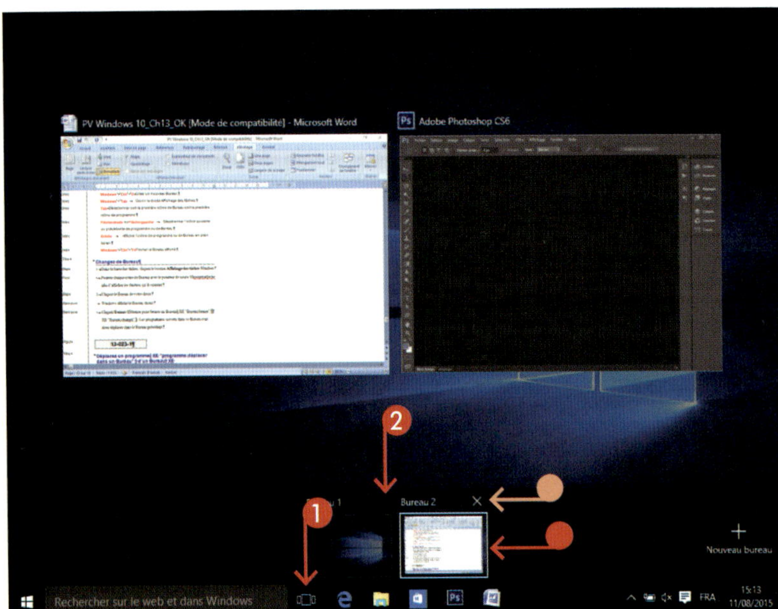

1 Dans la barre des tâches, cliquez le bouton **Affichage des tâches**.

Pointez chaque icône de Bureau avec le pointeur de souris afin d'afficher les fenêtres qu'il contient.

2 Cliquez le Bureau de votre choix.

Windows affiche le Bureau choisi.

Cliquez **Fermer** ✕ pour fermer un Bureau. Les programmes ouverts dans ce Bureau sont alors déplacés dans le Bureau précédent.

→ ou ← : Sélectionner l'icône suivante ou précédente de programme ou de Bureau.

Entrée : Afficher l'icône de programme ou de Bureau en plein écran.

⊞ + Ctrl + F4 : Fermer le Bureau affiché.

Déplacez un programme d'un Bureau à un autre

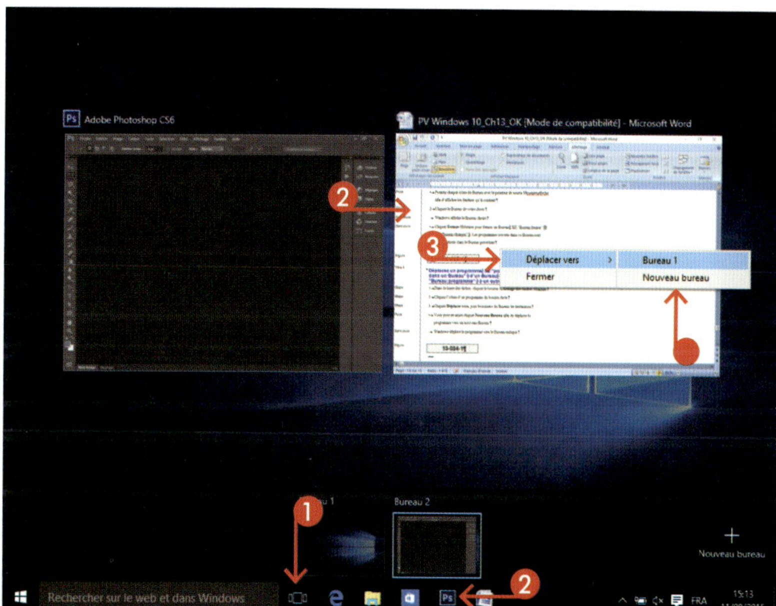

1 Dans la barre des tâches, cliquez le bouton **Affichage des tâches**.

2 Cliquez l'icône d'un programme du bouton droit.

3 Cliquez **Déplacer vers**, puis le numéro du Bureau de destination.

Vous pouvez aussi cliquer **Nouveau Bureau** afin de déplacer le programme vers un nouveau Bureau.

Windows déplace le programme vers le Bureau indiqué.

VÉRIFIEZ L'ESPACE DISPONIBLE SUR LE DISQUE DUR

Quand l'espace vient à manquer sur le disque dur, vous ne pouvez plus installer de programmes supplémentaires ni enregistrer de nouveaux documents. Pour éviter d'en arriver là, contrôlez régulièrement l'espace encore disponible.

››› Vérifiez l'espace disponible sur le disque dur

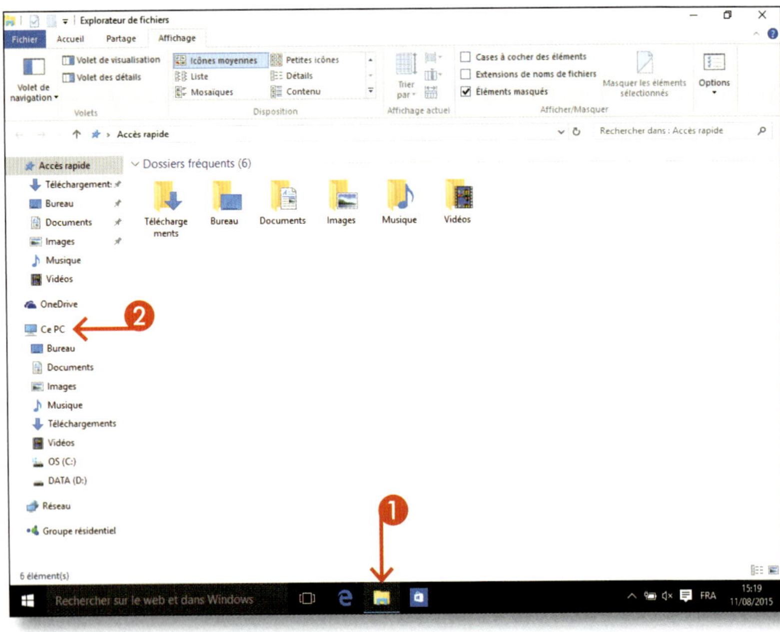

Note. Vous suivrez la même technique pour vérifier l'espace libre sur un CD ou un DVD, une clé USB, ou une carte mémoire en insérant au préalable le support amovible dans son lecteur.

❶ Cliquez **Explorateur de fichiers** .

La fenêtre de l'Explorateur de fichiers s'ouvre.

❷ Cliquez **Ce PC**.

Prêtez une attention particulière au disque dur sur lequel Windows 10 est installé, généralement le disque local (C:). Lorsque l'espace libre devient inférieur à 20 ou 25 Go, Windows 10 risque de fonctionner au ralenti.

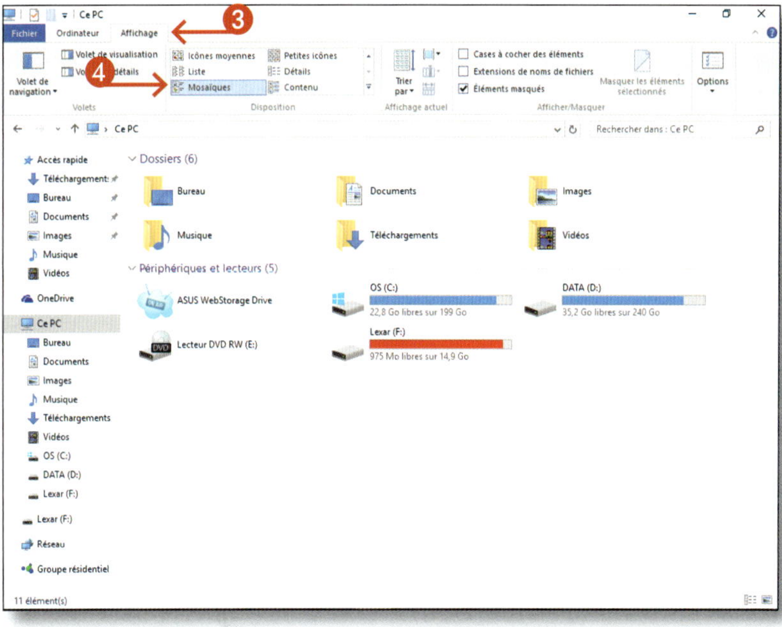

Le dossier Ce PC s'affiche.

3 Cliquez l'onglet **Affichage**.

4 Cliquez **Mosaïques**.

Dans le cadre d'une utilisation courante de l'ordinateur, il est raisonnable de vérifier une fois par mois l'espace disponible d'un disque dur. Si vous installez des programmes, créez des fichiers volumineux ou téléchargez fréquemment des fichiers multimédias, vérifiez votre disque dur plus régulièrement.

Lorsque l'espace libre vient à manquer, vous avez trois solutions :

Vérifiez l'espace disponible sur le disque dur

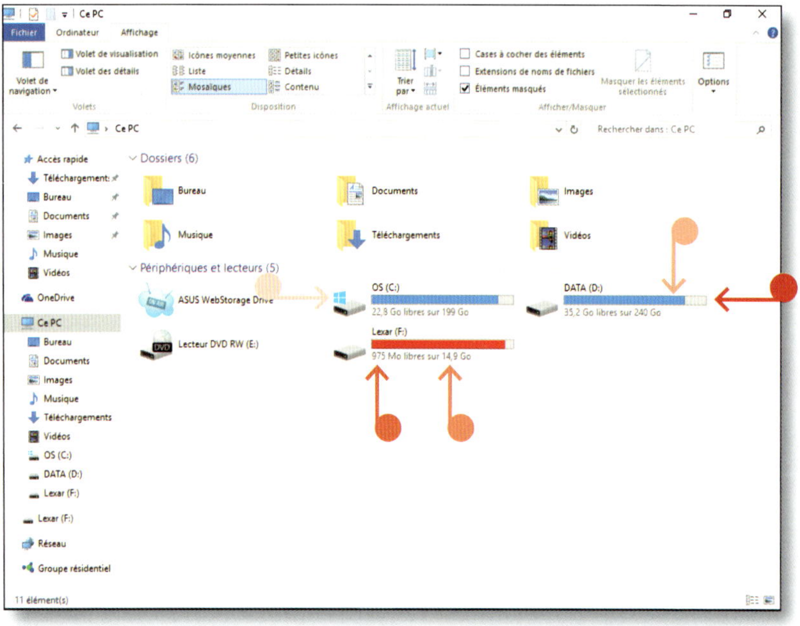

Les informations concernant chaque disque s'affichent en regard de son icône.

Cette valeur indique la quantité d'espace disponible sur le disque.

Cette valeur indique la capacité totale du disque.

Cette barre permet de juger d'un coup d'œil la quantité d'espace utilisée sur le disque.

Le logo Windows (⊞) signale le disque dur sur lequel Windows 10 est installé.

- **Supprimer des documents.** Si votre disque contient des fichiers inutiles (images, vidéos ou musiques), supprimez-les.
- **Supprimer des programmes.** Vous pouvez désinstaller les programmes que vous n'utilisez plus (voir la section « Désinstallez une application » du chapitre 2).
- **Lancer Nettoyage de disque.** Supprimez les fichiers dont Windows ne se sert plus à l'aide du programme Nettoyage de disque. Reportez-vous à la section suivante pour plus de détails.

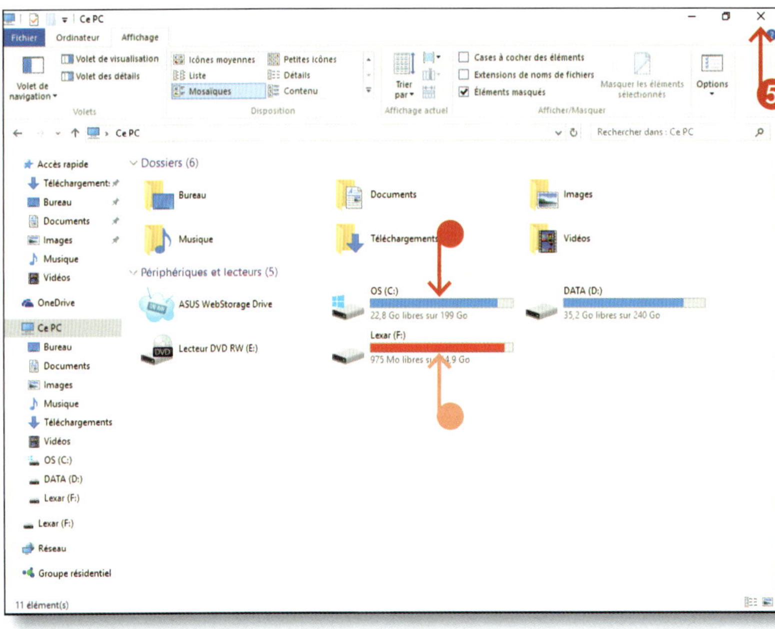

● La portion utilisée apparaît en bleu si l'espace disponible est suffisant.

● La portion utilisée devient rouge si l'espace disponible n'est plus suffisant.

5 Cliquez le bouton **Fermer** (✕) pour fermer la fenêtre Ce PC.

Afin d'assurer le fonctionnement optimal de Windows 10, faites appel à l'outil Nettoyage de disque pour vous débarrasser des fichiers dont le système n'a plus besoin.

Supprimez les fichiers inutiles

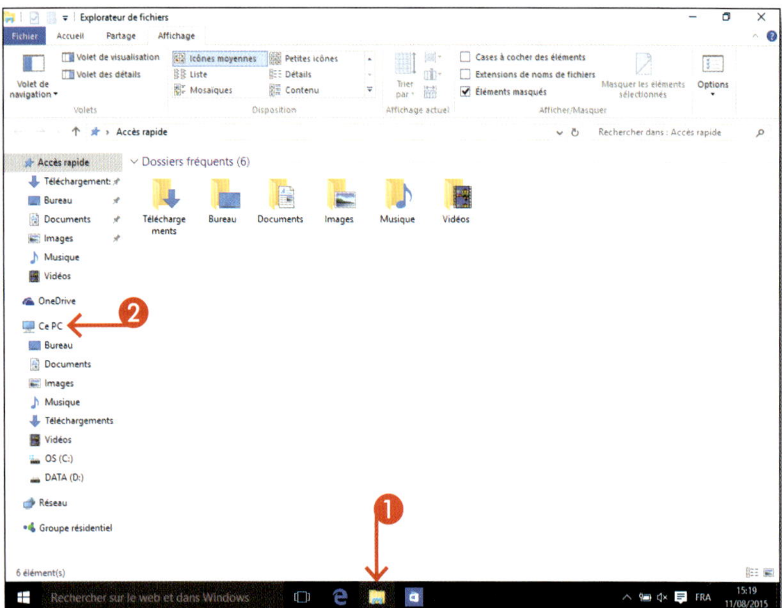

1 Cliquez **Explorateur de fichiers** .

La fenêtre de l'Explorateur de fichiers s'ouvre.

2 Cliquez **Ce PC**.

Les disques durs des nouveaux ordinateurs ont une très large capacité, mais les logiciels et les fichiers multimédias requièrent toujours plus d'espace. Vous exécuterez l'outil Nettoyage de disque dès que l'espace sur le disque dur deviendra insuffisant. Vous pouvez nettoyer le disque dur tous les deux ou trois mois si vous ne manquez pas particulièrement d'espace.

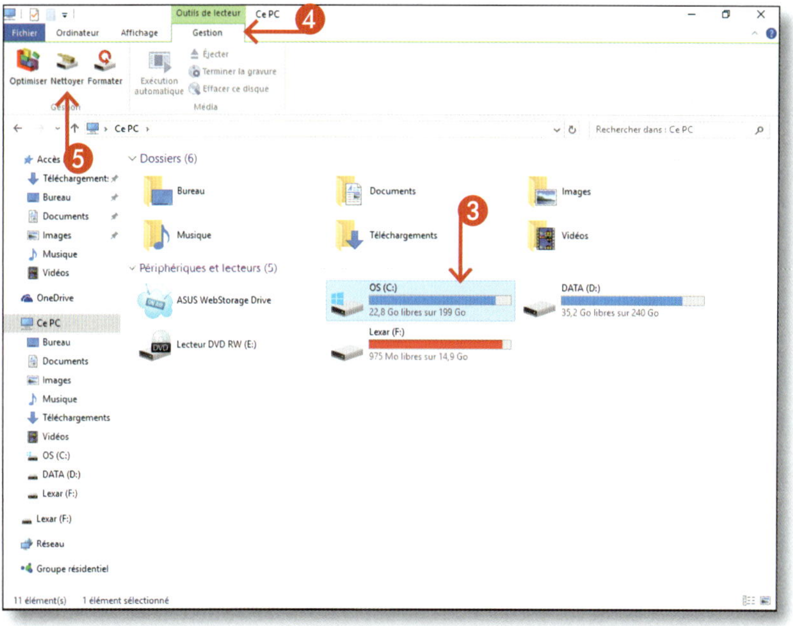

Le dossier Ce PC s'affiche.

3 Cliquez le lecteur à nettoyer.

4 Cliquez l'onglet **Gestion**.

5 Cliquez **Nettoyer**.

L'outil Nettoyage de disque élimine les types de fichiers suivants :

- **Fichiers programmes téléchargés :** petits programmes copiés sur votre disque dur lors de la consultation de certaines pages Web.
- **Fichiers Internet temporaires :** copies des pages Web stockées sur votre disque dur pour en accélérer l'affichage ultérieur.

Supprimez les fichiers inutiles

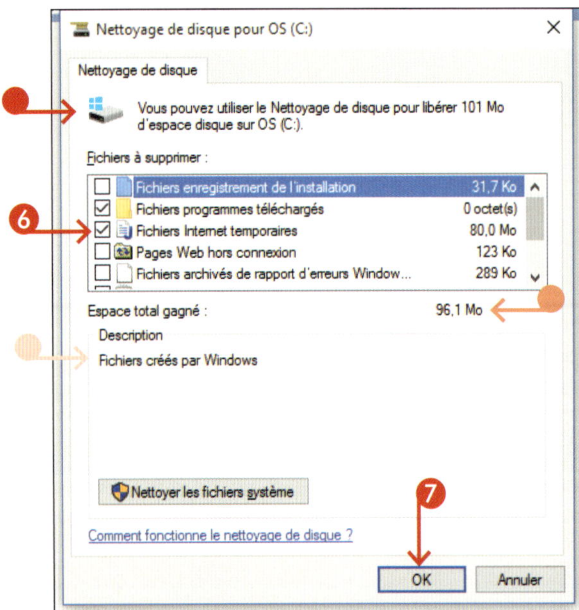

Après quelques instants, la boîte de dialogue Nettoyage de disque s'affiche.

● Cette zone présente la quantité totale d'espace que vous pouvez libérer.

● L'espace que vous pouvez gagner en supprimant les éléments sélectionnés apparaît ici.

6 Cochez la case (☐ devient ☑) de chaque type de fichiers à supprimer.

● La description du type de fichiers sélectionné s'affiche ici.

7 Cliquez **OK**.

- **Fichiers archivés de rapports d'erreur Windows :** fichiers de rapports d'erreurs avec les propositions de solutions stockés sur votre ordinateur.
- **Corbeille :** fichiers supprimés et stockés temporairement dans la Corbeille.
- **Fichiers temporaires :** fichiers utilisés par les programmes pour stocker temporairement des données.
- **Miniatures :** vignettes d'aperçu des images, des vidéos et des documents qui s'affichent dans vos dossiers.

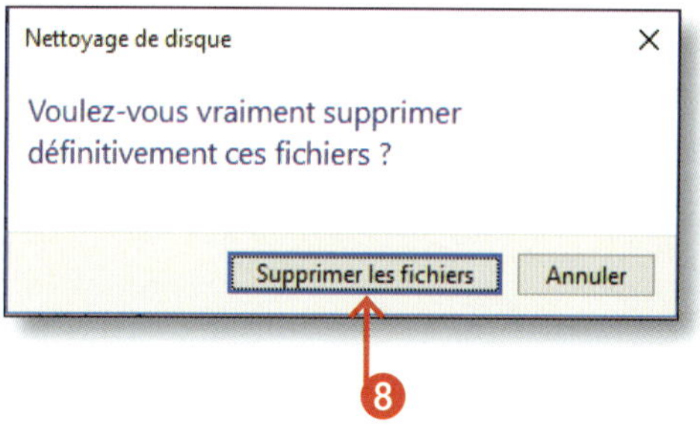

L'outil Nettoyage de disque demande confirmation.

8 Cliquez **Supprimer les fichiers**.

En altérant les fichiers, les erreurs sur le disque dur peuvent empêcher l'exécution des programmes et l'ouverture des documents.

Vérifiez les erreurs sur le disque dur

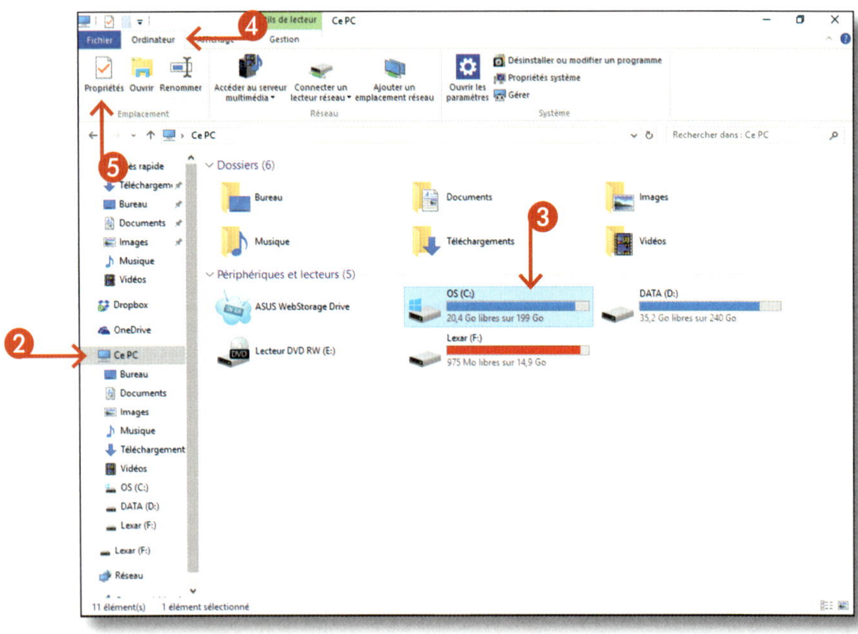

1 Appuyez sur Windows + E.

L'Explorateur de fichiers s'ouvre.

2 Cliquez **Ce PC**.

3 Cliquez le disque dur à vérifier.

4 Cliquez l'onglet **Ordinateur**.

5 Cliquez **Propriétés**.

Vous préviendrez ce risque en vérifiant le disque dur régulièrement afin de laisser la fonction corriger les erreurs éventuelles.

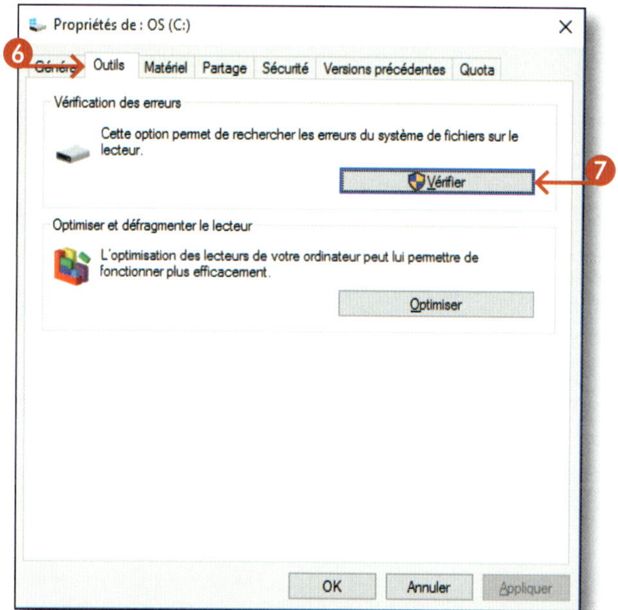

La boîte de dialogue Propriétés du disque dur s'affiche.

6 Cliquez l'onglet **Outils**.

7 Cliquez **Vérifier**.

La surface d'un disque dur se divise en portions appelées *secteurs*. Chaque secteur possède une adresse, ce qui permet à Windows 10 de retrouver les données qui y sont stockées. Quand, à cause d'un défaut physique du disque ou pour toute autre raison, Windows ne peut plus ni lire ni écrire les données sur un secteur, ce dernier est considéré comme défectueux.

Vérifiez les erreurs sur le disque dur

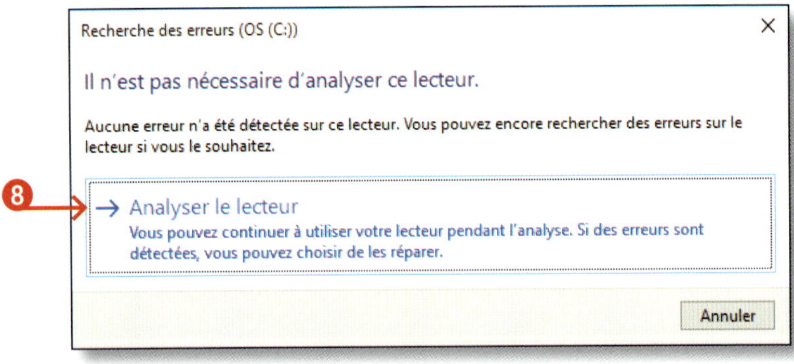

Si Windows indique qu'aucune erreur n'a été détectée, cliquez **Annuler** et ignorez les étapes suivantes.

8 Autrement, cliquez **Analyser le lecteur**.

Vous devriez effectuer une vérification rapide du disque dur environ une fois par semaine, et un examen plus approfondi des secteurs défectueux une fois par mois. Il faut savoir que vous ne pouvez pas utiliser votre ordinateur pendant la vérification, et la recherche des secteurs défectueux peut prendre plusieurs heures si le disque dur a une grande capacité. Pensez donc à lancer la vérification lorsque vous n'avez pas besoin de l'ordinateur.

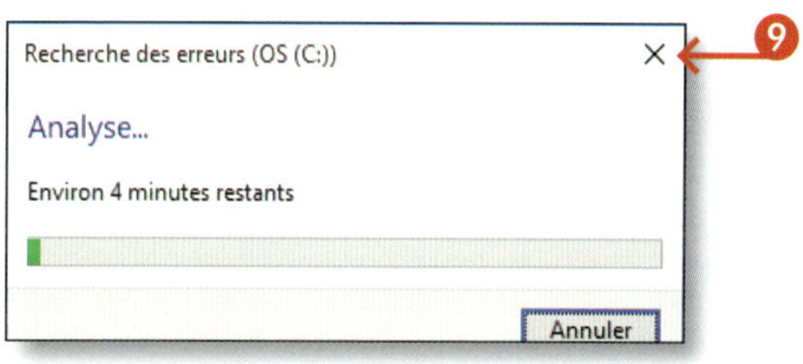

Windows effectue une analyse complète du disque.

9 À l'issue de l'analyse, cliquez **Fermer**.

Note. *Si des erreurs sont détectées pendant l'analyse, suivez les instructions qui apparaissent à l'écran.*

PROGRAMMEZ LA DÉFRAGMENTATION DU DISQUE DUR

Une défragmentation régulière du disque dur accélère le fonctionnement de Windows, l'exécution des programmes et l'ouverture des fichiers.

Programmez la défragmentation du disque dur

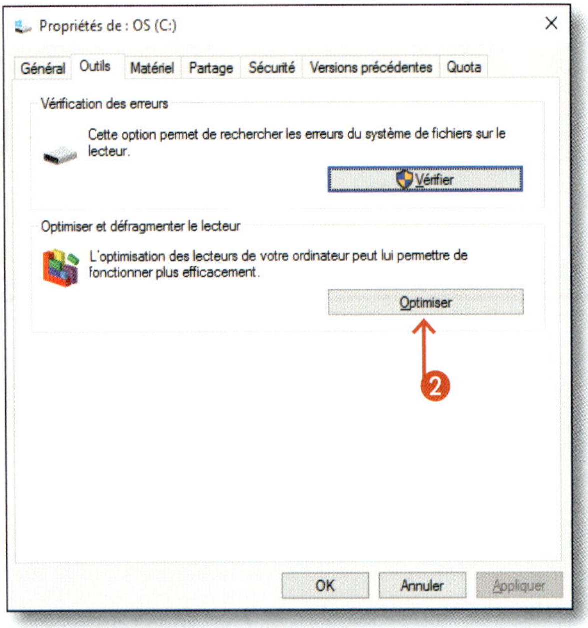

1 Effectuez les étapes **1** à **6** de la section « Vérifiez les erreurs sur le disque dur ».

2 Cliquez **Optimisier**

Pour stocker les fichiers, Windows les découpe en blocs de données, qui finissent dispersés sur tout le disque dur. La défragmentation améliore les performances en rassemblant les blocs d'un même fichier, ce qui accélère la recherche et l'ouverture des fichiers.

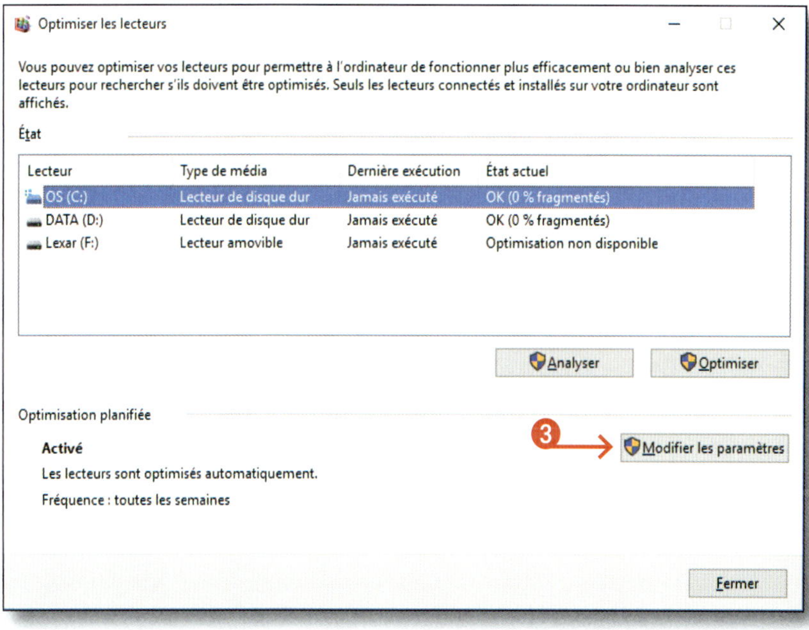

La fenêtre Optimiser les lecteurs s'affiche.

3 Cliquez **Modifier les paramètres**.

PROGRAMMEZ LA DÉFRAGMENTATION DU DISQUE DUR (SUITE)

La fréquence de défragmentation dépend de votre usage de l'ordinateur. Si vous l'utilisez quotidiennement, défragmentez votre disque dur toutes les semaines. Si vous ne l'utilisez qu'occasionnellement, une défragmentation mensuelle suffit.

Programmez la défragmentation du disque dur

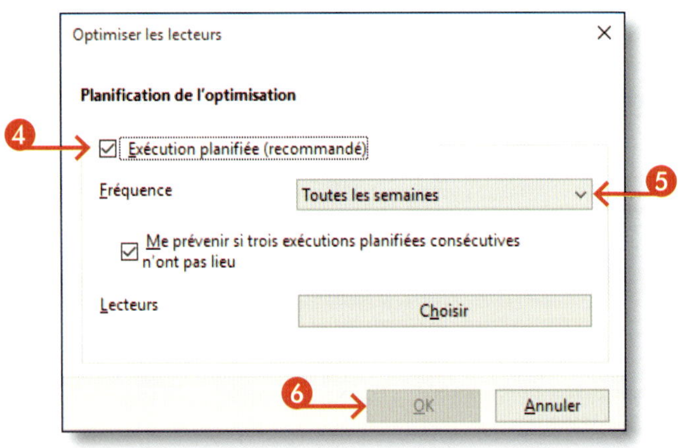

La boîte de dialogue Optimiser les lecteurs : Planification de l'optimisation apparaît.

4 Cochez **Exécution planifiée (recommandé)** (☐ devient ☑).

5 Cliquez le menu **Fréquence**, puis la fréquence d'exécution de la défragmentation (tous les jours, toutes les semaines ou tous les mois).

6 Cliquez **OK**.

La durée d'une défragmentation dépend de la taille du disque dur, de la quantité de données qu'il contient et de son état de fragmentation. Comptez un bon quart d'heure, tout en sachant que la défragmentation peut durer plus d'une heure.

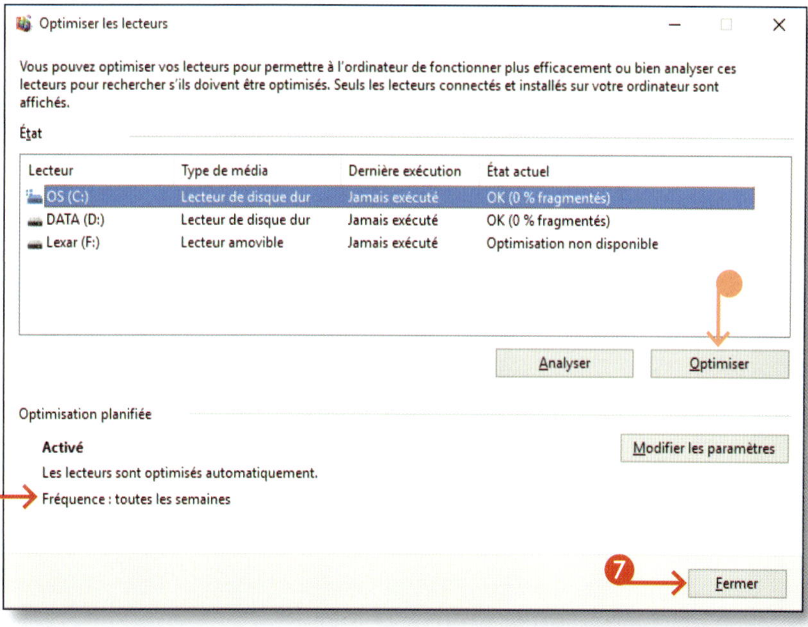

La fréquence programmée est indiquée ici.

Pour lancer la défragmentation maintenant, cliquez **Optimiser**.

7 Cliquez **Fermer**.

Si l'installation d'un nouveau programme ou matériel provoque le dysfonctionnement ou l'instabilité de votre ordinateur, Windows peut rétablir un état du système antérieur à l'apparition des problèmes. Seule condition : créer un point de restauration avant d'installer de nouveaux éléments.

Créez un point de restauration système

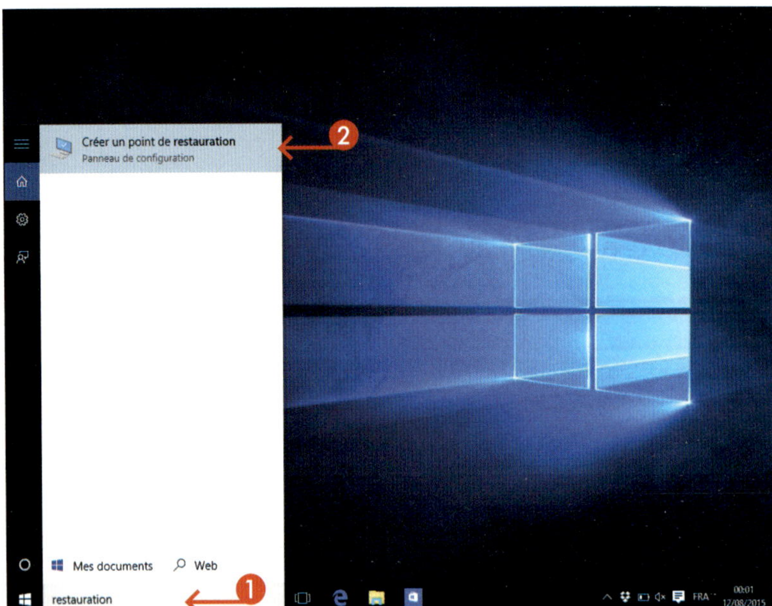

1 Dans la zone de recherche, tapez **restauration**.

2 Cliquez **Créer un point de restauration**.

Windows crée automatiquement des points de restauration toutes les semaines, avant l'installation des mises à jour et de certains programmes, et l'ajout de périphériques. Ces points de restauration sont utiles, mais vous prendrez une précaution supplémentaire en créant vos propres points de restauration.

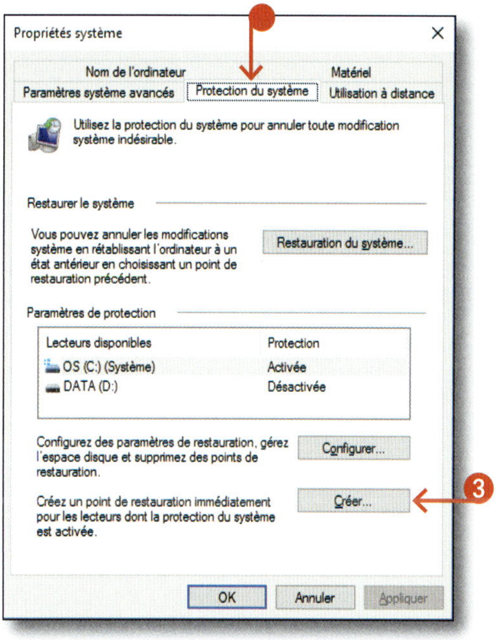

La boîte de dialogue Propriétés système s'affiche.

● L'onglet Protection du système est déjà ouvert.

3 Cliquez **Créer**.

Par prudence, vous devriez créer un point de restauration avant d'apporter une modification importante à votre système.

Créez un point de restauration système

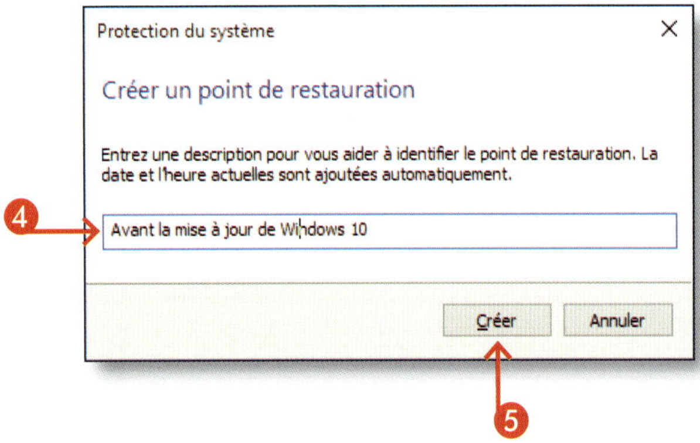

La boîte de dialogue Créer un point de restauration s'affiche.

4 Décrivez brièvement le point de restauration.

5 Cliquez **Créer**.

Le point de restauration est créé.

Cela comprend notamment l'installation d'un nouveau programme, acheté dans le commerce ou téléchargé depuis Internet, et l'ajout d'un nouveau périphérique matériel.

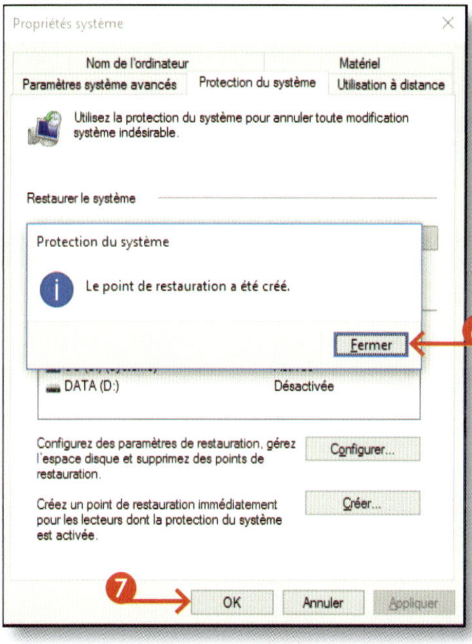

Windows vous indique que le point de restauration a été créé.

6 Cliquez **Fermer**.

7 Cliquez **OK** pour fermer la boîte de dialogue Propriétés système.

Si votre ordinateur montre des signes d'instabilité ou de dysfonctionnement après l'installation d'un programme ou d'un matériel, vous pouvez souvent corriger le problème en appliquant un point de restauration créé avant la modification.

Restaurez le système

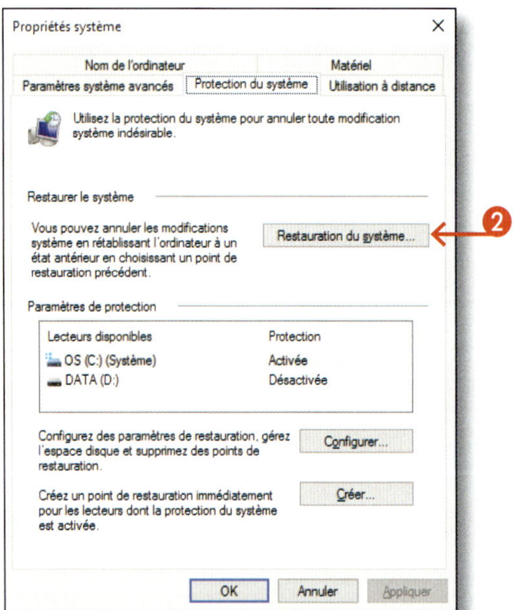

1 Effectuez les étapes **1** et **2** de la section précédente.

2 Cliquez **Restauration du système**.

Si vous notez des problèmes après l'installation d'un logiciel ou d'un périphérique, la solution la plus simple est de désinstaller le nouvel élément ajouté. Si cette solution ne suffit pas, il convient de revenir au point de restauration le plus récent. L'état du système est alors rétabli au moment de la création du point de restauration, ce qui devrait résoudre le problème.

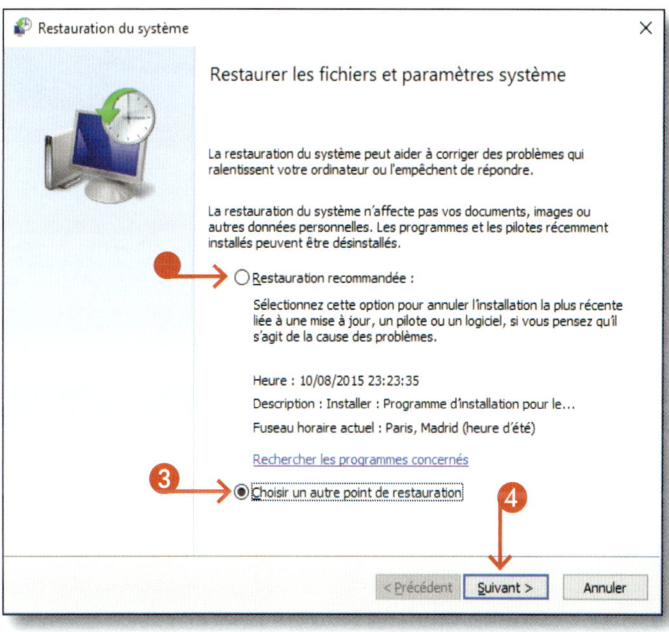

La fenêtre Restauration du système s'affiche.

La fenêtre Restauration du système présente le point de restauration le plus récent. Si l'option proposée convient, ou s'il n'y en a aucune, passez à l'étape **7**.

3 Cliquez **Choisir un autre point de restauration** (○ devient ◉).

4 Cliquez **Suivant**.

La restauration du système ne porte que sur les fichiers système et de programmes : elle n'affecte aucun de vos documents personnels, messages électroniques ou favoris Internet. En revanche, si vous avez installé des logiciels après le point de restauration, vous devrez les réinstaller.

Restaurez le système

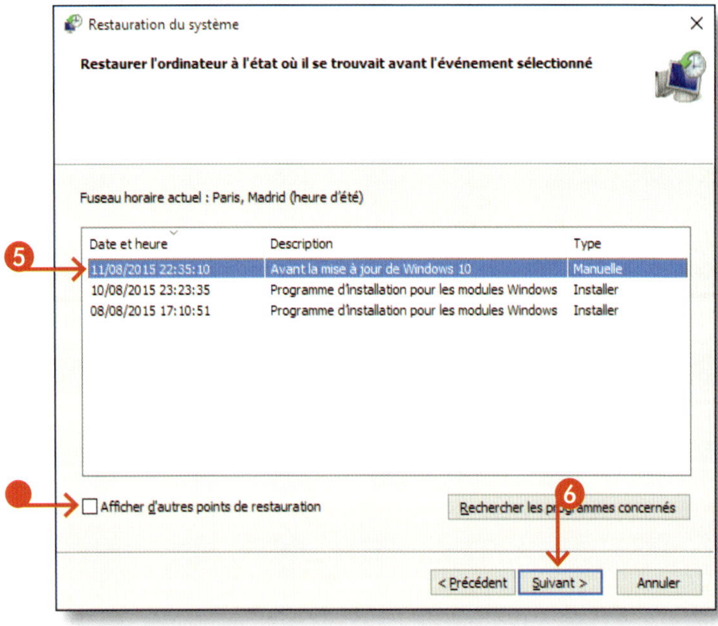

5 Cliquez le point de restauration à appliquer.

● Si vous ne voyez pas le point de restauration qui vous intéresse, cliquez **Afficher d'autres points de restauration** (☐ devient ☑).

6 Cliquez **Suivant**.

Si le fonctionnement du système se détériore après l'application d'un point de restauration, vous pouvez revenir en arrière. Suivez les étapes 1 à 4 pour afficher les points de restauration disponibles sur l'ordinateur. Cliquez le point Opération de restauration, puis suivez les étapes 6 à 8.

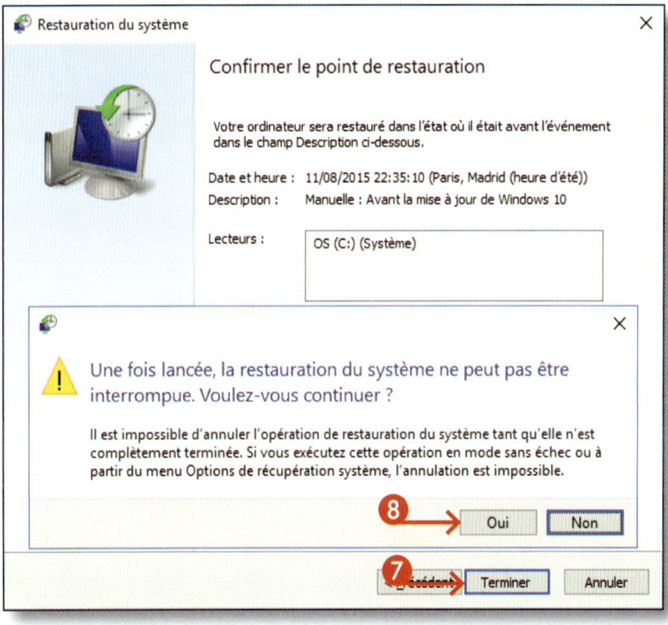

L'étape Confirmer le point de restauration apparaît.

7 Cliquez **Terminer**.

La fonction Restauration du système demande confirmation.

8 Cliquez **Oui**.

Windows applique la restauration puis redémarre l'ordinateur.

Z